四书读本新绎

赖明德　陈弘治　刘本栋 译注

文化发展出版社
Cultural Development Press

图书在版编目（CIP）数据

四书读本新绎 / 赖明德，陈弘治，刘本栋译注. ——
北京 ：文化发展出版社，2020.7
ISBN 978-7-5142-3056-7

Ⅰ．①四… Ⅱ．①赖… ②陈… ③刘… Ⅲ．①儒家②
四书－译文 Ⅳ．①B222.14

中国版本图书馆CIP数据核字（2020）第115767号

北京市版权局著作权合同登记号：图字01-2021-5263

本著作物经北京时代墨客文化传媒有限公司代理，由黎明文化事业股份有限公司
授权北京华景时代文化传媒有限公司通过文化发展出版社有限公司在中国大陆出版发
行中文简体字版。

四书读本新绎

赖明德　陈弘治　刘本栋　译注

责任编辑：武　赫　　　　　　　责任校对：岳智勇
责任印制：邓辉明　　　　　　　责任设计：郭　阳
出版发行：文化发展出版社（北京市翠微路2号 邮编：100036）
网　　址：www.wenhuafazhan.com
经　　销：各地新华书店
印　　刷：北京文昌阁彩色印刷有限责任公司

开　　本：710mm×1000mm　　1/16
字　　数：576千字
印　　张：42.5
版　　次：2022年1月第1版
印　　次：2022年1月第1次印刷
定　　价：98.00元
ISBN：978-7-5142-3056-7

目 录

论 语

孟 子

大学

《大学》提要

赖明德

（一）

　　《大学》原来是《礼记》中的一篇，内容是阐述古人研究学问、修身齐家及治国平天下的道理，是发挥儒家学说中人生哲学和政治哲学的重要文献。所以，宋儒程颐说："大学，孔氏之遗书，而初学入德之门也。于今可见古人为学次第者，独赖此篇之存，而论、孟次之。"朱熹作《大学章句》时，将它和《中庸》《论语》《孟子》并列为"四书"。不过朱熹认为本篇中有脱简和错简的地方，故作《大学章句》时，在篇幅上有所移补。朱熹将整篇《大学》改编为"经"一章、"传"十章。以为"经"是孔子的意思，由曾参加以记述；"传"则是曾参的意思，由他的门人加以记述。"传"的作用是在阐明"经"的义理。经过朱熹改编以后的《大学》，虽然在章法结构上和《礼记》中的原文有所出入，但是在纲领和条理上，却比原来要清晰而显豁。近人陈槃先生说："朱子的改本，条理次第，连系贯通，使人意得而理顺，断不是无知妄作。"这是极中肯的说法。

（二）

　　大学的名义，历来有很多不同的说法。汉代的郑玄认为称它为大学，是因为它记载博学，可以作为政治上的借镜。隋代的刘炫说："大学是博大圣人之学。"朱熹注解"大学"一词，说："大学者，大人之学也。"近人蒋伯潜先生据此而认为朱子所谓"大人"，就是孟子说的"大人者不失其赤子之心"的大人，也就是道德修养圆满，充实而有光辉的伟大人格；所以，"大学"是培养伟大人格的学问。以上各种说法，都认为大学是博大精深的意思。但是根据《礼记》的《王制》《学记》《乐记》等篇，其中所提到的"大学"，都是专指学校而言。所以，朱熹说："古之大学，所以教人之法也。"以上这两种含义似乎有所抵触。其实，古代小学中所教导的只是书、数、洒扫、应对、进退等课程，等到优秀子弟升入大学以后，才教导穷理正心、修己治人的学问，以养成充实光辉的理想人格。因此，我们可以这么说，《大学》这本书，是古代大学教育的纲领，由于它义理的博大精深，无论是统治者或老百姓，都要以这本书所阐述的义理，作为修身处世的准则、治国平天下的目标。

（三）

《大学》一篇所阐述的内容，可以概括为三纲领、八条目两部分。所谓三纲领，就是"明明德，新民，止于至善"。所谓八条目，在个人方面是格物、致知、诚意、正心、修身，在社会方面是齐家、治国、平天下。格物、致知、诚意、正心、修身，可以说是修己；齐家、治国、平天下，可以说是治人。修己是明德，治人则是新民。无论是明德修己，或是治人新民，都要做到止于至善的地步，这便是所谓大学之道。所以，《大学》的内容，就是修己治人的纲领。骨子里是儒家伦理教化的本质，外表上是经世济民的要目。

（四）

《大学》篇中所说的明德，实际指人类与生俱来的善性。因为人性是善的，所以更应该进一步扩充它，使它止于至善。篇中"亲民"一语，王阳明以为亲当作亲近、亲爱解，因为下文的"君子贤其贤而亲其亲""如保赤子""民之所好好之……此之谓民之父母"这些话都有亲爱、亲近的意思。朱熹根据程颐的话，以为"亲当为新"，因为下文所引的汤之《盘铭》《康诰》《诗经》等文句都以"新"字为主。其实，亲民的目的是为了新民，要新民必须先亲民，朱、王二人的看法乃是相辅相成，并无抵触之处。篇中的传文因缺"物格而后知致"一章，朱熹加以补述，深刻精警，极可供参考。又篇中所述及的"絜矩之道"，实即儒家学说中一再强调的忠恕之道，辞浅意深，对立身处世助益极大。至于篇中所提到的经济原理尤其具有超越时空的普遍性，对建设国家社会具有深远的启发作用。

经一章

大学①之道②，在明明德③，在亲民④，在止于至善⑤。知止而后有定⑥，定而后能静⑦，静而后能安⑧，安而后能虑⑨，虑而后能得⑩。物有本末，事有终始，知所先后，则近道矣⑪。

古之欲明明德于天下⑫者，先治其国⑬；欲治其国者，先齐其家⑭；欲齐其家者，先修其身⑮；欲修其身者，先正其心⑯；欲正其心者，先诚其意⑰；欲诚其意者，先致其知；致知⑱在格物⑲。物格而后知至，知至而后意诚，意诚而后心正，心正而后身修，身修而后家齐，家齐而后国治，国治而后天下平⑳。

自天子以至于庶人，壹是㉑皆以修身为本。其本乱，而末治者否矣㉒；其所厚者薄，而其所薄者厚，未之有也㉓。

【章旨】

本章是《大学》一篇的纲领所在，主旨在阐明"明明德""亲民""止于至善"三纲领和"格物""致知""诚意""正心""修身""齐家""治国""平天下"八条目的连贯关系。指示人们以格物、致知、诚意、正心、修身来实践个人"明明德"的功夫；以齐家、治国、平天下实现"亲民"和"止于至善"的终极目标。

其间，自格物到修身的阶段属于"内圣"的境界，即道德论；自齐家到平天下属于"外王"的境界，即政治论。全篇将人生哲学和政治哲学熔于一炉，以发挥儒家"德治"的理想，体系绵密，条理井然，是修己治人的最佳指导原则。

【注释】

① 大学：《大学》原为《礼记》中的一篇，到宋代朱熹作《大学章句》时，将它和《中庸》《论语》《孟子》合并，定名为《四书》。《大学章句》序云："大学之书，古之大学，所以教人之法也。"注中又云："大学者，大人之学也。"此注中所谓的"大人"，即孟子说"大人者不失其赤子之心"之"大人"，亦即道德修养圆满、人格充实而有光辉之人。

② 大学之道：道，道理也，亦指修养之方法。大学之道是指让道德圆满、人格充实光辉之修养方法。

③ 明明德：上一个"明"字乃动词，指明白、发扬；下一个"明"字乃形容词，和"德"字构成一个词语，"明德"是指人类与生俱来，包含众理，足以应对各种事物之光明德行。因为此种德行有时容易被各种欲望所蒙蔽，只有借着不断的修养才能保持它的清明。"明明德"即要将人欲除去，使人类之善良人格更加光明充实起来。此为道德修养方法之第一步。

④ 亲民："亲"字王守仁仍作"亲"字解，即亲近、爱护之意思。因为传文中有"君子贤其贤而亲其亲""如保赤子""民之父母"等语，正是证明亲民的道理。朱熹根据程颐的意思，以为应当作"新"字解，新民即在使人除旧布新，精神、事业日日更新。传文的第二章即是在阐述"新"的道理。

⑤ 止于至善：止，指应当停止之境界。至善，指最圆满、最美好的境界。

⑥ 知止而后有定：知止，指知道应当达到的最美好境界。"而后"是"然后"的意思。定，一定、坚定。整句话的意思是：知道应当达到的最美好境界，并且以它为目标，心志才能够坚定。

⑦ 静：谓心不妄动。

⑧ 安：指所处而安。

⑨ 虑：思虑周到，也指处事精详。

⑩ 得：得其所止。

⑪ 物有本末……则近道矣：朱熹曰："明德为本，新民为末，知止为始，能得为终。本始所先，末终所后。"意思是说：对一件事情能认清本末，分别先后，依照顺序而进行，这样，才是接近了大学之道。

⑫ 明明德于天下：使天下之人都能明白和发扬自我与生俱来那一份光明之德行。能"明明德于天下"，必能使天下太平。故"明明德于天下"，即"平天下"。

⑬ 治其国：治，动词，谓整顿、治理。国，在封建时代本指天子分封给诸侯的行政区域，后来泛指"国家"。

⑭ 齐其家：齐，谓整治。家，本指卿大夫之采地，后来泛指"家庭"。在伦常上能使父子有亲、长幼有序，家庭中充满了亲亲和爱之精神，即是齐家。

⑮ 修其身：使身体无论动静，皆能保持规矩合度。

⑯ 正其心：使心理正常而无偏邪的念头。

⑰ 诚其意：诚，谓真实；意，指由心所发出之意念。诚其意，谓使心所发出之意念善良而真实。

⑱ 致知：致，谓推极；知，谓知识。致知，谓推极自我之知识，使知识无所不尽。

⑲ 格物：格，至也；物，指事情。格物，谓穷尽事物的道理，对事物的道理无不知晓。一说，格物是分析事物之理。

⑳ 物格……而后天下平：在这八目之中，修身以上是指明明德的事；齐家以下，是指亲民的事。

㉑ 壹是：谓一切。

㉒ 其本乱，而末治者否矣：本，指修身；末，指齐家、治国、平天下。整句之意思为：修身的事情错乱了，却要把国家天下治好，这是不可能的。

㉓ 其所厚者薄，而其所薄者厚，未之有也：所厚，指身；所薄，指国家天下。整句的意思是：对于所当厚的身尚且不能修，却能泽及天下，

此为从来未有之事情。

【译文】

《大学》的道理，首先在使自己本来的德行灵明清净，不被私欲蒙蔽；其次在扩充自己这种清明的德行，使别人也都革去旧习而自新起来，这两件事都要做到最圆满、最美好的境界。知道所要达到的最美好境界，然后心志才有定向；心志有了定向，然后才能不妄动；心能不妄动，然后才能安于所处的环境；能安于所处的环境，然后才能治事精详；能治事精详，然后才能达到善美的境界。凡是一件事，都有结局和开端，能够明白事物本末先后的次序，就已经接近这《大学》所阐述的修己治人的道理了。

古人要想发扬自己的明德到天下，使全天下达到太平，先要治理好自己的邦国；要治理好自己的邦国，先要整顿好自己的家庭；要整顿好自己的家庭，先要修养好自己的身体言行；要修养好自己的身体言行，先要使自己的心理正常；要使自己的心理正常，先要自己的意念真实无妄；要使自己的意念真实无妄，先要致力于运用自己的聪明知识；要致力于运用自己的聪明知识，先要穷究事物的原理。事物的原理能够被穷究，自我的聪明知识就能运用周到；自我的聪明知识运用周到，意念就能真实无妄；意念真实无妄，心理就能正常不偏；心理正常不偏，身体言行就能修治；身体言行能修治，家庭就能整饬和睦；家庭整饬和睦，邦国就能治理完善；邦国治理完善，天下就能太平。

从天子一直到平民，一切都要以修身为根本。连对己身的修治都错乱而不能做到，却想使邦国富裕、天下太平，是不可能的。对修养较为切近的修身齐家看得不要紧，却将较为遥远的治国、平天下首先看重起来，这是从来所没有的道理。

传十章

传一　释明明德

《康诰》①曰："克②明德。"《大甲》③曰："顾谉天之明命④。"《帝典》⑤曰："克明峻⑥德。"皆自明⑦也。

【章旨】

本章的主旨是引用《尚书》上的话，以解释明明德的道理，重点在强调自明的道理。

【注释】

①《康诰》：《尚书·周书》中的篇名。

②克：能也。

③《大甲》：即太甲，《尚书·商书》中的篇名。

④顾谉天之明命：顾，视也。谉，古"是"字，此也。天之明命，指上天所赋予我的灵明德行。

⑤《帝典》：即《尧典》，《尚书·虞书》中的篇名。

⑥峻：高也，大也。一本作"俊"。

⑦自明：明白自我的善德。

【译文】

《尚书·康诰》说："要能够彰明人与生俱来的灵明德行。"《太甲》说："要审视上天所赋予我们生命中的美好德行。"《尧典》说："要彰明人生最高的德行。"这三句话都是说要使自我明悟那与生俱来的光明德行。

传二　释新民

汤①之《盘铭②》曰："苟日新③，日日新，又日④新。"《康诰》曰："作新民⑤。"《诗》曰："周虽旧邦，其命维新⑥。"是故，君子无所不用其极⑦。

【章旨】

本章的主旨在引古训及《尚书》《诗经》上的话，以解释新民的道理。重点强调要能自新。

【注释】

① 汤：成汤，商朝的开国君王。

② 盘铭：镂刻在盥洗器皿上，用以自勉或自警的铭辞。

③ 苟日新：苟，诚也，果能之意。新，谓洗涤旧染之污垢而自清新。

④ 又日：继续不断之意。

⑤ 作新民：作，振作兴起。谓使他人振作兴起而成为自新之民。

⑥ 周虽旧邦，其命维新：《诗经·大雅·文王》中的两句。谓周虽是一个旧国，至文王时，能新其德以及于民，而始禀受天命。维，助词，无义。

⑦ 无所不用其极：极，法则，此指至善之德。谓无不竭其心力以自新其德。

【译文】

商汤盥洗器皿上的铭辞说："果能在今日洗净污垢，使身心清新，就当日日洗清污垢，使身心清新，更要不断地每日保持身心的清新。"《尚书·康诰》说："要鼓舞大众振作起来，成为自新的人民。"《诗经》说："周朝虽是一个古旧的邦国，到文王时，能禀受天命，自新新民，所以国运常新。"所以有德有位的君子，没有不以竭尽心力、自新新民作为最高的法则。

传三　释止于至善

《诗》云："邦畿千里，维民所止^①。"《诗》云："缗蛮黄鸟，止于丘隅^②。"子曰："于止，知其所止，可以人而不如鸟乎！"《诗》云："穆穆文王，於缉熙敬止^③。"为人君，止于仁；为人臣，止于敬；为人子，止于孝；为人父，止于慈；与国人交，止于信。^④《诗》^⑤云："瞻彼淇奥^⑥，菉竹^⑦猗猗^⑧；有斐^⑨君子^⑩，如切如磋^⑪，如琢如磨^⑫；瑟兮^⑬僴兮^⑭，赫兮咺兮^⑮；有斐君子，终不可谖^⑯兮。"如切如磋者，道学^⑰也，如琢如磨者，自修^⑱也；瑟兮僴兮者，恂慄^⑲也；赫兮咺兮者，威仪也；有斐君子，终不可谖兮者，道盛德至善，民之不能忘也。《诗》云："於戏！前王不忘^⑳。"君子^㉑贤其贤而亲其亲；小人^㉒乐其乐而利其利，此以没世不忘也^㉓。

【章旨】

本章在引《诗经》上的话，以解释止于至善的道理。将明明德、新民、止于至善的道理都包含在内，强调重视伦常而推行德化。

【注释】

① 邦畿千里，维民所止：这两句出于《诗经·商颂·玄鸟》。邦畿，王者之都。止，居也。

② 缗蛮黄鸟，止于丘隅：出于《诗经·小雅·缗蛮》。缗蛮，黄鸟叫声。丘隅，山岑草木茂密处。

③ 穆穆文王，於缉熙敬止：出于《诗经·大雅·文王》。穆穆，深远之貌。於，叹词。缉熙，光明也。朱熹曰："缉，继续也。熙，光明也。敬止，言其无不敬而安所止也。"

④ 为人君……止于信：谓君、臣、父、子、国人五者为人伦中之大者，

此伦常之境界皆当止于至善。

⑤《诗》：此指《卫风·淇奥》。

⑥ 淇奥（yù）：淇，水名，在今河南省。奥，水之滨。

⑦ 菉竹：菉，通"绿"。

⑧ 猗猗：美盛貌。

⑨ 斐：文采貌。

⑩ 君子：指卫武公。

⑪ 如切如磋：以刀锯谓之切，以镲锡谓之磋，指裁物而使成形质。治骨角者，既切而复磋之。

⑫ 如琢如磨：以椎凿谓之琢，以沙石磨谓之磨。治玉石者，既琢而复磨之。切磋琢磨，皆言治之有序，而益致其精。

⑬ 瑟兮：瑟，严密貌。兮，语助词，无义。

⑭ 僩兮：僩，武毅貌。

⑮ 赫兮咺兮：光明盛大之貌。

⑯ 諠：一作"谖"，忘也。

⑰ 道学：道，言也。学，指讲习讨论之事。

⑱ 自修：指省察克己之功。

⑲ 恂慄：战兢恐惧。

⑳ 於戏！前王不忘：此句出于《诗经·周颂·烈文》。於戏，同"呜呼"，叹词。前王，指周文王、周武王。

㉑ 君子：指后贤后王。

㉒ 小人：指后民。

㉓ 此以没世不忘也：谓前王去世之后，人民思慕不忘。朱熹曰："此言前王所以新民者止于至善，能使天下后世无一物不得其所，所以既没世而人思慕之，愈久而不忘也。"

【译文】

《诗经》说："京城地方有千里辽阔，是人民所要居住停留的地方。"《诗经》说："小黄雀发出缗蛮的叫声，栖歇在山间的茂林里。"孔子说："小黄雀尚且知道选择个好地方来栖止，人难道连小黄雀都不如吗？"《诗经》说："德行高深的文王，能继续不断地做光明正大的事，恭敬地使自己处于至善的境地。"做国君的要以行仁政作为终极的目标，做臣子的要以恭敬的心去侍奉君王。做子女的要以孝顺的心去侍奉父母，做父母的要以慈爱的心照顾子女，和国人交往，要以诚信相对待。《诗经》说："看那淇水弯曲的岸旁，绿竹长得很茂盛。有位文质彬彬的卫武公，他研求学问，如同切制骨角，切过又切，使它成形；磋过再磋，使它精致。又如琢磨玉石，琢过再琢，使成器物；磨过再磨，使它光滑。他的行为，严密、武毅；他的风范，光明盛大，这样一位文质彬彬的君子，真是叫人难忘！"诗中所说的"如切如磋"，是说卫武公研究学问的细密；"如琢如磨"，是说他修养功夫的精深；"瑟兮僩兮"，是说他战兢谨慎的态度；"赫兮咺兮"，是说他令人敬畏的容仪；"有斐君子，终不可谖兮"，是说他德行高尚，达到至善的境地，人民对他无法忘怀。《诗经》说："唉！从前的文王、武王，真是叫人难忘！"这是说：国君要尊敬贤者，亲爱亲人，人民蒙受恩泽，都能享受安乐，获得利益。所以他们虽然去世多年，后人依然不能忘怀他们。

传四 释本末

　　子曰："听讼①，吾犹人②也；必也使无讼③乎？"④无情⑤者不得尽其辞，大畏民志⑥，此谓知本。

【章旨】

　　本章在解释本末的道理，引孔子的话做例子，说明以德化民为本，听讼为末。

【注释】

　　① 听讼：听断讼案。

　　② 犹人：不异于他人。

③ 无讼：没有争讼的事情。

④ 听讼……使无讼乎：本句出于《论语·颜渊》。

⑤ 情：实也。

⑥ 大畏民志：谓使人民的心志自然畏服。

【译文】

孔子说："听断讼案，我也和别人一样，一定要设法使民间没有讼案发生。"让没有实情的人没办法用花言巧语妄诉，使人民的心志畏服那具有明德的人。这便叫作知本。

传五　释格物致知

此谓知本，此谓知之至也。

"所谓致知在格物者，言欲致吾之知，在即物而穷其理也。盖人心之灵①，莫不有知，而天下之物，莫不有理；惟于理有未穷，故其知有不尽也。是以《大学》始教，必使学者即凡②天下之物，莫不因其已知之理而益穷之，以求至乎其极。至于用力之久，而一旦豁然③贯通④焉，则众物之表里精粗⑤无不到，而吾心之全体大用⑥无不明矣。此谓物格，此谓知之至也。"

【章旨】

本章原文仅两句，"此谓知本"，显然为上章末句之衍文。"此谓知之至也"以上，显然有阙文。"所谓致知在格物"以下，乃朱熹所补。主旨在解释格物致知的道理，从探究事物的原由发端，推演到末后的功效，阐明知之至的过程。

【注释】

① 人心之灵：人心原本虚灵不昧，足以烛照一切事物。

② 即凡：即，就。凡，一切。

③ 豁然：开朗貌，此指心灵开窍。

④ 贯通：谓对事物的道理，首尾皆能通晓明达。

⑤ 表里精粗：外表、里面、精细的原理、粗略的现象。

⑥ 全体大用：指心灵的全部本质与最大功用。

【译文】

经文上所说"致知在格物"的意思，是说要使我们的知识推展到精深的地步，主要在针对事物的现象，用心去探究它的本质、原理。因为人心灵敏，没有不具备天赋的知觉，同样的道理，世上的各种事物，也没有不具备自然的法则和原理；只因对事物的法理没有用心穷究，所以我们的知识不能达到细微明辨的地步。因此，《大学》开始教人，一定要使学者就天下一切的事物，没有不从它已知的原理上，更加用心地探讨研究，以求达到最高深的境界。等到功力用得久了，有一天心地自然会开窍起来，对一切的道理能够通晓明达，那么天下一切事物的表面形状、里面性质、精细的原理、粗略的现象，没有一样不思虑周到，同时我们心灵的全部本质和最大的功用，没有不彻底明白的。这就叫作穷究事物的道理，这就叫作知识发展的极致。

传六　释诚意

所谓"诚其意者"，毋自欺①也。如恶恶臭②，如好好色③，此之谓自谦④。故君子必慎其独⑤也。小人闲居⑥为不善，无所不至；见君子而后厌然⑦，掩⑧其不善而著⑨其善；人之视己，如见其肺肝然。则何益矣？此谓诚于中，形于外。故君子必慎其独也。

曾子曰："十目所视，十手所指，其严乎⑩！"富润屋，德润身，心广体胖⑪。故君子必诚其意。

【章旨】

本章在解释诚意的道理，强调毋自欺和慎独是表现诚意的关键所在。

【注释】

① 自欺：指知当为善去恶，而心中之念头却与实际不相符合。

② 如恶恶臭：前"恶"字读去声，动词，厌也，恨也。后"恶"字读入声，形容词，坏也，劣也。臭，指气味。

③ 如好好色：前"好"字读去声，动词，喜爱。后"好"字读上声，美也。

④ 自谦：谦为"慊"之假借，快也，足也。自谦即自足，以自满足于己也。

⑤ 慎其独：独，谓他人不知而一己独处自知也。言人独处之时，亦恐惧戒慎，不敢苟且也。

⑥ 闲居：谓平时独处。

⑦ 厌然：闭藏貌。

⑧ 掩：遮掩、掩饰。

⑨ 著：显明之。

⑩ 其严乎：谓可畏之甚也。

⑪ 心广体胖（pán）：心广，谓心无愧怍而宽广坦荡。胖，安适舒泰。

【译文】

所谓"诚其意"，就是自己不欺骗自己。要像厌恶腐败难闻的气味和喜爱美丽可观的颜色一般地实在，这叫作内心自足惬意。所以君子独处的时候，一定要小心谨慎，不敢随便。小人平常独处的时候，专门做些不好的事情，没有什么坏事做不出来；看见了君子然后再遮遮掩掩的样子，掩饰自己的坏处，显露自己的伪善。却不知道别人看他，清清楚楚地如同看见了他的肺肝一般。这样的做法又有什么好处呢？这叫作内心诚实，一定会呈现在外表上。所以君子独处的时候，一定要小心谨慎。

曾子说："即使是一人独处的时候，也要像有十只眼睛在注视着他，十只手指在指点着他，真是可怕得很啊！"就像有钱的人把自己的房子装饰得很漂亮，有美德的人把自己的身心修养得很好，自然心里宽广坦荡，身体也舒泰安乐了。所以君子一定要使内心的意念真实不欺。

传七　释正心修身

所谓"修身在正其心"者，身^①有所忿懥^②，则不得其正；有所恐惧，则不得其正；有所好乐^③，则不得其正^④；有所忧患，则不得其正。心不在焉，视而不见，听而不闻，食而不知其味。此谓"修身在正其心"。

【章旨】

本章在解释正心修身的道理，指示人以真诚的心意省察自己，不要被感情、意气等所蒙蔽。

【注释】

① 身：此"身"字当作"心"字。

② 忿懥：恼怒。

③ 好乐：二字皆读去声，动词，嗜好喜爱。

④ 不得其正：心理不能平衡、正常。

【译文】

所谓"修身在正其心"，就是说内心里有了愤怒，就不能平衡、正常；有了恐惧，也不能平衡、正常；有了贪图嗜好，也不能平衡、正常；有了忧愁顾虑，也不能平衡、正常。一个人的心不能专注，就是睁着眼睛，好像也看不见事物；张开着耳朵，好像也听不到声音；嘴里吃着东西，好像也不知道是什么滋味。所以说，修身一定要先正心。

传八　释修身齐家

所谓"齐其家在修其身"者，人之^①其所亲爱而辟^②焉，之其所贱恶而辟焉，之其所畏敬而辟焉，之其所哀矜而辟焉，之其所敖惰而辟焉。故好而知其恶，恶而知其美者，天下鲜矣。故谚③有之曰："人莫知其子之恶，莫知其苗之硕。"此谓身不修，不可以齐其家。

【章旨】

本章在解释修身齐家的道理，从各种行为的表现，说明偏见的害处，并且引述谚语以证明身不修便不能齐家。

【注释】

① 之：犹于也。

② 辟：同"僻"，偏也。指偏袒，偏见。

③ 谚：自古传下来的格言。一说俗语。

【译文】

所谓"齐其家在修其身"，是说不能修身的人，对于自己所亲近爱护的人，便存着偏见，一味地亲近爱护；对于自己所轻视厌恶的人，便存着偏见，一味地轻视厌恶；对于自己所畏服尊敬的人，便存着偏见，一味地畏服尊敬；对于自己所同情哀怜的人，便存着偏见，一味地同情哀怜；对于自己所傲视怠慢的人，便存着偏见，一味地傲视怠慢。所以喜爱一个人却能够知道他的缺点，厌恶一个人却能够知道他的优点，具有这种修养的人，天下真是太少了。所以有句俗语说："人都不知道自己儿子的坏处，不知道自己禾苗的硕大。"这就是说自身不能修养的人，便不能整治他自己的家。

传九　释齐家治国

所谓"治国必先齐其家"者，其家不可教，而能教人者，无之。故君子不出家，而成教于国①。孝者，所以事君也；弟者，所以事长也；慈者，所以使众也。《康诰》曰："如保赤子②。"心诚求之，虽不中③，不远矣。未有学养子而后嫁者也。

一家仁，一国兴仁；一家让，一国兴让；一人④贪戾，一国作乱；

其机⑤如此。此谓一言偾事⑥，一人定国⑦。尧舜帅⑧天下以仁，而民从之；桀纣帅天下以暴，而民从之。其所令，反其所好，而民不从。是故君子有诸己，而后求诸人；无诸己，而后非诸人⑨。所藏乎身不恕，而能喻⑩诸人者，未之有也。故治国在齐其家。

《诗》⑪云："桃之夭夭⑫，其叶蓁蓁⑬，之子于归⑭，宜⑮其家人。"宜其家人，而后可以教国人。《诗》云："宜兄宜弟⑯。"宜兄宜弟，而后可以教国人。《诗》云："其仪不忒，正是四国⑰。"其为父子兄弟足法，而后民法之也。此谓治国在齐其家。

【章旨】

本章在解释齐家治国的道理，谓只要扩充孝、悌、慈的美德，自然能够将齐家的功效推展到一国，而使国治。末引《诗经》的话以阐发之。

【注释】

① 君子不出家，而成教于国：谓君子不必走出家外，只要以孝、悌、慈的美德教人，自然可形成敦厚善美之风尚，成就治国之教化。

② 赤子：婴儿也。

③ 中（zhòng）：读去声，及著也。谓达到目标。

④ 一人：指一国之君。

⑤ 机：发动所由也。

⑥ 偾事：偾，覆败也。偾事犹言败事，不成事也。

⑦ 一人定国：一国之君扩充其美德，即能安定国家。

⑧ 帅：率领也。

⑨ 是故君子有诸己……而后非诸人。诸，之于也，全句谓自己有美德者，而后可要求他人有之；自己未有过错者，而后可责备他人之过错。

⑩ 喻：同"谕"。晓教，教导也。

⑪《诗》：此指《诗经·国风·周南·桃夭》。

⑫ 夭夭：幼小美好貌。

⑬ 蓁蓁：茂密繁盛貌。

⑭ 之子于归：之子，此子。归，古时谓女子出嫁曰归。

⑮ 宜：善也，和睦也。

⑯ 宜兄宜弟：此句出于《诗经·小雅·蓼萧》。谓兄弟和睦。

⑰ 其仪不忒，正是四国：出于《诗经·曹风·鸤鸠》。忒，差错也。谓一己之行为无差错，足以匡正四方之邦国。

【译文】

所谓"治国必先齐其家"，是说对自己的家人都不能教导好，却能教导好别人，这是没有的事。所以君子能够不走出家门，就将他的教化推行到全国。能孝顺父母，就能够侍奉国君；能尊敬兄长，就能够侍奉长辈；能慈爱幼小，就能够以爱心指使民众。《尚书·康诰》说："爱护人民要像保护自己的孩子一般。"只要心里真正在寻求爱民的途径，虽然未能事事达到目标，距离理想的境地也不会太远了。就像女人从来没有先学会养育孩子，然后才出嫁一般。

当君王的人，如果能使一家的人都实行仁德，那么一国的人也都能实行仁德；一家的人能够礼让，一国的人受到感动，也能兴起礼让的风尚；如果自己贪婪暴戾，那一国的人也会学样而为非作乱了。君王和国家之间的关系就是这样微妙。这就是说一句话讲错了，能将事情弄坏，一个人公正善良，就能将国家治好。尧和舜以仁爱领导天下，老百姓就跟着行仁；桀和纣以残暴治理天下，老百姓也跟着残暴起来。领导者所颁布的政令和他本身的爱好相反，老百姓就不会顺从。所以当君王的人，自己先要具备美德善行，然后才可以要求别人有美德善行；自己没有缺点过失，然后才可以指责别人的缺点过失。本身就不怀有恕道的人，却能够教导别人实行恕道，这是从来没有的事情。所以治理邦国，在于从整饬自己的家庭做起。

《诗经》说："桃树那样柔嫩鲜艳，它的叶子繁茂浓密；这一位女子出嫁以后，一定能和她的家人相处得很和睦。"能和家里的人相处得很和睦，然后才可以教导全国的人。《诗经》说："兄弟之间要和睦相处。"兄弟之间能够和睦相处，然后才可以教导全国的人。《诗经》说："他的行为没有差错，足以匡正四方的邦国。"他的辈分无论是为父、为子、为兄、为弟都足以让人效法，然后老百姓都会效法他。这叫作治理邦国，在于从整饬自己的家庭做起。

传十　释治国平天下

所谓平天下在治其国者，上老老①，而民兴②孝，上长长③，而民兴弟；上恤孤④，而民不倍⑤。是以君子有絜矩之道⑥也。所恶于上，毋以使下；所恶于下，毋以事上；所恶于前，毋以先后；所恶于后，毋以从前；所恶于右，毋以交于左；所恶于左，毋以交于右；此之谓絜矩之道。《诗》云："乐只君子，民之父母⑦。"民之所好好之，民之所恶恶之。此之谓民之父母。《诗》云："节彼南山，维石岩岩；赫赫师尹，民具尔瞻⑧。"有国者，不可以不慎，辟⑨则为天下僇⑩矣。

《诗》云⑪："殷之未丧师⑫，克配⑬上帝；仪监于殷⑭，峻命不易⑮。"道⑯得众，则得国；失众，则失国。是故君子先慎乎德：有德此有人，有人此有土，有土此有财，有财此有用。德者，本也；财者，末也。外本内末⑰，争民施夺⑱。是故财聚则民散，财散则民聚。是故言悖⑲而出者，亦悖而入；货悖而入者，亦悖而出。《康诰》曰："惟命不于常。"道善则得之。不善则失之矣。《楚书》⑳曰："楚国无以为宝，惟善以为宝。"舅犯㉑曰："亡人㉒无以为宝，仁亲以为宝。"

《秦誓》㉓曰："若有一个臣，断断㉔兮，无他技；其心休休㉕焉，其如有容焉。人之有技，若己有之；人之彦圣㉖，其心好之；不啻㉗若自其口出，实能容之，以能保我子孙黎民，尚亦有利哉！人之有技，媢疾㉘以恶之；人之彦圣，而违之俾不通；实不能容，以不能保我子孙黎民，亦曰殆㉙哉！"唯仁人放流之，迸诸㉚四夷，不与同中国。此谓"唯仁人为能爱人，能恶人"。见贤而不能举，举而不能先，命㉛也；见不善而不能退，退而不能远㉜，过也。好人之所恶，恶人之所好，是谓拂^㉝人之性，灾必逮^㉞夫身。是故君子有大道，必忠信以得之，骄泰^㉟以失之。

生财有大道：生之者众，食之者寡；为之者疾，用之者舒^㊱；则财恒足矣。仁者以财发身，不仁者以身发财。未有上好仁，而下不好义者也；未有好义，其事不终者也；未有府库财，非其财者也。

孟献子^㊲曰："畜马乘^㊳，不察于鸡豚；伐冰之家^㊴，不畜牛羊；百乘之家^㊵，不畜聚敛之臣；与其有聚敛之臣^㊶，宁有盗臣。"此谓国不以利为利，以义为利也。长国家而务财用者，必自小人矣；彼为善之，小人之使为国家，灾害并至，虽有善者，亦无如之何矣。此谓"国不以利为利，以义为利"也。

【章旨】

本章在解释治国平天下的道理，着重在君子有絜矩之道，依次说明施政的得失、用人的标准、理财的原则，都是絜矩之道的扩充。末后更强调施政者不可敛聚民财，要以义作为治国的方针。

【注释】

① 老老：老吾之老也，上为动词，下为名词。即亲爱自己的父母亲。

② 兴：有所感发而兴起也。

③ 长长：尊敬自己的长辈。

④ 恤孤：孤，幼而无父也。恤孤，谓怜悯孤苦无依的小孩。

⑤ 倍：通"背"，即违背、背叛。

⑥ 絜矩之道：絜，度也；矩，所以为方也。絜矩之道，谓推己度人之道，即恕道。

⑦ 乐只君子，民之父母：见于《诗经·小雅·南山有台》。只，语助词，犹哉。

⑧《诗》云"节彼南山……民具尔瞻"：见《诗经·小雅·节南山》。节，截然高峻貌。岩岩，多石貌。赫赫，威严貌。师尹，指周太师尹氏。具，同"俱"，皆也。瞻，仰望也。

⑨ 辟：同"僻"，偏私也。

⑩ 僇：同"戮"，杀戮也。

⑪《诗》云：见《诗经·大雅·文王》。

⑫ 丧师：丧，失也。师，众也。丧师谓失去民众之心。

⑬ 克配：克，能也。配，对也。克配，谓能够比得上。

⑭ 仪监于殷：仪，宜也。监，观察也。

⑮ 峻命不易：峻，大也。不易，犹言难保。谓天子受禄于天之大命难保也。

⑯ 道：阐说。

⑰ 外本内末：外，指轻而忽之。本，指德。内，指重而视之。末，指财。

⑱ 争民施夺：争民，谓与民争利。施夺，施争夺之政于民。

⑲ 悖：背也，不依常理。

⑳《楚书》：楚国古书。

㉑ 舅犯：春秋时，晋文公之舅父狐偃也，字子犯。

㉒ 亡人：逃亡之人。时晋国内乱，子犯随公子重耳（即晋文公）逃亡在外。

㉓《秦誓》：《尚书》篇名。

㉔ 断断：诚实专一貌。

㉕ 休休：宽容貌。

㉖ 彦圣：彦，美也。圣，通明之意。

㉗ 不啻：犹言何止也。

㉘ 媢疾：妒忌也。

㉙ 殆：危怠也。

㉚ 迸诸：迸，逐也。诸，之于。

㉛ 命：怠慢也。

㉜ 远：此作动词解，使之远离也。

㉝ 拂：违逆也。

㉞ 逮：及也。

㉟ 骄泰：骄，矜高也。泰，侈肆也。

㊱ 生之者众……用之者舒：疾，同"急"，速也。舒，宽裕也。朱注引吕大临曰："国无游民，则生者众矣；朝无幸位，则食者寡矣；不夺农时，则为之疾矣；量入为出，则用之舒矣。"

㊲ 孟献子：春秋时鲁之贤大夫，仲孙蔑也。

㊳ 畜马乘：养有四匹马以驾车之官家，古时士初试为大夫者始有此车驾。

㊴ 伐冰之家：古时卿大夫之家，丧祭之时可用以冰者。

㊵ 百乘之家：指卿大夫有封邑者。

㊶ 聚敛之臣：指善于搜刮民财之家臣。

【译文】

所谓"平天下在治其国"，是说国君能敬养自己的亲老，国民自然能兴起行孝的美德；国君能尊重自己的长辈，国民自然能兴起行悌的风气；国君能怜恤孤苦无依的人，国民自然不会去做违背情理的事。所以在上位的国君要有个推己及人的恕道给国民取法。我厌恶在上位的人以不合理的态度待我，我就不以那种态度去待我下面的人；我厌恶在下位的人以不忠实的言行欺骗我，我就不以那种言行去待我上面的人；我既厌恶在我前面的人的作为，我就不将这种作为施给我在后面的人；我既厌恶在我后面的人的作为，我就不将这种作为对待在我前面的人；我既厌恶在我右边的人的作为，我就不将这种作为待我左边的人；我既厌恶在我左边的人的作为，我就不将这种作为待我右边的人，这就叫作推己及人的絜矩之道。《诗经》说："快乐的君王，是人民的父母。"国人所喜爱的事，国君也跟着喜爱，国人所厌恶的事，国君也跟着厌恶，这才称得上是人民的父母。《诗经》说："那高峻的南山，岩石显得那样巍峨。声威显赫的太师尹氏，国人都在瞻仰着他。"有国的君王，立身行事不可以不谨慎，假使偏差不平，就要受到国人的杀戮啊！

《诗经》说："商朝的君王还未失去民心时，他的德望可以和上帝相匹配；应当以商朝的兴亡作为借镜，要知道使人为王的伟大天命是不容易长保的。"

这是说得到大众拥戴的人，便能保有国家；失去大众拥戴的人，便会失去国家。所以当君王必须谨慎修养道德，有道德才能拥有国民，有国民才能保有土地，有土地才能存有财货，有财货才能享有用度。好比一棵树，道德是根本，财货是枝叶。看轻道德的修养，却重视财货的聚敛，那就无异和国民争取财货，而施以劫夺的教化了。所以国君聚敛财货，国民就会背离而散去；国君把财货分散给全国，国民就会积聚在一起。所以说出不合情理的话待人，人家也会用不合情理的话来对付；用不正常的方法收入财货，也会因不正常的方式支出。《尚书·康诰》说："使人当君王的天命不是固定不变的。"这是说国君推行善政，就会得到天命，不推行善政，就会失去天命。楚国的古书说："楚国不把金玉当宝贝，只把善行当作宝贝。"晋文公的母舅子犯说："我们逃难在外的人不把王位当作宝贝，只把爱亲的心当作宝贝。"

《尚书·秦誓》说："假使有一个介然独立的臣子，他只是笃实专一，没有其他的本领，可是他心胸宽广，有容纳别人的雅量。看到别人有本领，就好像是自己的一样；看到别人的美才和通达事理，他心里就非常喜爱；听到人家的善言，觉得无异于自己亲口说出一般，实在能够容纳别人，利用这样的人当臣子，能保护我的子孙和人民，对整个邦国也有利啊！人家有本领，便因嫉妒而厌恶他们，人家有美才和通达事理，却故意阻隔他们，使人无法通达；这种人实在不能容纳贤人，也不能保护我的子孙和人民，也可以说危险极了！"仁德的君王一定会把他流放出去，驱逐到野蛮的地方，不使他留在中原境内，贻害人民。这叫作"只有仁者才真正地喜爱善人，厌恶坏人"。见到贤人却不能荐举他，或是荐举却又不能优先任用，这便是怠慢；见到恶人却不能罢黜他，或是罢黜却不能使他远离，这便是过失。喜爱国人所厌恶的，厌恶国人所喜爱的，这叫作违反人的本性，灾祸一定会降临到他的身上。所以国君治国有个经常不变的原则，就是行事忠信，一定得到民众的拥戴；骄傲放肆，一定失掉民众。

生财也有个经常不变的法则：就是从事生产的人多，消耗产品的人少；制造的人做事迅速，享用的人感到很宽裕；这样国家的财货就会经常富足。仁慈的国君使国人均富，以发扬己身的德誉。不仁慈的国君，抛弃己身的德誉，以增加自己的财富。从来没有在上位的国君爱好仁德，在下面的臣民反而不爱好道义的；也从来没有臣民爱好道义，却对自己的事不尽责的；更没有府库里的财货，不属于君王所有的。

孟献子说："家里备有车马的官员，不去计较养鸡养猪的小利；家里备有冰窖，祭祀时可用冰作为祭物的官员，不计较畜养牛羊的生息；拥有百辆兵车的官员，不任用专门搜刮民财的家臣；与其有专门搜刮民财的家臣，宁可有盗窃公家财物的家臣。"这就是说治国的人不应该将财货当作利益，应该将道义当作利益。治理国家却还从事搜刮财物的人，一定要任用小人了；这些人善于聚敛财物，让小人来治理国家，天灾人祸会同时到来，虽然有贤能的人出来挽救，也没有什么办法了。这就是说治国的人不应该将财货当作利益，应该将道义当作利益。

中庸

《中庸》提要

赖明德

（一）

　　《中庸》原来是《礼记》中的一篇，汉代儒者首先将它提出来，著《中庸说》二篇。其后梁武帝著《中庸讲疏》一卷，加以阐扬。宋儒二程子特加提倡，程颐认为此篇乃是孔门传授心法的经典，善读者玩索有得，终身用之有不能尽者。朱熹作《中庸章句》，乃将它和《大学》《论语》《孟子》并列为"四书"。《中庸》的作者，历来都认为是孔子的孙子子思。据《史记·孔子世家》说："伋，字子思。年六十二，尝困于宋。子思作中庸。"后来郑玄、孔颖达、郑樵、朱熹等人都采信这种说法。虽然宋代以后，有些学者对这种说法提出了一些质疑，比如：认为《中庸》的思想和《论语》的思想有所不同；《中庸》篇中的文句有些是从《孟子》一书中移易出来的；《中庸》篇中夹杂了不少汉儒杂记的文字等。但是，这些质疑的论点，只能说明《中庸》一篇中的某些文字曾经受后人的润色和改易而已，却不足以动摇子思作《中庸》的说法。

（二）

　　中庸的名义，据汉代郑玄的《三礼目录》说："名曰中庸者，以其记中和之为用也。"又篇中的"君子中庸"一句，郑玄注解说："庸，常也；用中为常道也。"宋代朱熹作《中庸章句》引程颐的话说："不偏之谓中，不易之谓庸；中者天下之正道，庸者天下之定理。"并且在题目下自注说："中者，不偏不倚，无过无不及之名；庸，平常也。"郑玄和朱熹对"庸"字似乎各有两种不同的解释，其实，可"用"的道理，必是"平常"的道理；而"常道"必是"不易之定理"。这些训解都是可以相通的。

关于《中庸》的章节，正如同《大学》，原来也是没有分开的。后来为了解释的方便，先由唐代的孔颖达大略地分为两卷。即从开始的"天命之谓性"到"道前定则不穷"为一卷，从"在下位不获乎上"到末后的"上天之载，无声无臭。至矣"为另一卷。到了朱熹作《中庸章句》，则又依据《中庸》的内容组织，重新析为三十三章，并且作了一个总结的说明，说："右中庸一篇三十三章，其首章，子思推本先圣所传之意以立言，盖一篇之体要；而其下十章，则引先圣之所尝言者以明之也；至十二章，又子思之言；而其下八章，复以先圣之言明之也；二十一章至于卒章，则又皆子思之言，反覆推说，互相发明，以尽所传之意者。"宋、元以后的儒者，大都遵照朱熹的分法，少有更易。

（三）

《中庸》一篇，内容的义理包含甚广，但是条理系统却很清楚。朱熹作《中庸章句》，一开始便引程子的话说："此篇乃孔门传授心法，子思恐其久而差也，故笔之于书以授孟子。其书始言一理，中散为万事，末复合为一理。放之则弥六合，卷之则退藏于密，其味无穷，皆实学也。"所谓"一理"，是以"天命之谓性，率性之谓道，修道之谓教"为纲领，以"自诚明谓之性，自明诚谓之教。诚则明矣，明则诚矣"为关键。综论人性与天理、人道与教化之间的关系。阐述用"性"将人类天赋之"诚"，通往"明"的大门打开；用"道"将圣人的天赋之"明"，与常人的修为之"明"衔接起来，连成一体；用"教"将常人的修为之"诚"步向圣人的天赋之"诚"的道路打通。这样，圣人的天赋之"明"既有了来路，而常人的修为之"诚"也找到了归宿。于是圣人天赋的"自诚明"和常人修为的"自明诚"也紧密地联结在一起。所谓"中散为万事"，是指以喜怒哀乐的感情、君子与小人之间的作为、南方之强与北方之强的差异、夫妇之间的关系、鲁哀公问政的对话等事而印证中庸的道理。末后再回归到朱熹所谓"首明道之本源出于天而不可易，其实体备于己而不可离；次言存养省察之要；终言圣神功化之极"的经义。让人由此而反求诸己，去除物欲的诱惑，扩充本然的善性。所以《中庸》一篇可以说是儒家学说中有关心性论和本体论的名著，宋、明的理学家都奉为先儒的心传。而它成为我国数千年来的民族思想之重要一环，也绝不是偶然的。

子程子①曰："'不偏之谓中，不易之谓庸；中者天下之正道②，庸者天下之定理③。'此篇乃孔门传授心法④，子思⑤恐其久而差也，故笔之于书，以授孟子⑥。其书始言一理，中散为万事，末复合为一理。放之则弥六合⑦，卷之⑧则退藏于密。其味无穷，皆实学⑨也。善读者玩索⑩而有得焉，则终身用之，有不能尽者矣。"

【章旨】

此章为朱子引程子的话，乃是孔门传授正道和定理的心法。

【注释】

① 子程子：子，古代尊称其师曰子。程子上加子字，是后学宗师先儒的敬称。程子，即程颐，宋洛阳人，字正叔，世称伊川先生。

② 正道：谓正当的途径。

③ 定理：谓确定的原理。

④ 心法：谓师生传授心得之方法。

⑤ 子思：孔子之孙，名伋，受学于曾参，后世称为述圣。

⑥ 孟子：名轲，战国邹人，受学于子思之弟子，作《孟子》七篇，后世尊为亚圣。

⑦ 弥六合：弥，满也。六合，为天地四方，就是充满宇宙的意思。

⑧ 卷之：卷，是"捲"之初文。之，指此道理。即卷起来这道理。

⑨ 实学：真实之学。

⑩ 玩索：玩，读去声，玩味探索其中的真义。

【译文】

老师程颐先生说："'不偏倚的叫作中，永不改变的叫作庸；中是天下正当的途径，庸是天下确定的原理。'这篇《中庸》，是孔门师生传授心得的方法，子思恐怕年久后会误传，所以把这道理写成书本，传授到孟子。这书起初只说一个道理，中间散开成几万事例，末尾又恢复为一个完整体系。把这道理放在宇宙间，大可以充满于天地四方，小可以卷起来退藏到极隐秘细小的地方。它的意味无穷，都是真实的学识，会读书的人仔细玩味探索，自然能有心得，而且终身做人做事，是用不完了。"

第一章

　　天命之谓性①，率性之谓道②，修③道之谓教。道也者，不可须臾④离也；可离，非道也。

　　是故，君子戒慎⑤乎其所不睹，恐惧乎其所不闻。莫见⑥乎隐，莫显乎微，故君子慎其独⑦也。

　　喜怒哀乐之未发，谓之中；发而皆中节⑧，谓之和。中也者，天下之大本⑨也；和也者，天下之达道⑩也。致⑪中和，天地位⑫焉，万物育⑬焉。

【章旨】

　　此章是子思传述孔子的意思，说明道的本原，以存养省察为要，可参与神圣功化。

【注释】

① 天命之谓性：天命，上天所赋予的生命。性，本性。朱注："命，犹令也。性，即理也。"

② 率性之谓道：率，遵循，依照。道，正道。朱注："率，循也，道，路也。"

③ 修：治也。朱注："修，品节也。"

④ 须臾：片刻。

⑤ 戒慎：警戒谨慎。

⑥ 见（xiàn）：著也。

⑦ 独：独处也。

⑧ 中（zhòng）节：中，去声。即合于自然之节奏也。

⑨ 大本：正道的本体。

⑩ 达道：为道的运用。

⑪ 致：推而极之也。

⑫ 位：朱注："位者，安其所也。"

⑬ 育：郑玄曰："育，生也，长也。"朱注："育者，遂其生也。"

【译文】

上天给予人的气质叫作性，依照本性去做事叫作道，修明道的方法就是教化。这个道，不能片刻离开我的身心；如果可以离开，那就不是正道了。

所以，知道中庸的君子，时常警戒谨慎，只怕有过错自己看不到，又恐惧听不到。没有比隐暗处易于发现，也没有比细微处更为显著，所以君子非常谨慎独处的时候。

喜悦、愤怒、悲哀、快乐等情感，还没有发出之前，叫作适中；以上情感发出之后，都合乎节奏，这叫作和气。适中，是天下事物自然的本体；和气，是天下事物共行的道路。能做到适中与和气，天地便可安居正位，万物也可以遂其生长了。

（第一章，子思述所传之意以立言①，首明道之本原出于天而不可易②，其实体备于己③而不可离，次言存养省察④之要，终言圣神功化⑤之极。盖欲学者于此，反求诸身⑥而自得之，以去夫外诱之私⑦，而充其本然之善，杨氏⑧所谓一篇之体要⑨是也。其下十章，盖子思引夫子之言，以终此章之意。）

【章旨】

此段首言明道之本，次言存养省察，末言圣神功化。

【注释】

① 立言：树立精要可传的言论。

② 不可易：指率性而不变。

③ 实体备于己：指道不可以须臾离。

④ 存养省察：指君子戒慎乎其所不睹。

⑤ 圣神功化：指天地位，万物育。

⑥ 反求诸身：反省求之于本身。

⑦ 外诱之私：身外之酒色财气名利引诱以自私。

⑧ 杨氏：名时，字中立，先后受业于程颢程颐，官至龙阁直学士。朱熹张栻之学，其源出于时。晚隐龟山，学者称龟山先生，卒谥文靖，著有《二程粹言》《龟山集》。

⑨ 体要：犹言纲领也。

【译文】

（第一章，是子思说明所传中庸的意思，而立下来言论。首先说出明道的本原，是出于天然而不可随意变更。实际那道体就在我身上，而不能分离开。其次说明存心养性，反省细察的重要。最后说明圣人化育功效，以到达极高境界。凡是想要中庸的人，必须反省而求于己身，才能有所自得，用以去掉身外酒色财气名利引诱的自私心理，而充实我们本来有的善性，杨时所说一篇纲要就在此了。以下十章，大概都是子思引用孔夫子的话，来终结此章的意思。）

第二章

仲尼^①曰："君子中庸，小人反中庸。君子之中庸也，君子而时中^②；小人之反中庸也，小人而无忌惮^③也。"

【章旨】

此章子思引述孔子的话，说明君子能体验此道，小人却常远离此道。

【注释】

① 仲尼：孔子，名丘，字仲尼。春秋鲁国人。生于周灵王二十一年八月廿七日（换算公历为九月廿八日），卒于周敬王四十一年（公元前479年）。曾删《诗》《书》，订《礼》《乐》，赞《周易》，作《春秋》，后世称为至圣先师。

② 君子而时中：君子随时以处于适中。朱注："以其有君子之德，而又能随时以处中也。"

③ 小人而无忌惮：忌惮，畏惧也。朱注："以其有小人之心，而又无所忌惮也。"

【译文】

孔子说："君子的作为，能够适中和气；小人的作为，反对适中和气。君子所以能做到中庸，是因为君子随时都处在适中的地位；小人为何反对中庸呢？是因为小人心中毫无畏惧，所以他才胡作非为。"

第三章

子①曰："中庸其至②矣乎！民鲜③能久矣。"

【章旨】

此章是孔子称赞中庸的美善，而感叹人们却都不去做它。

【注释】

① 子：指孔子。

② 至：犹言至善至美。朱注："过则失中，不及则未至，故惟中庸之德为至。"

③ 鲜：少也。

【译文】

孔子说："适中和气的为人处世，实在是至善至美到了极致！可惜人们不实行这美德，已经很久了。"

第四章

子曰："道①之不行也，我知之矣：知②者过之，愚者不及也。道之不明也，我知之矣：贤者过之，不肖③者不及也。人莫不饮食也，鲜能知味也。"

【章旨】

此章说明智或愚人，都各有偏倚，而不能察觉中庸的道理。

【注释】

① 道：指中庸之道。朱注："道者，天理之当然，中而已矣。"

② 知：同"智"。

③ 不肖：不贤。

【译文】

孔子说："中庸这道理不能实行于天下，我知道其原因了：聪明的人太过于明白这道理，以为不值得去实行；愚笨的人，却又不明白其中的道理，不知道如何能做到。中庸的道理不能发扬于全民，我也找出其缘故了：贤明的人自认超过了适中，不贤的人还做不到适中。就好像许多人每天都在喝水吃饭一样，但是真正能品尝滋味的人，却非常之少。"

第五章

子曰："道其^①不行矣夫^②！"

【章旨】

此章是孔子慨叹中庸之难行。

【注释】

① 其：句中助词，无义。

② 夫（fú）：句末助词，表示感叹。

【译文】

孔子说："中庸之道，终于不能实行了吗！"

第六章

子曰："舜其大知也与^①！舜好问而好察迩言^②；隐恶而扬善，执其两端^③，用其中于民，其斯^④以为舜乎！"

【章旨】

此章是孔子称赞舜能明于中道，足以为后人之榜样，并特别注重"大知"二字。

【注释】

① 舜其大知也与：舜，虞帝之号，姓姚，名重华。知，同"智"。与，同"欤"。朱注："舜之所为大知者，以其不自用，而取诸人也。"

② 迩言：朱注："迩言者，浅近之言。"

③ 执其两端：郑玄曰："两端，过与不及也。"朱注："两端，谓众论不同之极致。"

④ 斯：郑玄曰："斯，此也。"

【译文】

孔子说："舜真是位大智慧的人啊！舜喜好请教人家，也喜欢考察浅近的言语；隐藏别人的缺失，而宣扬他人的善良，掌握住众人所论不同的两端，然后择取合中道的施之于民，这就是其所以被称赞为大舜的原因吧！"

第七章

子曰："人皆曰：'予知①'；驱而纳诸罟②擭陷阱之中③而莫之知辟④也。人皆曰'予知'；择乎中庸而不能期月⑤守也。"

【章旨】

此章是孔子借事例来说明，自认己甚聪慧的人，不足以行中庸之道。

【注释】

① 知：读去声，同"智"。

② 罟：朱注："网也。"

③ 擭（huò）陷阱之中：擭，机槛也。阱，坑坎也。

④ 辟：避之初文。

⑤ 期（jī）月：满一个月。

【译文】

孔子说："人都会说：'我很聪明'；但是被别人驱赶到网罟、机槛、陷阱里，却不知道早些避开。人都会说：'我很聪明'；但是让他们择取中庸之道，却连一个月都持守不住，就变样了。"

第八章

子曰："回①之为人也，择乎中庸，得一善，则拳拳服膺②而弗失之矣。"

【章旨】

此章孔子赞颜回能行中道，举为事例，期望别人效法。

【注释】

① 回：姓颜名回，字子渊，亦称颜渊，春秋鲁人，孔子弟子。敏而好学，闻一知十，不迁怒，不贰过；贫居陋巷，箪食瓢饮，而不改其乐，孔子称其贤。可惜早去世，后世称为复圣。

② 拳拳服膺：谨慎地奉持于胸臆之间。朱注："拳拳，奉持之貌。服，犹着也。膺，胸也。奉持而着之心胸之间。言能守也。"

【译文】

孔子说："颜回做人啊！能够选择中庸的道理，得到一点善事，就奉持着牢记在心中，再也不会把这善道抛弃掉了。"

第九章

子曰："天下国家可均①也，爵禄可辞也，白刃可蹈②也，中庸不可能也。"

【章旨】

此章是孔子形容中庸道理，似易而实难做好。

【注释】

① 均：朱注："平治也。"

② 蹈：履踏也。有避难的意思。

【译文】

孔子说："天下国家虽难以治理，却可以管理得很太平；高官厚禄虽然很贵重，却有人辞谢不做；雪亮的刀刃虽很锐利，却曾有人不畏生死踏过去；中庸的道理，看起来很平常，却很不容易做到理想的地步。"

第十章

子路①问"强"。子曰："南方之强②与？北方之强与？抑而③强与？宽柔以教④，不报无道⑤，南方之强也。君子居之。衽金革⑥，死而不厌，北方之强⑦也。而强者居之。故君子和而不流⑧，强哉矫⑨！中立而不倚⑩，强哉矫！国有道，不变塞⑪焉，强哉矫！国无道，至死不变，强哉矫！"

【章旨】

此章是孔子告诉子路，"强"的中庸道理。

【注释】

① 子路：姓仲名由，字子路，一字季路，春秋鲁卞人。孔子弟子，好勇，故问强。

② 南方之强：南方风气柔弱，故以含忍之力胜人为强。

③ 抑而：抑，转折词。而，朱注："汝也。"

④ 宽柔以教：朱注："谓含容巽顺，以诲人之不足。"

⑤ 不报无道：朱注："谓横逆之来，直受而不报也。"

⑥ 衽金革：衽，席也；动词，以之为席也。朱注："金，兵器之属。革，甲胄之属。"

⑦ 北方之强：北方风气刚劲，故以果敢之力胜人为强。

⑧ 和而不流：言以和待人，而不随流俗转移。

⑨ 矫：朱注："矫，强貌。诗曰：矫矫虎臣。"

⑩ 倚：偏也。

⑪ 塞：朱注："塞，未达也。"谓未达时之所守。

【译文】

子路请教孔子："怎样才是强呢？"孔子说："你所问的强，是南方人的强呢？还是北方人的强呢？或者是你所要学的强呢？用宽宏柔和的方式来教诲人，不报复那不讲道理来欺侮我的人，凡事忍耐，不与人计较，这就是南方人的强。也是有学问道德的君子，愿意去持守的。全仗血气用事，携带着兵器，睡在盔甲上面，一直坚持到死还不满意，这就是北方人的强。也是有勇气、好争闹的人，愿意去持守的。所以君子主张以和待人，而不随流俗转移，这是他认为的真强！保持中道，却不偏倚，这也是真正的强！国家走上正道时，能够不变更未通达时的操守，这是另一种真强！国家混乱而无正规时，仍然能做到死不改变平生气节，那更是真实的强！"

第十一章

子曰："素隐行怪^①，后世有述^②焉，吾弗为之矣。君子遵^③道而行，半途而废，吾弗能已^④矣。君子依乎中庸，遁^⑤世不见知而不悔，唯圣者能之。"

【章旨】

此章是孔子谈隐遁的人，其行为亦应依乎中庸之道。

【注释】

① 素隐行怪：素，郑玄以为同"愫"，义为向。意谓趋向于避害隐身，而行为诡谲也。朱熹以为"素"乃"索"之误，意谓探求隐僻之理，而遍为诡异之行也。

② 后世有述：后代有人称道。

③ 遵：循也。

④ 已：朱注："已，止也。"

⑤ 遁：隐避也。

【译文】

孔子说："探求隐僻道理，做些怪异的行为，后代虽有人称述他，但是我却不肯去做这种学问和行为。君子遵循正道而行，但是有部分人常半途而废，我是始终不停止的。君子依乎中庸之道去做，即是隐遁在山林不为人知道，也不觉得后悔，能够如此的人，只有圣人才能做到。"

第十二章

君子之道，费而隐①。夫妇之愚，可以与②知焉；及其至③也，虽圣人亦有所不知焉。夫妇之不肖，可以能行焉；及其至也，虽圣人亦有所不能焉。天下之大也，人犹有所憾，故君子语大，天下莫能载④焉；语小，天下莫能破焉。《诗》云："鸢飞戾天，鱼跃于渊⑤。"言其上下察⑥也。君子之道，造端⑦乎夫妇，及其至也，察乎天地。

【章旨】

此章孔子说明不论何人何处，都有道的存在，其初虽发端于夫妇，终极也可察于天地之理。

【注释】

① 费而隐：朱注："费，用之广也。隐，体之微也。"

② 与：参与也。

③ 至：极端也。

④ 载：容纳也。

⑤ 鸢飞戾天，鱼跃于渊：朱注："《诗经·大雅·旱麓》句。鸢，鸱类。戾，至也。"

⑥ 察：朱注："察，著也。"

⑦ 造端：起始，开始也。

【译文】

君子的道，用处很广，实体却极细微。就是平常没知识的男女，也可以使他们知晓这道理；但是讲到深远的极端，即便是圣人也有其不知道的地方。再说浅显的事务，就是无贤才的夫妇，也可以做到这道理；讲到困难些的事务，即便是圣明的人也有做不到的地方。天地如此之大，人们还觉得狭小而有所怨恨，所以君子讲中庸的大道理，就是天地间也不能够容纳；讲到中庸极小的地方，天地间这么多人，也不能够看破其道理。《诗经》说："仰头可看见鹞子飞在天空，低头又见到鱼儿跃进水底。"这是说明上下明察的道理。君子的道，起初浅近的一部分，一般男女都可以知晓；如果往深远极端发展，就是天地间的大道理，也可以明察了。

第十三章

子曰："道不远人，人之为道而远人，不可以为道。《诗》云：'伐柯伐柯，其则不远[①]。'执柯以伐柯，睨[②]而视之，犹以为远。故君子以人治人，改[③]而止。忠恕违道不远[④]，施诸己而不愿，亦勿施于人。君子之道四，丘未能一焉。所求[⑤]乎子以事父，未能也；所求乎臣以事君，未能也；所求乎弟以事兄，未能也；所求乎朋友先施之，未能也。庸德之行[⑥]，庸言之谨[⑦]；有所不足，不敢不勉；有余不敢尽。言顾行，行顾言，君子胡不慥慥尔[⑧]！"

【章旨】

此章在说明道不远人，中庸之道，很容易实践，只在个人自我反省，时刻去做而已。

【注释】

① 伐柯伐柯，其则不远:《诗经·豳风·伐柯》句。朱注:"柯，斧柄。则，法也。"

② 睨：朱注："睨，斜视也。"

③ 改：改过迁善也。

④ 忠恕违道不远：朱注："尽己之心为忠，推己及人为恕。"违，距离也，去也。

⑤ 求：犹责也。

⑥ 庸德之行：庸，平常也。行，实践也。

⑦ 谨：择其可也。

⑧ 慥慥尔：王引之《经义述闻》："慥慥，犹蹙蹙、汲汲，黾勉不敢缓

之意。"尔，表疑问词，犹乎字。

【译文】

孔子说："中庸的道理，离人并不远；人要修道却离开人，这不能算是修道。《诗经》上说：'拿斧头砍伐斧柄，其法则不算远。'旧斧柄就在手上执着，去砍伐新斧柄，斜视很久，还以为斧柄样子在远方呢！所以君子是以人的道理治人，改过迁善就停止了。尽己的心叫作忠，推己及人叫作恕，人能做到这样就离中庸之道不远了。施在我身上的事，我心中不愿意，也就不要再施于别人身上了。君子的道有四项，我孔丘还没有做到一件。第一，所责求于子的孝来侍奉父亲，我没有做到。第二，所责求于为臣的敬去遵从君主，我也没有做到。第三，所责求于弟的悌道以恭顺兄长，我又没有做到。第四，所责求朋友的信义，先施行自己的信用，我更没有做到。平常道德的实行，平常言语的谨慎；有不足的地方，我不敢不勉力去做；就是我能胜任的事，也不敢有自满心理。说话时要顾虑我能否做到，做事要考虑我有否违背自己的言论，讲中庸之道的人，怎么不赶快去实行呢！"

第十四章

　　君子素①其位而行，不愿②乎其外。素富贵，行乎富贵；素贫贱，行乎贫贱；素夷狄，行乎夷狄；素患难③，行乎患难。君子无入而不自得④焉！在上位不陵⑤下；在下位不援⑥上，正己而不求于人，则无怨；上不怨天，下不尤⑦人，故君子居易⑧以俟命⑨，小人行险以徼幸⑩。子曰："射有似乎君子，失诸正鹄⑪，反求诸其身。"

【章旨】

此章是子思说明道不可远离的义理。

【注释】

① 素：朱注："素，犹现在也。"

② 愿：冀也，慕也。

③ 患难：忧患，灾难。

④ 自得：郑玄曰："自得，谓所乡不失其道。"

⑤ 陵：欺侮侵陵。

⑥ 援：攀附也。

⑦ 尤：怨恨也。

⑧ 居易：朱注："居易，素位而行也。"

⑨ 俟命：朱注："俟命，不愿乎外也。"

⑩ 徼幸：朱注："徼，求也。幸，谓所不当得而得者。"

⑪ 正鹄：箭靶也。朱注："画布曰正，栖皮曰鹄，皆侯之中，射之的也。"

【译文】

君子只求以现在的职务行事，不贪慕范围以外的事。当时富贵就做富贵的事，此刻贫贱就做贫贱的事。这时在外邦就行外邦的事，现时身处忧患灾难就做患难的事。有道德的君子，无论在任何情景，都能悠然自得以行其道啊！地位高的人，不欺凌下位的人；地位低的人，也不去攀缘上级。只要自己立身正直，又不去责备别人，那就没有什么怨恨了！上不埋怨天，下不怨恨人，所以君子能立在平易的地位，等候天命而不向外追求。小人们却要冒险妄求，希望能侥幸得到。孔子说："射箭有些像君子的做人道理，如果射不中靶心，就要自己检讨再求改进。"

第十五章

　　君子之道，辟如①行远必自迩②，辟如登高必自卑③。《诗》曰④："妻子好合，如鼓琴瑟⑤；兄弟既翕⑥，和乐且耽⑦；宜尔室家，乐尔妻帑⑧。"子曰："父母其顺矣乎！"

【章旨】

此章说明进入中庸之道，有一定次序，必须先由家庭开始。

【注释】

① 辟如：辟，是"譬"之初文，此为譬如。

② 迩：近也。

③ 卑：低也。

④《诗》曰：《诗》，《诗经·小雅·常棣》。

⑤ 如鼓琴瑟：鼓，弹也。瑟，琴类乐器。此句喻全家和乐也。

⑥ 翕：合也。

⑦ 耽：朱注："耽，亦乐也。"

⑧ 帑：朱注："帑，子孙也。"古本一作"孥"，音义同。

【译文】

　　君子的道，譬如走远路，必须自近处开始；譬如登高处，必须自低处起步。《诗经》上说："妻子儿女，大家都和和睦睦，就如同弹琴瑟一样快乐；兄弟关系融洽合好，那么就可以和气而快活；这样，就可使你的家庭和顺，使你的妻子快乐。"孔子赞美说："这样妻子兄弟都互相和乐，做父母的，心里一定很高兴了啊！"

第十六章

子曰："鬼神之为德①，其盛矣乎！视之而弗见，听之而弗闻，体物②而不可遗，使天下之人，齐明③盛服，以承祭祀，洋洋乎④如在其上，如在其左右。《诗》曰⑤：'神之格思⑥，不可度⑦思，矧可射思⑧。'夫微之显，诚⑨之不可掩⑩如此夫！"

【章旨】

此章以鬼神之道无形，而能显著诚信为比喻，说明中庸之道也是如此，自微至著，不言而自诚。

【注释】

① 德：犹言性情功效。

② 体物：朱注："是其为物之体，而物所不能遗也。"言鬼神乃万物之本体，而为万物所不可遗缺者。

③ 齐明：齐，古本一作"斋"。明，犹洁也。齐明，言斋戒明洁也。见《礼记》孔颖达疏。

④ 洋洋乎：朱注："洋洋，流动充满之意。"

⑤《诗》曰：《诗》，《诗经·大雅·抑》。

⑥ 神之格思：格，来也。思，语辞。

⑦ 度：测度。

⑧ 矧可射思：矧，况也。射，厌也。

⑨ 诚：朱注："诚者，真实无妄之谓。"

⑩ 掩：掩藏也。

　　孔子说："鬼神的性灵功效，实在是很大呀！看不见他的形象，听不到他的声音，但是他为万物的本体，是不可以遗漏的；他能使天下的人，自我斋戒清洁，穿着整齐的衣服，去奉行祭祀，这股气力的流动就像充满人间一样，如在我们的头上，又如在我们的左右。《诗经》上说：'神的来临，不是预先猜得到的，怎么能怠慢他呢？'那么鬼神本是隐微的，却又这样明显；可见人类的诚心，是不可掩藏起来的啊！"

第十七章

　　子曰："舜其大孝也与！德为圣人^①，尊为天子，富有四海之内；宗庙飨之^②，子孙保之。故大德，必得其位，必得其禄，必得其名，必得其寿。故天之生物，必因其材^③而笃^④焉，故栽者培之^⑤，倾者覆^⑥之。《诗》曰^⑦：'嘉^⑧乐君子，宪宪令德^⑨，宜民宜人^⑩，受禄于天；保佑命之，自天申^⑪之。'故大德者必受命^⑫。"

【章旨】

　　此章是孔子举大舜为例，说明行中庸之道，可以得到幸福，也可以接受任命去做大事。

【注释】

① 圣人：理想中人格最高的人。

② 宗庙飨之：宗庙，古天子诸侯祭祀其先人之所。飨，合祭也。

③ 材：朱注："材，质也。"

④ 笃：厚也。

⑤ 栽者培之：栽，植也。培，气至而滋息也。

⑥ 覆：朱注："气反而游散则覆。"

⑦ 《诗》曰：《诗》，《诗经·大雅·假乐》。

⑧ 嘉：善也。

⑨ 宪宪令德：宪宪，兴盛之貌。令德，美德也。

⑩ 宜民宜人：宜民，谓宜养万民。宜人，谓宜官人。见《礼记》孔颖达疏。

⑪ 申：朱注："申，重也。"重复之意。

⑫ 受命：朱注："受天命为天子也。"

【译文】

孔子说："舜真是位大孝的人了！论他的德已到圣人，谈他的尊贵曾做到天子，以财富说四海之内都有他管辖，死后还立有宗庙受后人祭祀，他的子孙永远保有祭礼。所以说有大德行的人，必定有尊贵的地位，必定得到最丰厚的福禄，必可得到最高尚的名声，也必定可以活最长的寿命。因为天生万物，一定就其材质而加厚于他，所以对可栽种的就培植它，对那倾斜的就使它覆倒。《诗经》说：'善良和乐的君子，有兴盛的美德，既宜养万民，又可任用为官员，接受上天的降福；上天保佑他，又命令他为天子，重复赐福给他。'所以说有大德的人，必定能担当大的任命。"

第十八章

子曰："无忧者其惟文王^①乎！以王季^②为父，以武王^③为子；父作之，子述之^④。武王缵大王^⑤、王季、文王之绪^⑥，壹戎衣^⑦而有天下，身不失天下之显名；尊为天子，富有四海之内，宗庙飨之，子孙保之。武王末受命^⑧，周公成文武之德，追王^⑨大王、王季，上祀先公^⑩以天子之礼。斯礼也，达乎诸侯、大夫及士、庶人。父为大夫，子为士，葬以大夫，祭以士。父为士，子为大夫，葬以士，祭以大夫。期之丧^⑪，达乎大夫；三年之丧^⑫，达乎天子；父母之丧，无贵贱一也。"

【章旨】

此章孔子说明周文王、周武王、周公，能行中庸之道，追尊大王、王季，以明天子下葬之礼。

【注释】

① 文王：姓姬，名昌，商纣王时，为西伯。积善施仁，政化大行，是周武王之父，谥号为文。

② 王季：周文王之父，古公亶父少子，名季历。

③ 武王：周文王之子，名发，谥号为武。

④ 述之：继志述事。

⑤ 缵大王：朱注："缵，继也。"大读"太"。大王，即王季之父古公亶父也。

⑥ 绪：基业也。

⑦ 壹戎衣：朱注："戎衣，甲胄之属。壹戎衣，武成文。言一著戎衣以伐纣也。"

⑧ 末受命：朱注："末，犹老也。"受命，言受天命为天子也。

⑨ 王（wàng）：读去声，动词，言尊称为王也。

⑩ 先公：自组绀以上至后稷。

⑪ 期（jī）之丧：期，指期年，即一周年。期之丧，谓旁系亲属期年之丧。

⑫ 三年之丧：除父母丧之外，诸侯为天子，大夫、士为国君，嫡孙承重为祖父母，继立为先君，父为嫡长子，天子为后，皆三年丧。

【译文】

孔子说："没有忧愁的人，那只有周朝的文王了！以王季来做他的父亲，以武王来做他的儿子；有父亲开创了帝王的基业，儿子紧接着继承了他的事业。武王继承大王、王季、文王的基业，穿了一次军衣就平定天下，自己不丢失天下，并显扬声名；尊贵到了天子，财物包括四海之内，后世又造宗庙来祭祀他，子孙们永久保持祭礼。武王晚年才受命为天子，有许多的事，本身未能做完，到了周公，才完成那文王、武王的德业，并且追封曾祖父大王，祖父王季的帝王名号，再向上追祭祖代先人至后稷，都用帝王的礼节。这项礼节，从帝王通行到诸侯、大夫、士及百姓，如果父亲做到大夫，儿子只做到士，葬埋亡父用大夫的礼节，祭祀先父用士的礼节。如果父亲做到士，儿子却升到大夫，葬埋亡父用士的礼节，祭祀先父用大夫的礼节。一年的孝服，通行到大夫为止；三年的孝服，一直通行到帝王；因为父母的孝服，无论贵为帝王，贱为平民，都是一样的。"

第十九章

子曰："武王、周公，其达孝^①矣乎！夫孝者善继人之志，善述人之事者也。春秋，修其祖庙，陈其宗器^②，设其裳衣^③，荐其时食^④。宗庙之礼，所以序昭穆^⑤也；序爵，所以辨贵贱也；序事^⑥，所以辨贤也；旅酬^⑦下为上，所以逮^⑧贱也；燕毛^⑨，所以序齿^⑩也。践^⑪其位，行其礼，奏其乐；敬其所尊，爱其所亲；事死^⑫如事生，事亡^⑬如事存，孝之至也。郊社^⑭之礼，所以事上帝也；宗庙之礼，所以祀乎其先也。明乎郊社之礼，禘尝^⑮之义，治国其如示^⑯诸掌乎！"

【章旨】

此章是孔子说明周武王、周公的通达孝道，上承先祖，修宗庙，行郊社之礼，所以能治国如置掌中之物。同时说明由孝行起，与率性之道的广大。

【注释】

① 达孝：朱注："达，通也。"意谓天下之人，通谓之孝。顾炎武《日知录》，以为孝道无所不通也。

② 陈其宗器：陈，列也。宗器，为先世重要之祭器。郑玄曰："宗器，祭器也。"

③ 裳衣：先祖之遗服也。

④ 时食：朱注："时食，四时之食，各有其物，如春行羔豚膳膏香之类是也。"

⑤ 昭穆：宗庙神位之序。朱注："左为昭，右为穆。"

⑥ 事：朱注："事，宗祝有司之职事也。"

⑦ 旅酬：朱注："酬，导饮也。旅酬之礼，宾弟子，兄弟之子，各举觯

于其长，而众相酬。"

⑧ 逮：及也。

⑨ 燕毛：燕，同"宴"，谓祭毕而宴。毛，头发。以毛发之色，分别长幼，为座次也。朱注："祭毕而宴，则以毛发之色，别长幼为坐次也。"

⑩ 齿：年龄也。

⑪ 践：登也。

⑫ 死：意谓始死未葬也。

⑬ 亡：既葬则曰，返而亡焉。

⑭ 郊社：郊，祭天。社，祭地。

⑮ 禘尝：禘，天子宗庙五年一次大祭。在太庙中，追祭始祖及所出生之先王，而以太祖配祭也。尝，秋祭也。

⑯ 示：朱注："示，与视同。"

【译文】

孔子说："武王和周公，是世人通称能尽孝的人了！所谓孝，就是善于继承先人的志向，完成先人的事业啊！每逢春秋祭祀的时候，整修好祖宗的庙宇，陈列祖宗留下的宝器珍品，摆设出祖先穿戴过的衣服帽子等，进献当时的新鲜果食。宗庙内的祭祀礼节，用以明示左昭右穆的次序；按官位的高低排列，用以辨别贵贱；分配祭祀时的职事，是借以辨别才能；互相酬饮的时候，晚辈向长辈敬酒，用以让晚辈也有接近长辈的光荣；宴饮按头发颜色排次序，用以要尊敬年高的人。登先王的神位，行先王的礼节，奏先王的音乐；敬先王所尊敬的人，爱先王所亲爱的人；侍奉已死的近亲，如同侍奉他还活着一样；侍奉已死的祖先，也如他还生存一样；这就是行孝到极点了。祭天地的礼节，是用以侍奉上天圣帝的；宗庙的礼节，是用以祭祀自己的祖先的。能够明了了祭天地的礼节，与天子宗庙每五年一大祭的禘祭和秋祭的尝祭等礼节，然后去治理国家大事，就如同视察自己掌心的纹路一般，是非常清楚了。"

第二十章

哀公^①问政。子曰："文、武之政，布在方策^②。其人存，则其政举；其人亡，则其政息。人道敏政，地道敏树。夫政也者，蒲卢^③也。故为政在人^④，取人以身^⑤，修身以道，修道以仁。仁者，人也，亲亲^⑥为大；义者，宜也，尊贤为大。亲亲之杀^⑦，尊贤之等，礼所生也。（在下位，不获乎上，民不可得而治矣^⑧。）故君子不可以不修身，思修身，不可以不事亲；思事亲，不可以不知人；思知人，不可以不知天。

"天下之达道^⑨五，所以行之者三。曰：君臣也，父子也，夫妇也，昆弟^⑩也，朋友之交也，五者，天下之达道也；知、仁、勇，三者，天下之达德^⑪也，所以行之者，一也^⑫。或生而知之，或学而知之，或困而知之^⑬，及其知之，一也。或安而行之^⑭，或利而行之^⑮，或勉强而行之，及其成功，一也。"

子曰^⑯："好学近乎知，力行近乎仁，知耻近乎勇。知斯三者，则知所以修身；知所以修身，则知所以治人；知所以治人，则知所以治天下国家矣。

"凡为天下国家有九经^⑰，曰：修身也，尊贤也，亲亲也，敬大臣也，体^⑱群臣也，子^⑲庶民也，来百工也，柔^⑳远人也，怀^㉑诸侯也。修身，则道立；尊贤，则不惑；亲亲，则诸父^㉒昆弟不怨；敬大臣，则不眩^㉓；体群臣，则士之报礼重^㉔；子庶民，则百姓劝^㉕；来百工，则财用足；柔远人，则四方归之；怀诸侯，则天下畏之。齐^㉖明盛服，非礼不动，所以修身也；去谗远色，贱货而贵德，所以劝贤也；尊其位，重其禄，同其好恶，所以劝亲亲也；官盛任使^㉗，所以劝大臣也；

忠信重禄，所以劝士也；时使薄敛，所以劝百姓也；日省月试，既禀称事^㉘，所以劝百工也；送往迎来，嘉善而矜不能，所以柔远人也；继绝世，举废国，治乱持危，朝聘以时^㉙，厚往而薄来，所以怀诸侯也。凡为天下国家有九经，所以行之者，一也。

"凡事豫^㉚则立，不豫则废；言前定则不跲^㉛；事前定，则不困；行前定，则不疚；道前定，则不穷。在下位，不获乎上，民不可得而治矣；获乎上有道：不信乎朋友，不获乎上矣；信乎朋友有道，不顺乎亲，不信乎朋友矣；顺乎亲有道：反诸身不诚，不顺乎亲矣；诚身有道：不明乎善，不诚乎身矣。

"诚者^㉜，天之道也；诚之者^㉝，人之道也；诚者，不勉而中^㉞，不思而得，从容中道，圣人也；诚之者，择善而固执之者也。博学之，审^㉟问之，慎思之，明辨之，笃行之。有弗学，学之弗能弗措^㊱也；有弗问，问之弗知弗措也；有弗思，思之弗得弗措也；有弗辨，辨之弗明弗措也；有弗行，行之弗笃弗措也。人一能之，己百之；人十能之，己千之。果能此道矣，虽愚必明，虽柔必强。"

【章旨】

此章是孔子告诉哀公为政之道，在于取人修身，以及五达道，三达德；并说明治天下国家，行九经之法，在于至诚，凡事在于先前谋之则可成功。又以人存政举，学行并重，分条阐述，总结为诚，实为全篇之枢纽耳。

【注释】

① 哀公：名蒋，春秋鲁君，哀公是其谥号。

② 方策：方，木版。策，竹简。古之书籍或记录。

③ 蒲卢：朱子引沈括所言，以为蒲苇是也。其物易生，其成尤速，故举以为政治易见成效之喻。

④ 为政在人：朱注："人，谓贤臣。"

⑤ 取人以身：朱注："身，指君身。"谓有明君乃能得贤臣。

⑥ 亲亲：上一亲字为动词，即爱其亲也。

⑦ 杀：等差之意。

⑧ 在下位……而治矣：郑玄注："应属于下，此处误重，应删。"

⑨ 达道：达，通达。达道，即天下古今所共由之路也。

⑩ 昆弟：兄弟也。

⑪ 达德：朱注："谓之达德者，天下古今所同得之理也。"即人人应有之德行也。

⑫ 一也：朱注解"一"字为"诚"，曰："则诚而已矣。"王引之《经义述闻》以为"一"是衍文，乃因下文"所以行之者一也"而衍。

⑬ 困而知之：谓困苦力学而后乃知。

⑭ 安而行之：言安然自得而行也。

⑮ 利而行之：为名声利益而行也。

⑯ 子曰：朱注："子曰二字衍文。"翟灏《四书考异》："按汉书公孙弘传，此间有'故曰'二字，子字或是故字之误。"

⑰ 经：常也。谓常行不变之法则。

⑱ 体：动词，设身处地以察之也。

⑲ 子：动词，如父母之爱其子也。

⑳ 柔：安抚也。

㉑ 怀：抚也，安也。

㉒ 诸父：与父亲同辈者，即众族老。

㉓ 眩：迷乱也。

㉔ 报礼重：感恩图报，而知尊重国君。

㉕ 百姓劝：百姓劝勉以事上。

㉖ 齐：斋戒也。

㉗ 官盛任使：谓官属众盛，足任使命也。

㉘ 既禀称事：既，同"饩"，禾米也。禀，通"廪"，赐谷也。既禀，即给予粮食也。称，恰合，相当也。既禀称事，视工作成绩给予相当之俸禄也。

㉙ 朝聘以时：朝，诸侯朝见天子也。聘，诸侯使大夫相聘问以修好也。

朝聘以时，按一定之时日朝聘也。朱注引《王制》曰："比年一小聘，三年一大聘，五年一朝。"

㉚ 豫：事先准备。

㉛ 言前定则不跲：朱注："跲，踬也。"踬即蹶倒之意。谓能思定而后言，则不致踬蹶困窘也。俞樾《群经平议》以为"跲"当作"佮（xī）"，即老子"将欲歙之"之"歙"，闭塞也。谓言前定则可通畅不闭塞也。

㉜ 诚者：朱注："诚者，真实无妄之谓，真理之本然也。"

㉝ 诚之者：朱注："诚之者，未能真实无妄，而欲其真实无妄之谓，人事之当然也。"

㉞ 不勉而中：言无须勉力而行，自然契合。

㉟ 审：详也。

㊱ 措：废置也。

【译文】

鲁哀公问治国的道理。孔子说："周文王、周武王的施政方法，都记载在典册上。只是他们在位的时候，这种政治才施行，等他们去世了，这良好的政治就息灭了。做人君的法则，就是赶快修明政治；利用土地的法则，就是赶快种植。政治就像蒲苇一样，很容易就会成功。所以治理国政主要是能得贤臣，要选拔贤臣，那么君主就应先修养本身，修身就要以道为本，修道主要离不开仁。所谓仁，就是推己及人的爱人，其中以亲爱自己的亲人最为重要。所谓义，就是做事合宜，其中以尊重贤人最为重要。亲爱亲族有等差，尊重贤人也有等差，礼就是由此产生的。所以君子不可以不修身，要想修身，不可以不先侍奉双亲；要想孝顺双亲，不可以不知道贤人；要想知道贤人，不可以不知道天理。

"天下所通行的人道有五种，用来实践的有三项。如说：君臣、父子、夫妇、兄弟、朋友的交往，这五种就是天下所通行的人道；智、仁、勇，这三项就是天下所通行的德行。所用来实行的，只是一个"诚"字。有的人生下来就知道许多，有的人经过学习才知道，有的人下苦功夫之后才能知道，可是到知道的时候，却都是一样的。有的人安然自得地去实行，有的人为名声利益去实行，有的人必须费很大气力才能实行，可是到成功的时候，却都是一样的。"

孔子说："喜欢研究学问便接近智，努力行善便接近仁，知道有羞耻便接近勇。知道这三点，就知道怎么修身了；知道怎样修身，就知道怎样管理众人；知道怎样管理众人，就知道怎样治理天下国家了。

"凡是治理天下国家有九种经常不变的法则，如说：修养自身，尊重贤人，亲爱亲族，礼敬大臣，体恤群臣，爱民如子，招徕百工，安抚远方的人，感服各国的诸侯。修养身心，道就可以确立；尊重贤人，就不会有疑惑；亲爱亲族，伯叔兄弟就不会怨恨；礼敬大臣，临事就不会迷乱；体恤群臣，臣下感恩图报，就会尊重国君；爱民如子，百姓就会互相劝勉效忠；招徕百工，财用就会充足；安抚远方来的人，四方的人民就会闻风归附；感服各国诸侯，天下的各国就都敬畏元首了。斋戒明洁，穿着整齐的衣服，不合礼法的不轻举妄动，这就是修身的方法；不听谗言，远离女色；轻视财货，重视道德；这就是劝勉贤人的方法；尊重官高的地位，加重他的俸禄，同意他的喜好或厌恶，这就是劝勉亲爱亲人的方法；官员众多，足以供给差使，这就是劝勉大臣的方法；对忠信的人，给他优厚的俸禄，这就是劝勉普通官员的方法；在一定的时间役使人民，薄收税赋，这就是劝勉百姓的方法；每日查察，按月考验，给予和工作相称的报酬，这就是劝勉百工的方法；欢送要走的人，迎接将来的人，奖励优良的人，怜恤无能的人，这就是安抚远方来人的方法；继续世系已绝的诸侯，振兴政事已废的国家，替他们平治祸乱，扶持他们的危难，实施定时朝见与聘间，送往礼物要优厚，收受礼物不嫌薄，这是感服各国诸侯的方法。总之，治理天下国家有九种常法，但是赖以实行的却只有一个'诚'。

"凡是做任何事情，预先有准备就能成功，没有准备就要失败。说话事先有准备，就不会词穷理屈；做事事先有准备，就不会发生困难；行动前先有准备，行动后就不会愧恨；讲道先有准备，就不会理穷词不违了。处在低下职位，不能获得上级的信任，就难以治理百姓了；获得上级的信任有方法，不被朋友信任，便得不到上级的信任了；取信于朋友也有方法，不能孝顺双亲，便得不到朋友的信任了；孝顺双亲也有方法，如果反省自己没有诚意，便不能算孝顺双亲了；要能做到诚实也有方法，倘如不明白本性的善，就不能使自己诚实了。

"诚实，是天理的本然；做到诚，是人道的当然。天生就诚实的人，不用勉强自然就能契合，不靠思虑自然就能有得，从容间就合乎中道，这是圣人。至于要努力行诚的人，是依靠用心选择善道，又坚固地去执守，这是一般的人，可以做到的。广博地学习，详细地请问，谨慎地思考，清明地辨别，努力地实践。除非不学，学而不能，绝不放弃；除非不问，问而不知，绝不放弃；除非不思虑，思虑而不得，绝不放弃；除非不分辨，分辨不明，绝不放弃；除非不实行，实行不成功，绝不放弃。别人用一分气力能做到，我用百分气力去做它；别人用十分气力能做到，我用千分气力去做它。如果能用这方法去实行，虽然是愚笨的人，也会变得聪明；虽然柔弱的人，也会变得刚强。"

第二十一章

自诚明，谓之性①；自明诚，谓之教②；诚则明矣，明则诚矣。

【章旨】

此章是说明天人合一的要旨，勉励人尽人道以求与天道相合。

【注释】

① 自诚明，谓之性：朱注："自，由也。德无不实，而明无不照者，圣
　人之德所性而有者也，天道也。"

② 自明诚，谓之教：朱注："先明乎善，而后能实其善者，贤人之学，
　由教而入者也。"

【译文】

由诚心去明白这道理，这叫作自然的天性；由明白道理后去涵养诚心，
这叫作人为的教化；能够有诚心，就能够明白这道理；能够明白道理，就自
然会有诚心了。

第二十二章

唯天下至诚[1]，为能尽其性；能尽其性，则能尽人之性；能尽人之性，则能尽物之性；能尽物之性，则可以赞天地之化育；可以赞[2]天地之化育，则可以与天地参[3]矣。

【章旨】

此章说明至诚尽性的全部功效。

【注释】

① 天下至诚：朱注："天下至诚，谓圣人至德之实，天下莫能加也。"

② 赞：犹助也。

③ 与天地参：朱注："谓与天地并立为三也。"

【译文】

唯有天下最诚心的人，才能尽到自己的本性；能尽到自己的本性，才能尽知众人的本性，推而能尽知万物的本性；能尽知万物的本性，就可以赞助天地化育万物；可以赞助天地化育万物，就可以和天地并立为三了。

第二十三章

其次致曲①，曲能有诚；诚则形，形则著，著则明，明则动，动则变，变则化②；唯天下至诚为能化。

【章旨】

此章是子思说明致曲有诚的人，及其造极，也必能到达至诚化育万物的地步。

【注释】

① 其次致曲：其次，指次圣人一等之贤人。致曲，朱注："致，推致也。曲，一偏也。"一偏，即不完善的意思。

② 变则化：朱注"变者，物从而变。化，则不知其所以然者。"盖变，仅能改旧俗，而仍有痕迹；化，则全部消化，无有痕迹矣。

【译文】

次于圣人的一等贤人，本性还不完善，就从明白道理入手，专心求得部分本性道理，虽然不甚完全，但是能用力去做，就能够有了诚心，内里有了诚心就会表现于外形，有了外形就会显著，显著了就会放出光明，有了光明就可以感动众人，能感动众人就可以改变他人恶习，能改变众人恶习就转化成善良风俗，这是顶端的功夫。因此只有天下最诚心的人，才能够做到化育万物的地步。

第二十四章

　　至诚之道，可以前知：国家将兴，必有祯祥^①；国家将亡，必有妖孽^②；见乎蓍龟^③，动乎四体^④；祸福将至，善必先知之，不善必先知之：故至诚如神。

【章旨】

此章是子思解说诚则明的意思。

【注释】

① 祯祥：吉祥之预兆也。

② 妖孽：祸将萌芽，即妖怪出也。

③ 见（xiàn）乎蓍龟：见，发现也。蓍，多年生草，用以为筮，即古人用以占吉凶者。龟，古人用卜卦者。

④ 四体：即四肢。朱注："四体，谓动作威仪之间，如执玉高卑，其容俯仰之类。"

【译文】

　　最诚心的作用，可以预先晓得未来的事；国家快要兴旺的时候，必定有些吉祥的征兆出现；国家将要灭亡的时候，也必定会有祸患发生或是妖怪出现；命运好坏，都会在占卜的蓍草和卜卦的灵龟上，以各种举止表现出来；祸福将要来临，有好的事，必能够预先知晓；有不好的事，也必能预先知晓；所以极诚心的人，就如同神仙一样。

第二十五章

诚者，自成也；而道，自道①也。诚者，物之终始；不诚无物。是故，君子诚之为贵。诚者，非自成己而已也，所以成物也。成己，仁也；成物，知也；性之德也，合外内之道也，故时措之宜②也。

【章旨】

此章是子思说明诚与人的关系，并推言能诚的功妙。

【注释】

① 自道：导己所当行之路也。朱注："言诚者，物之所以自成；而道者，人之所当自行也。"

② 时措之宜：时，随时，以时之意。措，处置也，施行也。谓时时施行而皆得其宜也。

【译文】

诚是自己完成人格的根本功夫，道是自己所当行的路径。诚是天下万物的起因和结果，如果没有诚，一切都不能存在。所以，君子能做到诚，是最为可贵的。诚的施行，并不是自己完成人格就算了，还要能够完成其他万物，给予自然的性格。完成自己的人格，就是仁；完成其他万物的自然性格，就是智；都是天生的德行，综合有外成于物、内成于己的法则，所以要时时施行，使各得其宜啊！

第二十六章

故至诚无息①；不息则久。久则征②，征则悠远，悠远则博厚，博厚则高明。博厚所以载物也，高明所以覆物也，悠久所以成物也。博厚配地，高明配天，悠久无疆③。如此者，不见而章④，不动而变，无为而成。

天地之道，可一言而尽也；其为物不贰⑤，则其生物不测。天地之道：博也，厚也，高也，明也，悠也，久也。今夫天，斯昭昭⑥之多，及其无穷也，日月星辰系焉，万物覆焉。今夫地，一撮土之多；及其广厚，载华岳⑦而不重，振⑧河海而不泄，万物载焉。今夫山，一卷⑨石之多；及其广大，草木生之，禽兽居之，宝藏兴焉。今夫水，一勺之多；及其不测，鼋鼍⑩蛟龙鱼鳖生焉，货财殖焉。

《诗》云⑪："维天之命，於穆⑫不已！"盖⑬曰天之所以为天也。"於乎不显，文王之德之纯⑭。"盖曰文王之所以为文也。纯亦不已。

【章旨】

此章首讲至诚无息的功用与天地相同，次以天地至诚无息的功用说明圣人也是至诚无息，末引《诗经》上的话，合讲天地圣人是同一的至诚无息。

【注释】

① 息：间断也。

② 久则征：久，常于中也。征，验于外也。

③ 无疆：无界限也。

④ 不见（xiàn）而章：见，示也。章，同"彰"，明也，言不事表示而自然彰明也。

⑤ 贰：二心也。

⑥ 昭昭：朱注："昭昭，犹耿耿，小明也。此指其一处而言也。"

⑦ 华岳：二山名。华山，亦曰太华山，在陕西省华阴市南，世以为五岳中之西岳也。岳山，亦称岍山、吴岳，在陕西省陇县西南。

⑧ 振：收也。

⑨ 卷：通"拳"，古本原作"拳"，谓石小如拳也。朱注："卷，区也。"

⑩ 鼋鼍（yuán tuó）：鼋，大鳖也。鼍，动物名，一名鼍龙，属脊椎动物爬虫类，体长一二丈，四足，背尾鳞甲。

⑪《诗》云：《诗经·周颂·维天之命》。

⑫ 於（wū）穆：於，叹词。穆，深远也。

⑬ 盖：疑词。犹言大概也。

⑭ 於乎不显，文王之德之纯：亦《诗经·周颂·维天之命》句。於乎，同"呜呼"。不显，朱注："犹言岂不显也。"纯，不杂也。《十三经注疏》："纯，大也。"

【译文】

所以至诚是没有间断的，不间断就能常存诚心，能常存诚心就能征验于外，能征验于外就能悠远，能悠远就能广博深厚，能广博深厚就自然高明。广博深厚可以身载万物，高大光明可以覆照万物，悠远长久可以成就万物。广博深厚好比是地，高大光明好比是天，悠远长久好比是无界限的宇宙。如果能像这样子，自己不必表现，就自然会彰明；不必有意行动，自然就变化入神；不必有所作为，自然就能成就远大了。

天地的道理，可以一句话囊括的，就是至诚地对待万物，没有二心，所以化生万物也不可测量了。天地的道理，博大、深厚、高洁、光明、悠远、久长。现在说天，本是小小亮光的累积，等到成为无穷大的天体时，日月星辰都存在其间，地上万物都被覆照着。现在说地，本是一撮土一撮土所累积，等到成为广大深厚的大地时，负载着华山岳山而不觉得重，收容着黄河大海而不泄漏，所有的万物都能负载得起。现在说山，本是如拳头大的石块泥土的累积，等到成为广大的山岳时，草木生长在上面，禽兽栖息在其间，宝贵的矿产也从这里开发出来了。现在说水，本是一小勺一小勺水所累积，等到成为深广不可测的海洋时，鼋、鼍、蛟龙、鱼鳖等，都生长在那里，而货物财物也因而生殖起来了。

《诗经》上说："天的道理，真是深远无穷啊！"大概是说，天所以成为大的道理。《诗经》又说："呜呼！岂不显明呀！文王所施德教这样纯大不杂。"大概是说，文王之所以谥号为文，就是因为他纯大不杂至诚无间。

第二十七章

大哉！圣人之道！洋洋^①乎，发育万物，峻^②极于天。优优^③大哉！礼仪^④三百，威仪^⑤三千；待其人而后行。故曰："苟不至德，至道不凝^⑥焉。"故君子尊德性^⑦而道问学^⑧，致广大而尽精微，极高明而道中庸。温故而知新，敦厚以崇礼。是故，居上不骄，为下不倍^⑨。国有道，其言足以兴^⑩；国无道，其默足以容。《诗》曰^⑪："既明且哲^⑫，以保其身。"其此之谓与^⑬！

【章旨】

此章说明圣人之道高大，君子必须勇于人道，方能成为广大深厚的至德。

【注释】

① 洋洋：充满之意。

② 峻：高大也。

③ 优优：充足有余之意。

④ 礼仪：《中庸新解》曰："为周朝所定的大仪节，如冠婚丧祭之礼。"

⑤ 威仪：《中庸新解》曰："为周朝所定的小仪节，如动作周旋之容。"

⑥ 凝：聚也，成也。

⑦ 尊德性：尊，恭敬奉持之意。德性，朱注："德性者，吾所受于天之正理。"即天命之性也。

⑧ 道问学：道，由也。问学，即学问。朱注："道问学，所以致知而尽乎道体之细也。"

⑨ 倍：通"背"。

⑩ 兴：兴起在位也。

⑪《诗》曰：《诗》，《诗经·大雅·烝民》。

⑫ 哲：智也。

⑬ 与：同"欤"，疑问词。

【译文】

伟大呀！圣人的道理！充满在宇宙之间，以发育万物，其高大可与天比齐。充裕广大呀！大的礼仪有三百多，小的仪节有三千多，必须等候那有才德的人出来，而后才能实行。所以说："要是没有极高德行的人，那最大的道理就不能有成就。"所以君子不仅要恭敬奉持天赋之德行，还要讲究学问，致力于道体的广大，尽心于道体的精微，虽然到达极高明的境地，仍旧遵循着中庸的道理。温习旧学问而增进新知识，存心敦厚而崇尚礼节。所以，在上位就不会骄傲，在下位也不会悖乱。国家有道的时候，他的言论足以振兴国家；国家无道的时候，他的沉默也足以容身。《诗经》上说："既明达事理，又广闻睿智，依据中道，保守自身。"就是这个意思。

第二十八章

子曰："愚而好自用①，贱而好自专；生乎今之世，反②古之道；如此者，灾及其身者也③。"非天子，不议礼，不制度④，不考文⑤。今天下车同轨⑥，书同文，行同伦⑦。虽有其位，苟无其德，不敢作礼乐焉；虽有其德，苟无其位，亦不敢作礼乐焉。

子曰："吾说夏礼，杞不足征⑧也；吾学殷礼，有宋存焉⑨；吾学周礼，今用之，吾从周⑩。"

【章旨】

此章是子思引孔子之言，以明示为下不悖之义理。

【注释】

① 自用：谓以己之才智为可恃，行动全凭己意也。

② 反："返"之初文，复也。

③ 灾及其身也：朱子以此节为孔子所言，仅至"灾及其身者也"句止，而"非天子"至"亦不敢作礼乐焉"，乃子思之语，但郑玄以为仍是孔子之言。今从朱注。

④ 制度：制，造也。度，品制也；如律、度、量、衡、车、舆等。

⑤ 考文：谓考论书名也。

⑥ 车同轨：言车行之辙迹，阔狭相等也。

⑦ 行同伦：行，行之品德。伦，次序之体。

⑧ 杞不足征：杞，国名，夏之后裔，周武王所封。征，证也。

⑨ 有宋存焉：宋，国名，殷之后裔，周武王所封。此句与《论语·八佾》所言略异，盖子思居宋作《中庸》，故讳之。

⑩ 周：周朝。

【译文】

孔子说："愚笨的人偏要自恃才能，卑贱的人偏要自作主张；生在当今的时代，偏要回返古时的路上，这样的人，灾祸一定会降临到他的身上啊。"不是天子，不能议论礼的是非，不能创制法度，不能考论文字。现在天下，车行的轨迹相同，写的文字相同，品德的伦次也相同。虽有天子的地位，假使没有圣人的德行，还是不敢制作礼乐的；虽然有圣人的德行，如果不在天子的地位，也是不敢制作礼乐的。

孔子说："我喜欢夏朝的礼法，但是夏朝的后代杞国不够拿来做证据；我学习殷朝的礼法，殷朝的后代宋国虽存在，可惜只是前朝的遗规不合现时应用；我学周朝的礼法，就是现在所用的，我只得依从本朝的周礼。"

第二十九章

王天下有三重①焉，其寡过矣乎！上焉者②，虽善无征，无征不信，不信民弗从。下焉者③，虽善不尊，不尊不信，不信民弗从。故君子之道④，本诸⑤身，征诸庶民⑥，考诸三王而不缪⑦，建诸天地而不悖⑧，质诸鬼神而无疑⑨，百世以俟圣人而不惑。质诸鬼神而无疑，知天也；百世以俟圣人而不惑，知人也。是故，君子动而世为天下道，行而世为天下法，言而世为天下则⑩；远之则有望，近之则不厌。《诗》曰⑪："在彼无恶⑫，在此无射⑬；庶几夙夜⑭，以永⑮终誉。"君子未有不如此，而蚤⑯有誉于天下者也。

【章旨】

此章是子思说明居上不骄之义理。

【注释】

① 王天下有三重：王，动词，君临也。三重，谓三项重要之事。朱注引吕氏："三重，谓议礼、制度、考文。"

② 上焉者：朱注："谓时王（即周王）以前。"如夏礼、殷礼是也。

③ 下焉者：朱注："谓圣人在下，如孔子虽善于礼，而不在尊位也。"

④ 君子之道：朱注："此君子，指王天下者而言。其道，即议礼、制度、考文之事也。"

⑤ 诸："之于"之合音，义亦同。

⑥ 征诸庶民：朱注："验其所信从也。"

⑦ 缪：同"谬"，误也。

⑧ 建诸天地而不悖：悖，逆也。谓建立天地之间而不相悖逆也，即与天

地合德之意。

⑨ 质诸鬼神而无疑：谓凡所行所为，可以质正于鬼神而无一点疑惑也。

⑩ 君子动而世……天下则：朱注："动兼言行而言。道，兼法则而言。法，法度也。则，准则也。"

⑪ 《诗》曰：《诗经·周颂·振鹭》句。

⑫ 恶：厌恶也。

⑬ 射：《诗经》作"斁"，郑玄注音"yì"，朱注则音"dù"，盖押韵故也。也是厌恶之意。

⑭ 庶几夙夜：庶几，希望之词。夙，早也。

⑮ 永：长也。

⑯ 蚤：通"早"。

【译文】

治理天下有三样重要的事，就是议论礼节、制定法度和造文字。能够做好这三项，那就少有过错了；往上代讲，在那夏、商两朝，虽然礼法很好，但是年代较远没有实证，没有凭证就不能取信于人，人不相信百姓就不听从。往下说现代，那孔子虽然德行很好，但是没有天子的尊位，没有天子的尊位人就不相信，人不相信百姓就不听从。所以君王对于议礼、制度、考文这三类事，先要本于自己的德行，再征验百姓的信心，查考夏、商、周三王的法制，能够没有错误，建立于天地之间而没有悖逆，质正于鬼神之间而没有疑心，就是经过百世后来的圣人也不会迷惑。质正鬼神而没有疑心，就是因晓得天理；经过百世后的圣人还不会迷惑，就是因晓得人情。所以，君子的举动可以世世为天下人的常道，行为可以作世世天下人的效法，言语是世世天下人的准则；时代虽远后人却仰望，立在现代却不会被人讨厌。《诗经》上说："在那里没有人厌恶，在这里也没有人怨恨；希望晚睡早起努力工作，以长久保持这好的名誉。"君子没有不是这样勤劳去做的，如果不这样奋发，怎能早有名誉于天下呢！

第三十章

仲尼祖述①尧、舜，宪章②文、武；上律天时③，下袭水土④。辟⑤如天地之无不持载，无不覆帱⑥；辟如四时之错⑦行，如日月之代明。万物并育而不相害，道并行而不相悖。小德川流⑧，大德敦化⑨。此天地之所以为大也。

【章旨】

此章是子思说明孔子极尽中庸的道理，德行可以与天地相比。

【注释】

① 祖述：谓远宗其道而传述之。

② 宪章：宪，法也，此作动词用，取法之意。章，阐明也。

③ 律天时：律，效法也。律天时，法其自然之运行。

④ 袭水土：袭，因也。袭水土，因其一定之理。

⑤ 辟："譬"之初文，作"譬如"用。

⑥ 帱：覆盖也。

⑦ 错：迭也，交错也。

⑧ 小德川流：朱注："小德者，全体之分。川流者，如川之流，脉络分明，而往不息也。"

⑨ 大德敦化：朱注："大德者，万殊之本。敦化者，敦厚其化，根本盛大而出无穷也。"

【译文】

孔子远宗尧、舜的道理，而加以传述，近取法文王、武王的道理，而加以阐明；上效法天道的自然运行，下顺应水土的一定道理。譬如天地一样，没有不能负载的，没有不能覆盖的；譬如一年四季的交互运作，又如日月的交替照明。万物一齐生育而不彼此妨碍。小的德行，比如脉络分明的河流，时常流动不停；大的德行，是敦厚化育，盛大无穷。这就是天地之所以伟大的地方。

第三十一章

　　唯天下至圣，为能聪明睿知^①，足以有临^②也；宽裕温柔，足以有容^③也；发强刚毅，足以有执^④也；齐庄^⑤中正，足以有敬也；文理密察^⑥，足以有别也。溥博渊泉^⑦，而时出^⑧之。溥博如天，渊泉如渊。见^⑨而民莫不敬，言而民莫不信，行而民莫不说^⑩。是以声名洋溢乎中国，施及蛮貊^⑪，舟车所至，人力所通，天之所覆，地之所载，日月所照，霜露所队^⑫，凡有血气者，莫不尊亲，故曰配天^⑬。

【章旨】

此章子思说明至圣之德，大可以配天。

【注释】

① 睿知（ruì zhì）：知，读去声。绝顶聪明也。

② 临：居上位而临下民也。

③ 容：包容也。

④ 有执：能持守道义也。

⑤ 齐庄：齐，同"斋"。齐庄，敬肃庄重之义。

⑥ 文理密察：文理，条理也。密，详细也。察，明辨也。

⑦ 溥博渊泉：溥博，普遍而广阔也。渊泉，静深而有本源也。

⑧ 出：发现也。

⑨ 见：同"现"。

⑩ 说：同"悦"。

⑪ 施及蛮貊：施，同"迤"，旁及之意。蛮，南方未开化之民族。貊，北方未开化之民族。

⑫ 队：同"坠"，降也。

⑬ 配天：配，犹言比也。朱注："言其德之所及，广大如天也。"

【译文】

只有天下至圣的人，才能耳聪目明，思想灵敏，足够居上位监临天下而才有余；度量宽宏充裕，性情温柔平和，足以包容众人而德有余；奋发坚强，刚直恒毅，足以执守大事而勇有余；敬肃庄重，大中至正，足以使人恭敬而礼有余；文章条理，详细明察，足以明辨是非而智有余。圣人的德行普遍而广大，静深而有本源，而且又时刻表露在言行之间。那普遍广大就好像天一样，那幽静深浚就如同潭渊一样。圣人所表现出的一切，百姓没有不恭敬的；他的言语，百姓没有不相信的；他的行动，百姓没有不喜悦的；所以声名充满了中国，旁及至南北未开化的民族，譬如船可到的，车可到的，人可通的地方，天所覆盖的，地所负载的，日月所照耀的，霜露所降到的，凡是有血气的人，没有不尊敬，没有不亲爱他的，所以说圣人的德行，可以和天相比。

第三十二章

唯天下至诚，为能经纶①天下之大经②，立天下之大本③，知天地之化育。夫焉有所倚④？肫肫其仁⑤，渊渊其渊⑥，浩浩其天⑦，苟不固⑧聪明圣知，达天德者，其孰能知之？

【章旨】

此章是子思说明大德敦化之理。

【注释】

① 经纶：皆治丝之事。经，理出头绪而分别之。纶，排比同类而综合之。此处作治理解。朱注："经者，理其绪而分之。纶者，比其类而合之也。"

② 大经：经，常也。大经，即大常道也。朱注："大经者，五品之人伦。"即君臣、父子、兄弟、夫妇、朋友五种伦常也。

③ 大本：人道人性之本原、本体也。朱注："大本者，所性之全体也。"

④ 夫焉有所倚：夫，发语词。焉，岂也。焉有所倚，意谓岂曾有他倚，唯由至诚而已。

⑤ 肫肫其仁：肫肫，诚恳的样子。肫肫其仁，朱注："肫肫，恳至貌，以经纶而言也。"此指经纶天下之大经也。

⑥ 渊渊其渊：朱注："渊渊，静深貌，以立本而言也。"

⑦ 浩浩其天：朱注："浩浩，广大貌，以知化而言也。"指天地之化育也。

⑧ 固：实也。

【译文】

　　只有天下至诚的圣人，才能治理天下人伦的纲常，确立天下人道、人性的本原，知道天地对于万物的变化和生育。难道圣人有什么倚靠吗？只因为他能诚恳地表现仁心，他能深静得像潭渊一样，他能广大得像天一样，如果不是他实在聪明圣智而达天德，谁又能知道他的这层功夫呢？

第三十三章

《诗》曰："衣锦尚絅。"①恶其文之著也②。故君子之道，暗然而日章③；小人之道，的④然而日亡。君子之道，淡而不厌⑤，简而文，温而理，知远之近，知风之自，知微之显⑥，可与入德矣。

《诗》云："潜虽伏矣，亦孔之昭。"⑦故君子内省不疚⑧，无恶于志。君子之所不可及者，其惟人之所不见乎！

《诗》云："相在尔室，尚不愧于屋漏。"⑨故君子不动而敬，不言而信。

《诗》曰："奏假无言，时靡有争。"⑩是故君子不赏而民劝，不怒而民威于铁钺⑪。

《诗》曰："不显惟德，百辟其刑之。"⑫是故君子笃恭⑬而天下平。

《诗》云："予怀明德，不大声以色。"⑭子曰："声色之于以化民，末也。"

《诗》曰："德辀如毛。"⑮毛犹有伦⑯。"上天之载，无声无臭。"⑰至矣⑱。

【章旨】

此章引《诗经》的话，首言为己立心，次言慎独存养功夫，继言民劝民威，平天下之效验，全章最注重就是一个"德"字。

【注释】

①《诗》曰："衣锦尚絅。"：衣，动词，穿也。锦，彩色之绸衣。尚，加也；一云，"尚"为"裳"之借字。絅，同"褧"，禅衣也，即单薄之罩衫。《诗经·卫风·硕人》与《郑风·丰》皆作"衣锦褧衣"。

② 恶（wù）其文之著也：恶，去声，厌嫌也。文，指衣服色彩太艳丽。即厌嫌那绸缎文彩太显著也。

③ 暗然而日章：暗然，幽暗貌。章，同"彰"。日章，即日日彰明也。

④ 的：钱大昕据说文云当作"旳"（日部），音勺，明也。详《十驾斋养新录》卷二的然条。

⑤ 淡而不厌：淡，清淡。厌，恶也。谓清淡而不惹人厌恶也。

⑥ 知远之近……知微之显：知远之近，朱注："远之近，见于彼者，由于此也。"知风之自，朱注："风之自，著乎外，本乎内也。"知微之显，朱注："微之显，有诸内者，形诸外也。"俞樾《古书疑义》举例以此三之字，并为连词，是"与"的意思，即"知远与近，知风与自，知微与显"。又"知风之自"，一说风即"凡"字，自即"目"字，为"凡之与目"，可做参考。

⑦ 《诗》云："潜虽伏矣，亦孔之昭。"：《诗经·小雅·正月》句。潜，隐藏也。伏，不见之意。孔，甚也，昭，明也。

⑧ 疚：悔恨也。

⑨ 《诗》云："相在尔室，尚不愧于屋漏。"：《诗经·大雅·抑》句。相，视也。尔，你也，指君子。屋漏，朱注："屋漏，室西北隅也。"言君子独居内室，亦能无愧于心也。

⑩ 《诗》云："奏假无言，时靡有争。"：《诗经·商颂·烈祖》句。奏，进也。假，同"徦"，至也，临也。靡有，无有也。言神降临时，虽无言语，但人受其感化，肃敬而无所竞争也。

⑪ 威于铁钺：威，畏也。铁，同"斧"。钺，大斧也。铁钺皆为古代刑戮之器。

⑫ 《诗》曰："不显惟德，百辟其刑之。"：《诗经·周颂·烈文》句。不显，犹言丕显也（按此为歌颂文王武王之功业）。丕，大也。惟，语助词。辟，君也，指诸侯。刑，同"型"，效法也。

⑬ 笃恭：笃厚而恭敬也。

⑭ 《诗》云："予怀明德，不大声以色。"：《诗经·大雅·皇矣》句。予，我也。怀，眷念也。以犹与也。言我时念以明德化民，不在大声与厉色也。

⑮ 《诗》曰："德輶如毛。"：《诗经·大雅·烝民》句。輶，轻也。言道

德之感化，不着痕迹，其轻似毛也。

⑯ 伦：比也。

⑰ 上天之载，无声无臭：《诗经·大雅·文王》句。载，毛传："载，事也。"言上天之事，无声无臭也。行四时，生百物，即上天之事。孔子所谓：四时行焉，百物生焉，天何言哉？即此之意。郑注："载，读曰栽，谓生物也。"言上天之造生万物，人无闻其声音，亦无知其气味也。

⑱ 至矣：这是把那"不显惟德"，形容到最好境地。

【译文】

《诗经》上说："里面穿了彩色绸缎衣服，外面要加上一层单布衫。"这是因为嫌那锦衣文彩太显耀了。所以君子为人之道，外面好像很暗淡，但是却在内中有功夫，时间久了，一天一天彰明起来；小人的为人之道，明亮显眼的都在外面，初看是非常好，却不肯在内中用功夫，这样时间久了，一天一天消失下去。君子待人的道理，平淡而不厌烦，简易而有文采，温和而守真理，知道去远处要由近的地方起步，知道造成良好风气先有善的本源，知道细微的也能明显，能够明白以上道理，就都可以进入道德领域了。

《诗经》上说："虽然隐伏起来，但是道德仍然很明显。"所以君子只求在内心反省，无有愧疚，也无作恶的心志。君子所以能使人不及的地方，就是在他的为善却不使人看见的长处。

《诗经》上说："看你独自在屋里，而且是在最深暗的角落，做事却能无愧于心。"所以君子不必举动，人人很尊敬他，也不必言语，人人都很相信他。

《诗经》上："进献诚心，感动神灵，神的来临，并无言语，却自然没有纷争了。"所以君子的感化人，不用奖赏，人民都会自动奋勉；不要愤怒，人民畏惧得比刀斧杀戮还有影响力。

《诗经》上说："圣王能显著的只有德行，因此诸侯都会去效法他。"所以君子自己要能够笃厚恭敬，天下便自然太平了。

《诗经》上说："我心怀明德来教化人民，绝对不用大声吓唬，也不用愤怒面色。"孔子说："用严声、用怒色去教化人民，那是最末等的手段。"

《诗经》上说："道德的感化，就如轻轻用细毛发抚摸人一样，容易让人民接受。"但是毛发那样轻，还是有类似可比的。如《诗经·文王》说："上天化育万物的事，没有用一点声音，也没有用一点气息。"这真是把德化形容到极点了。

论语

《论语》提要

刘本栋

一、"论语"一词的出现。一般都以为始于西汉初年。王充以为由孔子十二代孙孔安国所定（《论衡·正说》），时间在西汉景帝、武帝时。不过赵岐《孟子题辞》却说："孝文皇帝欲广游学之路，论语、孝经、孟子、尔雅皆置博士。"由此可知"论语"名称之出现当在文帝时。而《礼记·坊记》有"论语曰"云云，假若《坊记》之文字可靠，那么"论语"一词之出现，当在西汉之前或战国时代了。

二、"论语"的意义。说法颇有不同。一般都以为《汉书·艺文志》的说法较为允当。《汉志》说："论语者，孔子应答弟子、时人及弟子相与言而接闻于夫子之语也。当时弟子各有所记。夫子既卒，门人相与辑而论纂，故谓之论语。"由此看来，可知"论语"之"论"，乃论纂之意；"语"，乃语言之意，"论语"即将"接闻于夫子之语"论纂成书之意。故《论语》一书之意义，即论纂之语言。书名乃编者所命。

三、《论语》之编辑。《论语》为若干断片篇章之集合体。由《汉志》之文字看来，此等断片之篇章绝非出自一人之手，亦非某一人所编辑。然则《论语》之编者究为何人？说法颇多，约可分为两大类：

（一）七十子所撰。主此说者有刘向（何晏《论语集解》序）、班固《汉志》、赵岐《孟子题辞》。郑玄更以为仲弓、子夏等所撰（《经典释文叙录》）。日本太宰春台《论语古训外传》及物茂卿《论语征》则以为琴牢、原宪所撰。

（二）七十子之门人所撰。主此说者有皇侃（《论语义疏·叙》）、柳宗元（《论语辨》）及程颐（《论语集注》序）。

以上两说，各有其理，而皆未尽完备。盖二十篇所载各章，有出于七十子所记者（如"子张书诸绅"之类），有七十子之门人所记者，有后人伪托者，亦有杂文羼入者。然资料之征集，全书之纂辑增订，则当出于七十子之门人。且其书之编辑，由体例之不一观之，当不止一次。大概前十篇为第一次编辑者，时间在孔子卒后不久。后十篇为第二次编辑者，时间当在战国之初。

四、《论语》之传本。《论语》至汉有三种不同的传本：一为《鲁论语》，二十篇，行于鲁。二为《齐论语》，二十二篇，比《鲁论语》多《问王》《知道》两篇。其他二十篇中，章句亦颇多于《鲁论语》，行于齐。三为《古论语》，出于孔子壁中，无《问王》《知道》两篇，分《尧曰》下章"子张问"以为一篇，有两子张篇，凡二十一篇，篇次不与齐、鲁同。文异者四百余字。

西汉末年安昌侯张禹（成帝师傅）先习《鲁论》后习《齐论》，于是据《鲁论》篇章，兼采《齐论》之说，择善而从，号曰《张侯论》，为世所重。《论语》齐、鲁之分，遂合而为一。

汉末郑玄以《张侯论》为本，参考《齐论》《古论》，为之作注，遂使《鲁论》《齐论》《古论》合而为一。郑注本共十卷，唐时尚见著录，至宋而亡佚。后人有辑本多种。

五、《论语》的主要参考书。郑玄注本，今已不传。今所见者有魏何晏《论语集解》、梁皇侃《论语义疏》，即现行《十三经注疏》所载者。宋朱熹《四书集注》。清刘宝楠《论语正义》。

何晏集解代表魏晋及两汉人对《论语》之见解。朱子集注代表宋明人对《论语》之见解。刘宝楠正义代表清儒对《论语》之见解。各时代之学者治学方法与目标既有不同，故其对于同一书之见解亦有所不同。学者当平心参观，兼其长而略其短，庶乎得之。

学而第一

共十六章

1.1　子^①曰："学而时^②习^③之，不亦说^④乎？有朋^⑤自远方来，不亦乐乎？人不知^⑥而不愠^⑦，不亦君子^⑧乎？"

【章旨】

此章孔子自述求学之方法及态度。

【注释】

① 子：《论语》中"子曰"之"子"，皆指孔子而言，相当于现在习用之"老师"一词。

② 时：依时、按时。朱熹《四书集注》解为"时常"。

③ 习：实习、演习。

④ 说（yuè）：同"悦"，高兴、愉快之意。

⑤ 有朋：有志同道合之朋友。古本或作"友朋"。此处"朋"指学生而言。

⑥ 人不知：人家不知道我有道德学问。

⑦ 愠（yùn）：怨恨。

⑧ 君子：《论语》中之"君子"，有时指有德之人，有时指有官位之人。此处指有德之人。

【译文】

孔子说："学了以后，按照一定的时间去温习它，不也是高兴的吗？有志同道合的人从远处来，不也是快乐的吗？人家不知道我有学问道德，我却不怨怒，这不也是一个君子吗？"

1.2 有子①曰："其为人也孝弟②，而好犯上③者，鲜④矣；不好犯上，而好作乱者，未之有也⑤。君子务本⑥，本立而道生。孝弟也者，其⑦为仁⑧之本与⑨！"

【章旨】
此章说明孔门为学之要义。

【注释】
① 有子：孔子学生，姓有，名若，比孔子小十三岁。一说小三十三岁。

② 孝弟（tì）：孝，子女对待父母之正确态度。弟，同"悌"，弟弟对待兄长之正确态度。

③ 犯上：冒犯长上。

④ 鲜（xiǎn）：少。《论语》中之"鲜"，皆如此用法。

⑤ 未之有也："未有之也"之倒装形式。古代句法有一条如此之规律：否定句之宾语若是指称代词，则此指称代词之宾语，通常都放在动词之前。

⑥ 务本：专心致力于根本之工作。

⑦ 其：大概。疑而有定之词。

⑧ 为仁：行仁（朱注）。钱穆《论语新解》解作"是仁"。宋陈善《扪虱新语》说"仁"同"人"；"为仁"就是"做人"。

⑨ 与（yú）：同"欤"。《论语》中之"欤"字，都写作"与"。

【译文】
有子说："一个人的为人，孝顺爹娘、尊敬兄长，却喜欢冒犯上级，这样的人是很少的；不喜欢冒犯上级，却喜欢作乱造反，这种人不曾有过。君子专心致力于根本的工作，根本树立了，仁道就会生出来。孝顺爹娘、尊敬兄长，这两种德行大概就是行仁的根本了吧！"

1.3 子曰："巧言令色①，鲜矣仁②！"

【章旨】

此章言人要直率诚恳。

【注释】

① 巧言令色：巧言，花言巧语。令色，伪善之面貌。

② 鲜矣仁：仁德是很少的。

【译文】

孔子说："花言巧语，伪善的面貌，这种人，'仁德'是很少的。"

1.4 曾子①曰："吾日三省②吾身：为人谋而不忠乎？与朋友交而不信乎？传③不习④乎？"

【章旨】

此章曾子自述其对"进德修业"每日所用之反省功夫。

【注释】

① 曾子：孔子学生，名参（shēn），字子舆，南武城（故城在今山东费县西南九十里）人，比孔子小四十六岁。

② 三省（xǐng）：多次自我检查省思。三，表示多次之意。省，自我检查省思。

③ 传（chuán）：动词作名词用，老师所传授的道业。

④ 习：指学习、实习、演习而言。

【译文】

曾子说："我每天多次自我反省：为别人办事没有尽心尽力吗？和朋友交往不诚实吗？老师讲授的课业没去复习吗？"

1.5 子曰："道①千乘之国②，敬事③而信，节用而爱人④，使民以时⑤。"

此章孔子论为政之道理。

【注释】

① 道：动词，治理之意。

② 千乘（shèng）之国：具有一千辆战车之国家。乘，古代用四匹马拉之兵车。一车甲士三人，步卒七十二人。春秋初期，大国都没有千辆兵车。到孔子之时，千乘之国已经不是大国。

③ 敬事：敬重所负责之工作。

④ 爱人：爱护人民。

⑤ 使民以时：役使老百姓，要按照一定之时间，即在农忙以后去役使老百姓。

【译文】

孔子说："治理具有一千辆兵车的大国，就要严肃认真地对待工作，信实无欺，节约费用，爱护人民，要按一定的时间役使老百姓。"

1.6 子曰："弟子①入则孝，出则弟②，谨③而信，泛爱众而亲仁④。行有余力，则以学文⑤。"

【章旨】

此章说明孔门为学，把做人摆在第一位，求知识摆在第二位。

【注释】

① 弟子：一般有两种意义。一指为弟为子者，即年纪幼小之人；二指学生。此处用第一种意义。

② 入则孝，出则弟：《礼记·内则》："由命士以上，父子皆异宫。"则知此处之"弟子"是指"命士"以上之人而言。入，是入父宫。出，是出己宫。

③ 谨：寡言叫作谨。

④ 亲仁：亲近有仁德之人。

⑤ 文：指《诗》《书》《礼》《乐》等。

【译文】

孔子说："为人弟为人子的人，进入父母的房间就要孝顺父母；走出自己的居室，便要尊敬兄长。说话谨慎并且要有信用，普遍地爱护大众，并且亲近有仁德的人。照这样去做，有剩余的精力就去学习文献（《诗》《书》《礼》《乐》等）。"

1.7 子夏①曰："贤贤易色②；事父母，能竭其力；事君，能致其身③；与朋友交，言而有信。虽曰未学，吾必谓之学矣。"

【章旨】

此章说明孔子为学重在做人。

【注释】

① 子夏：孔子学生，姓卜，名商，字子夏，比孔子小四十四岁。

② 贤贤易色：尊重贤人，轻视美色。

③ 致其身：忘记自身。致，有委弃、献纳等意义。其，自己的。

【译文】

子夏说："尊敬贤人，轻视美色；侍奉爹娘，能够竭尽心力；服侍君上，能够忘己忘家；同朋友交往，说话诚实守信。这种人虽然不曾学习过，但我一定说他是学习过的了。"

1.8 子曰："君子不重①则不威，学则不固②。主忠信③。无友不如己者④。过，则勿惮改。"

【章旨】

此章孔子谈做人之方法。

【注释】

① 不重：不庄重。

② 固：坚固。

③ 主忠信：存心以忠信为主。

④ 无友不如己者：不要和不如自己之人交朋友。

【译文】

孔子说："君子如果不庄重就没有威仪，学问也不会坚实稳固。要以忠和信两种道德为主。不要同不如自己的人交朋友。有了过错，就不要怕改正。"

1.9 曾子曰："慎终①追远②，民德归厚矣。"

【章旨】

此章说明儒家主张隆重地举办丧礼和祭礼，目的在引导社会风气之纯厚。

【注释】

① 慎终：对父母死亡和丧葬之事要慎重料理。

② 追远：诚敬地追念远祖。

【译文】

曾子说："谨慎地办理父母的丧事，追念远代的祖先，这样做，社会风气自然趋于笃实，不致浇薄了。"

1.10 子禽①问于子贡②曰："夫子③至于是邦也，必闻其政。求之与？抑与之与？"子贡曰："夫子温、良、恭、俭、让以得之。夫子之求之也，其诸④异乎人之求之与？"

【章旨】

此章说明孔子之修养和态度，以及对人之影响。

【注释】

① 子禽：陈亢，字子禽，孔子学生。

② 子贡：孔子学生，姓端木，名赐，字子贡，卫人，比孔子小三十一岁。

③ 夫子：此为古代之一种敬称，后来因此沿袭以称呼老师。

④ 其诸：大概，或者。

【译文】

　　子禽向子贡问道："老师一到那个国家，必然听得到那个国家的政事，求来的呢？还是别人主动告诉他的呢？"子贡说："老师温和、善良、严肃、节俭、谦逊，用这样的态度取得的。老师这一种获得的方法，大概和别人获得的方法有些不相同吧？"

　　1.11　子曰："父在，观其①志；父没，观其行②；三年③无改于父之道④，可谓孝矣。"

【章旨】

此章孔子论孝道。

【注释】

① 其：指儿子，不是指父亲。

② 行（xíng）：行为。

③ 三年：三年之时间。一说：三是虚数，三年表示一段很长之时间。

④ 道：善良之行事、作为。

【译文】

　　孔子说："当他父亲活着的时候，便观察他的意图；等他父亲死了，便考察他的行为；若是他对他父亲的所作所为，三年之间不加改变，也可以说是孝了。"

　　1.12　有子曰："礼之用，和①为贵。先王之道，斯为美②，小大③由之。有所不行④，知和而和，不以礼节之，亦不可行也。"

【章旨】

　　此章大意是"礼"的作用固然在于"和"，但"和"必须以"礼"为原则，为基础。

【注释】

① 和：使人群关系和谐融洽。

② 斯为美：以此为美。

③ 小大：小事、大事。一说：谓小孩、大人。

④ 有所不行：有时亦有行不通之处。

【译文】

有子说："礼的作用，以遇事都恰当为可贵。过去圣明的君王治理国家，可贵的地方就在这里，他们大事、小事都恰当地去做。但是，也有行不通的地方，若只为恰当而专求恰当，不用一定的规矩制度来加以节制，也是不可以的。"

1.13 有子曰："信近于^①义，言可复^②也。恭近于礼，远^③耻辱也。因^④不失其亲，亦可宗^⑤也。"

【章旨】

此章言交际之道当慎始，而后可以善终。亦见人间道德有先后高下之别。

【注释】

① 近于：接近。即与……相合。

② 复：实践。

③ 远（yuàn）：动词，使之远离的意思。此处亦可译为避免。

④ 因：依靠、凭借。

⑤ 宗：主。即可靠的意思。

【译文】

有子说："所守的约定合于义，这约定便可以实践了。态度容貌的庄矜合于礼，就能不致遭受侮辱了。所依恃的都是关系深的人，也就可靠了。"

1.14 子曰："君子①食无求饱，居无求安，敏于事而慎于言，就有道②而正③焉。可谓好学也已。"

【章旨】

此章孔子告诉学生，要好学应该做到哪几件事。

【注释】

① 君子：此处是指有德者。

② 就有道：到有道德的人那里去。就，是自此适彼之意。

③ 正：端正。

【译文】

孔子说："君子，吃食不必要求满足，居住不必要求舒适，对工作要勤劳敏捷，说话要谨慎小心，到有道德的人那里去请他指正自己。这样，可以说是好学的了。"

1.15 子贡曰："贫而①无谄，富而无骄，何如②？"子曰："可也。未若贫而乐③，富而好礼者也。"子贡曰："《诗》云：'如切如磋，如琢如磨。④'其斯之谓与？"子曰："赐也，始可与言《诗》已矣，告诸往而知来者⑤。"

【章旨】

此章记孔门师生间讨论学问精益求精之情况。

【注释】

① 而：能。下诸"而"字皆同。亦有解为"却"者。

② 何如：怎么样。

③ 贫而乐：贫能乐道。

④ 如切如磋，如琢如磨：此两句见于《诗经·卫风·淇奥》。

⑤ 告诸往而知来者：诸，此处用法同"之"字。往，过去之事，此指已知之事。来者，未来之事，此指未知之事。

子贡说:"贫穷能不巴结奉承,有钱能不骄傲自大,怎么样?"孔子说:"可以了,但是还不及贫穷能乐于道,有钱能谦虚好礼。"子贡说:"《诗经》上说:'要像治理骨、角、象牙、玉石一样,切了以后还要磋它,琢磨它,精益求精',那就是这样的意思吧?"孔子说:"赐呀,现在可以同你讨论《诗经》了,告诉你一件事,你能有所发挥,推知另一件事了。"

1.16 子曰:"不患①人之不己知②,患不知人也。"

【章旨】

此章言君子当努力充实自己,不必顾虑别人知与不知。

【注释】

① 患:忧虑,怕。

② 不己知:"不知己"之倒装形式。

【译文】

孔子说:"不怕别人不了解我,怕的是我不了解别人。"

为政第二

共二十四章

2.1 子曰："为政①以德，譬如北辰②，居其所而众星共③之。"

【章旨】

此章言施政要用德化做原则，人民自然归顺。

【注释】

① 为政：行政，施政。

② 北辰：即北极星。

③ 共：与"拱"同，围绕归向之意。

【译文】

孔子说："用仁德来施政，好像北极星一样，居处在星座上，许多星辰便会围绕拥护着。"

2.2 子曰："《诗》三百①，一言②以蔽③之，曰：'思无邪④。'"

【章旨】

此章孔子揭示出《诗经》之要义。

【注释】

①《诗》三百：《诗经》三百篇。此系举大数、整数而言，实为三百零五篇。

② 一言：一句话。

③ 蔽：犹言包含，概括。

④ 思无邪：见《诗经·鲁颂·駉》。意即无邪僻之思。可就作者之心理
与读者之效益兼而言之。

【译文】

孔子说："《诗》三百篇的意义，用一句话可以包括，就是：'思无邪。'"

2.3 子曰："道①之以政②，齐③之以刑④，民免⑤而无耻。道之以德⑥，齐之以礼⑦，有耻且格⑧。"

【章旨】

此章孔子说治民不能单靠政刑，要着重德行礼节之感化。

【注释】

① 道：引导。

② 政：政令法律。

③ 齐：治之使齐一。

④ 刑：刑律。

⑤ 免：谓仅能苟免于犯罪。

⑥ 德：德化。

⑦ 礼：礼制。

⑧ 格：归于正。

【译文】

孔子说："用法令引导人民，用刑律整饬人民，人民虽能避免犯罪，但心中并没有廉耻。用道德来引导人民，用礼制来齐平人民，那么，人民既能知道廉耻，又能一天天步向正道。"

2.4 子曰："吾十有五而志①于学，三十而立②，四十而不惑③，五十而知天命④，六十而耳顺⑤，七十而从心所欲，不逾矩⑥。"

【章旨】

此章孔子自述其进学之次序。

【注释】

① 志：专心用力。

② 而立：能够自立。

③ 不惑：对于事理能不疑惑。

④ 知天命：谓探知命理之精微。

⑤ 耳顺：谓声入心通，不思而得。

⑥ 从心所欲，不逾矩：谓安行而无为，不勉而合度。

【译文】

孔子说："我十五岁就专心研究学问；三十岁能自立为人；四十岁能明白一切事理；五十岁能知道自然道理的精微奥妙；六十岁任何事一听就明白；七十岁则随心去做，都合法度。"

2.5 孟懿子①问孝。子曰："无违②。"樊迟③御④，子告之曰："孟孙⑤问孝于我，我对曰：'无违。'"樊迟曰："何谓也？"子曰："生，事之以礼；死，葬之以礼，祭之以礼。"

【章旨】

此章孔子要孟懿子依礼尽孝。

【注释】

① 孟懿子：鲁大夫，仲孙氏，名何忌。懿乃死后之谥。

② 无违：不违背礼。

③ 樊迟：孔子弟子，名须，字子迟。

④ 御：为孔子御车。

⑤ 孟孙：即仲孙。

【译文】

孟懿子问孔子孝的道理。孔子回答说："不要违背礼。"樊迟替孔子驾车，孔子就告诉樊迟说："孟孙向我问孝道，我对他说：'不要违背礼。'"樊迟问道："这是什么意思呢？"孔子说："父母活着的时候，服侍他们不可违礼；死了之后，埋葬他们不可违礼，祭祀他们也不可违礼。"

2.6 孟武伯①问孝。子曰："父母唯其疾之忧②。"

【章旨】

此章孔子要孟武伯守身尽孝。

【注释】

① 孟武伯：孟懿子之子，名彘，武为谥号。

② 唯其疾之忧：其，己也，指为人子者。此句谓父母唯恐其子有病，故为子者当谨守其身，不使毁伤，以体父母之心。之，是也。一说："其"指父母。子女应忧父母之疾。

【译文】

孟武伯问孔子孝的道理。孔子说："父母时常担心我们生病，所以做儿女的应当保重身体，不要使父母忧虑，这也算孝了。"

2.7 子游①问孝。子曰："今之孝者，是②谓能养③；至于犬马，皆能有养；不敬，何以别乎？"

【章旨】

此章孔子教子游敬亲尽孝。

【注释】

① 子游：孔子弟子，姓言，名偃，字子游。

② 是：只。

③ 养：谓饮食起居等物质之供奉。

【译文】

子游问孔子孝的道理。孔子说："现在的人所谓孝，以为只要能够供养就行了；其实像犬马等牲畜，也能得到豢养；假如对父母没有敬意，那和养犬马有什么区别呢？"

2.8　子夏问孝。子曰："色难①。有事，弟子②服③其劳；有酒食，先生④馔⑤，曾⑥是以⑦为孝乎？"

【章旨】

此章孔子教子夏侍奉父母要和颜悦色。

【注释】

① 色难：谓以和悦之容色承顺父母之意，最是难能可贵。

② 弟子：为人弟、为人子者。见《论语·学而》第六章。

③ 服：服侍。

④ 先生：父兄。

⑤ 馔：饮食之。

⑥ 曾（zēng）：乃。

⑦ 是以：以此。

【译文】

子夏问孔子孝的道理。孔子说："最要紧且难能可贵的是要以和悦的面色来承顺父母的心意。父母有事，由弟子代劳；有酒菜食物，供给父母饮食，你难道认为这就是孝吗？"

2.9　子曰："吾与回①言终日，不违②如愚。退而省其私③，亦足以发④，回也不愚。"

【章旨】

此章孔子赞美颜回大智若愚，能悟道。

【注释】

① 回：孔子弟子，姓颜，名回，字子渊，比孔子小三十岁。

② 不违：意不相背，有听受而无问难。

③ 省其私：省察他私自独处的时候。

④ 发：谓颜回平时之言行举止，能发现其师之道。

【译文】

孔子说："我和颜回终日谈论，他一点儿也不违背你，好像愚人一样。可是等他离去以后，察看他一人独处的时候，无论一举一动，都能发现为人之道。颜回原来一点儿也不愚呀！"

2.10　子曰："视①其所以②，观③其所由④，察⑤其所安⑥。人焉⑦廋⑧哉？人焉廋哉？"

【章旨】

此章孔子论观察人之方法。

【注释】

① 视：看。

② 所以：所作所为。以，为也。

③ 观：仔细地看。

④ 所由：所行之动机、原因。由，从也。

⑤ 察：仔细考察。

⑥ 所安：谓所乐、所志。

⑦ 焉（yān）：何能。

⑧ 廋（sōu）：藏匿。

【译文】

孔子说："看一个人的所作所为，再看他所以做此的原因，又仔细看他做后满意在何处；这个人的品德善否怎能隐藏得了呢？怎能隐藏得了呢？"

2.11　子曰："温故①而知新②，可以为师矣！"

【章旨】

此章孔子教人为学贵有心得。

【注释】

① 温故：温习寻绎旧所学者。即"月无忘其所能"。

② 知新：求取新知。即"日知其所亡"。

【译文】

孔子说："能够温习旧业，增加新学，才可以做人的老师。"

2.12 子曰："君子不器①。"

【章旨】

此章孔子说君子才德俱全。

【注释】

① 不器：器者，各适其用而不能相通，有类今之专门人才。不器，非无
   用之谓，乃不专限于一才一艺之长，犹今所谓通才也。

【译文】

孔子说："君子不应当像一个器具。"

2.13 子贡问君子。子曰："先行其言①而后从之②。"

【章旨】

此章孔子勉子贡先行后言。

【注释】

① 先行其言：在未说之前先去做。即"敏于行"。其，己也。

② 而后从之：做了以后再说。即"讷于言"。

【译文】

子贡问君子的为人。孔子说："把心中想要说的先实行了，然后再说
出来。"

2.14　子曰："君子周^①而不比^②，小人比而不周。"

【章旨】

此章孔子论君子和小人之分别。

【注释】

① 周：待人普遍而公平。

② 比（bì）：偏私。

【译文】

孔子说："君子与人相交，普遍而公平；小人与人相交，偏私而阿附。"

2.15　子曰："学而不思则罔^①，思而不学则殆^②。"

【章旨】

此章孔子论为学需学、思并重。

【注释】

① 罔：昏而无得。即"迷惘"之意。

② 殆：危而不安。即"疑惑"之意。

【译文】

孔子说："单学习而不思辨，心昏茫无所获得；单空想而不学习，就会危疑不安了。"

2.16　子曰："攻^①乎异端^②，斯^③害也已。"

【章旨】

此章孔子告诫人需学正道。

【注释】

① 攻：专治、专学之意。

② 异端：不合正道，偏于一方之道艺。

③ 斯：则，那就。

【译文】

孔子说："专治不正的道术，那就有害了。"

2.17　子曰："由①，诲②女③知之乎！知之为知之，不知为不知，是知也。"

【章旨】

此章孔子告诫子路不要强不知以为知。

【注释】

① 由：孔子弟子，姓仲，名由，字子路，一字季路。比孔子小九岁。

② 诲：教诲。

③ 女：与"汝"同。《论语》中"汝"字皆作"女"。

【译文】

孔子向仲由说："由啊，我教诲你如何求知吧！必须真正明白的才算知道，不明白的，就是不知道；这样才是知呀。"

2.18　子张①学干禄②。子曰："多闻阙疑③，慎言其余，则寡④尤⑤；多见阙殆⑥，慎行其余，则寡悔。言寡尤，行寡悔⑦，禄在其中矣。"

【章旨】

此章孔子告诫子张要学博择精，谨言慎行，禄位自在其中。不必求之于外也。

【注释】

① 子张：孔子弟子，姓颛孙，名师。陈人。比孔子小四十八岁。

② 干禄：谋求官禄之术。

③ 阙疑：疑而未信者空而不言。阙，空也。

④ 寡：少。

⑤ 尤：过失。罪自外至者。

⑥ 殆：所不安。

⑦ 悔：后悔、悔恨之事。理自内出者。

【译文】

子张学做官的道理。孔子说："多听闻，所闻于理有可疑的，阙而不言；其余的也要谨慎言之，就可减少过失。多观看，所见于心有不安的，阙而不行；其余的也要谨慎行之，就可减少懊悔。说话没有过失，行为没有懊悔，那么官禄就在这里面了。"

2.19 哀公①问曰："何为则民服？"孔子对曰②："举直③错诸枉④，则民服；举枉错诸直，则民不服。"

【章旨】

此章孔子论政，仍重德化。

【注释】

① 哀公：鲁君，名蒋，定公之子。在位二十七年。谥"哀"。

② 孔子对曰：朱注："凡君问，皆称'孔子对曰'者，尊君也。"

③ 举直：举用正直的人。

④ 错诸枉：安置在邪枉的小人之上。错，安置。诸，之于。枉，邪曲不正之人。

【译文】

哀公问："怎样才能使人民服从？"孔子答道："能够举用正直的人而安置在邪枉的人之上，人民自然就会服从。假使举用邪枉的人而安置在正直的人之上，人民就不肯服从了。"

2.20 季康子①问："使民敬忠以劝②，如之何？"子曰："临之以庄③，则敬；孝慈，则忠；举善而教不能，则劝。"

【章旨】

此章言为政需以身作则。

【注释】

① 季康子：鲁大夫季孙氏，名肥，康乃谥号。

② 以劝：并且知道勤勉努力。以，且。

③ 临之以庄：用端庄的态度对待人民。上对下曰临。

【译文】

季康子问："要怎样才能使人民敬仰、忠心又能自知劝勉？"孔子说："用端庄的态度对待人民，人民就会敬仰；孝顺父母，慈爱大众，人民自会忠心；举用好人，教导无能的人，人民自然就会知所劝勉了。"

2.21　或谓孔子曰："子奚不为政？"子曰："《书》①云孝乎？惟孝，友于兄弟，施于有政②；是亦为政，奚其为为政③？"

【章旨】

此章孔子阐明齐家也有为政之理。

【注释】

①《书》：《尚书》。所引者出《尚书·周书·君陈》。

② 施于有政：所施所为亦有政理。于，为也。

③ 奚其为为政：何必居官任职才算为政呢？奚，何。其为，那样做。指居官任职。

【译文】

有人问孔子："你为什么不做官行政？"孔子说："《尚书》上不是说过孝道吗？只要孝顺父母，友爱兄弟，所作所为亦有政理。为何一定要居官任职才算为政呢？"

2.22　子曰："人而无信，不知其可也。大车①无輗②，小车③无軏④，其何以行之哉？"

此章言人不能没有信用。

【注释】

① 大车：载货物的牛车，有两辕。

② 輗（ní）：大车辕端有横木，用以驾牛，叫作鬲（音è，通"轭"），鬲两端有关键（活塞儿），叫輗。

③ 小车：驾马之车，也叫轻车，中央有一辕，如猎车、战车、乘车。

④ 軏（yuè）：小车辕端上曲之部有横木，用以驾马，叫作衡。衡两头有关键，叫作軏。

【译文】

孔子说："一个人假使没有信用，真不知他怎样可以处世。譬如大车没有安横木的輗，小车没有安横木的軏，怎能行动呢？"

2.23　子张问："十世①可知也②？"子曰："殷因③于夏礼，所损益④，可知也；周因于殷礼，所损益，可知也。其或⑤继周者，虽百世，可知也。"

【章旨】

此章孔子教子张掌握历史规律，考察过去，推知未来。

【注释】

① 十世：十代以后之事。王者易姓受命为一世，即一朝代。

② 也：疑问词，同"耶"。

③ 因：谓因袭沿用。

④ 损益：增减。不合时宜者删减之，不足者增益之。

⑤ 其或：将来有。

【译文】

子张问孔子："十代以后的事可以知道吗？"孔子说："殷代因袭夏制，其所增减可以知道；周代又因袭殷制，其所增减，也可知道。由此类推，将来有继周王天下的，即使到一百代，也是可以预知的。"

2.24 子曰："非其鬼①而祭之，谄②也。见义不为，无勇也。"

【章旨】

此章孔子告诫人不要媚神求福荒废人义。

【注释】

① 非其鬼：不是自己所当祭之鬼。其，己也。

② 谄：求媚也。

【译文】

孔子说："不是自己所应当祭祀的鬼神，却祭祀他，那是谄媚。眼见应当做的事而不去做，这是没有勇气。"

八佾第三

共二十六章

3.1 孔子谓季氏①："八佾②舞于庭③。是可忍也，孰不可忍也？④"

【章旨】

此章孔子斥责季氏僭礼犯分之甚。

【注释】

① 季氏：鲁大夫季孙氏。或谓季平子，名意如；或谓季桓子，名斯；或谓季康子，名肥。

② 八佾（yì）：天子的乐舞，有八行，每行八人，共六十四人。佾，舞列，每列八人（诸侯六佾，四十八人；大夫四佾，三十二人；士二佾，十六人）。一说每列人数如其佾数（即六佾，三十六人；四佾，十六人；二佾，四人）。

③ 庭：家庙的堂下，即庭院。按古时宗庙之礼，祭于室中，乐歌在堂上，舞于堂下（即庭）。

④ 是可忍也，孰不可忍也："忍"有二解：一谓容忍，意谓："这样的事都可以容忍，还有什么事不能容忍呢？"二谓忍心为之，意谓："这样的事都可忍心做得出来，那还有什么事不敢做得出来呢？"以后一解较妥。

【译文】

孔子评论季氏说："他在家庙的庭院中奏乐跳八佾舞，这样的事都忍心做得出来，那还有什么事不能忍心做得出来呢？"

3.2 三家①者，以《雍》彻②。子曰："'相维辟公，天子穆穆③。'奚取于三家之堂④？"

【章旨】

此章孔子斥责三家僭礼越分。

【注释】

① 三家：即鲁大夫孟孙（仲孙）、叔孙、季孙三家。

② 以《雍》彻：家庙祭毕歌《诗经·周颂·雍》来撤除祭品。按：《雍》诗是天子撤祭品所用，三家为大夫，不当用。

③ 相维辟公，天子穆穆：二句是《雍》诗中的原文。相，助祭。维，乃、是。辟公，诸侯和公卿大臣。穆穆，严肃静穆的样子。

④ 奚取于三家之堂：奚取，何所取义。三家之堂，即三家的庙堂。三家皆祖鲁桓公，于季氏家立桓公庙。遇祭，三家同此一庙。前章言季氏之庭，此章言三家之堂，皆指此一庙。

【译文】

孟孙（仲孙）、叔孙、季孙三家，当他们祭毕祖先，唱着《雍》诗来撤除祭品。孔子说："'助祭的是诸侯，天子严肃静穆地在那儿主祭。'这两句话，用在三家祭祖的庙堂上，在意义上取他哪一点呢？"

3.3 子曰："人而①不仁，如②礼何？人而不仁，如乐何？"

【章旨】

此章孔子言仁为礼乐的根本。

【注释】

① 而：如果。

② 如：奈。

【译文】

孔子说："人如果没有仁爱之心，礼对他有何作用呢？人如果没有仁爱之心，乐对他又有何作用呢？"

3.4 林放^①问礼之本。子曰："大哉问！礼，与其奢^②也，宁俭^③；丧，与其易^④也，宁戚。"

【章旨】

此章言礼贵质实，不贵虚文。

【注释】

① 林放：鲁人。或曰孔子弟子。

② 奢：奢侈铺张。

③ 俭：简单朴实。

④ 易：办理得仪文周到。

【译文】

林放问礼的本质。孔子说："问得真有意义！就一般礼仪说，与其奢侈铺张，宁愿俭约朴实；就丧礼说，与其仪文周到，宁愿过于哀戚。"

3.5 子曰："夷狄^①之有君，不如^②诸夏^③之亡^④也。"

【章旨】

此章言礼之重要；有礼而无君，亦胜于有君而无礼。

【注释】

① 夷狄：东夷北狄，指中国以外文化低落之民族。

② 不如：不及。

③ 诸夏：指中国。

④ 亡：与"无"同。在《论语》中"亡"下无宾语，"无"下必有宾语。

【译文】

孔子说："夷狄虽然有君主，也赶不上中国没有君主。"

3.6 季氏旅①于泰山②。子谓冉有③曰："女弗能救④与？"对曰："不能。"子曰："呜呼！曾⑤谓泰山不如林放乎？"

【章旨】

此章讽刺季氏犯礼越分。

【注释】

① 旅：祭山。古时唯有天子可祭名山大川。诸侯则祭境内之山。季氏仅为大夫，无此名分。

② 泰山：鲁大山名，天子所祭者。

③ 冉有：姓冉，名求，字子有，孔子弟子，比孔子小二十九岁。时为季氏宰。

④ 救：阻止。

⑤ 曾（zēng）：乃也，岂也。

【译文】

季氏祭祀泰山。孔子对冉有说："你不能劝阻他吗？"冉有答道："不能。"孔子叹道："唉，难道泰山的神还比不上林放能了解礼吗？"

3.7 子曰："君子无所争，必也射①乎。揖让而升②，下而饮③。其争也君子。"

【章旨】

此章孔子教人要有礼让精神。

【注释】

① 射：古时射礼有四种：一曰大射，选士时行之；二曰宾射，贵族朝聘时行之；三曰燕射，贵族娱乐时行之；四曰乡射，行于平民社会以习

艺。此章当指大射。

②　揖让而升：大射礼行于堂上，以二人为一耦，由阶升堂，先相互举手
　　揖让，表示敬意。

③　下而饮：较射毕，互揖下堂。俟众耦射毕，群胜者各揖不胜者，再升
　　堂、取酒，相对立饮。

【译文】

　　孔子说："君子没有什么好竞争的。如果有所争，必定是比赛射艺了。先相互作揖，然后升堂。较射完毕，互揖下堂而饮酒。这种竞争，也是很有礼貌的君子之争。"

　　3.8　子夏问曰："'巧笑倩①兮，美目盼②兮，素以为绚③兮。'何谓也？"子曰："绘事后素④。"曰："礼后⑤乎？"子曰："起予⑥者商⑦也，始可与言《诗》已矣。"

【章旨】

此章言礼必有本。

【注释】

①　倩（qiàn）：面颊美好。

②　盼：眼睛黑白分明貌。一说：目动貌。

③　素以为绚（xuàn）：在素地上画上彩画。素，谓素地、素质。绚，
　　彩色。

④　绘事后素：绘画之事后于素地。

⑤　礼后：礼文后于人的本质。

⑥　起予：启发我之心意。

⑦　商：子夏名。按：所引诗上二句见《诗经·卫风·硕人》。下一句为
　　逸诗。

【译文】

　　子夏问道："'笑起来酒窝好美啊，乌溜溜的眼睛转动得好媚啊，粉白的

画纸上画着彩画儿啊.'究竟是什么意思?"孔子说:"绘画施文彩的事应当在素质之后。"子夏又问道:"那么礼文应当在(仁义)后了?"孔子说:"卜商啊,你能启发我的心意,可以同你谈谈《诗经》了。"

3.9 子曰:"夏礼^①,吾能言之,杞^②不足征^③也;殷礼,吾能言之,宋^④不足征也。文献^⑤不足故也。足,则吾能征之矣。"

【章旨】

此章孔子慨叹夏、商两朝的礼制失传。

【注释】

① 礼:谓典章制度。

② 杞(qǐ):周代封国,夏之后。故城在今河南省杞县。

③ 征:证明。

④ 宋:周代封国,商汤之后。故城在今河南省商丘市南。战国时为齐、魏、楚三国所共灭。

⑤ 文献:文谓典籍,献谓遗老贤人。

【译文】

孔子说:"夏代的礼制我能够说出来,可是杞国不能够来证明;殷代的礼制我也能说出来,可是宋国不能够来证明。这是因为两国的典籍遗贤不足的缘故,如果典籍遗贤充足,我就可以证明了。"

3.10 子曰:"禘^①自既灌^②而往^③者,吾不欲观之矣。"

【章旨】

此章孔子慨叹鲁国禘祭之失礼。

【注释】

① 禘(dì):帝王之大祭,每五年在太庙里举行一次。祭其始祖所自出,而以始祖配之。鲁因周公有功于王室,成王特许其行禘祭。

② 灌：本作"祼"，方祭之始，第一次酌郁鬯之酒以献尸，叫灌。

③ 而往：以后。

【译文】

孔子说："禘祭的礼仪，从第一次献酒之后，我就不想看了！"

3.11 或问禘之说。子曰："不知①也。知其说者之于天下②也，其③如示④诸斯乎！"指其掌⑤。

【章旨】

此章亦孔子平日主张以礼治天下之意。

【注释】

① 不知：不欲言之，故诿曰不知。

② 之于天下：对于治天下。

③ 其：大概。

④ 示：通"视"。或曰，通"置"。

⑤ 指其掌：记者记孔子言时自指己掌。其，己也。

【译文】

有人向孔子请教有关禘祭的意义。孔子说："我不知道。知道的人对于治理天下，就好像看这上面的东西一样容易吧！"一面说一面指着自己的手掌。

3.12 祭如在①，祭神如神在。子曰："吾不与②祭，如不祭。"

【章旨】

此章孔子就其日常之真情实感而道出对祭礼之意见。

【注释】

① 祭如在：此指祭祖先。

② 与（yù）：参与。

【译文】

孔子祭祀祖先的时候，便好像祖先真在那里；祭神的时候，便好像神真在那里。孔子说："我若是不能亲自参加祭祀（而请别人代祭），就好像不曾祭祀一样。"

3.13 王孙贾①问曰："'与其媚于奥，宁媚于灶②。'何谓也？"子曰："不然③，获罪于天④，无所祷⑤也。"

【章旨】

此章言孔子守礼，不违理求媚于人。

【注释】

① 王孙贾：卫灵公时的权臣，复姓王孙。

② 与其媚于奥，宁媚于灶：二语是当时成语，王孙贾引以讽孔子。媚，亲厚之。奥，室之西南隅，尊神所处，以喻君。灶，造饭饮食之所，灶神居焉。虽处卑亵，为家之急用，以喻权臣。

③ 然：是，对。

④ 天：天老爷，天理。

⑤ 祷：祈求神明赐福祐。

【译文】

王孙贾问道："'与其巴结奥神，宁愿巴结灶神。'这两句俗语是什么意思？"孔子说："不对，若是得罪了天老爷，那是无处可以祈祷的。"

3.14 子曰："周监于二代①，郁郁②乎文哉！吾从周③。"

【章旨】

此章盛赞周文，乃自言制作之意。

【注释】

① 周监于二代：监，视也。二代，谓夏、商。

② 郁郁：文采盛貌。

③ 吾从周：我遵行周道。乃自言制作之意。

【译文】

孔子说："周朝的礼仪制度参考了夏、商二代，制作多么繁盛有文采呀！所以我要遵行周道。"

3.15 子入太庙①，每事问。或曰："孰谓鄹人之子②知礼乎？入太庙，每事问。"子闻之，曰："是礼也。"

【章旨】

此章记孔子初仕，入鲁太庙助祭慎礼之事。

【注释】

① 太庙：鲁周公庙。

② 鄹人之子：即孔子。孔子父叔梁纥仕鲁封鄹邑大夫，故称。

【译文】

孔子进入太庙助祭，每件事情都要发问。有人说："谁说叔梁纥的儿子懂得礼呢？他进了太庙，每件事都要问别人。"孔子听了这话，说道："这正是礼啊。"

3.16 子曰："射不主皮①，为②力不同科③，古之道④也。"

【章旨】

此章孔子叹时射以贯革为能，非古礼也。

【注释】

① 射不主皮：比赛射箭，不以贯穿皮革为主。

② 为（wèi）：因也。

③ 科：等级。

④ 古之道：言古之道以见今之非。道，犹言规矩。

【译文】

孔子说："比赛射箭，不一定要穿透箭靶上的皮革，因为人的力气大小不一样，这是古时候的规矩。"

3.17 子贡欲去①告朔②之饩羊③。子曰："赐也，尔爱④其羊，我爱其礼。"

【章旨】

此章言孔子重礼而不轻废之。

【注释】

① 去：旧读上声，因其为及物动词，与来去之去不同，故也。

② 告（gù）朔：据周礼，天子于每岁季冬，颁发来岁每月之朔日，遍告于诸侯。诸侯受而藏之于其始祖之庙。每月朔日，杀一特羊祭庙而颁行于全国，此一祭庙之礼，谓之告朔。诸侯于朔日祭庙听政，谓之视朔，也叫听朔。周自幽王之后，不复告朔。鲁自文公，始不视朔。

③ 饩羊：杀而未烹之羊。凡牲系养曰牢，烹而熟之曰飧，杀而未烹曰饩。

④ 爱：惜。

【译文】

子贡欲把鲁国每月初一告祭祖庙的那只羊免去。孔子说："赐啊，你可惜那只羊，我可惜那种礼。"

3.18 子曰："事君尽礼，人以为谄也。"

【章旨】

此章明礼之所当然，以见时臣事君之不以礼。

【译文】

孔子说："侍奉君上，一切依礼而行，别人却以为是在谄媚啊。"

3.19 定公^①问："君使臣，臣事君，如之何？"孔子对曰："君使臣以礼^②，臣事君以忠。"

【章旨】

此章言社会人群相处，贵能先尽其在我，自能感召对方。

【注释】

① 定公：鲁君，名宋，昭公之弟，继昭公而立，在位十五年，薨谥定。

② 礼：指礼经言，非仪文细节。如君令、臣恭、父慈、子孝之类。

【译文】

定公问道："君主使用臣子，臣子侍奉君主，各应该如何去做？"孔子回答道："君主应该依礼来使用臣子，臣子应该忠诚地侍奉君主。"

3.20 子曰："《关雎》^①乐而不淫^②，哀而不伤。"

【章旨】

此章孔子举《关雎》之诗以指点人心之正。

【注释】

①《关雎》：《诗经》第一篇。

② 淫：凡过分或至失当地步皆曰淫。如淫乐、淫祀、淫雨等。

【译文】

孔子说："《关雎》这首诗，快乐而不至过分，悲哀而不至伤害身心。"

3.21 哀公问社^①于宰我^②。宰我对曰："夏后氏以松，殷人以柏，周人以栗^③，曰使民战栗。"子闻之，曰："成事不说，遂事^④不谏，既往不咎^⑤。"

【章旨】

此章明立社所宜木并责宰我之失言。

【注释】

① 社：土地神。此指社主。即土神的木制神牌位。

② 宰我：孔子早年学生，名予，字子我。

③ 夏后氏以松，殷人以柏，周人以栗：据《白虎通》，夏称后者，以揖
让受于君，故称后。殷称人者，以行仁义，人所归往。后，君也。
松、柏、栗皆木名，谓社主所用之木也。据《五经异义》，夏后氏都
河东，宜松也；殷人都亳，宜柏也；周人都澧镐，宜栗也。

④ 遂事：已行之事。遂，竟也。

⑤ 咎：过也，病也。即过责于人之意。

【译文】

鲁哀公向宰我问做土地神牌位所用之木。宰我回答道："夏代用松木，
殷代用柏木，周代用栗木；意思是使人民害怕得发抖。"孔子听到了这话，
说："已经成了的事情就不必再解说了，已经实行的事情就不必劝阻了，已经
过去的事情就不必追咎了。"

3.22 子曰："管仲①之器小②哉！"

或曰："管仲俭乎？"曰："管氏有三归③，官事不摄④，焉得俭？"

"然则管仲知礼乎？"曰："邦君树塞门⑤，管氏亦树塞门。邦君为
两君之好⑥，有反坫⑦，管氏亦有反坫。管氏而⑧知礼，孰不知礼？"

【章旨】

此章孔子斥管仲僭礼。

【注释】

① 管仲：春秋时齐国人，为齐桓公相，名夷吾。

② 器小：局量褊浅，规模卑狭。

③ 三归：说法甚多。俞樾说，管仲自朝而归，家有三处；一处有一处之
官，不相兼摄。

④ 摄：兼任职务。

⑤ 树塞门：树，设立，动词。一说：屏也。塞门，用以间隔内外视线之物，形式及作用似今日之影壁。

⑥ 好（hào）：友好。名词。

⑦ 反坫（diàn）：返爵之坫。坫，用土筑成，可以放器物。后世改以木制，饰以朱漆，略如今日之矮脚几。古礼，两君相宴，主人酌酒进宾，宾在筵前受爵，饮毕，置空爵于坫上，此谓反爵。宾既反爵于坫，乃于西阶上拜谢。主人于东阶上答拜。然后宾再于坫取爵洗之，酌酒献主人，此谓之酢。主人受爵饮毕，复放爵于坫上，乃于东阶上拜。宾于西阶答拜。然后主人再取爵，先自饮，再酌宾，此谓之酬。此反爵之坫，仅天子与诸侯得有之。今管仲为大夫而亦有之，安得谓知礼？

⑧ 而：如，若。

【译文】

孔子说："管仲的器量狭小得很呀！"

有人便问道："那么管仲很节俭吗？"孔子说："管仲自朝而归，有三个公馆，每个公馆都有官员掌管，职务不相兼摄，怎么能说是俭呢？"

那人又问道："那么管仲懂得礼仪吗？"孔子说："国君宫殿的门前立一道影壁，管仲在门前也立了影壁；国君设筵招待外国的君主，在堂上有放置酒杯的设备，管仲也有这样的设备。如果说管仲懂得礼仪，那么还有谁不懂得礼仪呢？"

3.23 子语①鲁大师②乐，曰："乐其可知也：始作，翕如③也；从④之，纯⑤如也，皦⑥如也，绎⑦如也；以成。"

【章旨】

此章说明音乐演奏之理，所以正乐也。

【注释】

① 语（yù）：告诉。

② 大（tài）师：乐官之长。大，同"太"。

③ 翕（xī）如：五音相合貌。翕，合也。

④ 从（zòng）：同"纵"，放纵开来。

⑤ 纯：和谐不乱。

⑥ 皦（jiǎo）：音声清楚明白。

⑦ 绎：连续不断。

【译文】

孔子告诉鲁国的太师有关演奏音乐的道理，说道："音乐，是可以明晓的：开始演奏时，五音相合声音盛大；放纵开来，声音纯和不乱，清晰明白，接续不断；就这样以至完成。"

3.24 仪封人①请见②，曰："君子之至于斯也，吾未尝不得见也。"从者③见之④。出曰："二三子何患于丧⑤乎？天下之无道也久矣，天将以夫子为木铎⑥。"

【章旨】

此章明夫子之德足以设教兴礼乐也。

【注释】

① 仪封人：掌管边疆仪地的官。仪，卫之边邑。封人，掌边疆之官。封，边地。

② 请见（xiàn）：请求晋见。

③ 从（zòng）者：门人之相随者。

④ 见（xiàn）之：使孔子接见他。

⑤ 丧：谓失位去国。

⑥ 木铎：铜质木舌的手摇铃。古时公家有事要宣布，即摇铃召集大众来听。

【译文】

卫国仪地守边的官请求晋见孔子，说道："所有到过这里的君子，我从没有不蒙接见的。"孔子的随从学生安排他晋见孔子。他告辞出来后，对孔子的学生们说："各位何必忧虑他老人家失去官位呢？天下昏乱的时间太久了。

上天将使他老人家做人民的导师。"

3.25 子谓《韶》①："尽美②矣，又尽善③也。"谓《武》④："尽美矣，未尽善也。"

【章旨】

此章孔子论《韶》《武》之乐。

【注释】

①《韶（sháo）》：舜乐名。韶，绍也，继也。言舜能继绍尧之德，故以名乐。又作磬、招。

② 美：指音律言。

③ 善：指内容言。

④《武》：周武王之乐。武王以征诛得国，故未尽善也。

【译文】

孔子评论《韶》乐，说道："美极了，也好极了。"又评论《武》乐，说道："美极了，却不十分好。"

3.26 子曰："居上不宽，为礼①不敬，临丧②不哀，吾何以观之哉？"

【章旨】

此章谓苟无其本，则无以观其所行之得失也。

【注释】

① 为礼：行礼。行礼以诚敬为本。

② 临丧：犹言居丧。居丧以哀戚为本。

【译文】

孔子说："在上位不能心胸宽大，行礼时不诚敬，居丧时不能哀戚，这种人我还有什么好看的呢？"

里仁第四

共二十六章

4.1　子曰："里仁①为美。择不处仁②，焉得知？"

【章旨】

此章教人慎择居所。

【注释】

① 里仁：居住在有仁厚之风的乡里。一说里，居也。里仁即居仁。

② 择不处仁：选择居所如不居于仁里。处，居也。

【译文】

孔子说："居住在有仁德的乡里才是美好的。选择住处却不住在仁德的地方，怎能算是聪明呢？"

4.2　子曰："不仁者不可以久处约①，不可以长处乐②。仁者安仁③，知者利仁④。"

【章旨】

此章教人不可失去仁心。唯仁，可久可大。

【注释】

① 约：穷困的环境。

② 乐：逸乐的环境。

③ 安仁：安于行仁。

④ 利仁：知行仁于己有利而行仁。

【译文】

孔子说："没有仁德的人不可以长期生活在穷困的环境中，也不可以长期生活在逸乐的环境中。有仁德的人安于行仁，聪明的人见仁有利而行仁。"

4.3 子曰："唯仁者能好人①，能恶人②。"

【章旨】

此章言唯仁者之好恶能得其中。

【注释】

① 好人：真爱好人。如舜举皋陶。

② 恶人：真憎恶人。如舜流四凶。

【译文】

孔子说："唯有仁人能真正爱好人，能真正厌恶人。"

4.4 子曰："苟①志于仁②矣，无恶也③。"

【章旨】

此章孔子勉人一心向善。

【注释】

① 苟：诚，果真。

② 志于仁：一心向仁。

③ 也：用法与"矣"字同。

【译文】

孔子说："诚能立志行仁，就不会有不良的行为了。"

4.5 子曰："富与贵，是人之所欲也；不以其道得之^①，不处^②也。贫与贱，是人之所恶也；不以其道得之，不去^③也。君子去仁，恶乎^④成名？君子无终食之间^⑤违仁^⑥，造次^⑦必于是，颠沛^⑧必于是。"

【章旨】

此章言择仁安仁及仁不可离之意。

【注释】

① 不以其道得之：不由应得之道而得之。即不当得而得之。

② 处：居也。

③ 去：拒绝。

④ 恶乎：何以。

⑤ 终食之间：吃一顿饭的时间。极言其短。

⑥ 违仁：离开仁。

⑦ 造次：仓促。造，朱注音"cào"。

⑧ 颠沛：倾覆流离之际。

【译文】

孔子说："发大财和做大官，这是人人所希望的；不用正当的方法得到它，君子是不接受的。贫困和卑贱，是人人所厌恶的；不应当遭遇到却遭遇上了，君子是不逃避的。君子抛弃了仁德，怎么能成就美名？君子没有一餐饭的时间离开仁德，在仓促匆忙的时候，一定和仁德同在，在颠沛流离的时候也一定和仁德同在。"

4.6 子曰："我未见好仁者^①，恶不仁者^②。好仁者，无以尚之^③；恶不仁者，其为仁矣^④，不使不仁者加乎其身^⑤。有能一日用其力于仁^⑥矣乎？我未见力不足者。盖有之^⑦矣，我未之见也。"

【章旨】

此章言为仁之方在己心之好恶。

【注释】

① 好仁者：积极行仁之人。即"仁者安仁"。

② 恶不仁者：消极拒绝不仁之人。即"智者利仁"。

③ 无以尚之：无物可加于仁德之上。尚，加也。

④ 其为仁矣：他的行仁啊。矣，同"也"。

⑤ 其身：己身。

⑥ 一日用其力于仁：不能常行，能偶一为之。即"畏罪者强仁"（《礼记·表记》）。

⑦ 盖有之：或许有能一日用其力于仁而力不足者。盖，疑词。

【译文】

孔子说："我不曾见到过爱好仁德的人和厌恶不仁德的人。爱好仁德的人以为仁德至高无上无以复加了；厌恶不仁德的人，他实行仁德，只是不使不仁德的事加在自己身上。有没有能够一天使用他的力量在仁德上的人呢？我不曾见过这样的人力量不够的。也许有这种人，只是我没有看到过罢了。"

4.7 子曰："人之过也，各于其党①。观过，斯知仁②矣。"

【章旨】

此章言观人之过可知其人之心仁否。

【注释】

① 党：类。

② 仁：谓有仁心否。或曰"仁"即"人"。

【译文】

孔子说："人所犯的错误，各有不同的类型。观看一个人的过错，就可以知道那个人有没有仁心了。"

4.8 子曰："朝①闻道②，夕死可矣。"

【章旨】

此章警人需汲汲求道。

【注释】

① 朝（zhāo）：早晨。

② 道：事物当然之理。

【译文】

孔子说："早上得知做人的道理，即使晚上死了也是可以的。"

4.9 子曰："士①志于道，而耻恶衣恶食者，未足与议②也。"

【章旨】

此章孔子勉人专心求道。

【注释】

① 士：即读书人。

② 与议：与之论道。

【译文】

孔子说："一个读书人立志学习做人做事的道理，却以穿坏衣服吃粗劣的饭食为耻，就不值得和他谈论道理了。"

4.10 子曰："君子之于天下也，无适①也，无莫②也，义之与比③。"

【章旨】

此章言君子处事不拘滞，唯义是从。

【注释】

① 适（dí）：专主。

② 莫：不肯。

③ 比（bì）：从也。

孔子说："君子对于天下的事情，不会坚持一定要怎么做，也不会坚持一定不怎么做，只看怎么合理，便怎么做。"

4.11 子曰："君子怀德，小人①怀土②；君子怀刑③，小人怀惠。"

【章旨】

此章论君子小人意趣不同。

【注释】

① 小人：与"君子怀德"中的"君子"以德行分，非以名位分。

② 土：谓田地乡土。

③ 刑：谓法度。

【译文】

孔子说："君子思念道德，小人思念乡土；君子思念法度，小人思念恩惠。"

4.12 子曰："放①于利而行，多怨。"

【章旨】

此章告诫人不可一心向利。

【注释】

① 放：音fǎng，依据。又音fàng，纵心也。

【译文】

孔子说："凡事依据个人利益而行，就会招致很多怨恨。"

4.13 子曰："能以礼让①为国②乎？何有③？不能以礼让为国，如礼何？"

【章旨】

此章言礼让乃治国之要素。

【注释】

① 礼让：让者，礼之实；礼者，让之文。故礼让是内容和形式的统一体。

② 为国：治国。

③ 何有：何难之有。即有何困难的意思。

【译文】

孔子说："能够用礼让来治理国家吗？这有什么困难呢？如果不能用礼让来治理国家，那么礼对他又有什么作用呢？"

4.14　子曰："不患无位，患所以立①。不患莫己知②，求为可知也。"

【章旨】

此章言君子当求其在我，不避位，亦不求位。

【注释】

① 所以立：所用来立于职位上者。谓才德也。

② 莫己知：即"莫知己"的倒装形式。

【译文】

孔子说："不忧愁没有职位，忧愁没有立于其位的本领。不怕没有人知道自己，要追求足以使别人知道的本领。"

4.15　子曰："参乎！吾道一以贯之①。"曾子曰："唯②。"子出，门人③问曰："何谓也？"曾子曰："夫子之道，忠恕④而已矣。"

【章旨】

此章记曾子体悟孔子之道忠恕而已，亦下学上达之事也。

【注释】

① 一以贯之：可用一种道理贯通之。贯，穿也，通也。

② 唯：应答之词，较诺为敬而速。《礼记·内则》："父母有命，唯而不诺。"

③ 门人：孔子之诸弟子。

④ 忠恕：尽己谓忠，推己谓恕。

【译文】

孔子说："曾参啊！我的学说可用一种道理来贯通它。"曾子说："是。"孔子走出去后，学生们问道："这是什么意思？"曾子说："老师的学说，不过是忠和恕罢了。"

4.16 子曰："君子①喻②于义，小人③喻于利。"

【章旨】

此章言君子小人之别在乎义与利之间。

【注释】

① 君子：兼指在位者和有德者。

② 喻：知晓，了解。

③ 小人：兼指在位者和德行低劣者。

【译文】

孔子说："君子所了解的是义，小人所了解的是利。"

4.17 子曰："见贤思齐焉①，见不贤而内自省②也。"

【章旨】

此章教人随时注意省察自求进步。当与"三人行"章并观。

【注释】

① 思齐焉：思与之齐等。焉，之。

② 内自省：切己省察有此不贤之病否。

【译文】

孔子说："见了贤人就应当想着向他看齐，看见不贤的人便应当自己反省有没有同他一样的毛病。"

4.18 子曰："事父母几谏①，见志不从，又敬不违②，劳③而不怨。"

【章旨】

此章言人子事亲之道。

【注释】

① 几（jī）谏：婉言劝谏。几，轻微，婉转。

② 违：忤逆，冒犯。

③ 劳：忧愁。说见王引之《经义述闻》。朱注谓："父母怒不悦，而挞之流血。"劳苦意也。

【译文】

孔子说："侍奉父母要轻声下气婉言相劝，看到自己的心意没有被父母接受，仍然恭恭敬敬不敢冒犯他们。虽然很忧苦，也不怨恨。"

4.19 子曰："父母在，不远游①，游必有方②。"

【章旨】

此章亦言人子事亲之道。

【注释】

① 远游：谓到远方游学或游宦。

② 游必有方：即使远游必须有一定的方向和处所。《礼记·曲礼》："所游必有常。"又《礼记·玉藻》："亲老，出不易方。"

【译文】

孔子说："父母在世，不出远门；如果要出远门，必须有一定的去处。"

4.20　子曰："三年无改于父之道，可谓孝矣。"

（此章重出，已见《论语·学而》第十一章。）

4.21　子曰："父母之年，不可不知也。一则^①以喜，一则以惧^②。"

【章旨】

此章亦言人子事亲之道。

【注释】

① 一则：一方面。

② 惧：畏惧，害怕。因知父母年老，或将弃养也。

【译文】

孔子说："父母的年龄，是不可以忘记的。一方面因其高寿而欢喜，另一方面因其年事已高而畏惧。"

4.22　子曰："古者言之不出，耻^①躬之不逮^②也。"

【章旨】

此章戒学者当讷于言而敏于行。

【注释】

① 耻：以为可耻。动词之意动用法。

② 躬之不逮：亲身来不及实行它。躬，亲身实行。

【译文】

孔子说："古时候的人话不轻易说出，是怕自己的实践赶不上。"

4.23　子曰："以约^①失之者，鲜矣。"

【章旨】

此章教人克己自制。

【注释】

① 约：节制，自我约束。

【译文】

孔子说："因为自我约束、节制而犯过失，是很少有的。"

4.24　子曰："君子欲讷于言①而敏于行②。"

【章旨】

此章教人谨言敏行。可与二十二章并观。

【注释】

① 讷于言：言语迟钝，不轻易说话。

② 敏于行：行事勤快。

【译文】

孔子说："君子对于言语要谨慎迟钝，对于做事要勤奋敏捷。"

4.25　子曰："德不孤①，必有邻②。"

【章旨】

此章勉人修德。

【注释】

① 德不孤：有德者不孤独。所谓"方以类聚"（《周易·系辞上》）。

② 必有邻：必有人为伴，如居之有邻人。

【译文】

孔子说："有德的人是不会孤独的，一定会有志同道合的人来和他做伙伴。"

4.26　子游曰："事君数①，斯辱矣；朋友数，斯疏矣。"

【章旨】

此章说明事君交友的道理宜适可而止。

【注释】

① 数（shuò）：屡屡，烦琐。谓劝谏不止也。

【译文】

子游说："侍奉国君谏诤不休，就会招致耻辱了；对待朋友，劝说不止，就被疏远了。"

公冶长第五

共二十七章

5.1　子谓公冶长①："可妻②也。虽在缧绁③之中，非其罪也。"以其子④妻之。子谓南容⑤："邦有道，不废⑥；邦无道，免于刑戮⑦。"以其兄⑧之子妻之。

【章旨】

本章论公冶长、南容之贤，且以见孔子择婿之条件极为平易近人。

【注释】

① 公冶长：孔子弟子。姓公冶，名长。

② 妻（qì）：嫁与人为妻。

③ 缧绁（léi xiè）：拴罪人的绳索。此处代称监狱。

④ 其子：自己的女儿。古时男女皆称子。

⑤ 南容：孔子弟子。居南宫，因以为氏。名绦，又名适，字子容。绦，或作"韬"。适，一作"括"。

⑥ 不废：谓必见用。

⑦ 刑戮：刑罚诛戮。

⑧ 其兄：自己的哥哥。孔子异母兄孟皮，病足，不良于行，早卒。

【译文】

孔子说公冶长这个人："可以把女儿嫁给他做妻子。他虽然曾被囚禁在监狱里，但是那不是他的罪过。"便把自己的女儿嫁给他。孔子说南容这个人："国家政治清明，他不会被废弃不用；国家政治黑暗，他可免受刑罚诛戮。"于是把自己哥哥的女儿嫁给他。

5.2 子谓子贱①："君子哉若②人！鲁无君子者，斯焉取斯③？"

【章旨】

本章赞宓子贱之贤。

【注释】

① 子贱：孔子学生宓不齐，字子贱，少孔子四十九岁。

② 若：此。

③ 斯焉取斯：此人从哪里取得如此之德。上斯字指人，下斯字指德。焉，安也，何也。

【译文】

孔子评论宓子贱说："这人是君子啊！假如鲁国没有君子，这人从哪里取得这样好的品德呢？"

5.3 子贡问曰："赐①也何如？"子曰："女，器②也。"曰："何器也？"曰："瑚琏③也。"

【章旨】

此章孔子论子贡之才能。

【注释】

① 赐：子贡名。与师言自称名以示敬。

② 器：器物，有用之成材。器物只适合一种用途，比喻人之才能虽高，仍有其限量，而非全才。

③ 瑚琏（hú liǎn）：又音 hú niǎn，即簠簋（fǔ guǐ），古代宗庙祭祀，用以盛黍稷之器，用竹木或铜制成，饰以玉。簠多为方形，簋多为圆形。是器之贵重华美者，以比喻子贡为廊庙之才。

【译文】

子贡问道："我是一个怎么样的人？"孔子说："你像是一个器具。"子贡说："什么器具？"孔子说："宗庙里盛黍稷的瑚琏。"

5.4 或曰："雍①也仁而不佞②。"子曰："焉用佞？御人以口给③，屡憎于人。不知其仁，焉用佞？"

【章旨】

此章孔子责时尚巧佞之不当。

【注释】

① 雍：孔子弟子冉雍，字仲弓。

② 佞（nìng）：有口才，能言善道。

③ 御人以口给（jǐ）：用口辩对付人。给，口才敏捷。

【译文】

有人说："冉雍这个人有仁德却没有口才。"孔子说："何必要口才呢？用巧嘴利舌对付人，常常讨别人厌恶。我不知他有没有仁德，可是何必要有口才呢？"

5.5 子使漆雕开①仕。对曰："吾②斯之未能信③。"子说。

【章旨】

此章记孔子喜欢漆雕开之志于道，而不汲汲于求仕。

【注释】

① 漆雕开：孔子学生，漆雕氏，名启，字子开。雕，本字当作彫或琱。

② 吾：当是"启"之错字。启，后人误作"吾"。《汉志》《古今人表》并作名启。《论语》中弟子与孔子言，皆自称其名，无称"吾"或"我"者。称"吾"大不敬也。此是开自称其名。

③ 斯之未能信：是"未能信斯"之倒装形式。

孔子教漆雕开去做官。漆雕开回答说："我对于做官这件事没有信心。"孔子听了很高兴。

5.6 子曰："道不行，乘桴①浮于海，从②我者，其由与！"子路闻之喜。子曰："由也，好勇过我，无所取材③。"

【章旨】

此章孔子自叹不能行道于中国，亦当行道于蛮夷。

【注释】

① 桴（fú）：古代把竹子或木头编成筏，当船用，大者曰筏，小者曰桴。

② 从（zòng）：跟随。

③ 取材：取得造桴的材料。一说，材，通"裁"，谓裁度事理。又一说，材，同"裁"，古字有时通用。

【译文】

孔子说："我的主张不能实行了，很想坐个木筏漂到其他国家去，能跟随我去的人，大概就是仲由了吧！"子路听了很高兴。孔子说："仲由啊，你好勇超过了我，只是我还无处取得造木筏的材料呢。"

5.7 孟武伯问："子路仁乎？"子曰："不知①也。"又问。子曰："由也，千乘之国，可使治其赋②也。不知其仁也。"

"求也何如？"子曰："求也，千室之邑③，百乘之家④，可使为之宰⑤也。不知其仁也。"

"赤也何如？"子曰："赤也，束带⑥立于朝，可使与宾客⑦言也。不知其仁也。"

【章旨】

此章记孔子举仁以为学问修养之最高标准，又使学者各就才性所近，各务专长而同向此全德为归趋。三子虽未具此全德，然已各有专长。

【注释】

① 不知：非真不知，盖不轻以许之。

② 赋：兵备。包括军政工作而言。

③ 千室之邑：于时为大邑，唯卿大夫之家始有之。

④ 百乘之家：谓卿大夫之家。当时诸侯称千乘。

⑤ 为之宰：为其宰官。之，与"其"相当。宰，家宰、邑宰之类。

⑥ 束带：古人平居则缓带，低在腰；遇有礼仪之事，则束带在胸口，高而紧。

⑦ 宾客：宾为大客，如国君上卿；客为小宾，国君上卿以下。两字分用有别，合用则通。

【译文】

孟武伯问："子路有没有仁德呢？"孔子说："不晓得。"他又问。孔子说："仲由这个人，有一千辆兵车的国家，可以让他负责兵役和军政的工作。我不晓得他有没有仁德。"

"冉求这个人怎么样呢？"孔子说："冉求这个人，千户人口的大城，百辆兵车的卿大夫之家，可使他去做总管。我不晓得他有没有仁德。"

"公西赤这个人怎么样呢？"孔子说："公西赤这个人，国家有宾客，可以使他穿上礼服束起带，立在朝廷之上接待外宾办理交涉。我不晓得他有没有仁德。"

5.8 子谓子贡曰："女与回也孰愈①？"对曰："赐也何敢望回？回也闻一以②知十③，赐也闻一以知二。"子曰："弗如也，吾与④女弗如也。"

【章旨】

此章孔子借颜子以勉子贡再求进益，亦可见圣门之多贤与胸襟之虚阔。

【注释】

① 愈：胜也，贤也。

② 以：能。

③ 知十：与"赐也闻一以知二"中"知二"皆借数之多寡以明优劣耳，非实指也。

④ 与：谓也，以为之意。一说：与，及也。又一说：与，许也，赞许、同意之意。

【译文】

孔子问子贡说："你和颜回两个人，哪一个强些？"子贡回答说："赐嘛，怎么敢和颜回相比呢？颜回听到一件事能够推知十件事，至于赐嘛，听到一件事，只能推知两件事。"孔子说："不如他啊，我也以为你不如他啊。"

5.9 宰予①昼寝②。子曰："朽木不可雕③也，粪土④之墙不可杇⑤也。于予与⑥何诛⑦？"子曰⑧："始吾于人也，听其言而信其行⑨；今吾于人也，听其言而观其行。于予与改是。"

【章旨】

此章孔子深责宰我言行不一。

【注释】

① 宰予：孔子学生，姓宰，名予，字子我。仕于齐，为田氏所杀。《论语》记诸弟子，例不直书名。此处当作"宰我"始合。

② 昼寝：白天在屋里睡觉。自日出至日落为昼。

③ 雕：雕刻。

④ 粪土：污秽之土。

⑤ 杇：用镘刀涂饰。用作动词。

⑥ 与：疑词，与"也"相当。

⑦ 诛：责备。

⑧ 子曰：下文与上文不是同一时间之言，所以又加"子曰"二字。

⑨ 行：谓所作所为。

【译文】

宰我白天在屋里睡觉。孔子说："腐朽的木头不可以雕刻了，泥土污秽了的墙壁不可以再粉饰了。对于宰予嘛，还有什么好责备的呢？"孔子又说："从前我对于人，听了他的话就相信他的行事；现在我对于人，听了他的话还要观察他的行事。由于宰予，我改变了态度。"

5.10 子曰："吾未见刚者①。"或对曰："申枨②。"子曰："枨也欲，焉得刚？"

【章旨】

此章叹刚强之人难得。

【注释】

① 刚者：心志坚强不为外物所夺之人。

② 申枨（chéng）：孔子弟子，字子周，鲁人。枨，又作"堂""棠""党""侭"。

【译文】

孔子说："我没有见过心志坚毅不屈的人。"有人回答说："申枨是这样的人。"孔子说："申枨有很多欲望，怎么能够心志坚毅不屈？"

5.11 子贡曰："我不欲人之加诸①我也②，吾亦欲无加诸人③。"子曰："赐也，非尔所及也。"

【章旨】

此章孔子与子贡论仁、恕之辨。恕则子贡能之，仁则未能也。

【注释】

① 加诸：施之于。

② 也：与"者"相当。

③ 无加诸人：自然而然不待勉强，仁也，较"勿加诸人"境界为高。勿者，禁止之词，恕也。

【译文】

子贡说："我不想别人把事强加给我，我也不想把事强加给别人。"孔子说："赐啊，这不是你所能做得到的。"

5.12 子贡曰："夫子之文章①，可得而闻也；夫子之言性②与天道③，不可得而闻也。"

【章旨】

此章子贡叹性与天道之精深而不可得闻。亦可见孔子之教不深言性与命。

【注释】

① 文章：谓《诗》《书》《礼》《乐》。

② 性：人所禀受的天理。即人的本性。

③ 天道：天理自然之本体。即天命。

【译文】

子贡说："老师讲《诗》《书》《礼》《乐》，是可以常听到的；老师讲性理和天命，却很难听得到。"

5.13 子路有闻①，未之能行②，唯恐有闻③。

【章旨】

此章言子路勇于行。

【注释】

① 有闻：有所听闻。

② 未之能行：即"未能行之"的倒装形式。

③ 有闻：又有所闻。有，同"又"。

【译文】

子路有所闻，尚未来得及去做，唯恐又有所闻。

5.14 子贡问曰："孔文子①何以谓之'文'②也？"子曰："敏③而好学，不耻下问④，是以谓之'文'⑤也。"

【章旨】

此章记孔子不没人善、与人为善，不求备于一人，而略其不逮之胸襟。

【注释】

① 孔文子：卫大夫，名圉，谥文。《左传》载其人私德有秽。

② 谓之"文"：谥为"文"。

③ 敏：识性敏捷。

④ 不耻下问：不以下问为耻。俞樾《群经平议》："下问者，非必以贵下贱之谓。凡以能问于不能，以多问于寡，皆是。"

⑤ 是以谓之"文"：因此谥为"文"。盖谥法有以"勤学好问为文"者。

【译文】

子贡问道："孔文子为什么谥为'文'呢？"孔子说："他聪敏好学，又不以下问为耻，所以谥为'文'啊。"

5.15 子谓子产①："有君子之道四焉②：其行己③也恭，其事上也敬，其养民也惠，其使民④也义。"

【章旨】

此章孔子评论子产有修己治人之大节。

【注释】

① 子产：公孙侨，字子产，郑穆公之孙，故以"公孙"为氏。为春秋时郑国之贤相，亦是古代中国一位杰出之政治家及外交家。

② 有君子之道四焉：于君子之道中具有其中的四项。焉，于其中。

③ 行己：即己行。谓自己的行为操守。《论语·子路》："行己有耻。"

④ 使民：劳役人民。

【译文】

孔子评论子产，说："他有四项行为合乎君子之道：他自己的行为庄重恭敬，他侍奉君上负责尽心，他教养人民慈爱有恩，他劳役人民合乎道理。"

5.16 子曰："晏平仲①善与人交，久而敬之②。"

【章旨】

此章孔子称道晏子之德。

【注释】

① 晏平仲：名婴，字平仲，春秋齐国之贤大夫。

② 久而敬之：交久而仍能对人尊敬。一说：交久而人敬之。

【译文】

孔子说："晏平仲善于和别人交朋友，相交很久，对人仍然尊敬。"

5.17 子曰："臧文仲①居蔡②，山节藻棁③，何如其知也④？"

【章旨】

此章孔子讥评臧孙辰谄渎鬼神不务民义为不智。

【注释】

① 臧文仲：春秋鲁国大夫臧孙辰。历仕庄、闵、僖、文四朝。"文"是谥。

② 居蔡：藏有大龟，以卜吉凶。相传大龟出于蔡地，故称为蔡。蔡是古时天子用龟，长一尺二寸。文仲用之，僭也。

③ 山节藻棁（zhuō）：刻山于节，画藻于棁。节，柱上斗拱，一作"桼"。棁，梁上短柱。

④ 何如其知也：其智究何如哉。时人皆称其智，孔子举此以明其非智。

【译文】

孔子说："臧文仲在家庙里藏有一只大龟，在柱头的斗拱上刻山的图形，在梁上的短柱上画水草的图形，他的智慧究竟怎么样呢？"

5.18 子张问曰："令尹子文①三仕为令尹，无喜色；三已②之，无愠色。旧令尹之政，必以告新令尹。何如？"子曰："忠矣。"曰："仁矣乎？"曰："未知③，焉得仁？"

"崔子弑齐君④，陈文子⑤有马十乘⑥，弃而违⑦之。至于他邦，则曰：'犹吾大夫崔子也。'违之。之⑧一邦，则又曰：'犹吾大夫崔子也。'违之。何如？"子曰："清矣。"曰："仁矣乎？"曰："未知，焉得仁？"

【章旨】

此章见仁德至重，孔子不轻以许人。

【注释】

① 令尹子文：春秋时楚国之执政者称令尹。子文，姓鬪，名穀於菟（gǔ wū tú），字子文。自鲁庄公三十年到僖公二十三年之二十八年中，曾数次为楚令尹。

② 已：止。即罢职。

③ 未知：不知其是否皆出于天理而无人欲之私也。

④ 崔子弑齐君：崔杼杀死齐庄公光。崔杼，齐国之相。事见《左传·襄公·襄公二十五年》。

⑤ 陈文子：齐大夫，名须无。

⑥ 有马十乘（shèng）：有四十匹马。乘，马四匹叫一乘。

⑦ 违：离去。

⑧ 之：至，往。

【译文】

子张问道："楚国的令尹子文三次做令尹的官，没有欢喜的脸色；三次罢官，没有怨恨的脸色。每次办移交，一定把自己施政的全部内容告诉新接任的令尹。这个人怎么样？"孔子说："可以说是忠于国家了。"子张说："可以算是仁了吗？"孔子说："不晓得他这样做有没有私心，怎么能算是仁呢？"

　　子张又问："齐国的丞相崔杼杀死齐庄公，陈文子有四十四马，舍弃不要而离开了齐国。到了另一个国家，就说道：'这里的执政者同我们的崔子差不多。'又离去。到了另一个国家，就又说道：'这里的执政者同我们的崔子差不多。'于是又离去了。这个人怎么样？"孔子说："可以说是清高了。"子张说："可以算是仁了吗？"孔子说："不晓得他这样做有没有私心，怎么能算是仁呢？"

5.19　季文子①三思②而后行。子闻之，曰："再③，斯可矣。"

【章旨】

此章言思考至三，过为谨慎，其流弊将至利害循一己之私矣。

【注释】

① 季文子：春秋时鲁国的执政大夫季孙行父。历仕鲁国文公、宣公、成公、襄公。卒于襄公五年，谥文。

② 三思：考虑多次。三是虚数，非实数。

③ 再：两次。"再"下省去思字。《唐石经》作"再思"。

【译文】

季文子每件事都考虑很多次才去行动。孔子听说后，说道："思考两次就可以了。"

5.20　子曰："甯武子①，邦有道，则知②；邦无道，则愚③。其知可及也，其愚不可及④也。"

【章旨】

此章称赞甯武子竭智尽忠以谋国之精神。

【注释】

① 甯武子：卫成公大夫甯俞，卒谥武。

② 邦有道，则知：成公初期政治安定，甯俞竭知以辅之。

③ 邦无道，则愚：成公后来失国，甯俞随侍在侧，忠心不贰，不避艰险，人以为愚。而卒复君位。

④ 其愚不可及：其忠心不贰，不避艰险之愚，非常人之所能及也。

【译文】

孔子说："甯武子在国家太平时期竭智尽虑，表现得很聪明；在国家不太平时，不避艰险，表现得像傻瓜。他的聪明别人赶得上，他的傻劲儿别人赶不上。"

5.21 子在陈①，曰："归与！归与！吾党之小子狂简②，斐然③成章④，不知所以裁之⑤。"

【章旨】

此章孔子伤道不行欲归而教正后生传道授业。

【注释】

① 陈：国名，妫（guī）姓，舜后。武王灭殷后，封舜后妫满于陈，都于宛丘（今河南淮阳县）。春秋末为楚所灭。

② 狂简：谓进取有大志。简，大也。一说，狂，志大。简，疏略。谓有大志而才学尚粗疏。

③ 斐然：文采很盛的样子。

④ 成章：文理可观。

⑤ 不知所以裁之：谓小子不知如何裁正自己。一说，孔子不知如何裁正小子。

【译文】

孔子在陈国，说："回去吧！回去吧！家乡的青年进取而有大志，文采很有可观，只是不知道如何裁正自己。"

5.22 子曰："伯夷、叔齐①不念旧恶②，怨是用希③。"

【章旨】

此章称赞伯夷、叔齐之心大公无私。

【注释】

① 伯夷、叔齐：商代孤竹国君之二子。姓墨胎。父死，遗命立叔齐。叔齐让伯夷，伯夷逃之。叔齐亦逃去。武王灭纣，不食周粟，采薇而食，饿死于首阳山。

② 旧恶：宿怨。

③ 怨是用希：即"用是怨希"之倒装形式。希，同"稀"，少也。

【译文】

孔子说："伯夷、叔齐不记恨过去的嫌隙，所以怨恨他们的人很少。"

5.23 子曰："孰谓微生高①直？或乞醯②焉③，乞诸其邻而与之。"

【章旨】

此章孔子于小处辨明微生高之不直，所以教人不可不谨也。

【注释】

① 微生高：人姓名，素有直声者。后人疑即尾生高。尾生守信而死，见《庄子·杂篇·盗跖》《战国策·燕策》《淮南子·氾论训》和《淮南子·说林训》。

② 醯（xī）：醋。

③ 焉：于彼。

【译文】

孔子说："谁说微生高性直？有人向他要醋，他向他的邻居要来给他。"

5.24 子曰："巧言①、令色②、足恭③，左丘明④耻之，丘亦耻之。匿怨⑤而友其人，左丘明耻之，丘亦耻之。"

【章旨】

此章孔子教人需心存真实正直，不可巧诈。

【注释】

① 巧言：说好话讨人欢心。即《尔雅·释训》之"口柔"、《礼记·表记》之"失口于人"。

② 令色：用美好的脸色讨好人。即《尔雅》之"面柔"、《礼记》之"失色于人"。

③ 足恭：便僻其足以为恭，谓前、却、俯、仰，以足为恭也。即《尔雅》之"足柔"、《礼记》之"失足于人"。朱注：足，音jù，过分之意。足恭，过恭也。

④ 左丘明：鲁人，名明。或以为即《左传》作者。恐非。

⑤ 匿怨：隐藏对人的怨恨之情。

【译文】

孔子说："花言巧语、伪善的面容、行动灵活以示恭敬，左丘明认为可耻，我也认为可耻。隐藏对人的怨恨之情而与人做朋友，左丘明认为可耻，我也认为可耻。"

5.25 颜渊、季路①侍②。子曰："盍③各言尔志？"

子路曰："愿车马衣轻裘④与朋友共，敝之而无憾。"颜渊曰："愿无伐善⑤，无施劳⑥。"

子路曰："愿闻子之志。"

子曰："老者安之，朋友信之，少者怀之⑦。"

【章旨】

此章孔子与弟子各言其志。

【注释】

① 季路：即子路。仲由之另一字号。

② 侍：谓侍立。《论语》中或作"侍"，或作"侍侧"，或作"侍坐"。侍坐是师生皆坐。侍侧，则或坐或立，未有肯定。

③ 盍：何不。

④ 衣轻裘：即衣裘。"轻"字涉注文衍入，当删。说详刘宝楠《论语正义》。

⑤ 伐善：夸大善德。

⑥ 施劳：张大功劳。

⑦ 怀之：与"老者安之，朋友信之"中的"之"字同义。三"之"字指己，即指孔子。谓安于我、信于我、怀于我。一说，指人，即指老者、朋友、少者。

【译文】

颜渊、子路站在孔子的旁边。孔子说："何不各人说说自己的志向？"

子路说："愿意把我的车马衣裘与朋友共同使用，用坏了也没有什么遗憾。"颜渊说："愿意不夸耀自己的好处，不炫示自己的功劳。"

子路说："希望听到老师的志向。"

孔子说："老年人使他生活安逸，朋友使他信任我，少年人使他怀念我。"

5.26 子曰："已矣乎，吾未见能见其①过而内自讼②者也！"

【章旨】

此章孔子叹好学之人难遇。

【注释】

① 其：己。

② 内自讼：心中自咎自责。

【译文】

孔子说："完了呀，我不曾看到能够发现自己的过错，并且内心自咎自责的人啊！"

5.27　子曰："十室之邑^①，必有忠信如丘者焉^②，不如丘之好学也^③。"

【章旨】

此章孔子言美质易得，需学而成。勉人为学也。

【注释】

① 十室之邑：十户人家的地方。极言其小。

② 焉：句末语气词。相当于"于其中"。

③ 也：耳。

【译文】

孔子说："一个十户人家的地方，其中一定有像我这样忠厚老实的人，只是比不上我喜好学习罢了。"

雍也第六

共二十八章

6.1 子曰："雍也，可使南面①。"仲弓问子桑伯子②。子曰："可③也，简④。"仲弓曰："居敬⑤而行简，以临⑥其民，不亦可乎？居简而行简，无乃⑦大⑧简乎？"子曰："雍之言然⑨。"

【章旨】

此章言行事可简而居心须敬。

【注释】

① 南面：谓有人君之德，可南面为君。

② 子桑伯子：鲁人。或以为即庄子大宗师之子桑户，与琴牢、孟子反为友，而游于方之外者。

③ 可：仅可而有所未尽之词。

④ 简：不烦。

⑤ 居敬：处心恭敬。

⑥ 临：自上临下，有君临、临治之意。

⑦ 无乃：不是。反诘语气词。

⑧ 大：同"太"。

⑨ 然：对，是。

【译文】

孔子说："冉雍这个人，可使他为人君。"仲弓问子桑伯子可否为君。孔子说："可以的，他行事简约不致扰民。"仲弓说："居心诚敬而行事简约，来治理他的人民，不是可以吗？居心简约而行事又简约，不是太简了吗？"孔子说："冉雍的话说得对。"

6.2 哀公问："弟子孰为好学？"孔子对曰："有颜回者好学，不迁怒①，不贰过②。不幸短命③死矣。今也则亡④，未闻好学者也。"

【章旨】

此章孔子深赞颜渊好学，仅举其不迁怒、不贰过两端，足见孔子之学行重于知。

【注释】

① 不迁怒：不把怒气发在别的人物之上。朱注："怒于甲者不移于乙。"

② 不贰过：相同的过错不犯第二次。朱注："过于前者不复于后。"

③ 短命：古时候人到五十岁死，就不叫夭死。不及五十岁而死，都叫夭死，亦即短命。颜子四十一岁而卒，故曰短命。或曰三十二而卒，不可据。

④ 亡：同"无"。

【译文】

哀公问道："学生中谁是好学的？"孔子回答道："有一个叫颜回的人好学，他自己不高兴，不会把怒气发泄在别人的身上，同样的过失，不会犯第二次。不幸他短命死了。现在没有这样的人了，没再听说有好学的人了。"

6.3 子华①使于齐②，冉子③为其母请粟④。子曰："与之釜⑤。"请益。曰："与之庾⑥。"冉子与之粟五秉⑦。子曰："赤之适齐也，乘肥马⑧，衣轻裘⑨。吾闻之也：君子周急⑩不继富⑪。"原思⑫为之⑬宰，与之粟九百⑭，辞。子曰："毋！以与尔邻里乡党⑮乎！"

【章旨】

此章记孔子处事与人之义。不峻拒冉子之请，私义也；不益子华之母粟，公义也。

【注释】

① 子华：姓公西，名赤，字子华，孔子学生，比孔子小四十二岁。

② 使（shì）于齐：被派到齐国去做使者。

③ 冉子：即冉有。称子，尊之也。

④ 为（wèi）其母请粟：替他母亲向孔子请求米粮。粟，一曰小米。

⑤ 釜（fǔ）：古时的容量单位名。容积为当时的六斗四升，约合今日的一斗二升八合。或曰约合三斗二升。

⑥ 庾（yǔ）：古量名，容积为今日的二斗四升。

⑦ 秉：古代量名，一秉容十六斛，一斛十斗。南宋贾似道始改为五斗一斛。今已废。

⑧ 乘肥马：乘坐大马拉的车子。春秋以前无骑马之事，战国赵武灵王始胡服骑射。

⑨ 衣（yì）轻裘：穿轻暖的皮裘。

⑩ 周急：周济困急者。

⑪ 继富：济助富有者。

⑫ 原思：孔子学生原宪，字子思。

⑬ 之：用法与"其"相同。

⑭ 九百：未言量名，不知多少。孔安国曰九百斗。

⑮ 邻里乡党：都是古代地方行政单位名。五家为邻，二十五家为里，一万两千五百家为乡，五百家为党。

【译文】

公西华出使齐国，冉有替他母亲请求米粮。孔子说："给他六斗四升。"冉有请求增加些。孔子说："再给他二斗四升。"冉有却给了他八十石。孔子说："公西赤到齐国去的时候，坐着由肥大的马拉的车子，穿着轻暖的皮袍。我听说过：君子救助人家的急困，不增益富人的财富。"原思做孔子的家宰，孔子给他九百斗米粮，原思推辞不受。孔子说："不要推辞！多余的，可送给你地方上的贫苦人家呀！"

6.4 子谓①仲弓，曰："犁牛②之子骍③且角④，虽欲勿用⑤，山川⑥其⑦舍诸⑧？"

【章旨】

此章言有才德者必见用，不关乎出身之贵贱。

【注释】

① 谓：评论。

② 犁牛：耕牛。与供牺牲用之赤色牛相对而称。引申有卑贱之意。

③ 骍（xīng）：纯赤色。周朝重视赤色，故祭祀用赤色牲畜。

④ 角：谓两只角长得周正。

⑤ 用：杀而用以祭祀。

⑥ 山川：指山、川之神灵。

⑦ 其：岂，难道。

⑧ 舍诸：舍之乎。诸，之乎。

【译文】

孔子评论仲弓，说道："耕牛的儿子长了赤色的毛、完整端正的角，虽然不想用它作牺牲去祭祀，山川的神灵难道会舍弃它吗？"

6.5 子曰："回也，其心三月①不违②仁，其余则日月至焉③而已矣。"

【章旨】

此章称赞颜回不违仁以勉诸弟子。

【注释】

① 三月：谓时间较长久。三为虚数，非实数。

② 违：离而他去。

③ 日月至焉：或日一至仁，或月一至仁，而不能久居仁也。

【译文】

孔子说："颜回这个人，他的心能长期地不离开仁道。其余的人，只能日月之间偶尔想到一次罢了。"

6.6 季康子问："仲由可使从政也与？"子曰："由也果①，于从政乎何有？"曰："赐也可使从政也与？"曰："赐也达②，于从政乎何有？"曰："求也可使从政也与？"曰："求也艺③，于从政乎何有？"

【章旨】

此章孔子与季氏论弟子才能，隐有荐贤之意。

【注释】

① 果：果敢善决断。

② 达：通晓事理。

③ 艺：多才多艺。

【译文】

季康子问道："仲由这人可以使他治理政事吗？"孔子说："仲由果敢决断，对于治理政事有什么困难呢？"又问道："端木赐这人可以使他治理政事吗？"孔子说："端木赐通晓事理，治理政事有什么困难呢？"又问道："冉求这人可使他治理政事吗？"孔子说："冉求多才多艺，治理政事有什么困难呢？"

6.7 季氏使闵子骞①为费②宰。闵子骞曰："善为我辞焉。如有复③我者，则吾必在汶上④矣。"

【章旨】

此章记闵子骞德高不屑仕于大夫之家。

【注释】

① 闵子骞：孔子早年学生闵损，字子骞，比孔子小十五岁。

② 费（bì）：故城在今山东省费县西北二十里（据《一统志》）。春秋时鲁季孙氏之封邑。《左传·僖公元年》："公赐季友汶阳之田及费。"

③ 复：再。谓再来召请。

④ 汶（wèn）上：汶水之北，暗指齐国之地。汶水即山东的大汶河，位于齐南鲁北界上。水北曰上。

【译文】

季氏想请闵子骞做费县的县长。闵子骞对传命的人说："好好地替我向他辞谢。如果再有人来找我，那我一定会逃到汶水以北的地方去了。"

6.8 伯牛①有疾②，子问之，自牖执其手，曰："亡之③，命矣夫！斯人也而有斯疾也！斯人也而④有斯疾也！"

【章旨】

此章记孔子笃于师生之情谊。

【注释】

① 伯牛：孔子学生冉耕，字伯牛，冉雍之父。

② 有疾：有恶疾。据《淮南子·精神训》："伯牛为厉。"厉，音lài，即癫病。后人以为麻风病。

③ 亡之：此人将要死了。

④ 而：竟然。

【译文】

冉伯牛患麻风病，孔子去看望他，从向南的窗户外握住他的手，（离开后）说："快要死了，真是命运呀！这样的人呀竟然染上这种病！这样的人呀竟然染上这种病！"

6.9 子曰："贤哉，回也！一箪食①，一瓢饮②，在陋巷③，人不堪其忧，回也不改其乐。贤哉，回也！"

【章旨】

此章孔子称赞颜回安贫乐道之贤德。

【注释】

① 一箪食（dān shí）：一竹筐饭。箪，竹编圆形盛饭之器。

② 一瓢（piáo）饮：一葫芦瓢水。瓢，分葫芦之半而为之。

③ 陋巷：简陋的房屋。里中道曰巷，人所居亦曰巷。一说，简陋的巷子。

【译文】

孔子说："颜回真有贤德呀！一竹筐饭，一瓢的水，住在陋室里，别人都受不了那种忧苦的生活，可是颜回却不改变其原有的快乐。颜回真有贤德呀！"

6.10 冉求曰："非不说子之道，力不足也。"子曰："力不足者①，中道而废②。今女画③。"

【章旨】

此章言为学当尽其在我，不可画地自限。

【注释】

① 者：有时单表示停顿语气。此处兼表示假设语气。

② 废：置。谓欲进而不能。

③ 画：画地自限，停止不进。谓能进而不欲。

【译文】

冉求说："不是我不喜好老师的道，是我的能力不够。"孔子说："假如是能力不够也会走到半路上再停下来。现在你根本停在那儿没有起步。"

6.11　子谓子夏曰："女为君子儒①，无②为小人儒③。"

【章旨】

此章孔子告诫子夏，盖逆知其所长而预防其所短。

【注释】

① 儒：术士之称。谓士之具六艺之能以求仕于时者。后乃转为学者之通称。

② 无：通"毋"，不可、不要之意。

③ 小人儒：不出两种意义：一为沉溺典籍而心忘世道，一为专务章句训诂而忽于义理。

【译文】

孔子对子夏说："你要做一个君子式的儒者，不要做一个小人式的儒者。"

6.12　子游为武城①宰。子曰："女得人焉②尔乎③？"曰："有澹台灭明④者，行不由径⑤，非公事，未尝至于偃之室也。"

【章旨】

此章言言偃能识人。

【注释】

① 武城：春秋鲁国城邑名，在今山东省费县西南。

② 焉：于彼处。

③ 尔乎：句末语气词，相当白话的"了吗"。

④ 澹（tán）台灭明：复姓澹台，名灭明，字子羽。后亦为孔子学生。

⑤ 径：步道。即路之小而捷者。

【译文】

子游做武城县的县长。孔子说："你在那里得到人才了吗？"回答说："有一个叫澹台灭明的人，走路不走捷径，不是为了公事，不曾进过我的家门。"

6.13 子曰:"孟之反^①不伐，奔而殿^②。将入门，策^③其马，曰:'非敢后也，马不进也。'"

【章旨】

此章言孟之反不欲居功。

【注释】

① 孟之反:鲁大夫，名侧，字之反。《庄子·大宗师》作"孟子反"。

② 奔而殿:战败而奔居后为殿，以拒敌人之追逐。鲁哀公十一年鲁与齐战而败。见《左传》。殿，镇也。

③ 策:用鞭打。

【译文】

孔子说:"孟之反不夸示功劳。鲁军战败溃逃，他在最后抵抗敌人之追击。将要进城门，便鞭打自己的马，说:'不是我敢在后面拒敌，是我的马跑不快呀!'"

6.14 子曰:"不有^①祝鮀^②之佞，而^③有宋朝^④之美，难乎免于今之世矣。"

【章旨】

此章孔子伤衰世好谀悦色之非。

【注释】

① 不有:假如没有。假设语气。

② 祝鮀:卫大夫，字子鱼，有口才。《左传·定公四年》曾记其外交辞令。

③ 而:却也。转折词。一说:与也。连接词。见王引之《经义述闻》。

④ 宋朝:宋国的公子朝。《左传·昭公二十年》及《左传·定公四年》曾记其以美致乱之事。

【译文】

孔子说："假如没有像祝鮀那样的口才，却有像宋公子朝那样的美貌，在今天的社会里恐怕也很难免于遭受祸害了。"

6.15 子曰："谁能出不由户？何莫①由斯道②也？"

【章旨】

此章孔子怪叹人不行正道。

【注释】

① 莫：无人。

② 斯道：此道。指人生大道。

【译文】

孔子说："谁能够不经过房门而走到屋外来呢？为什么没有人从人生的大道上行走呢？"

6.16 子曰："质胜文则野①，文胜质则史②。文质彬彬③，然后君子。"

【章旨】

此章言人格之完成需文质兼备，不可有偏。

【注释】

① 质胜文则野：质，朴质。文，华饰。野，鄙略。《礼记·仲尼燕居》："敬而不中礼谓之野。"

② 史：掌文书之官或庙中祝官。多闻习事而诚或不足。《仪礼·聘礼》："辞多则史。"

③ 彬彬：文质兼备之貌。《说文》引作"份份"，《史记·儒林列传》作"斌斌"。

孔子说："朴质超过文饰就显得鄙野，文饰超过朴质就显得虚浮。文饰和朴质调和均匀，才是一个君子。"

6.17 子曰："人之生也直①，罔②之生也幸而免。"

【章旨】

此章孔子教人立身需直，不可诬罔不直。

【注释】

① 直：正直。

② 罔：诬罔不直。

【译文】

孔子说："人的生存是由于正直，不正直的人也能生存，那是他侥幸免于祸殃。"

6.18 子曰："知之者①不如好之者②，好之者不如乐之者③。"

【章旨】

此章孔子言人之为学浅深有序。盖亦循循善诱也。

【注释】

① 知之者：知有其道之人。

② 好之者：爱好此道而未能确有得者。

③ 乐之者：乐学此道而不知倦者。盖与道浑然为一矣。

【译文】

孔子说："对于任何学问、道理仅知道它的人不如爱好它的人，爱好它的人又比不上陶醉在其中的人。"

6.19 子曰："中人以上，可以^①语上^②也；中人以下，不可以语上也。"

【章旨】

此章言孔子因材施教的原则。

【注释】

① 以：与。

② 语（yù）上：告诉高远之道。语，告知。

【译文】

孔子说："中等资质以上的人，可以同他讲高深的学问；中等资质以下的人，不可以同他讲高深的学问。"

6.20 樊迟问知。子曰："务民之义^①，敬鬼神而远之^②，可谓知矣。"问仁。曰："仁者先难^③而后获，可谓仁矣。"

【章旨】

此章孔子教樊迟求仁、智之功夫。

【注释】

① 民之义：适合人民之事。《礼记·礼运》："父慈、子孝、兄良、弟弟（tì）、夫义、妇听、长惠、幼顺、君仁、臣忠，十者谓之人义。"

② 远（yuàn）之：疏远鬼神（而以民义为先）。

③ 先难：先做事之困难者。与《论语·颜渊》"先事后得"的意思相同。

【译文】

樊迟问如何做才算是聪明。孔子说："专心用力去做适宜于老百姓的工作，尊敬鬼神但是要疏远它，可以算是聪明了。"又问如何做才算是有仁德。孔子说："有仁德的人先尽力做困难的事，而后才获得报偿，可以算是有仁德的了。"

6.21　子曰："知者乐水①，仁者乐山②；知者动，仁者静③；知者乐，仁者寿④。"

【章旨】

此章言仁知之性情、作用及成效，乃古人所倡天人合一之深旨。深味之，亦进德之一助也。

【注释】

① 知者乐（yào）水：水性活，周流无滞。知者似之，故乐水。乐，好也。

② 仁者乐山：山性安固厚重，万物生焉。仁者似之，故乐山。

③ 静：与"知者动"中的"动"是智仁之体用。

④ 寿：与"知者乐"中的"乐"是智仁之功效。

【译文】

孔子说："聪明的人喜好水，有仁德的人喜好山；聪明的人好活动，有仁德的人好沉静；聪明的人快乐，有仁德的人长寿。"

6.22　子曰："齐一变，至于鲁；鲁一变，至于道①。"

【章旨】

此章言齐鲁二国之政俗有美恶，故其变而之道有难易。

【注释】

① 齐一变……至于道：春秋时齐俗急功利、喜夸诈，为苟简尚功之治，故一变乃能至鲁。鲁则重礼教，崇信义，犹有先王之遗风。如能修举废坠，则一变而至先王之道也。

【译文】

孔子说："齐国的政教再经一次改革，便可进步到鲁国现在的水平；鲁国的政教再经一次改革，便可进而合于大道了。"

6.23 子曰："觚①不觚②，觚哉！觚哉！"

【章旨】

此章孔子借觚之失其形制而叹一切之名存而实亡。

【注释】

① 觚（gū）：行礼酒器，上圆下方，有棱角，容二升。

② 不觚：盖失其形制而不得为觚也。

【译文】

孔子说："觚已不像个觚，还能算是觚吗！还能算是觚吗！"

6.24 宰我问曰："仁者，虽①告之曰：'井有仁②焉。'其从之也③？"子曰："何为其然也？君子可逝④也，不可陷也；可欺⑤也，不可罔⑥也。"

【章旨】

此章言仁者必明于理，不可欺罔。

【注释】

① 虽：若。

② 仁：谓仁人。与《论语·学而》之"泛爱众而亲仁"之"仁"用法同。皇侃本"仁"下有"者"字。

③ 也：与"与"用法同，疑问词。皇本作"与"。

④ 逝：谓使之往救。

⑤ 欺：谓诳之以理之所有。

⑥ 罔：谓昧之以理之所无。

【译文】

宰我问道："一个有仁德的人，如果告诉他说：'井里掉下去一个仁人啦。'他会不会随着跳下去救他呢？"孔子说："他为什么要这样做呢？君子可以跑去看如何搭救，但不会贸然跳入井中；可用较近情理的方法欺骗他，但不可用毫无道理的方法诬陷他。"

6.25　子曰："君子博学于文，约之以礼①，亦可以弗畔②矣夫。"

【章旨】

此章言学者如能品学兼修，则不至离经叛道矣。

【注释】

① 博学于文，约之以礼：即博学在文，约文以礼。"之"代称"文"。博文是要有广博的知识。约礼则在提高道德修养。

② 弗畔：不背叛道。畔，通"叛"。

【译文】

孔子说："君子广泛地学习六艺典籍，再用礼来加以约束，也就可以不离经叛道了。"

6.26　子见南子①，子路不说。夫子矢②之曰："予所否者③，天厌④之！天厌之！"

【章旨】

此章记孔子之守礼行权、道大德弘之处。

【注释】

① 南子：卫灵公夫人，把持朝政，有淫行。《史记·孔子世家》载"子见南子"之事颇详。

② 矢：通"誓"。

③ 所否者：谓有不合于礼、不由于道之处。

④ 厌：厌弃。

【译文】

孔子去见南子，子路不高兴。孔子发誓说："我如果有不合礼不从正道的地方，天将厌弃我！天将厌弃我！"

6.27　子曰："中庸①之为德也，其至②矣乎！民鲜久矣③。"

【章旨】

此章深叹风俗败坏，而民不行中庸之道。

【注释】

① 中庸：中者，无过无不及之谓。庸者，平常也。包括：中庸之人，平常人也；中庸之道，为中庸之人所易行之道也；中庸之德，为中庸之人所易具之德也。故中庸之德，乃民德也。

② 至：言其至广至大、至平至易、至可宝贵。而非谓至高难能也。

③ 民鲜久矣：人们缺少此德已经很久了。民，意同人，非单指平民言。《中庸》引此章作"中庸其至矣乎！民鲜能久矣。"

【译文】

孔子说："中庸这种道德，大概是至为广大平易的了！可是人们缺少此种道德已经很久了。"

6.28　子贡曰："如有博施①于民而能济众，何如？可谓仁乎？"子曰："何事②于仁，必也圣乎！尧、舜③其④犹病诸⑤！夫仁者，己欲立而立人，己欲达而达人。能近取譬⑥，可谓仁之方⑦也已。"

【章旨】

此章孔子与子贡论学且教以行仁之方。

【注释】

① 博施：广博施与。

② 事：犹为也。见《礼记·乐记》注。

③ 尧、舜：传说中之上古两位圣君，亦为孔子心目中之榜样。博施济众，事无限量。故虽尧舜，力有不足。

④ 其：犹且也。

⑤ 诸：之。

⑥ 近取譬：近就己身取譬相喻也。

⑦ 仁之方：行仁之路径方法。

【译文】

　　子贡说："假如有一个人能广泛地给人民好处，又能济助大众，怎么样？可以说是仁道了吗？"孔子说："这哪里只算仁道，那必然是圣德了！尧、舜尚且做不到呢！所谓仁道，就是自己要站得住，同时也使别人站得住；自己要行得通，同时也使别人行得通。能够拿自身为例打个比方，一步一步地做下去，可以说是实践仁道的方法了。"

述而第七

共三十七章

7.1 子曰："述而不作①，信而好古②，窃比于我③老彭④。"

【章旨】

此章孔子谦言己述而不作以见无知妄作之非。

【注释】

① 述而不作：只传述旧闻却不创始制作。作有创始、制作二义。

② 信而好古：相信并爱好古代文化。

③ 窃比于我：以我私比之。

④ 老彭：商之贤大夫彭祖。或云老聃、彭祖二人。

【译文】

孔子说："阐述而不创作，相信并爱好古代文化，私下里我把自己和老彭相比。"

7.2 子曰："默而识①之，学而不厌，诲人不倦，何有于我哉②？"

【章旨】

此章孔子自述其行事。

【注释】

① 识（zhì）：记住。

② 何有于我哉：即"于我有何难哉"之意。

【译文】

孔子说："有所闻见默记在心，为学不厌烦，教人不疲倦，这些事对我来说做起来有何困难呢？"

7.3 子曰："德之不修，学之不讲①，闻义不能徙，不善不能改，②是吾忧也。"

【章旨】

此章孔子自勉自任之语。

【注释】

① 讲：辩论习行。

② 闻义不能徙，不善不能改：闻义必徙而从之，不善则不吝改过。所谓"君子见善则迁，有过则改"（易益）也。

【译文】

孔子说："品德没有修养，学问没有讲习，听到正义的事不能照着去做，发现不善的地方却不能改正，这都是我所忧虑的。"

7.4 子之燕居①，申申如②也，夭夭如③也。

【章旨】

此章弟子记孔子闲居时之气象。

【注释】

① 燕居：闲居。

② 申申如：整饬貌。如，然也。

③ 夭夭如：和舒貌。

【译文】

孔子在家闲居的时候，看起来很严肃整齐的样子，又很温和舒泰的样子。

7.5　子曰："甚矣吾衰也！久矣吾不复梦见周公^①！"

【章旨】

此章孔子自叹年老而道不行。

【注释】

① 梦见周公：孔子壮盛之时，志欲行周公之道，故梦寐之间时或见之。
　　年老知道不行，遂无复此梦矣。

【译文】

孔子说："我衰老得太厉害了！我很久没有再梦见周公了！"

7.6　子曰："志^①于道，据^②于德，依^③于仁，游^④于艺。"

【章旨】

此章孔子教人学道修养的层次。

【注释】

① 志：心向。

② 据：坚守。

③ 依：依倚，不违。

④ 游：玩习，游憩。

【译文】

孔子说："立志在道上，据守在德上，依倚在仁上，游憩在艺上。"

7.7　子曰："自行束修^①以上，吾未尝无诲焉。"

【章旨】

此章孔子自言其诲人不倦。

【注释】

① 束修：十条干肉为束，叫束修。古时初次相见致送之薄礼。

孔子说:"只要自己愿意学习,即使备了极薄的礼来见我,我也没有不教诲他的。"

7.8 子曰:"不愤①不启②,不悱③不发④。举一隅⑤不以三隅反⑥,则不复⑦也。"

【章旨】

此章孔子自言其启发教学法。

【注释】

① 愤:心求通而未得。

② 启:开其意。

③ 悱(fěi):口欲言而未能。

④ 发:达其辞。

⑤ 举一隅:举出四方形的一个角为例。

⑥ 不以三隅反:不能反知其他的三个角。

⑦ 复:再告。

【译文】

孔子说:"不到学生想求明白而不得的时候,便不去开导他;不到学生想说出来,却说不出来的时候,便不去启发他。如果举出一个角而他不能照样悟出其余三个角来,便不再告诉他了。"

7.9 子食于有丧者之侧,未尝饱也。子于是日①哭,则不歌。

【章旨】

此章言孔子性情之正。

【注释】

① 是日:此日。

【译文】

孔子在有丧的人旁边进食，从没有吃饱过。孔子在这天吊丧哭了，就不再唱歌。

7.10 子谓颜渊曰："用之则行，舍之则藏，①惟我与尔有是夫！"子路曰："子行三军②，则谁与③？"子曰："暴虎④冯河⑤，死而无悔者，吾不与也。必也，临事而惧⑥，好谋而成⑦者也。"

【章旨】

此章孔子论用行舍藏，有道亦复有命。用舍属人，己无与焉，固命也。行军胜败虽亦有命，然不可不慎。

【注释】

① 用之则行，舍之则藏：用则行其道于世，舍则藏其道于身。

② 三军：古大国有三军。一万二千五百人为一军。

③ 谁与："与谁"之倒装形式。谓与谁同行。

④ 暴虎：谓徒手搏虎。

⑤ 冯（píng）河：徒手渡河。冯，本作"淜"，无舟渡河也。

⑥ 惧：敬谨戒慎之意。

⑦ 好谋而成：善谋而决定之。好，善也。成，定也，决也。

【译文】

孔子对颜渊说："有人用我，就施行其道，无人用我，就怀道自守，唯有我和你能够如此吧！"子路说："假使夫子率军队打仗，那么要谁同去呢？"孔子说："空手与老虎搏斗，不乘船渡河，到死也不悔悟的人，我是不和他同去的。必须能临事戒慎小心，好用智谋来做决定的人。"

7.11 子曰："富而可求也，虽执鞭①之士，吾亦为之。如不可求，从吾所好②。"

此章言富贵有命，不可强求。上章重言道，兼亦有命；此章重言命，兼亦有道。

【注释】

① 执鞭：谓贱者之事。

② 所好：谓合理之道。

【译文】

孔子说："富如可以强求而得，那么，虽然做执鞭的贱役，我也愿意。如果不可强求，还是做我心里喜欢做的事吧。"

7.12 子之所慎：齐①、战②、疾③。

【章旨】

此章记孔子一生最谨慎之三事。亦有关乎道与命。三者皆有不可知，是皆有命；慎处其所不可知，是道也。

【注释】

① 齐（zhāi）：同"斋"，谓将祭之时齐其思虑，恭敬以待。

② 战：即战争，有关众人之存亡。

③ 疾：即疾病，有关一己之死生。

【译文】

孔子最谨慎从事的，就是斋戒、战争和疾病。

7.13 子在齐闻《韶》①，三月②不知肉味，曰："不图③为乐④之至于斯也！"

【章旨】

此章记孔子对于《韶》乐之心醉，亦以见圣人之艺术心情。

【注释】

①《韶》：舜乐。陈国是舜之后，陈公子完奔齐，齐遂有《韶》乐。

② 三月：《史记》作"学之三月"。

③ 不图：即不意、不料。

④ 为乐：创作音乐。

【译文】

孔子在齐国听到《韶》乐，有三月之久，吃肉连肉味都吃不出来，说："不料舜制作音乐竟美盛到这样的地步！"

7.14　冉有曰："夫子为①卫君②乎？"子贡曰："诺，吾将问之。"入，曰："伯夷、叔齐③何人也？"曰："古之贤人也。"曰："怨④乎？"曰："求仁而得仁⑤，又何怨？"出，曰："夫子不为也。"

【章旨】

此章记圣人是非之公心。

【注释】

① 为（wèi）：赞助。

② 卫君：卫出公辄。灵公孙，蒯聩子。蒯聩得罪灵公夫人南子，奔晋。灵公薨，辄立为君。晋赵简子纳蒯聩，卫人拒之。形成父子争国之势。

③ 伯夷、叔齐：注见《论语·公冶长》第二十三章。

④ 怨：怨恨。

⑤ 求仁而得仁：求仁道而得到仁道。仁，亦有心安之意。

【译文】

冉有说："夫子赞助卫君吗？"子贡说："好，我去问问看。"子贡进去问道："伯夷、叔齐是何等的人呀？"孔子说："是古时的贤人。"子贡又问道："他们悔恨吗？"孔子说："求取仁德而得到了仁德，又有什么好悔恨的呢？"子贡出来，说："夫子不赞助卫君。"

7.15 子曰："饭①疏食②，饮水曲肱③而枕之，乐亦在其中矣。不义而富且贵，于我如浮云④。"

【章旨】

此章记孔子之安贫乐道。

【注释】

① 饭：动词，食之也。

② 疏食（shí）：谓粗饭。食，名词。

③ 肱：即臂。

④ 如浮云：浮云，轻漂之物。如浮云，喻不以为意。

【译文】

孔子说："吃粗饭，喝清水，弯着胳膊当枕头枕着睡觉，其中自有乐趣。至于不合义理的富贵，对于我就像浮云那样轻薄。"

7.16 子曰："加①我数年，五十以学《易》②，可以无大过矣。"

【章旨】

此章记孔子好学之一端。

【注释】

① 加：或作"假"。

②《易》：《周易》，古代一部用以占卜之书。

【译文】

孔子说："让我多活几年，到五十岁时去学习《周易》，就可以没有大过错了。"

7.17 子所雅言①，《诗》《书》、执礼②，皆雅言也。

【章旨】

此章记孔子所习常之事，亦可见其天下一统之理想。

【注释】

① 雅言：即正言、官话，犹今言标准语、普通话。或曰雅，常也。

② 执礼：行礼。

【译文】

孔子有用标准语的时候，读《诗经》《尚书》和行礼，都用标准语。

7.18 叶公①问孔子于子路，子路不对。子曰："女奚不②曰：'其为人也，发愤忘食，乐以忘忧，不知老之将至云尔③。'"

【章旨】

此章孔子自言其好学。

【注释】

① 叶（shè）公：楚叶县尹，姓沈，名诸梁，字子高。时楚君僭称王，县尹皆僭称公。叶，楚县名。

② 奚不：何不，反诘语。

③ 云尔：如此而已。云，如此。尔，同"耳"，而已，罢了。

【译文】

叶公向子路问孔子的为人，子路不回答。孔子说："你为什么不这样说：'他的为人嘛，发愤起来连吃饭都会忘记，快乐起来就会忘记忧苦，不知道衰老就快到来，如此而已。'"

7.19 子曰："我非生而知之者①，好古，敏②以求之者也。"

【章旨】

此章孔子以自身为例，勉励人努力向学。

① 生而知之者：生下来就知道一切事理。当时必有人以孔子为生而知之者，故孔子言及之。

② 敏：勤勉之意，犹言汲汲。

【译文】

孔子说："我并不是天生就知道一切事理的人，而是爱好古道，用勤勉努力去求得知识的人。"

7.20 子不语怪①、力②、乱③、神④。

【章旨】

此章言孔子施教，全依正理。

【注释】

① 怪：怪异之事。

② 力：勇力之事。

③ 乱：悖乱之事。

④ 神：鬼神之事。

【译文】

孔子不谈怪异、勇力、悖乱和鬼神的事。

7.21 子曰："三人行①，必有我师焉。择其善者而从之，其不善者而改之。"

【章旨】

此章孔子教人见贤思齐，见不贤而内自省。

【注释】

① 三人行：朱注："三人同行，其一我也。彼二人者，一善一恶。则我从其善而改其恶焉。是二人者，皆我师也。"

【译文】

孔子说："三个人一块儿走路，其中必有我的老师。择取其优良的，而学习他，看到其不善的就自我反省改正。"

7.22 子曰："天生德于予，桓魋①其如予何②？"

【章旨】

此章记孔子之处变不忧、不惧、不惑。

【注释】

① 桓魋（tuí）：宋司马桓魋，出于桓公，故又称桓氏，是时魋欲加害孔子。据《史记·孔子世家》事在鲁定公十五年。时孔子五十七岁。

② 其如予何：将奈我何。

【译文】

孔子说："天既赋我这样的德行，桓魋将能对我怎么样？"

7.23 子曰："二三子①以我为隐②乎？吾无隐乎尔③。吾无行④而不与⑤二三子者，是丘也。"

【章旨】

此章孔子提醒学者勿尽在言语上求高远，当从行事上求真实。

【注释】

① 二三子：犹言各位同学。

② 隐：有所隐晦藏匿而不尽以教人也。

③ 尔：指二三子。一说，语词。

④ 行：谓一切作为。

⑤ 与：犹示也。或曰，相与也。

【译文】

孔子说："各位同学你们疑心我有什么隐瞒而不尽以教你们吗？我实在

一点也没有隐瞒你们。凡是我的所作所为，没有不明示给你们的，这就是我孔丘啊。"

7.24 子以四教：文①、行、忠、信②。

【章旨】

此章记孔子施教之纲要，而以行为主。

【注释】

① 文：先代典籍遗文，如《诗》《书》《礼》《乐》等。

② 信：指人之心性，为立行之本。

【译文】

孔子用四项内容教育学生：前代典籍遗文，德行的实践，待人的忠心，与人交往的诚信。

7.25 子曰："圣人，吾不得而见之矣；得见君子者，斯可矣。"子曰："善人①，吾不得而见之矣；得见有恒②者，斯可矣。亡③而为有，虚而为盈，约④而为泰⑤，难乎有恒矣。"

【章旨】

此章言有恒为进入圣道之基。

【注释】

① 善人：本质善良之人。指生质言。

② 有恒：有一定操守。

③ 亡：通"无"。

④ 约：困窘。

⑤ 泰：通达。

【译文】

孔子说："圣人，我是见不到了；能见到君子，也就可以了。"孔子又说：

"好人，我也见不到了；能见到有一定操守的人，也就可以了。本来没有却装作有，本来空虚却装作充足，本来困窘却装作通达，这样的人那就难以有一定操守了。"

7.26 子钓而不纲①，弋②不射宿③。

【章旨】

此章记孔子爱物之仁。

【注释】

① 纲：以大绳属网，绝流而渔，大小皆不遗漏。

② 弋：以生丝系矢而射鸟。

③ 宿：谓栖宿树上无戒备之鸟。

【译文】

孔子用钓钩钓鱼，但不用大网横截河流而一网打尽；射起鸟来，也不出其不意地去射栖宿在树上的鸟。

7.27 子曰："盖有不知而作之者，我无是也。多闻，择其善者而从之；多见，而识①之。知之次也。"

【章旨】

此章上半部分系孔子自述，下半部分乃孔子教人求知之方。

【注释】

① 识（zhì）：通"志"，记也。

【译文】

孔子说："大概有自己不懂而胡乱创作的人，我没有这种毛病。多听，选择其中好的道理去遵行；多看，并且全记在心里。这就是知的次一等了。"

7.28 互乡^①难与言，童子见^②，门人惑^③。子曰："与^④其进也，不与其退也，唯何甚^⑤？人洁己^⑥以进，与其洁也，不保^⑦其往也。"

【章旨】

此章记孔子即人求善之心而诱进之，以见其教育精神之伟大。

【注释】

① 互乡：乡名，其人习于不善，难与言善。

② 见（xiàn）：晋谒。

③ 惑：疑惑不解。

④ 与：赞许，帮助。

⑤ 何甚：何必拒人太甚。

⑥ 洁己：修洁自己。

⑦ 保：固守，牢记。

【译文】

互乡这个地方的人难和他们讲论善道，有童子来见孔子，孔子接见了，门人心里很是疑惑。孔子就说："我赞许他上进的心意，并不赞助他退下以后做什么坏事。何必拒人太甚呢？人家修洁自身来进见，我赞成他的修洁自身，不死记他以往的所作所为。"

7.29 子曰："仁远乎哉？我欲仁^①，斯仁至矣^②。"

【章旨】

此章言道不远人，为仁由己。

【注释】

① 欲仁：即求仁，求其心合于仁之谓。

② 斯仁至矣：即"仁斯至矣"。斯，则也。

【译文】

孔子说："仁道很远吗？只要我诚心求仁，仁道就来了。"

7.30 陈司败^①问："昭公^②知礼乎？"孔子曰："知礼。"孔子退，揖巫马期^③而进之，曰："吾闻君子不党^④。君子亦党乎？君取于吴，为同姓^⑤，谓之吴孟子^⑥。君而知礼，孰不知礼？"巫马期以告。子曰："丘也幸，苟有过，人必知之。"

【章旨】

此章言孔子道高涵容广大。

【注释】

① 陈司败：陈，国名。司败，官名，即司寇。

② 昭公：鲁君，名裯。

③ 巫马期：姓巫马，名施，字子旗（期为假借字），孔子学生。少孔子三十岁。

④ 党：相助匿非。

⑤ 君取于吴，为同姓：鲁昭公娶吴女为夫人。吴是泰伯之后，鲁是周公之后，同为姬姓。取，同"娶"。

⑥ 吴孟子：礼不娶同姓。故昭公娶于吴，讳之曰吴孟子，而不曰吴孟姬。

【译文】

陈司败问道："昭公知道礼吗？"孔子说："知礼。"孔子退去，陈司败就向巫马期作揖请他走近身旁，对他说："我听说君子是不会偏袒人的。难道说君子也会偏袒人吗？鲁君娶吴女为夫人，他们本是同姓，所以讳称吴孟子而不称吴孟姬。如果说鲁君知礼，还有谁不知礼呢？"巫马期听了，就把这话告诉孔子。孔子说："我孔丘真幸运，一有过失，人家必定会知道而指出来。"

7.31 子与人歌而善^①，必使反^②之，而后和之^③。

【章旨】

此章记孔子不掠美，不盲从。

① 善：即"善之"，以之为善也。

② 反：反复，即再歌一遍。

③ 和（hè）之：随他一起唱。

【译文】

孔子和人在一起唱歌且觉得他唱得很好，一定请这人再唱一遍，然后自己随他一齐唱起来。

7.32 子曰："文①，莫②吾犹人也。躬行③君子，则吾未之有得。"

【章旨】

此章孔子自谦之辞。

【注释】

① 文：即"文不在兹乎"之"文"，指历代典籍言。

② 莫：或许。不定之词。或曰"文莫"是"忞慔"的假借字，意犹黾勉。

③ 躬行：亲身力行。

【译文】

孔子说："关于书本上的知识，我或者能和他人差不多。至于亲身履行君子之道，那我恐怕还做不到。"

7.33 子曰："若圣与仁，则吾岂敢①？抑为之不厌②，诲人不倦③，则可谓云尔④已矣。"公西华曰："正唯⑤弟子不能学也。"

【章旨】

此章乃孔子自谦之辞。然终掩不住己是圣仁。

【注释】

① 吾岂敢：谦言不敢当。

② 为之不厌：即"学不厌"。是智的表现。

③ 诲人不倦：即"教不倦"。是仁的表现。

④ 云尔：有此之意。云，有。尔，此。

⑤ 正唯：这正是。

【译文】

孔子说："讲到圣和仁，我岂敢当？不过我学习不感厌烦，教人不觉倦怠，就这两项可以说是做得到的了。"公西华说："这正是弟子们所学不到的。"

7.34　子疾病①，子路请祷②。子曰："有诸③？"子路对曰："有之！诔④曰：'祷尔于上下神祇⑤。'"子曰："丘之祷久矣！"

【章旨】

此章孔子说平日要随时省察改过，不在乎一时之祈祷。

【注释】

① 病：疾加重。

② 祷：求神免祸。

③ 有诸：有之乎？诸，"之乎"二字之合音。谓有代为祈祷之事乎？

④ 诔（lěi）：本当作"讄"。讄是累积生人之功德以求神赐福。诔是哀悼死者之词。《说文》引此正作"讄"。本章诔，指讄文。

⑤ 神祇（qí）：天神和地祇。

【译文】

孔子生了重病，子路请求祈祷。孔子说："有这类事吗？"子路说："有的！诔文上说：'为你向天神地祇祈祷。'"孔子说："那么，我已经祷求好久了！"

7.35　子曰："奢则不孙①，俭则固②。与其不孙也，宁③固。"

此章孔子言奢俭皆失于中道，而奢之失尤甚。

【注释】

① 孙（xùn）：同"逊"，谦虚恭顺。

② 固：鄙陋。

③ 宁：愿也。

【译文】

孔子说："奢侈放纵就显得傲慢无礼，俭约朴素就显得鄙陋寒碜。与其傲慢无礼，宁愿鄙陋寒碜。"

7.36 子曰："君子坦荡荡①，小人长戚戚②。"

【章旨】

此章论君子小人之不同。

【注释】

① 坦荡荡：心地平坦宽广。

② 戚戚：忧愁苦闷。

【译文】

孔子说："君子心地平坦宽广，小人却经常忧愁苦闷。"

7.37 子温而厉①，威而不猛，恭而安。

【章旨】

此章记孔子之气象。

【注释】

① 厉：严肃。

【译文】

孔子温和而严肃，有威仪而不凶猛，庄敬而安详。

泰伯第八

共二十一章

8.1 子曰："泰伯①，其可谓至德也已矣。三以天下让②，民无得而称焉。"

【章旨】

此章孔子称赞泰伯之盛德。

【注释】

① 泰伯：周太王（古公亶父）之长子。次仲雍，次季历。泰伯知太王欲以季历为嗣，遂与仲雍逃至荆蛮，为吴国之始祖。

② 三以天下让：三次辞让天下。据郑玄注，太王殁而不返，季历为丧主，一让也；赴而不奔丧，二让也；免丧而断发文身，三让也。朱注，谓三让为固逊。

【译文】

孔子说："泰伯，大概可以说是德行至极的了。再三地辞让天下，人民却无从称道他。"

8.2 子曰："恭而无礼则劳，慎而无礼则葸①，勇而无礼则乱，直而无礼则绞②。君子③笃于亲，则民兴于仁；故旧不遗，则民不偷④。"

【章旨】

此章言德行之实践必须合乎礼节。

【注释】

① 葸（xǐ）：畏惧怯懦的样子。

② 绞：性情急切的样子。

③ 君子：指在上位者。

④ 偷：民情淡薄。

【译文】

孔子说："恭敬却不合礼节就会烦劳疲倦，谨慎却不合礼节就会畏惧怯懦，勇敢却不合礼节就要闯出乱子，率直却不合礼节就会烦躁急切。在上位的君子如果能厚待自己的亲戚长上，那么人民就会兴起仁厚的德行；不遗弃老朋友、老同事，那么民风就不会浇薄。"

8.3 曾子有疾，召门弟子曰："启①予足！启予手！《诗》②云：'战战兢兢③，如临深渊，如履④薄冰。'而今而后，吾知免夫⑤！小子⑥！"

【章旨】

此章曾子以自己守身为例以教训弟子。

【注释】

① 启：开也。谓开衾视察。一说，启同"瞖"，视也。

②《诗》：《诗经·小雅·小旻》。

③ 战战兢兢（jīng jīng）：恐惧戒慎的样子。

④ 履：践行其上。

⑤ 免夫（fú）：谓身体免于毁伤。一说，免于刑戮。夫，句末语气词。

⑥ 小子：指门弟子，学生。

【译文】

曾子有病，把学生叫到面前说："掀开被子看看我的脚！掀开被子看看我的手！《诗经》上说：'小心谨慎呀，好像走近深渊的旁边，好像走在薄冰的上面。'从今以后，我知道可以免于毁伤了！各位同学！"

8.4 曾子有疾，孟敬子①问之。曾子言曰："鸟之将死，其鸣也哀；人之将死，其言也善。君子所贵乎道②者三：动容貌③，斯远④暴慢矣；正颜色⑤，斯近信矣；出辞气⑥，斯远鄙倍⑦矣。笾豆之事⑧，则有司⑨存。"

【章旨】

此章曾子劝告孟敬子凡事需依礼而行。亦即修己为为政之本。

【注释】

① 孟敬子：鲁大夫仲孙氏，名捷，孟武子之子。

② 道：郑曰，此道谓礼也。

③ 动容貌：谓容貌依礼而动。即周旋中礼。

④ 斯远（yuàn）：则可远离。远，动词。

⑤ 正颜色：端庄自己的脸色，使其合于礼。

⑥ 出辞气：说话时言辞声调要合礼。

⑦ 鄙倍：粗野而不合礼。

⑧ 笾豆之事：谓礼仪细节。笾，用竹篾编成之碗形礼器。豆，用木制成之碗形礼器，有盖。

⑨ 有司：主管其事的小吏。

【译文】

曾子病了，孟敬子去探望他。曾子说道："鸟在快死的时候，叫声是悲哀的；人在快死的时候，所说出的话是有价值的。在上位的人所重于礼的有下列三件事情：把容貌严肃起来，就可远离粗暴和怠慢了；端庄自己的脸色，就可一天天地近于忠信了；说话时言语声调合乎礼，就可避免粗野无礼了。至于礼仪的细节，自有主管其事的人员在。"

8.5 曾子曰："以能问于不能，以多问于寡①；有若无，实若虚②，犯而不校③。昔者吾友④尝从事于斯矣。"

【章旨】

此章曾子追思并叹美颜渊之学养。

【注释】

① 以多问于寡：多、寡指知识的多或少。

② 有若无，实若虚：有、无、实、虚指学问知识。

③ 犯而不校（jiào）：别人以无理冒犯他，但他不计较。校，计较也。

④ 吾友：我的一位同学。指颜渊而言。

【译文】

曾子说："自己有能力却去向无能力的人请教，自己知识丰富却去向知识少的人请教；有学问却像没有学问，满腹知识却像空无所有，纵然被人无理冒犯也不计较。从前我的一位同学曾经这样做过。"

8.6 曾子曰："可以托六尺之孤①，可以寄百里之命②，临大节③而不可夺也，君子人与？君子人也。"

【章旨】

此章曾子言人须才德兼备、生死不渝，方为君子。

【注释】

① 六尺之孤：古尺短，六尺约合今日一百三十八厘米。六尺之孤，指十五岁以下的人。

② 百里之命：谓辅佐国政。百里，大国。

③ 大节：关系生死之事。

【译文】

曾子说："可以把幼小的孤儿托付他去辅佐，可以把国家的政事交给他去治理，遇到生死存亡的紧要关头，他能坚持自己的节操，这种人是君子吗？他确是君子了。"

8.7 曾子曰："士不可以不弘毅①，任重而道远。仁以为己任，不亦重乎？死而后已，不亦远乎？"

【章旨】

此章曾子论士人须有弘毅之德行。

【注释】

① 弘毅：宽大强忍。一说，弘，强也。

【译文】

曾子说："读书人不可以不宽大而有毅力，因为他负担沉重而路程遥远。以行仁为自己的任务，负担不是很沉重吗？到死方才罢休，路程不是很遥远吗？"

8.8 子曰："兴①于《诗》，立②于《礼》，成③于《乐》。"

【章旨】

此章孔子重诗教，又重礼乐之化。

【注释】

① 兴：感发意志。

② 立：卓立不移。

③ 成：人格完满。

【译文】

孔子说："人的精神振奋是由于学《诗》，能在社会上卓立不移是由于学《礼》，品格圆满完成是由于学《乐》。"

8.9 子曰："民可使由①之，不可使知②之。"

【章旨】

此章论政乃权宜变通之计，亦是民可与乐成不可与虑始之意。

【注释】

① 由：从。

② 知：晓其理。

【译文】

孔子说："老百姓，可以使他们照规定去做，不可使他们知道为什么要这样做。"

8.10　子曰："好勇疾贫①，乱也。人而②不仁，疾之已甚③，乱也。"

【章旨】

此章言乱之由。主政者须善体人情，导之以渐。

【注释】

① 疾贫：厌恶贫困。疾，恨也。

② 而：如也。

③ 已甚：过甚。

【译文】

孔子说："喜好勇敢而又厌恶自己贫困，就易闹出乱子。一个人如果没有仁德，你对他痛恨得太厉害，也会闹出乱子。"

8.11　子曰："如有周公之才之美，使骄且吝①，其余②不足观也已。"

【章旨】

此章极言骄吝之不可取。

【注释】

① 骄且吝：骄，自大傲慢。吝，悭吝，吝啬。骄者恃才凌人，吝者私其才不以及人。

② 其余：谓骄吝以外的美才。

【译文】

孔子说："如果有一个人有像周公那样美好的才能，假使他骄傲吝啬，纵使他别的才能再好，也不值得看了。"

8.12　子曰："三年学，不至①于谷②，不易得也。"

【章旨】

此章言今之学者为人者多，为己者少。

【注释】

① 至：心意之所在。

② 谷：禄仕。古代以谷米为俸禄，所以谷有禄的意义。

【译文】

孔子说："为学三年，却并不存有禄仕的念头，这是很难得的。"

8.13　子曰："笃信①好学，守死善道②。危邦不入，乱邦不居③。天下有道则见④，无道则隐。邦有道，贫且贱焉，耻也；邦无道，富且贵焉，耻也。"

【章旨】

此章教人要有学有守以善其道。

【注释】

① 笃信：坚实信道。

② 守死善道：守道至死不渝以善其道。

③ 危邦不入，乱邦不居：包咸云："臣弑君，子弑父，乱也。危者，将

乱之兆也。"

④ 见（xiàn）：同"现"。谓出而行其道以治国利民。

【译文】

孔子说："坚定地相信我们的道并努力去学它，要奉守此道至死不渝以使它完善。危险的国家不要进入，有祸乱的国家不要居住。天下太平，就出来为国服务；不太平，就隐居。国家政治清明，而自己贫贱，这是耻辱；政治黑暗，而自己富贵，这也是耻辱。"

8.14 子曰："不在其位，不谋①其政。"

【章旨】

此章言人须守分。

【注释】

① 谋：谋划，参与。

【译文】

孔子说："不居于某一种职位，便不谋划某一方面的事务。"

8.15 子曰："师挚之始①，《关雎》之乱②，洋洋③乎盈耳哉！"

【章旨】

此章孔子赞叹师挚在职时鲁国音乐的美盛。

【注释】

① 师挚之始：乐曲开始时太师挚的演奏。"始"是乐曲的开端，古代叫作"升歌"，通常由太师演奏。师挚是鲁国的太师，由他演奏，故曰"师挚之始"。

②《关雎》之乱：乐曲结束前合唱《诗经·周南·关雎》等诗篇。"乱"是乐曲的最后一章，是大合唱；合唱《关雎》《葛覃》《卷耳》《鹊巢》《采蘩》《采苹》。

③ 洋洋：乐音优美而盛大。

【译文】

孔子说："当乐曲开始太师挚演奏的时候，当乐曲结尾合唱《关雎》等诗篇的时候，满耳朵里都是音乐，真是好听极了！"

8.16 子曰："狂而不直，侗而不愿①，悾悾②而不信，吾不知之矣。"

【章旨】

此章叹人丧失天性之美而徒有其疵。

【注释】

① 侗（tóng）而不愿：无知而不忠厚。

② 悾悾（kōng kōng）：无能的样子。

【译文】

孔子说："狂妄而不直率，无知而不忠实，无能而没有信用，这种人我是感觉莫名其妙了。"

8.17 子曰："学如不及①，犹恐失之②。"

【章旨】

此章言为学需汲汲营营不可稍有懈怠。

【注释】

① 学如不及：为学好像赶不上似的。即"日知其所亡"之意。

② 犹恐失之：即"月无忘其所能"之意。

【译文】

孔子说："做学问好像赶不上似的，对于已学得的还怕失掉了它。"

8.18　子曰："巍巍乎^①！舜、禹^②之有天下也，而不与^③焉。"

【章旨】

此章赞美舜、禹之圣德，不以有天下而自多。

【注释】

① 巍巍乎：高大啊。

② 禹：夏朝开国之君，相传受舜之禅而有天下，是中国水利建设工程之祖。

③ 与：参与，相关。

【译文】

孔子说："舜和禹真是崇高伟大啊！他们身为天子，统有天下，却好像天下与他们毫不相干一样。"

8.19　子曰："大哉尧之为君也！巍巍乎！唯^①天为大，唯尧则^②之。荡荡乎^③！民无能名焉^④。巍巍乎其有成功^⑤也，焕乎^⑥其有文章^⑦！"

【章旨】

此章孔子盛赞尧帝道德事功之伟大。

【注释】

① 唯：独，只有。

② 则：法（动词）。

③ 荡荡乎：广大无边呀。

④ 名焉：说得出他的广大恩惠。焉，之。

⑤ 成功：已成就之功业。

⑥ 焕乎：鲜明呀。

⑦ 文章：指礼乐制度。

【译文】

孔子说："尧为国君，真是伟大啊！多么高大呀！只有上天是最高大的了，也只有尧帝能和上天一样高大。他的恩德广大无边呀！人民却无法说得出。他的功业伟大至极了，他的礼乐制度光明灿烂太美好了！"

8.20 舜有臣五人①而天下治。武王曰："予有乱臣十人②。"孔子曰："'才难。'③不其然乎？唐、虞之际，于斯为盛④。有妇人焉⑤，九人而已。三分天下有其二⑥，以服事殷。周之德，其可谓至德也已矣。"

【章旨】

此章孔子论人才难得，并叹美周德之隆盛。

【注释】

① 五人：即禹、稷、契、皋陶、伯益。

② 予有乱臣十人：句见《尚书·周书·泰誓》。乱，治。十人，谓周公旦、召公奭、太公望、毕公、荣公、太颠、闳夭、散宜生、南宫适、武王妻邑姜。陶潜《群辅录》以为有毛公，无荣公。

③ 才难：人才难得。古有此语，孔子引之。

④ 唐、虞之际，于斯为盛：有两解，一谓唐虞之间与此时人才都很盛。于，作"与"解。另一说唐虞之后以此时人才为盛。际，边际，下也。于，以也。译文取后一说。

⑤ 有妇人焉：其中有一个是妇人。朱注以为是文母太姒。或以为子无臣母之礼，以为当是武王妻邑姜。

⑥ 三分天下有其二：文王据有三分之二的土地和人民。计有荆、梁、雍、豫、徐、扬六州。唯青、兖、冀三州尚属纣。

【译文】

舜有贤臣五人就把天下治理得很好。周武王说："我有十位能治理天下的臣子。"孔子说："'人才不易得。'不是这样吗？唐尧和虞舜以后，以周武王这时人才最盛了。而且十人之中有一个是妇人，男人只有九个罢了。周文王得到了天下的三分之二，仍然向商纣称臣供职。周朝的道德可以说是最高的了。"

8.21 子曰："禹，吾无间然^①矣。菲^②饮食而致孝乎鬼神^③，恶衣服而致美乎黻冕^④，卑宫室^⑤而尽力乎沟洫^⑥。禹，吾无间然矣。"

【章旨】

此章孔子称赞夏禹之盛德，薄于自奉而尽力乎民事。

【注释】

① 间（jiàn）然：批评他。间，非也。然，犹焉也，作"之"字解。

② 菲（fěi）：薄也。

③ 致孝乎鬼神：对鬼神的祭品却力求丰美。

④ 黻（fú）冕：祭祀时之礼服。黻，蔽膝，本作"韍"。冕，冠。

⑤ 宫室：居住的房屋。

⑥ 沟洫：田间水道。指农田水利言。

【译文】

孔子说："禹，我对他没有好批评的了。他自己吃得很坏，却把祭鬼神的祭品办得极丰盛；穿得很坏，却把祭祀的礼服做得极华美；住宅很矮小，却尽力兴办农田水利。禹，我对他实在没有什么好批评的了。"

子罕第九

共三十章

9.1 子罕①言利，与②命、与仁。

【章旨】

此章记孔子所罕言之事及所赞许之事。

【注释】

① 罕：少。表示动作频率。

② 与：赞许。一说：与，及也。

【译文】

孔子很少主动谈论利，而赞许性命、赞许仁道。

9.2 达巷党①人曰："大哉孔子！博学而无所成名②。"子闻之，谓门弟子曰："吾何执③？执御④乎？执射⑤乎？吾执御矣。"

【章旨】

此章言圣人不必以一艺成名。

【注释】

① 达巷党：乡党之名。古时五百家为党。党，本当作"鄬"。

② 无所成名：没有一艺出名。

③ 执：专心研习之意。

④ 御：做为人驾驭车马的工作，在礼、乐、射、御、书、数六艺中，御最卑贱。

⑤ 射：射箭之技艺。大射优异者可入仕。

【译文】

达巷党人说："孔子真伟大呀！学问渊博却没有以一技一艺出名。"孔子听了，对学生说："我研习哪一种技艺呢？学习驾车呢？还是学习射箭呢？我学驾车好了。"

9.3 子曰："麻冕①，礼也。今也纯②，俭，吾从众。拜下③，礼也。今拜乎上④，泰⑤也。虽违众，吾从下。"

【章旨】

此章言孔子于礼之可变通者则从众，不可者宁违众。

【注释】

① 麻冕：一种礼冠。或云即缁布冠（古人行冠礼时初次所加之冠）。绩麻做礼冠，依规定需用二千四百缕经线，麻质粗，必须织得细密，非常费工。

② 纯：用黑色的丝织成的礼冠。较用麻省俭。

③ 拜下：臣见君先在堂下磕头，升堂后再磕头。

④ 拜乎上：只拜于堂上，不拜于堂下。

⑤ 泰：骄傲怠慢。

【译文】

孔子说："礼帽用麻料来织，这是合乎传统的礼的。现在都用丝料来织，这样比较省俭些，我同意大家的做法。臣子朝见君主，先在堂下磕头，到堂上再磕头，这是合乎传统的礼的。现在大家都只到堂上磕头，这是傲慢的表现。虽然违反大家的做法，我仍然主张先在堂下磕头。"

9.4 子绝①四：毋意②，毋必③，毋固④，毋我⑤。

【章旨】

此章弟子记孔子平日处事立行之态度。

【注释】

① 绝：一点儿都没有。

② 毋意：不事先揣测。毋，无。意，臆测。

③ 必：期必。认为事情必定要如何如何。

④ 固：拘泥固执。

⑤ 我：私己。

【译文】

下列四种毛病孔子一点儿都没有：不事先猜测事情，不肯定事情必然要如何，不拘泥固执，没有私心。

9.5 子畏于匡①。曰："文王既没，文②不在兹乎？天之将丧斯文③也，后死者④不得与⑤于斯文也。天之未丧斯文也，匡人其如予何？"

【章旨】

此章孔子抱道自信之言。

【注释】

① 子畏于匡：鲁人阳货，曾暴虐于匡。匡人恨之。孔子自卫适陈，过匡。匡人以为阳货而囚之五日。畏，拘禁之意。匡，今河南省长垣市西南十五里有匡城，或即孔子见囚之地。

② 文：谓礼乐制度典籍。

③ 斯文：此文。后世变为文雅之意。

④ 后死者：后死的人。孔子自谓。

⑤ 与（yù）：预知。

孔子被匡地的群众所拘囚。他说道："周文王死后，一切文化遗产不都在我这里了吗？如果天想要灭绝这文化遗产，那么我也不会掌握这些文化遗产。如果天不想灭绝这些文化遗产，那匡人又能对我怎么样呢？"

9.6 大宰①问于子贡曰："夫子圣者与？何其多能也？"子贡曰："固天纵之将圣②，又多能也。"子闻之，曰："大宰知我乎？吾少也贱，故多能鄙事。君子多③乎哉？不多也。"牢④曰："子云：'吾不试⑤，故艺。'"

【章旨】

此章言圣人君子不必多能，多能亦未必为圣人君子。

【注释】

① 大（tài）宰：官名。姓名不详。或吴或宋，亦不可确知。大，同"太"。

② 天纵之将圣：天纵使之成为大圣。纵，不加限量之意。将，大也。

③ 多：指多才艺。

④ 牢：琴牢，字子张，一字子开，孔子学生。

⑤ 试：用。谓为世所用。

【译文】

太宰问子贡说："孔老先生是位圣人吗？为什么他这样多才多艺呢？"子贡说："这本是上天纵任他成为大圣人，而且又多才多艺的。"孔子听了，便说道："太宰知道我吗？我小时候很贫贱，所以学会了许多谋生的小技艺。一个君子会有很多才艺吗？我想是不必多才多艺的。"琴牢说："老师说过：'我因为不曾被国家任用，所以学了一些谋生的技艺。'"

9.7 子曰："吾有知乎哉？无知也。有鄙夫①问于我，空空如②也。我叩③其两端④而竭焉⑤。"

【章旨】

此章言学问求知必心虚始能开悟有得。

【注释】

① 鄙夫：粗鄙无知之人。

② 空空如：空无所有的样子。指鄙夫言。

③ 叩：问。

④ 两端：事理之两头或正反两方面。

⑤ 竭焉：尽之。

【译文】

孔子说："我有很多知识吗？我是没有什么知识的。有一个鄙陋的庄稼汉来问我，他是一无所知的。我从那个问题的正反两面提出问题去反问他，就把问题完全解决了。"

9.8 子曰："凤鸟不至①，河不出图②，吾已矣夫！"

【章旨】

此章孔子叹道不行的伤心话。

【注释】

① 凤鸟不至：凤凰不出现。古代传说，凤凰是一种神鸟，象征吉祥，出现则天下太平。

② 河不出图：黄河里未出现图书。古代传说，圣人受命，黄河就出现图书。

【译文】

孔子说："凤凰不来，黄河里不出现图书，我这一生恐怕要完了吧！"

9.9 子见齐衰①者、冕衣裳②者与瞽者③，见之，虽少④，必作⑤，过之，必趋⑥。

【章旨】

此章记孔子心德之盛，愈近愈实，愈细愈密，随时随地而流露，有不期然而然者。

【注释】

① 齐衰（zī cuī）：也作"齐缞"，古代丧服，用熟麻布做成，下边缝齐（斩衰则用生而粗的麻布，左右及下边都不缝）。丧期有三年、一年、五月、三月等。此处言齐衰，包括斩衰。

② 冕衣裳：贵者之盛服。冕，冠。衣，上衣。裳，下衣。

③ 瞽者：盲人。瞽，无目。

④ 少：年少。

⑤ 作：站起来。

⑥ 趋：疾行。"作"与"趋"，皆表示哀有丧、敬有爵、悯残疾也。

【译文】

孔子看见丧服在身的人、戴礼帽穿礼服的人和盲人，相见的时候，他们虽然很年轻，也一定站起来，走过这些人面前的时候，一定快步走过以示恭敬。

9.10 颜渊喟然①叹曰："仰之弥高，钻之弥坚。瞻之在前，忽焉②在后。夫子循循然③善诱人，博我以文④，约我以礼⑤，欲罢不能。既竭吾才，如有所立卓尔⑥。虽欲从之，末⑦由也已。"

【章旨】

此章颜子赞叹圣道之高深。

【注释】

① 喟然：长叹貌。

② 忽焉：忽然。

③ 循循然：有次序的样子。

④ 博我以文：谓致知格物之事。文，指《诗》《书》《礼》《乐》等。

⑤ 约我以礼：指克己复礼之功。

⑥ 如有所立卓尔：好像前面仍有卓然而立者。谓道之精深奥妙处。

⑦ 末：无也。

【译文】

颜渊大为赞叹地说："老师的道，抬起头来看，越看越高；用力钻研，越钻越深。看着他在前面，忽然又到后面去了。老师很有次序地教导我，先用各种文献以增广我的知识，再用礼仪规范约束我的行为，使我想停止都不可能。已经用尽我的才力了，似乎老师之道仍在前面高高地耸立着。这时就是想要再向前迈近一步，已是无从着手的了。"

9.11　子疾病①，子路使门人②为臣③。病间④，曰："久矣哉，由之行诈也！无臣而为有臣⑤。吾谁欺⑥？欺天乎？且予与其死于臣之手也，无宁⑦死于二三子之手乎！且予纵不得大葬⑧，予死于道路⑨乎？"

【章旨】

此章孔子责子路不知礼。

【注释】

① 疾病：病情严重。病重曰病。

② 门人：谓诸弟子。

③ 为臣：做家臣。大夫之丧，由家臣治其礼。为家臣者，盖谓制丧服及一切治丧之具之准备。

④ 病间（jiàn）：病情稍微减轻。

⑤ 无臣而为有臣：没有家臣而装作有家臣。孔子曾为大夫，有家臣。今已去位，无家臣。若病不起，不得仍以大夫之礼葬。

⑥ 吾谁欺：即"吾欺谁"之倒装形式。

⑦ 无宁：宁愿。无为发语词，无义。

⑧ 大葬：谓以君臣之礼葬。

⑨ 死于道路：谓死而弃于道路无人收葬。

孔子病重，子路教孔子的学生做家臣准备丧事。等孔子病情减轻了，说道："仲由做这欺骗人的事有很久的时间了！我本来没有家臣来准备丧事而装作有家臣来准备丧事，我欺骗谁？难道说要欺骗上天吗？而且与其死在家臣的手中，我宁愿死在学生们的手中吧！即使我得不到君臣之礼而葬，难道会死在道路上没有人收葬吗？"

9.12 子贡曰："有美玉于斯，韫椟①而藏诸②？求善贾③而沽诸？"子曰："沽之哉！沽之哉！我待贾者也。"

【章旨】

此章孔子自言待聘乃仕，不能枉道以事人。

【注释】

① 韫椟：藏于柜中。

② 诸：之乎。

③ 善贾（gǔ）：高的价钱。一说，贾，善贾喻贤君。下"贾"字同。

【译文】

子贡问道："假使这里有块美玉，是放在柜子里把它藏起来呢？还是求得高价把它卖了呢？"孔子说："把它卖了吧！把它卖了吧！我是等待高价的呀。"

9.13 子欲居九夷①。或曰："陋②，如之何？"子曰："君子居之，何陋之有？"

【章旨】

此章孔子伤道不行之语，与"乘桴浮海"的意思相同。

【注释】

① 九夷：东方诸夷所居之处。或以为即淮夷，散居于淮、泗之间，北与

齐、鲁接壤。

② 陋：简陋。谓文化落后。

【译文】

孔子想要搬到九夷去住。有人说："那地方很落后，怎能居住呢？"孔子说："有君子去住在那里，如何还会落后呢？"

9.14 子曰："吾自卫反鲁①，然后乐正②，《雅》《颂》各得其所③。"

【章旨】

此章孔子自言其正乐之事。

【注释】

① 自卫反鲁：据《左传》，鲁哀公十一年冬，孔子自卫返回鲁国。

② 乐正：乐章和乐音都得其正。

③《雅》《颂》各得其所：《雅》和《颂》各得其正确而适当的安置。

　《雅》和《颂》是诗篇（乐章）的类名，也是乐曲（乐音）的类名。

　乐章得其所，如《鹿鸣》奏于乡饮酒、乡射、燕礼，《清庙》奏于祀

　文王、大尝禘、天子养老之类。乐音得其所，即音律之错乱得其正。

【译文】

孔子说："我从卫国回到鲁国以后，才把音乐的篇章和音律整理确当，使《雅》和《颂》各得到适当的安置。"

9.15 子曰："出则事公卿①，入则事父兄②，丧事不敢不勉③，不为酒困④，何有于我哉⑤？"

【章旨】

孔子言己日常庸行以勉学者。

【注释】

① 出则事公卿：出仕朝廷，则尽其忠顺以事公卿。

② 入则事父兄：入居私门，则尽其孝悌以事父兄。

③ 勉：勉力以从礼。

④ 不为（wèi）酒困：不因酒而乱性。为，因也，被也。困，马融曰
乱也。

⑤ 何有于我哉：于我有何难哉。

【译文】

孔子说："到朝廷做官就要侍奉公卿，回到自己家里就侍奉父兄，若遇丧事不敢不勉力尽礼，不因酒而乱性，这些事我做起来有什么困难呢？"

9.16 子在川上①，曰："逝者②如斯夫！不舍昼夜③。"

【章旨】

孔子以逝水比喻道体之变动不已，勉学者当及时努力。

【注释】

① 川上：河边。近水曰上。

② 逝者：谓日月过往不息。

③ 不舍（shě）昼夜：昼夜不停地前进。舍，停止。

【译文】

孔子在河边上，说："逝去的就像这河里的流水一样吧！白天夜里都不停地流去。"

9.17 子曰："吾未见好德如好色①者也。"

【章旨】

孔子叹息世人不好德而好色。

【注释】

① 好德如好色：爱好贤德如同爱好美貌。即以好色之心去好德。朱注：
"《史记》：'孔子居卫，灵公与夫人同车，使孔子为次乘，招摇市过

之。'故有是言。"

【译文】

孔子说:"我没有看到爱好贤德像爱好美貌的人。"

9.18 子曰:"譬如为山①,未成一篑②,止,吾止也。譬如平地③,虽覆一篑,进,吾往也。"

【章旨】

言学者当自强不息,则积久而终成;半途而废,则前功尽弃。

【注释】

① 为山:堆土成山。

② 未成一篑(kuì):尚差一筐土而未成。篑,盛土竹器,筐也。或曰土笼。

③ 平地:在平地上堆土成山。

【译文】

孔子说:"譬如堆土成山,只差一筐土就完成了,却停了下来,这是我自己停下来的呀。又譬如在平地上堆山,虽然才倒了一筐土,可是却继续不停地向上倒,这是我自己要做下去的呀。"

9.19 子曰:"语之①而②不惰者,其③回也与!"

【章旨】

此章孔子追念颜回之好学不倦。

【注释】

① 语(yù)之:告诉他。语,与之言也。

② 而:能。

③ 其:大概。疑而有定之词。

孔子说："与他讲说道理，能够用心听而不懈怠，大概就只有颜回一个人了吧！"

9.20 子谓^①颜渊，曰："惜乎！吾见其进^②也，未见其止也。"

【章旨】

此章孔子叹惜颜渊好学而短命。

【注释】

① 谓：评论。

② 进：谓进修不已。

【译文】

孔子谈论到颜渊，说："死得可惜呀！我只看到他不断地进步，从没看到他停止不前。"

9.21 子曰："苗而不秀^①者有矣夫^②？秀而不实^③者有矣夫？"

【章旨】

此章孔子以苗之秀实比喻人之为学，勤力不已，必有成效。或曰此章孔子叹颜子秀而不实。

【注释】

① 苗而不秀：长了禾苗却不开花。禾开花叫秀。

② 有矣夫：有之乎。

③ 实：结成谷子。

【译文】

孔子说："长了禾苗却不开花有这样的吗？开了花却不结谷子有这样的吗？"

9.22 子曰："后生可畏①，焉知来者之不如今也？四十、五十而无闻焉②，斯亦不足畏也已。"

【章旨】

此章孔子勉励后进宜及时努力。

【注释】

① 后生可畏：青少年前途无限值得畏惧。

② 四十、五十而无闻焉：古者四十强仕，五十而爵；四十、五十德立名
　　成之时，过此则衰矣。故无闻则不足畏。焉，于彼，句末语气词。

【译文】

孔子说："青少年是值得畏惧的，怎能断定他的将来赶不上现在的人呢？
一个人到了四五十岁还没有什么名望，那也就不值得畏惧了。"

9.23 子曰："法语之言①，能无从乎？改之②为贵。巽与③之言，能
无说④乎？绎之⑤为贵。说而不绎，从而不改，吾末如之何⑥也已矣。"

【章旨】

本章言教在人而学在己。人纵善教而己不善学，则教者亦无如之何。

【注释】

① 法语之言：正当合理的言语。

② 改之：遵照它而改正自己的过错。之，指"法语之言"。

③ 巽（xùn）与：赞许顺从己意。巽，顺从。与，赞许。

④ 说（yuè）：同"悦"。

⑤ 绎之：寻思其中微意。之，指"巽与之言"。

⑥ 末如之何：无奈他何。即对他无可奈何。

【译文】

孔子说："人家用正当合理的话来指正我，能够不听从吗？要照着它改
过才好。人家用委婉顺从的话来劝导我，能够不欣悦吗？要寻思其中的微意

才好。光欣悦而不寻思其中的微意，光听从而不照着它改过，对这种人我是无可奈何的了。"

9.24 子曰："主忠信。毋友不如己者。过，则勿惮改。"

（此章重出，已见《论语·学而》第八章。）

9.25 子曰："三军①可夺②帅也，匹夫③不可夺志也。"

【章旨】

此章极言志之重要。

【注释】

① 三军：周制：诸侯大国三军，故以三军为军队之代称。

② 夺：强取。

③ 匹夫：一个普通人。

【译文】

孔子说："可以夺取三军的主帅，却不可夺取一个人的心志。"

9.26 子曰："衣敝缊袍①，与衣狐貉②者立，而不耻者，其由也与！'不忮不求，何用不臧？'③"子路终身诵之。子曰："是道也④，何足以臧？"

【章旨】

孔子引诗以美子路，子路沾沾自喜。孔子复警戒之，使其更求进。

【注释】

① 衣（yì）敝缊（yùn）袍：穿着破旧的絮袍。衣，穿。缊，旧絮。或曰烂麻。

② 狐貉（hé）：狐皮裘。貉，一作"貊"，狸属。

③ 不忮（zhì）不求，何用不臧：二句见《诗经·邶风·雄雉》。忮，嫉

害。求，贪求。臧，善。

④ 是道也：此不过是做人的道罢了。是，此。也，耳。

【译文】

孔子说："穿着破旧的絮袍，和穿狐皮裘的站在一起，能够不觉得羞耻的，大概只有仲由了吧！'不嫉妒不贪求，为什么不好呢？'"子路听了，便老念着这两句诗。孔子便说："这不过是做人的一道而已，哪里是很好的？"

9.27 子曰："岁寒①，然后知松柏之后凋②也。"

【章旨】

此章比喻君子能坚贞守道不为外物所夺。

【注释】

① 岁寒：天寒地冻时。比喻乱世。

② 松柏后凋：松树、柏树最后落叶。比喻君子节操坚贞不贰。

【译文】

孔子说："到了一年天寒地冻的时候，才知道松树、柏树是最后落叶的。"

9.28 子曰："知者不惑①，仁者不忧②，勇者不惧③。"

【章旨】

此章言智仁勇之效以勉人为学。

【注释】

① 知者不惑：智者明于理，故不迷惑。

② 仁者不忧：仁者知天命，故无忧戚。

③ 勇者不惧：勇者气足以配道义，故不畏惧。

【译文】

孔子说："聪明的人不迷惑，仁德的人不忧戚，勇敢的人不畏惧。"

9.29 子曰："可与共学,未可与适道①;可与适道,未可与立②;可与立,未可与权③。"

【章旨】

此章言进学之阶程,学者可本此自省以择友取益也。

【注释】

① 未可与适道:未必可与共赴道。适,往赴之也。

② 立:强立而不反。或曰立于礼。

③ 权:权衡事之轻重使合于义。权,本义为秤锤。

【译文】

孔子说："可以与他一同求学,未必可以与他一同向道;可以与他一同向道,未必可以与他共同强立而不反;可以与他共同强立而不反,未必可以与他都能通权达变。"

9.30 "唐棣①之华②,偏其反而③。岂不尔思? 室是远而。"子曰:"未之思也④,夫何远之有?"

【章旨】

此章言道不远人,欲之斯得。

【注释】

① 唐棣:郁李,即棠梨。果实似梨而小,味酸,可食。

② 华:花之古字。

③ 偏其反而:翩然翻然。摇摆不定的样子。偏,通"翩"。其,然。反,通"翻"。而,通"尔",然也。

④ 也:耳。

【译文】

"唐棣的花儿,摇来摇去。我怎能不想念你? 只是我们住得相距太远呀。"孔子说:"他根本不曾想念他呀,如果真的想念,怎么会嫌住得太远呢?"

乡党第十

共一章，今依朱注分为十七节

10.1 孔子于乡党①，恂恂②如也，似不能言者。其在宗庙朝廷③，便便④言，唯谨尔⑤。

【章旨】

此一节记孔子居乡党之容色言动及在朝廷之言行，以见道之无所不在。

【注释】

① 乡党：孔子生鲁陬邑之昌平乡，后迁曲阜之阙里，亦称阙党。此乡党应兼指此二地言。

② 恂恂：温恭信实之貌。

③ 宗庙朝廷：鲁之宗庙朝廷。廷者平地，朝有治朝内朝，皆在平地，无堂阶，故称朝廷。

④ 便便（pián pián）：明辩之意。

⑤ 尔：通"耳"。

【译文】

孔子在乡里间，非常温恭信实，好像不会说话的样子。可是他在宗庙朝廷上，说话清晰而明辩，只是说话时很谨慎而已。

10.2 朝，与下大夫①言，侃侃②如也；与上大夫言，訚訚③如也。君在，踧踖④如也，与与⑤如也。

【章旨】

此一节记孔子在朝廷遇上接下之不同。

【注释】

① 下大夫：《礼记·王制》："大国三卿，皆命于天子，下大夫五人。次国三卿，二卿命于天子，一卿命于其君，下大夫五人。小国二卿，皆命于其君，下大夫五人。"卿即上大夫，即"与上大夫言"中之"上大夫"。大，音dà，不音dài。

② 侃侃：和乐貌。或曰刚直貌。

③ 訚訚（yín yín）：中正而诤貌。

④ 踧踖（cù jí）：恭敬而不安之貌。

⑤ 与与（yú yú）：犹徐徐，威仪得宜，即恭敬安详之意。

【译文】

上朝的时候，同下大夫说话，显得温和而快乐；同上大夫说话，显得正直而能辩诤。当国君出来视朝时，显得恭敬而心有不安，行步也显得徐缓而安详。

10.3 君召使摈①，色勃如②也，足躩③如也。揖所与立④，左右手⑤，衣前后⑥，襜⑦如也。趋进⑧，翼如⑨也。宾退，必复命⑩曰："宾不顾矣。"

【章旨】

此一节记孔子为君摈相之容。

【注释】

① 摈（bìn）：亦作"傧"，迎接宾客。

② 勃如：变色庄矜貌。

③ 躃（jué）：盘旋貌。谓如临深履危，举足戒惧不轻蹈也。或曰速貌。

④ 所与立：谓同为傧者。傧或为五人，或四人，或三人。

⑤ 左右手：揖左边人，则移其手向左，揖右边人，则移其手向右。

⑥ 衣前后：衣服随着揖时之动作而前后左右摇摆转动。

⑦ 襜（chān）：整齐貌。谓衣裳摆动而不乱。

⑧ 趋进：疾行前进。自中庭至阼阶，其间摈者必趋。

⑨ 翼如：如鸟舒翼然。言其仪态端庄美好。

⑩ 复命：向国君报告宾已离去。此惟上宾之事。

【译文】

国君召孔子去接待宾客，孔子脸色便显得严肃而庄重，行步也显得戒慎稳重起来。他向两旁的同事作揖，两手或向左拱或向右拱，衣服也随着作揖时的俯仰转动而摇摆，可是却整齐不乱。当他快步前进的时候，姿态的端庄美好就像鸟儿舒展翅膀一样。贵宾辞别离去，他一定向君主回报说："客人已经不回头了。"

10.4 入公门①，鞠躬如②也，如不容。立不中门③，行不履阈④。过位⑤，色勃如也，足躃如也，其言似不足者⑥。摄齐升堂⑦，鞠躬如也，屏气⑧似不息者。出，降一等⑨，逞⑩颜色，怡怡如也。没阶⑪，趋进，翼如也。复其位，踧踖如也。

【章旨】

此一节记孔子在朝之容仪。

【注释】

① 公门：古者天子五门，诸侯三门。入公门当指第一门库门言。

② 鞠躬如：敬谨自敛之状。非曲身之意。

③ 立不中门：不站在门阃右之当中。以避尊者（国君）。古时门中央树短木，谓之阃。门以向堂为正，东为阃右，西为阃左；东西各有中。出入之法，主由阃右，宾由阃左。士大夫出入君门由阃右，偏近阃而

行。君行出入始中门（阒右之中）。

④ 阈（yù）：门限，门槛。

⑤ 过位：经过治朝君之虚位。古礼，君每日在治朝与群臣揖见。议政则在路寝之朝（内朝）。治朝退，君适路寝，则治朝之君位虚。群臣遇议政当入内朝，则过此位。

⑥ 言似不足者：同朝者或与语，虽不得不语，然答而不详。既过位，渐近君，故然。

⑦ 摄齐（zī）升堂：两手提衣使离地一尺以上路寝之堂。摄，提起。齐，衣裳缝了边的下摆。

⑧ 屏（bǐng）气：抑制住呼吸。屏，同"摒"。

⑨ 出，降一等：出路寝之门下台阶一级。

⑩ 逞：放松。

⑪ 没阶：下尽诸阶至平地。没，尽也。

【译文】

孔子走进鲁国朝廷的大门，显得有些谨慎害怕，好像没有容身之地一般。站，不站在门的中央；走，不踩门限。经过国君的座位，面色便显得严肃而庄重，行步也显得戒慎稳重起来，言语也好像说不出来的一般。提起衣服的下摆向堂上走，显得有些谨慎害怕，憋着气似乎不敢呼吸一般。走出来，下台阶一级，面色便放松起来，显出怡然自得的样子。下完了台阶，快步前行，姿态端庄美好就像鸟儿舒展翅膀一样。回到自己的位置，仍显得恭敬而内心不安。

10.5 执圭①，鞠躬如也，如不胜②。上如揖，下如授③。勃如战色④，足蹜蹜⑤如有循⑥。享礼⑦，有容色⑧。私觌⑨，愉愉如⑩也。

【章旨】

此一节记孔子为其君出使邻国之礼容。

【注释】

① 执圭：圭，玉器，上圆下方。出使邻国，执君之圭以为信。

② 如不胜：聘礼所执圭，长八寸。执轻如不胜其重，言敬谨之至也。

③ 上如揖，下如授：谓执圭平衡，手与心齐；向上，如作揖之高度；向下，如交与别人的高度。

④ 战色：战战兢兢之色，即庄敬之貌。

⑤ 蹜蹜：举足密而狭的样子。即脚步繁密，前后相接。

⑥ 如有循：如脚下有物，循之而行。

⑦ 享礼：享献之礼。使臣将所携带之礼品罗列于庭以献之。

⑧ 有容色：满脸和气。《仪礼·聘礼》：“及享，发气焉盈容。”

⑨ 私觌（dí）：以私人身份见其所使之国君。

⑩ 愉愉如：轻松愉快貌。颜色之和，又加于享礼时。

【译文】

孔子出使他国，当举行典礼时，手拿着圭小心翼翼地好像力量不够的样子。拿向上便如同在作揖，拿向下便好像要交与别人。面色严肃庄敬，行步也紧凑促密，好像在沿着一条狭长的东西走过。献礼物的时候，有着满脸的和气。以私人身份会见所出使国的君主时，显出一片轻松愉快的神情。

10.6 君子①不以绀緅饰②，红紫不以为亵服③。当暑，袗絺绤④，必表而出之⑤。缁衣，羔裘；素衣，麑裘；黄衣，狐裘⑥。亵裘长⑦，短右袂⑧。必有寝衣⑨，长一身有半⑩。狐貉之厚以居⑪。去丧，无所不佩⑫。非帷裳⑬，必杀之⑭。羔裘玄冠不以吊⑮。吉月⑯，必朝服而朝。

【章旨】

此一节记孔子衣服之制。

【注释】

① 君子：指孔子。

② 不以绀緅（gàn zōu）饰：不用绀緅来镶衣服的边缘。绀，是深青中

透红之色，近似今日之天青色。緅，是青多红少，比绀更暗之色，近似今日之铁灰色。饰，绲边、镶边、缘边。古时黑色为正式礼服之色，上二色皆近于黑色，故不用以镶饰。

③ 红紫不以为亵服：不用红色紫色做私居时所穿的衣服。因红紫色非正色之故。私居尚不服，则不用为正服可知。

④ 袗绨绤（zhěn chī xì）：穿葛布单衣。袗，单衣。此处用作动词。绨，葛布之精细者。绤，粗葛布。

⑤ 表而出之：穿在外面，使它显露出来。表，本意为衣之外层。此处作动词用。

⑥ 缁衣……狐裘三句：言衣服内外之颜色需相称。古人穿皮裘，毛向外，需外加罩衣（裼衣）。故缁衣之内宜羔裘（黑羊皮衣），素衣之内宜麑裘（白鹿皮衣），黄衣之内宜狐裘（狐色黄）。缁衣，朝服。素衣，凶服。黄衣，蜡祭之服，亦兵服。

⑦ 亵裘长：家居所穿的皮衣比较长。取其温暖。

⑧ 短右袂：右边袖子做得短些。为了工作方便之故。或以袖一长一短不雅观，因解释为卷右袖使短。

⑨ 寝衣：睡衣。一说为被子。

⑩ 长一身有半：古人衣不连裳，仅在股以上。一身有半，即到膝盖之长度。此殆孔子特制之衣。

⑪ 狐貉之厚以居：用有厚毛的狐貉皮做坐褥。居，坐也。

⑫ 去丧，无所不佩：除去丧服，任何饰物都可佩带。居丧时则去饰去佩。

⑬ 帷裳：上朝或祭祀时所穿之礼服，用整幅布做，不加剪裁。多余之布则做褶叠（古称襞积），犹如今日之百褶裙。古代男子上衣下裙。

⑭ 杀（shài）之：在缝制之前裁去多余之布，不用褶叠，以省工省料。杀，减少，裁去。

⑮ 羔裘玄冠不以吊：羔裘玄冠，都是黑色吉服。丧事为凶事。故不能穿戴以吊丧。

⑯ 吉月：正月初一（即大年初一）。吉训善，亦训始。吉月即始月、正月。月吉，则为月之朔日，故解为正月初一。或曰每月朔日。

【译文】

孔子不用天青色和铁灰色做衣服的镶边，浅红色和紫色不用来做平常居家穿的衣服。夏天，穿着粗的或者细的葛布单衣，但一定里边穿衬衫，使它露在外面。黑色的上衣配紫羔裘，白色的上衣配麑裘，黄色的上衣配狐裘。家居穿的皮袄较长，右边的袖子做得短些。睡觉一定穿睡衣，有一个半人身长。用有厚毛的狐貉的皮做坐垫。丧服期满后，任何饰物都可以佩带。不是（上朝或祭祀穿的）用整幅布做的裙子，一定裁去多余的布。紫羔裘和黑色礼帽都不穿着去吊丧。大年初一，一定穿着上朝的礼服去朝贺。

10.7 齐①，必有明衣②，布③。齐必变食④，居必迁坐⑤。

【章旨】

此一节记孔子斋戒时之衣食情形。

【注释】

① 齐（zhāi）：或作"斋"。古人临祭之前必有斋。斋之为言齐也。齐思虑之不齐者。斋有散斋、致斋。《礼记·祭统》："散齐七日以定之，致齐三日以齐（qí）之。"

② 明衣：谓浴衣。浴毕所着，取其明洁意。

③ 布：或为麻布，或为丝布。

④ 变食：改变平常之饮食。一说，不饮酒，不茹荤。一说，顿顿鲜洁，不食剩菜饭。

⑤ 迁坐：改变卧室。平时和妻室居于燕寝。斋戒时则迁居外寝（正寝），不与妻室同房。

【译文】

斋戒沐浴的时候，一定有浴衣，用布做的。斋戒时一定改变平时的饮食，居住也要迁移到外面的屋里去住。

10.8 食不厌精①，脍不厌细②。食馈而餲③，鱼馁④而肉败⑤，不食。色恶，不食。臭恶，不食。失饪⑥，不食。不时⑦，不食。割不正⑧，不食。不得其酱⑨，不食。肉虽多，不使胜食气⑩。惟酒无量，不及乱⑪。沽酒市脯⑫，不食。不撤姜食⑬，不多食⑭。祭于公⑮，不宿肉⑯。祭肉⑰不出三日；出三日，不食之矣。食不语，寝不言。虽疏食菜羹⑱，必⑲祭，必齐如也。

【章旨】

此一节记孔子饮食之节。

【注释】

① 食（shí）不厌精：饭食不嫌精细。

② 脍（kuài）不厌细：鱼和肉不嫌切得细。脍，鱼和肉类细切曰脍。

③ 馈（yì）而餲（è）：饮食经久而腐臭。

④ 馁（něi）：鱼腐烂也。

⑤ 败：肉腐烂也。

⑥ 失饪：不合烹调生熟之节。

⑦ 不时：不当吃饭的时候。古人大夫以下，食唯朝夕二时。或曰不合时季的食物。

⑧ 割不正：割截不合常度的肉。以其失礼，故不食。割，谓分解牲体，有一定方法。不依正法分割者，叫割不正。古者先以割肉载于俎，食时自切之。汉以后既割之，又切之，始加烹调，非古制矣。或曰切肉不方不食。

⑨ 不得其酱：得不到适宜的酱。古时食肉用酱，各有所宜。如鱼脍用芥酱之类。不得其酱与割不正皆以背礼，故不食也。

⑩ 不使胜食（shí）气：不使所食之肉胜过饭气。食，饭也。一说：气通"饩"。食饩，犹云饭料。

⑪ 乱：神志昏乱。

⑫ 沽酒市脯：买来的酒和肉干。

⑬ 不撤姜食：食毕，诸食皆撤去，独留姜食。

⑭ 不多食：指姜食言。姜虽留而不撤，亦不多食之。

⑮ 祭于公：助君祭祀。

⑯ 不宿肉：不把助祭分得的胙肉留过一天。不留神惠也。

⑰ 祭肉：自家祭肉或亲朋所赐之祭肉。

⑱ 疏食（shí）菜羹：疏食，粗食。古人以稗食为粗食。食，菜羹，用菜和米屑做之羹汤。

⑲ 必：一作"瓜"。

【译文】

饭食不嫌精细，鱼和肉不嫌切得细。饮食经久变了味，鱼和肉腐烂了，都不吃。食物的颜色变得难看了，不吃。气味变得难闻了，不吃。烹调坏了，不吃。不是吃饭的时候，不吃。肉割得不合法度，不吃。没有一定的调味酱，不吃。席上的肉虽然很多，吃肉也不使超过吃饭的量。只有饮酒没有限量，但也不至于喝醉。买来的酒和肉干，不吃。吃完了，姜不撤去，但也吃得不多。参与国家的祭祀，不把祭肉留到第二天。其他的祭肉留存不超过三天；超过三天就不吃它了。吃饭的时候不交谈，睡觉的时候不说话。虽然是糙米饭青菜汤，也一定得先祭一祭，而且祭的时候一定恭恭敬敬地像斋戒了的一样。

10.9 席不正①，不坐。乡人饮酒②，杖者③出，斯出矣。乡人傩④，朝服而立于阼阶⑤。

【章旨】

此一节记孔子居乡事。

【注释】

① 席不正：座席不端正。古无椅凳，席地而坐。座席通常用蒲苇、蒯草、竹篾和禾秸为质料。天子座席五重，诸侯三重，大夫再重。南北向，以西为上；东西向，以南为上。此席之正。

② 乡人饮酒：即古乡饮酒礼。此礼之举行，约分四事：一曰三年宾贤
  能。二曰乡大夫饮国中贤者。三曰州长习射饮酒。四曰党正蜡祭饮
  酒。此节所记，当属蜡祭，主于敬老。

③ 杖者：老人。古制：五十杖于家，六十杖于乡。

④ 傩（nuó）：古迎神以驱逐疫鬼的活动。

⑤ 阼阶：宗庙之东阶。

【译文】

座席不端正，不坐。参加乡饮酒礼，等老年人都出去了，自己才随着离
去。本乡的人迎神驱鬼，便穿着朝服站在东边的台阶上。

10.10 问人①于他邦，再拜②而送之。康子馈药，拜而受之。曰：
"丘未达，不敢尝③。"

【章旨】

此一节记孔子与人交之诚意。

【注释】

① 问人：问候人。向人问好。古问人必送礼物以示意。

② 再拜：连拜两次。拜时双手据地，首俯而不至手。如是再，为再拜。

③ 未达，不敢尝：赐食物，遇可尝，当先尝，以示重其人之赐。今告使
  者，以未知晓药性，故不敢尝之。

【译文】

孔子派人向他邦友人问好送礼，必向使者再拜而送行。季康子派人送药
物来问候，孔子拜谢过后才接受。告诉使者说："我还不知药性，所以暂时不
敢尝药。"

10.11 厩①焚。子退朝，曰："伤人乎？"不问马。

【章旨】

此一节见孔子贵人贱畜。

【注释】

① 厩：马房。当是孔子私人之马房。

【译文】

孔子家的马房失了火。孔子从朝廷回家，问道："有人受伤吗？"并没有问马的情形。

10.12　君赐食，必正席先尝之①。君赐腥②，必熟而荐之③。君赐生④，必畜之。侍食于君，君祭，先饭⑤。疾，君视之，东首⑥，加朝服，拖绅⑦。君命召，不俟驾行⑧矣。

【章旨】

此一节记孔子事君之礼。

【注释】

① 正席先尝之：敬君之惠也。

② 腥：生肉。

③ 熟而荐之：煮熟而先供于祖先。荐，进贡。

④ 生：活的禽兽。

⑤ 先饭：自己先吃饭。若为君尝食然。饭，作动词用。

⑥ 东首：头向东而卧。古制：室中以西为尊。君入室，背西向东。病者首向东卧，正面对于君。

⑦ 加朝服，拖绅：把朝服盖在身上，腰间束上大带。绅束好后，尚有一截垂在外面，所以叫拖。绅，大带。

⑧ 不俟驾行：不等马车驾好就先走。敬君命也。等车驾好后，追上去，才乘车而行。

【译文】

国君赐给熟的食物，孔子一定端正座席先尝一尝。国君赐给生肉，一定煮熟后先供献祖先。国君赐给活的禽兽，一定饲养着它。陪侍国君吃饭，国君举行饭前祭礼的时候，自己先吃饭。生病的时候，遇到国君来看视，头向东方睡，身上盖着朝服，拖着大带。国君有命令来叫，不等车子驾好就自己先走。

10.13 入太庙，每事问。

（此一节重出，已见《论语·八佾》第十五章。）

10.14 朋友死，无所归[①]，曰："于我殡[②]。"朋友之馈，虽车马，非祭肉，不拜。

【章旨】

此一节记孔子交友之义。

【注释】

① 无所归：无亲属可归。

② 于我殡：于我处停棺、葬埋。殡，停放灵柩曰殡，埋葬亦曰殡。《礼记·檀弓》："宾客至，无所馆。夫子曰：'生，于我乎馆；死，于我乎殡。'"与本节当为一事。

【译文】

朋友死了，没有亲属料理丧事。孔子说："丧葬由我来料理。"朋友馈赠礼物，即使是车马，如果不是祭祀的胙肉，孔子在接受的时候，不行拜礼。

10.15 寝不尸[①]，居不客[②]。见齐衰者[③]，虽狎[④]必变。见冕者与瞽者[⑤]，虽亵[⑥]必以貌。凶服者式[⑦]之。式负版[⑧]者。有盛馔[⑨]，必变色而作。迅雷风烈[⑩]必变。

【章旨】

此一节见孔子容貌之变。

【注释】

① 尸：像死尸一样直躺着。

② 居不客：坐时不像客人或接待客人那样双膝着地而坐。居，坐也。客，本作"容"，据《释文》和《唐石经》校改。孔子平居坐姿既不似作客或待客之姿，亦不致箕踞，当是和蹲一样之姿势。

③ 齐衰者：已见《论语·子罕》第九章。

④ 狎：熟悉亲密。

⑤ 冕者与瞽者：已见《论语·子罕》第九章。

⑥ 亵：亲近。

⑦ 式：同"轼"，车前横木，手凭以行礼者。此处用作动词，即俯身伏轼之意。

⑧ 版：国家图书册籍。

⑨ 盛馔：丰盛之筵席。主人所设以待客者。

⑩ 迅雷风烈：疾雷狂风。

【译文】

孔子睡觉不像死尸一样直躺着，平时坐着也不像作客或接待客人一样，双膝着地跪坐着。看见穿齐衰服的人，即使是很熟悉的，也一定改变仪容和态度。看到戴着礼帽的人和盲人，即使很亲近也一定用很恭敬的态度对待他。在车中遇见穿丧服送葬的人，便低头伏在车前的横木上表示同情。遇到背着国家图籍的人，也伏在车前的横木上表示敬意。遇有主人摆设丰盛的筵席相待，便一定改变了脸色站了起来。遇到疾雷大风，一定改变神态以示敬畏。

10.16 升车，必正立，执绥①。车中不内顾②，不疾言③，不亲指④。

【章旨】

此一节记孔子升车之容。

【注释】

① 正立，执绥：身体站正，手执攀升索上车。绥，升车之索带。

② 内顾：回视。

③ 疾言：大声说话。

④ 亲指：两手亲有所指。或以《曲礼》有"车上不妄指"语，疑"亲"为"妄"之误。与"内顾""疾言"三者易使人见而生疑，故不为也。

【译文】

孔子上车，一定先站正了，再攀着扶手带上去。在车中不回头看，不大声说话，不用手指向别的地方。

10.17 "色斯举①矣，翔而后集②。"曰："山梁③雌雉，时哉！时哉④！"子路共⑤之，三嗅⑥而作。

【章旨】

此一节见孔子一生之行止久速。

【注释】

① 色斯举：鸟见人颜色不善或四周情势有异即举身飞去。举，起也。

② 翔而后集：鸟之将落，先在空中飞翔盘旋然后才落于树上。集，鸟止于树上。以上二句，当是逸诗。上句言其警觉见几，下句言其能慎择所止。

③ 山梁：山间的桥上。

④ 时哉：得其时呀！

⑤ 共：同"拱"。

⑥ 嗅：本作"臭"，当是"臭"字，从目从大，犬视貌。借作野鸡之惊视。

【译文】

"鸟一见人们神色有异便奋翼飞起，在空中飞翔盘旋然后才落到树上。"孔子说："你看山间桥上那只母野鸡悠游自在，真是得其时呀！得其时呀！"子路向它拱一拱手，那只野鸡惊视不已就飞走了。

先进第十一

共二十五章

11.1 子曰："先进^①于礼乐，野人^②也；后进于礼乐，君子^③也。如用之^④，则吾从先进。"

【章旨】

此章多评门弟子贤否。此首章乃分别门弟子先后学风之不同。

【注释】

① 先进：与"后进于礼乐"中"后进"犹言前辈后辈，皆指孔子弟子。先进如颜渊、闵子骞、仲弓、子路、冉有，后进如子游、子夏。一说，先进，谓先学礼乐后做官者；后进，谓已仕而后学礼乐者。

② 野人：朴野之人。先进之于礼乐，文质得宜，犹存淳素之风。较之后进，反若朴野。一说，野人，谓平民百姓。

③ 君子：多文之人。后进讲习礼乐愈加细密，文胜其质。然非孔子心中所谓文质彬彬之君子也。一说，君子，谓贵族子弟。

④ 用之：用其人。一说，之指礼乐。

【译文】

孔子说："先进一辈，从礼乐方面来说，像是朴野之人；后进一辈，从礼乐方面来说，像是君子。但是如果用人的话，我赞成用先进一辈。"

11.2 子曰："从我于陈、蔡^①者，皆不及门^②也。"德行：颜渊、

闵子骞、冉伯牛、仲弓。言语：宰我、子贡。政事：冉有、季路。文学：子游、子夏。③

【章旨】

此章四科之分，以见孔门之因材施教。

【注释】

① 于陈、蔡：据《史记·孔子世家》，吴攻陈，楚救之。闻孔子在陈、蔡之间，楚使人聘孔子。陈、蔡大夫畏楚用孔子，乃发徒围孔子于野。孔子使子贡至楚。楚昭王兴师迎孔子，然后得脱。

② 及门：在门下。

③ "德行"以下一段：此下非孔子语，乃记者因孔子之言而附记及之，以见孔门学风之先后有异（前三科为先进，相从于陈、蔡；后一科为后进，未及从陈、蔡）。若系孔子语，则诸弟子当称名而不称字。孔子厄于陈、蔡，时年六十一。此章之叹，盖在七十之后。相从于陈、蔡者，一时死散殆尽矣。言语，指外交辞命。政事，谓冉有理财，季路治军。文学一科，旨在精研诗书礼乐，是孔子晚年绝意仕途后，与后进弟子相研习者，可见孔门晚年之学风。

【译文】

孔子说："以前随从我在陈、蔡的，此时都不在门下了。"——德行：有颜渊、闵子骞、冉伯牛、仲弓；言语：有宰我、子贡；政事：有冉有、季路；文学：有子游、子夏。

11.3 子曰："回也非助我者①也，于吾言无所不说②。"

【章旨】

此章孔子深赞颜子之聪敏。

【注释】

① 非助我者：道本难穷。问难越多，精微益显。颜子闻一知十，不复问

难，故曰非助我者。若商之起予，乃所以助之也。

② 说：同"悦"。闻语即解，心感悦怿也。

【译文】

孔子说："颜回不是一个有助于我的人，他对我说的话，没有不感心悦的。"

11.4 子曰："孝哉闵子骞！人不间①于其父母昆②弟之言。"

【章旨】

此章孔子叹美闵子骞之孝行。

【注释】

① 间（jiàn）：非也。

② 昆：兄。

【译文】

孔子说："闵子骞真孝顺呀！别人对于他父母兄弟称赞他的话都没有异议。"

11.5 南容三复白圭①，孔子以其兄②之子妻③之。

【章旨】

此章孔子称赞南容能谨言慎行。

【注释】

① 南容三复白圭：《诗经·大雅·抑》："白圭之玷，尚可磨也；斯言之玷，不可为也。"南容一日而三复此言，盖有意于以谨言自戒也。事见《孔子家语》。三，读去声。

② 其兄：己之兄。孔子父叔梁纥娶鲁施氏女，生九女，其妾生孟皮，病足。孟皮即孔子兄。

③ 妻（qì）：嫁与为妻。

南容把《诗经》里"白圭之玷，尚可磨也；斯言之玷，不可为也"几句诗，读了又读，孔子把自己哥哥的女儿嫁给了他。

11.6 季康子问："弟子孰为好学？"孔子对曰①："有颜回者好学，不幸短命死矣，今也则亡。"②

【章旨】

此章称赞颜子好学而惜其早死。

【注释】

① 孔子对曰：《论语》前十篇记孔子答定公、哀公之问，皆称"孔子对曰"。至答康子、懿子、武伯之问，则但称"子曰"。此章及《颜渊》季康子三问，皆称"孔子对曰"，与前十篇不同。前后论体例不一，足证后十篇又出后人续记。

② 此章孔子答康子，与答哀公有详略之不同。或谓君臣之分不同。或谓哀公有为之君，故孔子详告之；康子权臣，欲强私弱公，故孔子略而告之。或谓哀公好迁怒贰过，故因答以谏之；康子无之，故不以告。

【译文】

季康子问道："学生中哪一个是好学的？"孔子回答道："有一个叫颜回的人好学，不幸他短命死了，现在没有好学的了。"

11.7 颜渊死，颜路①请子之车②以为之椁③。子曰："才不才④，亦各言其子也。鲤⑤也死，有棺而无椁。吾不徒行⑥以为之椁。以吾从大夫之后⑦，不可徒行也。"

【章旨】

此章记孔子爱人以理，不苟从私请。

【注释】

① 颜路：名无繇，字路，颜渊之父，少孔子六岁，亦孔子学生。

② 请子之车：请卖孔子之车。孔子之车，乃诸侯赐命之车，不可卖于市。

③ 椁（guǒ）：棺外之套棺。古时天子棺椁七重，诸侯五重，大夫三重，士再重（内棺外椁）。

④ 才不才：不管有才能无才能。

⑤ 鲤：孔子之子，字伯鱼。据《孔子家语》本姓解：孔子年十九娶宋之开（jiān）官氏，生伯鱼。伯鱼之生也，鲁昭公以鲤鱼赐。孔子荣君之赐，故因以名鲤，而字伯鱼。

⑥ 徒行：卖车而徒步行走。

⑦ 从大夫之后：时孔子已致仕，不在位，然尚在大夫之列，故谦言从大夫后。依礼，大夫出门不可步行。

【译文】

颜渊死了，他的父亲颜路请求孔子把车卖了替颜渊买椁。孔子说："不管有才能或无才能，也都是自己的儿子。从前我儿子鲤死的时候，只有棺没有椁。我并没有卖了车子徒步行走而为他做椁。因为我曾身为大夫，不可徒步出门的。"

11.8　颜渊死，子曰："噫①！天丧予②！天丧予！"

【章旨】

此章孔子悼颜渊之死而己道无所传授。

【注释】

① 噫：伤痛声。

② 天丧予：伤道无所传授，若天之丧亡己道也。

【译文】

颜渊死了，孔子说："唉！是天要亡我呀！是天要亡我呀！"

11.9　颜渊死，子哭之恸①。从者曰："子恸矣！"曰："有恸乎？非夫人之为恸而谁为②？"

【章旨】

此章记孔子对学生的至情流露。

【注释】

① 恸：过分悲伤。

② 非夫（fú）人之为（wèi）恸而谁为：是"非为夫人恸而为谁恸"的倒装形式。夫，指称代词。

【译文】

颜渊死了，孔子去哭他，哭得非常悲哀。跟从的人说："老师哭得太悲哀了！"孔子说："真的很悲哀吗？我不为这样的人悲哀，还为什么人悲哀呢？"

11.10　颜渊死，门人①欲厚葬②之。子曰："不可③。"门人厚葬之④。子曰："回也视予犹父也，予不得视犹子⑤也。非我也，夫⑥二三子也。"

【章旨】

此章记弟子厚葬颜渊之非。

【注释】

① 门人：孔子学生。

② 厚葬：超越家中财力而葬。

③ 不可：依礼，丧葬称家之有无。颜子家本贫，而厚葬之，不合礼。故曰不可。

④ 门人厚葬之：盖颜路许之。

⑤ 不得视犹子：谓不能以葬伯鱼之礼葬颜子。

⑥ 夫（fú）：指称代词。

【译文】

颜渊死了，孔子的学生们想要厚葬他。孔子说："不可以。"学生们仍然厚葬了他。孔子说："颜回啊，他把我当作父亲看待，我却不能把他看作儿子。这不是我要如此的呀，都是那些学生们做的呀。"

11.11 季路问事鬼神。子曰："未能事人，焉能事鬼？"曰："敢^①问死？"曰："未知生，焉知死？"

【章旨】

此章言孔子不道无益之语。

【注释】

① 敢：表敬副词，无实质意义。郑注《仪礼·士虞礼》谓为"冒昧之词"。

【译文】

季路问侍奉鬼神的道理。孔子说："活人尚不能侍奉，怎么能去侍奉死人？"子路又问："请问人死后是怎么回事？"孔子说："生的道理还没有弄明白，怎么能够知道死后的事？"

11.12 闵子侍侧，訚訚^①如也；子路，行行^②如也；冉有、子贡，侃侃^③如也。子乐^④。"若由也，不得其死然^⑤。"

【章旨】

此章孔子喜弟子各遂其性也。

【注释】

① 訚訚：已见第十篇第二节。

② 行行（hàng hàng）：刚强貌。

③ 侃侃：已见第十篇第二节。

④ 子乐：乐得英才而教育之，使各尽其性也。皇侃《义疏》本"乐"下

有"曰"字。当从之。

⑤ 不得其死然：谓不得善终。得死为当时俗语，谓得善终。如"得死为幸"（《左传·僖公十九年》）。然，同"焉"。

【译文】

闵子骞站在孔子身旁，显得恭敬而正直的样子；子路呢，显得很刚强的样子；冉有和子贡，显得温和而快乐的样子。孔子看了很快乐。说道："像仲由啊，怕得不到好死。"

11.13 鲁人①为长府②。闵子骞曰："仍旧贯③，如之何？何必改作？"子曰："夫人④不言，言必有中⑤。"

【章旨】

此章重劳民力。

【注释】

① 鲁人：鲁之执政大臣。

② 为长府：改建长府。长府，鲁藏货财之库藏。

③ 仍旧贯：因袭旧制。贯，事。

④ 夫（fú）人：此人。夫，指称代词。

⑤ 中（zhòng）：合理，当理。

【译文】

鲁国的执政大臣计划翻修储藏货财的长府。闵子骞说道："仍然照老样子，怎么样呢？为什么一定要翻新呢？"孔子说："这个人平时不大说话，一说话必然切合事宜。"

11.14 子曰："由之瑟①奚为②于丘之门？"门人不敬子路。子曰："由也升堂矣，未入于室也。"③

【章旨】

此章论子路之才性及入道之深浅。

【注释】

① 由之瑟：子路性刚猛，其鼓瑟亦然。故夫子戒之。

② 为：做。即鼓奏。

③ 由也升堂矣，未入于室也：升堂、入室，比喻入道之深浅。堂，是正厅；室，是内室。先入门，后升堂，再入室。也，与"耳"用法相同。

【译文】

孔子说："仲由为什么在我的门内弹奏这样音调的瑟呢？"于是孔子的学生都看不起子路。孔子说："仲由已经升堂了，只是尚未进入内室而已。"

11.15 子贡问："师与商①也，孰贤？"子曰："师也过，商也不及②。"曰："然，则师愈③与？"子曰："过犹不及。"

【章旨】

此章言道贵中正，过与不及皆非正当。

【注释】

① 师与商：子张和子夏。

② 不及：譬之于射，过与不及，皆未至于鹄的。子张才高意广，所失常在于过之。子夏笃信谨守，所失常在于不及。

③ 愈：胜。

【译文】

子贡问道："颛孙师和卜商两个人，哪一个贤能些？"孔子说："颛孙师超过了，卜商有些不及。"子贡说："如此说来，那么颛孙师强一些了？"孔子说："超过和不及是一样的。"

11.16 季氏①富于周公②，而求也为之聚敛而附益之③。子曰④："非吾徒也。小子鸣鼓而攻之⑤，可也。"

此章斥责冉求重赋之不当。

【注释】

① 季氏：季康子，名肥。

② 周公：指周公旦次子世袭为周公，而留仕周之王朝者。一说，泛指周王身边之卿士，如周公黑肩、周公阅等。

③ 为之聚敛而附益之：冉有为季氏推行田赋，增加税收。见《左传·哀公十一年》《左传·哀公十二年》。

④ 子曰：此二字当在句首。今置于此，语气较强。

⑤ 鸣鼓而攻之：声其罪而讨之。

【译文】

季氏比周公还要富有，可是冉求又替他搜刮而增加其财富。孔子说："冉求不是我的学生。你们可以大张旗鼓地攻击他。"

11.17 "柴①也愚②，参也鲁③，师也辟④，由也喭⑤。"

【章旨】

此章汇记孔子平日评论弟子之言。

【注释】

① 柴：高柴，字子羔，孔子弟子，比孔子小三十岁。《孔子家语》记其足不履影，启蛰不杀，方长不折。执亲之丧，泣血三年，未尝见齿。其为人可知矣。

② 愚：智不足而厚有余，即仁之过。

③ 鲁：迟钝。

④ 辟（pì）：偏也。一说：辟，言其过为张大。

⑤ 喭（yàn）：刚猛。或曰本章章首遗漏"子曰"二字。或疑与下章当通为一章。

【译文】

高柴愚笨，曾参迟钝，颛孙师偏激，仲由刚猛。

11.18 子曰："回也其庶乎①，屡空②。赐不受命③而货殖④焉，亿则屡中⑤。"

【章旨】

此章孔子评论颜渊和子贡之德行。

【注释】

① 其庶乎：大概近于道了吧。庶，庶几也。

② 屡空：屡次陷于穷乏。空，穷乏。一说：屡，窭也。

③ 不受命：古时商贾由公家主之。子贡未受命于公家而自以其私财经商（俞樾《群经平议》）。一说，命谓爵命、禄命，未受命即不做官（王弼、江熙）。又一说，命为天命（朱注）。

④ 货殖：积货财以从事生殖。

⑤ 亿则屡中（zhòng）：预测物价贵贱屡次猜中。亿，通"臆"，猜度也。

【译文】

孔子说："颜回大概近于道了，生活屡次陷于穷乏。端木赐未曾秉受公家的命令就用自己的钱做生意，可是他每次预测物价都能够屡次猜中。"

11.19 子张问善人之道①。子曰："不践迹②，亦不入于室③。"

【章旨】

此章论善人之行径。

【注释】

① 道：行径，行为。

② 不践迹：不依成法。犹言不照前人脚印走路。盖善人质美，行事一本

天性，故能不践迹。

③ 不入于室：言善人未经学问，未造圣道之深奥处。此章或与下章通为
　　一章。

【译文】

　　子张问善人的行为。孔子说："善人能不踏着前人脚印走路，但亦未能
进入圣道的深奥处。"

11.20　子曰："论笃是与①，君子者乎？色庄②者乎？"

【章旨】

此章言不可以言貌取人。

【注释】

① 论笃是与：即"与论笃"之倒装形式。是与"之"用法相当，是构成
　　倒装之助词。论笃，是言论笃实之人。与，许也。

② 色庄：面色上伪装庄重。

【译文】

　　孔子说："总是称许言论笃实的人，但是如何知道他是真正的君子呢，
还是外表上假装庄重老实的人呢？"

11.21　子路问："闻斯行诸①？"子曰："有父兄在，如之何其②闻
斯行之？"冉有问："闻斯行诸？"子曰："闻斯行之。"

　　公西华曰："由也问'闻斯行诸'，子曰'有父兄在'；求也问'闻
斯行诸'，子曰'闻斯行之'。赤也惑，敢问。"

　　子曰："求也退③，故进之；由也兼人④，故退之。"

【章旨】

此章问同答异，乃记孔子因材施教之佳例。

【注释】

① 诸："之乎"二字之合音。

② 其：则。

③ 退：谓质性懦弱，见义不前。

④ 兼人：性勇敢前，常若一人可兼两人之所为。

【译文】

子路问道："听到了一件事理就去实行吗？"孔子说："有父亲和哥哥在，怎么可以（不同他们商量）听到一件事理就去实行呢？"冉有问道："听到了一件事理就去实行吗？"孔子说："听到了一件事理就去实行。"

公西华听了后说："仲由问'听到了一件事理就去实行吗'，老师说'有父亲哥哥在（不能就去做）'；冉求问'听到了一件事理就去实行吗？'老师说'听到了一件事理就去实行'。我有些不明白，敢冒昧请问老师。"

孔子说："冉求平日做事退缩，所以我鼓励他进取；仲由勇于作为，所以我教他退让。"

11.22 子畏于匡①，颜渊后。子曰："吾以女为死矣。"曰："子在，回何敢死？"

【章旨】

此章言仁者必有勇。

【注释】

① 子畏于匡：已见《论语·子罕》第五章。

【译文】

孔子被匡地的群众所拘囚，颜渊最后到。孔子说："我以为你死了。"颜渊说："老师还活着，我怎么敢死呢？"

11.23 季子然①问："仲由、冉求可谓大臣与？"子曰："吾以子为异之问②，曾③由与求之问。所谓大臣者，以道事君，不可则止④。

今由与求也，可谓具臣⑤矣。"曰："然，则从之者⑥与？"子曰："弑父与君，亦不从也。"

【章旨】

此章明为臣事君之道。

【注释】

① 季子然：季氏子弟。因季氏得用子路、冉有为臣，故喜而问之。

② 为异之问：将问异事。为，将也。异，异事。之，助词，无义，用法与"是"相同。

③ 曾（zēng）：乃也。

④ 止：谓去位。

⑤ 具臣：备位充数之臣。

⑥ 从之者：唯命是从之人。

【译文】

季子然问道："仲由和冉求可以说是大臣吗？"孔子说："我以为您将问其他的事，原来是问仲由和冉求。所谓大臣，用正道侍奉君主，如果行不通的话，就辞职不干。如今仲由和冉求两个人，可以说是备数充位的臣属了。"季子然又说："那么，他们会唯命是从吗？"孔子说："杀父亲、杀君主的事情，他们是不会从命的。"

11.24 子路使子羔①为费宰。子曰："贼夫人之子②。"子路曰："有民人焉，有社稷③焉，何必读书，然后为学④？"子曰："是故恶夫佞者⑤。"

【章旨】

此章言人需学优而仕。

【注释】

① 子羔：高柴之字。

② 贼夫人之子：害于人之子。人之子，指子羔。时尚年少，故称。

③ 社稷：社，土神；稷，谷神。二者共祀于一坛。

④ 何必读书，然后为学：子路以为为宰当治民，当祀神，此皆是学。不必读书才算为学。

⑤ 佞者：以口辩御人之人。

【译文】

子路使子羔做费县的县长。孔子说："这样是害了人家的儿子。"子路说："那里有人民须治理，有社稷之神要祭祀，为什么一定要读书才算是学问呢？"孔子说："所以我厌恶像你这样快口利舌的人。"

11.25 子路、曾皙①、冉有、公西华侍坐②。子曰："以③吾一日长乎尔，毋吾以也。居则曰：'不吾知也！'如或④知尔，则何以⑤哉？"

子路率尔⑥而对曰："千乘之国，摄乎⑦大国之间，加之以师旅，因之以饥馑⑧；由也为之，比⑨及三年，可使有勇，且知方⑩也。"夫子哂之。

"求，尔何如？"对曰："方六七十⑪，如⑫五六十，求也为之，比及三年，可使足民。如其礼乐，以俟君子。"

"赤，尔何如？"对曰："非曰能之，愿学焉。宗庙之事⑬，如会同⑭，端章甫⑮，愿为小相⑯焉。"

"点，尔何如？"鼓瑟希⑰，铿尔舍瑟而作⑱，对曰："异乎三子者之撰⑲。"子曰："何伤乎？亦各言其志也⑳。"曰："莫㉑春者，春服既成㉒，冠者五六人，童子六七人，浴乎沂㉓，风乎舞雩㉔，咏而归。"夫子喟然叹曰："吾与点也！"

三子者出，曾皙后。曾皙曰："夫三子者之言何如？"子曰："亦各言其志也已矣㉕。"曰："夫子何哂由也？"曰："为国以礼，其言不让，是故哂之。""唯㉖求则非邦也与？""安见方六七十、如五六十而非邦也者？""唯赤则非邦也与？""宗庙会同，非诸侯而何？赤也为之㉗小，孰能为之大？"

【章旨】

此章与弟子言志，阐明以礼为国之意。

【注释】

① 曾晳：名点，曾参之父，亦为孔子学生。

② 侍坐：陪侍坐着。

③ 以：以为。

④ 或：有人。

⑤ 何以：用什么去治政事。

⑥ 率尔：轻率地。

⑦ 摄乎：犹言夹在……之中。摄，迫蹙之义。

⑧ 因之以饥馑：连年发生灾荒。因，仍也。饥，五谷不收成。馑，菜蔬
不收成。

⑨ 比（bì）：及也。

⑩ 方：道理。

⑪ 方六七十：每边长六七十里的土地。

⑫ 如：或者。

⑬ 宗庙之事：指祭祀而言。

⑭ 如会同：或者两君相会见。诸侯时见曰会，众见曰同。

⑮ 端章甫：穿着礼服，戴着礼帽。端，玄端，礼服名。章甫，礼帽名。

⑯ 小相：赞礼之人。如司仪等。

⑰ 希：瑟声稀落。希，同"稀"。

⑱ 舍瑟而作：放下瑟站了起来。作，起。

⑲ 撰：撰述，陈说。即所欲说之志向。

⑳ 也：用法与"耳"同。

㉑ 莫：同"暮"。

㉒ 春服既成：春天穿的单衣或夹衣已经做好。

㉓ 沂：水名。源出山东邹县东北，西流经曲阜与洙水合，入于泗水。即
《左传·昭公二十五年》"季平子请待于沂上"之"沂"。非大沂河及

其支流小沂河也。

㉔ 舞雩：祭天祷雨之处。《水经注》："沂水北对稷门，一名高门，一名雩门。南隔水有雩坛，坛高三丈，即曾点所欲风处也。"地当在今曲阜市南。

㉕ 也已矣：而已矣。

㉖ 唯：其也。难道之义。

㉗ 之：用法同"其"。

【译文】

子路、曾皙、冉有和公西华四个人陪着孔子坐着。孔子说："你们认为我比你们年岁大些吧，不要因为我比你们大（就不敢说话）。平素你们总是说：'没有人了解我啊！'如果有人了解你（请你去做官），那么你凭什么去施行政事呢？"

子路不假思索地回答说："有一千辆兵车的国家，夹在大国的中间，外有敌军的侵略，内有连年的饥荒；使我仲由去治理它，等到三年，可使人人勇敢，而且懂得道理。"孔子微微一笑。

"冉求，你怎么样？"答道："一个六七十里见方，或者五六十里见方的国家，让我冉求去治理它，等到三年，可使人人富足。至于修明礼乐的事，那就只有等待贤人君子了。"

"公西赤，你怎么样？"答道："不敢说我能做到，但是愿意学着去做。宗庙祭祀或者与外国君主会盟，我愿意穿着礼服，戴着礼帽，做一个赞礼的人。"

"曾点，你怎么样？"他弹瑟的声音稀稀落落，铿然一声把瑟放下站了起来，答道："我要说的志向和前三位的不同。"孔子说："那有什么妨害呢？也不过各人说说自己的志向而已。"曾点说："暮春时节，春天穿的衣服已经穿好了，同五六个成年人，六七个小孩子，在沂水里洗个澡，到舞雩台上吹吹风。唱着歌一路走回家。"孔子长叹一声道："我赞同曾点的志趣啊！"

子路、冉有、公西华三个人出去了，曾皙最后走。曾皙问道："刚才三位同学的话怎么样？"孔子说："也不过是各人说说自己的志向罢了。"曾皙说:"老师为什么笑仲由呢?"孔子说:"治理国家要用礼让,他说的话不谦虚,所以我笑他。""难道冉求所说的就不是国家吗?"孔子说:"怎么见得六七十里见方或者五六十里见方的土地就不是一个国家呢?""难道公西赤所说的就不是国家吗?"孔子说:"像宗庙祭祀和国与国间的会盟,不是国家是什么?公西赤如果只能做赞礼的小事,又有谁能做大事呢?"

颜渊第十二

共二十四章

12.1 颜渊问仁。子曰："克己复礼①为仁。一日克己复礼，天下归仁②焉。为仁由己，而③由人乎哉？"颜渊曰："请问其目④。"子曰："非礼勿视，非礼勿听，非礼勿言，非礼勿动。"颜渊曰："回虽不敏⑤，请事⑥斯语矣。"

【章旨】

此章孔子与颜渊言仁道之实践方法在克己复礼。

【注释】

① 克己复礼：约束自己，使反于礼。克，胜也，约也。

② 归仁：称为仁。一说，许为仁。

③ 而：岂。

④ 目：细目。

⑤ 敏：聪敏。

⑥ 事：奉而行之。

【译文】

颜渊问如何实践仁道。孔子说："修养自己的品德，使言行举动都合乎礼，就是仁。一天能修养好自己的品德言行举动都合乎礼，天下的人就都称赞你为仁了。实践仁道全在自己，难道还凭别人吗？"颜渊说："请告诉我实践的条目。"孔子说："不合礼的东西不要看，不合礼的声音不要听，不合礼的言语不要说，不合礼的事情不要做。"颜渊说："回虽然不聪敏，一定要照着这些话切实去做。"

12.2 仲弓问仁。子曰："出门如见大宾①，使民如承大祭②。己所不欲，勿施于人③。在邦无怨④，在家⑤无怨。"仲弓曰："雍虽不敏，请事斯语矣。"

【章旨】

此章孔子与仲弓言仁道之实践方法在敬、恕、无怨。

【注释】

① 大宾：公侯之宾客。

② 大祭：如禘祭，郊祭天之属。上二句言敬。

③ 己所不欲，勿施于人：二语言恕。恕为行仁之方。

④ 在邦无怨：仕于诸侯而不怨天不尤人。

⑤ 在家：谓仕于大夫。

【译文】

仲弓问如何实践仁道。孔子说："出门就像去接待贵宾，使唤百姓就像去承担大的祭典。自己不喜欢的事情，不要加到别人身上去。在邦国做事要不怨不尤，在卿大夫家做事也要不怨不尤。"仲弓说："雍虽然不聪敏，一定遵照这些话切实去做。"

12.3 司马牛①问仁。子曰："仁者，其言也讱②。"曰："其言也讱，斯谓之仁矣乎？"子曰："为之难③，言之得无④讱乎？"

【章旨】

此章孔子与司马牛言为仁之道在于慎言。

【注释】

① 司马牛：名耕，字子牛。为人多言而躁。故孔子教以慎言。

② 讱（rèn）：迟钝，困难。盖忍而难发之意。

③ 为之难：做起来困难。

④ 得无：能不。

【译文】

司马牛问如何实践仁道。孔子说："一个有仁德的人，他说话很迟钝。"司马牛说："说话迟钝就可说是仁人了吗？"孔子说："做起来困难，说起来怎能不迟钝呢？"

12.4 司马牛问君子。子曰："君子不忧不惧①。"曰："不忧不惧，斯谓之君子已乎？"子曰："内省不疚②，夫何忧何惧？"

【章旨】

此章论君子进德之道在内省不疚。

【注释】

① 不忧不惧：不忧戚不恐惧。

② 内省不疚：内自反省无愧于心之事。疚，病也。此为不忧不惧之本。

【译文】

司马牛问如何去做一个君子。孔子说："君子不忧愁不恐惧。"司马牛说："不忧愁不恐惧，就可以说是君子了吗？"孔子说："自己反省丝毫没有感觉愧疚的事，那有什么好忧愁和恐惧的呢？"

12.5 司马牛忧曰："人皆有兄弟，我独亡①。"子夏曰："商闻之②矣：死生有命，富贵在天。君子敬而无失③，与人恭而有礼。四海之内，皆兄弟也。君子何患乎无兄弟也？"

【章旨】

此章言人当任命友贤，敬恭持身。

① 我独亡：亡，同"无"。司马牛兄向魋。魋有兄巢，有弟子颀、子车，皆与魋在宋作乱。事败，或奔或死，故有独无兄弟之感。

② 商闻之：闻之于孔子。孔子卒在桓魋作乱后二年。子夏言此时，孔子当已卒。

③ 无失：不出错误。

【译文】

司马牛忧愁地说："别人都有兄弟，只有我没有。"子夏说："我听老师说过：人的死生听天由命，富贵由天安排。君子只要持身庄敬，无有过失，待人恭谨而有礼节，那么四海之内就都是你的兄弟了。君子何必忧虑没有兄弟呢？"

12.6 子张问明。子曰："浸润之谮^①，肤受之愬^②，不行焉，可谓明也已矣。浸润之谮，肤受之愬，不行焉，可谓远^③也已矣。"

【章旨】

此章论如何能有远见、能明辨是非。

【注释】

① 浸润之谮（zèn）：隐微不显著的诬陷人的话。谮，诬言谗害人。

② 肤受之愬：肌肤所受痛切的控诉。愬，同"诉"，诉己之冤。

③ 远：明之至极。

【译文】

子张问如何才能明辨是非。孔子说："隐微渐渍的谗言和切肤之痛的控诉，在你那里都行不通，那你可以说是看得明白的了。隐微渐渍的谗言和切肤之痛的控诉，在你那里都行不通，那你可以说是看得远的了。"

12.7 子贡问政。子曰："足食，足兵^①，民信之矣^②。"子贡曰："必不得已而去，于斯三者何先？"曰："去兵。"子贡曰："必不得已而去，于斯二者何先？"曰："去食。自古皆有死，民无信不立③。"

【章旨】

此章言为政之要在于立信。

【注释】

① 兵：指兵器、兵备言。

② 矣：用法同"耳"。

③ 立：谓立国。

【译文】

子贡问如何治理政事。孔子说："使粮食丰足，使兵备充实，使人民相信政府。"子贡说："如果不得已一定要除去一项，在这三项之中要先去哪一项？"孔子说："除去兵备。"子贡说："如果不得已一定要除去一项，在这两项中先去哪一项？"孔子说："除去粮食。自古以来人都免不了一死，如果人民对政府没有信心，国家就不能建立。"

12.8 棘子成①曰："君子质而已矣，何以文为②？"子贡曰："惜乎，夫子之说君子也。驷不及舌③。文犹质也，质犹文也。虎豹之鞟④犹犬羊之鞟。"

【章旨】

此章言君子需文质兼备。

【注释】

① 棘（jí）子成：卫大夫。

② 为：句末疑问语气词，用法同"乎"。

③ 驷不及舌：舌以出言。言既脱口而出，四马追之不及。驷，四马。古用四马驾一车。

④ 鞟（kuò）：同"鞹"。皮去毛曰鞹，即革。

【译文】

棘子成说："君子只要有好的本质就够了，哪里需要文采呢？"子贡说："先生这样谈论君子，可惜说错了。话既说出，四匹马也追不上。文采同本质一样重要，本质也同文采一样重要。如果从虎豹的皮革上拔除有花纹的毛，那么虎豹的皮就和狗皮羊皮没有区别了。"

12.9 哀公问于有若曰："年饥，用不足①，如之何？"有若对曰："盍彻②乎？"曰："二③，吾犹不足，如之何其④彻也？"对曰："百姓足，君孰与⑤不足？百姓不足，君孰与足？"

【章旨】

此章论治国之道在薄税裕民。

【注释】

① 年饥，用不足：哀公十二年春用田赋。即于田税外，复按亩分摊军费。是年及次年皆有虫灾，又连年用兵于邾，又有齐警，故曰年饥用不足。

② 彻：按照十分之一征收田税。

③ 二：于田税外复加赋，用作军费，是一亩田已征两分税。

④ 其：用法同"而"，能也。

⑤ 孰与：何以。

【译文】

哀公向有若问道："年景不好，国家财税不够用，怎么办？"有若回答说："为什么不向人民征收十分之一的田税呢？"哀公说："我已征收了双份的税，还是感到不够用，怎么能只收十分之一的税呢？"有若说："如果百姓富足了，您怎么会不富足？如果百姓的用度不够，您又怎么能用度够呢？"

12.10 子张问崇德辨惑①。子曰："主忠信②，徙义③，崇德也。爱之欲其生，恶之欲其死④。既欲其生，又欲其死，是惑也。'诚不以富，亦祇以异⑤。'"

【章旨】

此章教子张崇德辨惑之法。

【注释】

① 崇德辨惑：尊崇德行，辨明疑惑。崇德犹中庸之"尊德性"，辨惑犹中庸之"道问学"。

② 主忠信：已见《论语·学而》第八章。

③ 徙义：闻义则徙而从之。犹言迁善。主忠信则本立，徙义则日新。

④ 爱之欲其生，恶之欲其死：心之好恶无常，先后反复，其惑甚矣。

⑤ 诚不以富，亦祇以异：见《诗经·小雅·我行其野》。引在此处，意思很难明白。程子以为是错简，当在第十六篇"齐景公有马千驷"之上。译文依朱注。

【译文】

子张问如何提高品德辨明疑惑。孔子说："存心以忠信为主，行为唯善是从，这就可以提高品德。爱一个人便希望他长生不老，厌恶他时便恨不得他马上死去。像这样既要他长寿，又要他短命，便是疑惑。这样实在对自己没有益处，只是足以使人奇怪而已。"

12.11 齐景公①问政于孔子。孔子对曰："君君，臣臣，父父，子子。"公曰："善哉！信如君不君，臣不臣，父不父，子不子，虽有粟，吾得而食诸②？"

【章旨】

此章言为政在重礼教明人伦。

【注释】

① 齐景公：名杵臼，继庄公而立。鲁昭公末年，孔子适齐。时齐大夫陈氏专政，而景公多内嬖，不立太子，故孔子答其问如此。

② 得而食诸：能够食之乎。

【译文】

齐景公向孔子问治理政事的道理。孔子回答道："君要像个君，臣要像个臣，父亲要像个父亲，儿子要像儿子。"景公说："说得好啊！若是君不像君，臣不像臣，父亲不像父亲，儿子不像儿子，即使有很多粮食，我能够吃得到吗？"

12.12 子曰："片言可以折狱^①者，其^②由也与？"子路无宿诺^③。

【章旨】

此章言子路忠信诚笃故能片言折狱。

【注释】

① 片言可以折狱：单凭一面之词就可断定讼案。片言，一方面的言辞。盖子路为人诚实坦率，人信而不忍欺之故耳。一说，以子路明决，故仅听片面之词即可断狱。

② 其：用法同"盖""殆"，大概之义。

③ 无宿诺：不留滞诺言。即许诺之事，即便行之，不久留滞也。宿，留也。一说，宿，豫也。无宿诺，即不事前预诺。此语是编者附记。

【译文】

孔子说："单凭一方面的言辞就可以判决狱案的，大概只有仲由吧。"子路从不迟延诺言（一定及时践履）。

12.13 子曰："听讼^①，吾犹人^②也。必也使无讼^③乎！"

【章旨】

此章言为政贵能以德化民使不争讼。

【注释】

① 听讼：听其讼辞以判曲直。

② 吾犹人：言我虽不比别人强，亦和别人无差别。

③ 使无讼：以德化民使不兴讼。

【译文】

孔子说："审理讼案，我和别人差不多。必然要使人民不兴讼才好呀！"

12.14　子张问政。子曰："居之①无倦，行之②以忠。"

【章旨】

此章言为政之道首在至诚不息。

【注释】

① 居之：谓居位。一说：谓居心。

② 行之：行事。即推行政事。

【译文】

子张问如何治理政事。孔子说："在位不要倦怠，行政要用忠心。"

12.15　子曰："博学于文，约之以礼，亦可以弗畔矣夫。"

（此章重出，已见《论语·雍也》第二十五章。）

12.16　子曰："君子成①人之美，不成人之恶。小人反是。"

【章旨】

此章言君子小人用心不同，所好亦异。

【注释】

① 成：诱掖奖劝以助成其事。

【译文】

孔子说："君子帮助别人成全好事，不帮助别人成全坏事。小人则和君子行事相反。"

12.17 季康子^①问政于孔子。孔子对曰："政者，正^②也。子帅^③以正，孰敢不正？"

【章旨】

此章言为政在能以身作则为民表率。

【注释】

① 季康子：据《春秋》及《左传》，季孙斯（桓子）卒于哀公三年七月，季孙肥（康子）即袭位。以下三章，当是哀公三年七月后事。

② 正：正道，正理。

③ 帅：同"率"。

【译文】

季康子向孔子问政事。孔子回答道："政的意思就是正道。您领头遵行正道，谁敢不遵行正道？"

12.18 季康子患盗，问于孔子。孔子对曰："苟子之不欲^①，虽赏之不窃^②。"

【章旨】

此章言民之化于上乃从其所好，不从其所令。

【注释】

① 欲：贪。

② 虽赏之不窃：即使奖赏他去偷盗，他也不干。

【译文】

季康子忧虑盗贼太多，向孔子请教。孔子回答道："如果您不贪求太多财货，就是奖赏他们去偷，他们也不干。"

12.19 季康子问政于孔子曰："如杀无道，以就^①有道，何如？"孔子对曰："子为政，焉用杀？子欲善而民善矣。君子^②之德^③风，小人④之德草。草上之风⑤，必偃⑥。"

【章旨】

此章言以德化民之效。

【注释】

① 就：成就。

② 君子：以位言。

③ 德：品质，质性。

④ 小人：以位言。

⑤ 草上之风：草加以风。即风加于草上。上，或作"尚"，加也。之，以也。

⑥ 偃：仆倒。

【译文】

季康子向孔子请教政事，说道："如果把坏人杀掉，以成就好人，您看怎么样？"孔子回答道："您治理政事，为什么要杀人？只要您心里想要向好处做，老百姓自然都会好起来。行政人员的质性好比是风，老百姓的质性好比是草。风向哪边吹，草一定向哪边倒。"

12.20　子张问："士何如斯可谓之达①矣？"子曰："何哉尔所谓达者②？"子张对曰："在邦必闻，在家必闻。"子曰："是闻③也，非达也。夫达也者，质直④而好义，察言而观色⑤，虑以下人⑥。在邦必达，在家必达。夫闻也者，色取仁⑦而行违，居之不疑⑧。在邦必闻，在家必闻。"

【章旨】

此章论闻与达之不同。

【注释】

① 达：显达，通达。内有诸己而求达于外也。

② 何哉尔所谓达者：即"尔所谓达者何哉"之倒装形式。子张务外，孔

子知而反诘之，将以发其病而药之。

③ 闻（wèn）：名声著闻也。内无实而仅于窃取名闻而已。

④ 质直：内主忠信，不事矫饰也。

⑤ 察言而观色：察人之言观人之色。

⑥ 虑以下人：志虑常欲下于人。即"卑以自牧"之义。一说，虑，用心委曲。一说，虑，每也。

⑦ 色取仁：表面上装作有仁德的样子。

⑧ 居之不疑：安处虚饰之仁而不自疑惑。

【译文】

子张问道："读书人要怎样才算是通达呢？"孔子说："你所说的通达是指什么意思呢？"子张回答说："在诸侯的国中一定有名望，在卿大夫的家中也一定有名望。"孔子说："这个是名望，不是通达。所谓通达，是资性很正直，处事讲道理，又善于研究别人的言语，观察别人的脸色，并且常想着谦虚退让。这样的人在诸侯的国中一定能通达，在卿大夫的家中也一定能通达。所谓名望，是表面上装作有仁德的样子，而实际上的行为却相反；可是他竟以仁人自居而没有疑心。这样的人在诸侯的国中一定有名望，在卿大夫的家中，也一定有名望。"

12.21 樊迟从游于舞雩①之下，曰："敢问崇德②、修慝③、辨惑④。"子曰："善哉问！先事后得⑤，非崇德与？攻其⑥恶，无攻人之恶，非修慝与？一朝之忿，忘其身，以及其亲，非惑与？"

【章旨】

此章孔子教樊迟修身之事。可与《论语·颜渊》第十章并观。

【注释】

① 舞雩：见《论语·先进》第二十五章。

② 崇德：见《论语·颜渊》第十章。

③ 修慝（tè）：修治而消除邪恶。慝，恶之匿于心者。

④ 辨惑：见《论语·颜渊》第十章。

⑤ 先事后得：先做所当做之事然后获取报偿。即"先难后获"之意。

⑥ 其：己。

【译文】

　　樊迟跟随孔子在舞雩台下游玩，说道："冒昧请问老师怎样提高品德、消除邪恶、辨明疑惑？"孔子说："问得好啊！先去做应当做的事，然后再取得报偿，不就可以提高品德了吗？斥责自己的过错，不斥责别人的过错，不就可以去恶为善了吗？由于偶然的愤怒，便忘记自身，甚至也忘记父亲母亲，这不是疑惑吗？"

　　12.22 樊迟问仁。子曰："爱人。"问知①。子曰："知人。"樊迟未达②。子曰："举直错诸枉③，能使枉者直。"

　　樊迟退，见子夏，曰"乡④也吾见⑤于夫子而问知，子曰：'举直错诸枉，能使枉者直。'何谓也？"

　　子夏曰："富哉言乎！舜有天下，选于众，举皋陶⑥，不仁者远⑦矣。汤⑧有天下，选于众，举伊尹⑨，不仁者远矣。"

【章旨】

此章究明仁智之义。

【注释】

① 知：同"智"。

② 未达：犹言未明。盖已晓爱人之言而未晓知人之方。

③ 举直错诸枉：已见《论语·为政》第十九章。

④ 乡（xiàng）：昔时也。又通"向"。

⑤ 见（xiàn）：进见。

⑥ 皋陶（gāo yáo）：舜的大臣，掌管刑法。

⑦ 远：离开，逃去。言不仁者皆化而为仁，不见不仁者，若其远去也。

⑧ 汤：《卜辞》作"唐"（罗振玉云："唐殆太乙之谥。"见《增订殷虚

书契考释》），名履（《卜辞》作"大乙"而无"履"字），商朝开国之君，伐夏桀而得天下。

⑨ 伊尹：汤的辅相。

【译文】

樊迟问什么是仁。孔子说："爱人就是仁。"又问什么是智。孔子说："了解别人就是智。"樊迟还未能了解透彻。孔子说："举用正直的人，把他们安置在邪恶的人之上，就能够使邪恶的人变为正直的人。"

樊迟告辞出来，找到子夏，说道："刚才我去进见老师向他问什么是智，老师说：'举用正直的人，把他们安置在邪恶的人之上，就能够使邪恶的人变为正直的人。'这是什么意思？"

子夏说："这话多有意思啊！舜有了天下，从众人中挑选，把皋陶提拔出来，不仁的人就不复见了。汤有了天下，从众人中挑选，把伊尹提拔出来，不仁的人就不复见了。"

12.23　子贡问友。子曰："忠告①而善道②之，不可则止，毋自辱焉。"

【章旨】

此章言交友责善之道。

【注释】

① 忠告：诚心劝告。

② 善道：好言劝导。道，同"导"。皇侃本作"导"。

【译文】

子贡问交友的方法。孔子说："诚心地劝告他，好好地诱导他，他不听从就算了，不要因此而遭受侮辱。"

12.24　曾子曰："君子以文会友，以友辅仁①。"

【章旨】

此章论友朋讲习切磋之益。

【注释】

① 辅仁：辅成仁德。不言辅德而言辅仁者，仁者人道，不止于自进己德
   而已。

【译文】

曾子说："君子借着讲论文章来聚会朋友，用朋友的切磋琢磨来辅成
仁德。"

子路第十三

共三十章

13.1 子路问政。子曰："先之^①劳之。"请益。曰："无倦^②。"

【章旨】

此章言为政之道在以身率下。

【注释】

① 先之：以身为百姓带头。之，指百姓。

② 无倦：即居之无倦，行之无倦之义。

【译文】

子路问治理政事的方法。孔子说："要先以身给百姓带头，然后使他们勤奋地工作。"子路请求多说一些。孔子说："永远不要倦怠。"

13.2 仲弓为季氏宰，问政。子曰："先有司^①，赦小过，举贤才。"曰："焉知贤才而举之？"子曰："举尔所知。尔所不知，人其^②舍诸？"

【章旨】

此章言为政之道。

【注释】

① 先有司：先选择有司。有司，即各单位主管人员。一说，自身先给有司带头。

② 其：岂。

【译文】

仲弓做了季氏的总管，向孔子问治理政事的方法。孔子说："先选任各单位主管，宽恕小的过错，提拔有才能的人。"仲弓说："怎么识别有才能的人而加以提拔呢？"孔子说："提拔你所知道的。那些你不知道的，别人难道会忽略他们吗？"

13.3 子路曰："卫君①待子而为政，子将奚先？"

子曰："必也正名②乎。"

子路曰："有是哉，子之迂③也！奚其正？"

子曰："野④哉，由也！君子于其所不知，盖阙如也。名不正，则言不顺；言不顺⑤，则事不成；事不成，则礼乐不兴；礼乐不兴，则刑罚不中；刑罚不中⑥，则民无所措手足。故君子名之必可言⑦也，言之必可行也。君子于其言，无所苟⑧而已矣。"

【章旨】

此章言为政在正名分。

【注释】

① 卫君：卫出公辄。是卫灵公太子蒯聩之子。

② 正名：正名分。即确定父子谁当为君。蒯聩得罪于灵公而出奔晋，灵公卒，辄立为君，晋人纳蒯聩而辄拒之。故需正名也。

③ 迂：迂远而不切于事情。

④ 野：粗鄙。

⑤ 言不顺：以子拒父，其言不顺于理。

⑥ 中（zhòng）：合乎道理。

⑦ 名之必可言：所名必可得而言。

⑧ 苟：苟且，随便。

子路问孔子说："卫君如果等待老师去治理政事，老师首先将要做什么事？"

孔子说："那将一定是纠正名分上用词不当的事了。"

子路说："老师您的迂阔竟到这种地步呀！名分有什么好纠正的呢？"

孔子说："仲由，你真鲁莽啊！君子对于自己所不清楚的事，通常都持保留态度，不妄发议论。名分不确定，说话就不顺理；说话不顺理，事情就不能做好；事情做不好，音乐礼制就不能兴办起来；音乐礼制兴办不起来，刑罚也就不能得当；刑罚不得当，老百姓就会感到动辄得咎而不知如何是好了。所以君子确定一个名分，一定可以说得出口；既说得出口，一定可以行得通。君子对于自己所说的话，丝毫没有随便的地方就得了。"

13.4 樊迟请学稼①。子曰："吾不如老农。"请学为圃②。曰："吾不如老圃③。"

樊迟出。子曰："小人哉，樊须也！上好礼，则民莫敢不敬；上好义，则民莫敢不服；上好信，则民莫敢不用情④。夫如是，则四方之民襁负⑤其子而至矣，焉用稼？"

【章旨】

此章言君子当学道以爱人不当学庶民之事。

【注释】

① 稼：种五谷曰稼。

② 为圃：种植蔬菜。为，治理。圃，菜园。

③ 老圃：有经验的菜农。

④ 用情：以真情对待上级。情，实情。

⑤ 襁（qiǎng）负：背负小儿。襁，约小儿于背之布。《史记·货殖列传》作"繦"，同。

【译文】

樊迟请求学种庄稼。孔子说:"我不如老农民。"又请求学种菜。孔子说:"我不如老菜农。"

樊迟告辞出来。孔子说:"樊须的想法真是一个小人呀!在上位的人爱好礼,百姓就没有人敢不尊敬;在上位的人爱好义,百姓就没有人敢不服从;在上位的人爱好信,百姓就没有人敢不以真情相待。能做到这些,那么四方的百姓都会背负着幼小的儿女到来了,哪里用得着要自己耕田种菜呢?"

13.5 子曰:"诵《诗》三百[①],授之以政,不达;使于四方,不能专对[②];虽多,亦奚以为[③]? "

【章旨】

此章言人之所学贵能应用。

【注释】

①《诗》三百:已见《论语·为政》第二章。

② 专对:以己意独当一面之应对。

③ 奚以为:何用乎。奚,何也。以,用也。为,句末疑问词,相当"乎"字。

【译文】

孔子说:"熟读《诗经》三百篇,把政事交给他,却办不通;派他出使他国,又不能独自应对交涉;即使读得再多,又有什么用呢? "

13.6 子曰:"其[①]身正,不令而行;其身不正,虽令不从。"

【章旨】

此章言为政贵能以身率下。

【注释】

① 其:己也。

【译文】

孔子说："主持政事的人本身行为端正，不须发号施令，事情就能办好；如果本身的行为不正当，虽是三令五申，百姓也不会遵从。"

13.7 子曰："鲁、卫之政，兄弟①也。"

【章旨】

此章论鲁、卫之政相似。

【注释】

① 兄弟：比喻两国政情差不多。一说，两国政俗犹贤于他国，所谓"鲁一变至于道"也。一说，两国衰乱相似。

【译文】

孔子说："鲁国和卫国在政治上，像兄弟一般（相差不多）。"

13.8 子谓卫公子荆①："善居室②。始有，曰：'苟合③矣。'少有，曰：'苟完④矣。'富有，曰：'苟美矣。'"

【章旨】

此章孔子论卫公子荆知足，不以外物累其心。

【注释】

① 卫公子荆：卫国之公子荆。因鲁亦有公子荆，为哀公之庶子（见《左传·哀公二十五年》），故加"卫"以别之。公子荆，卫大夫，与蘧瑗、史鳅、公子朝等同为君子，见称于吴公子季札（见《左传·襄公二十九年》）。

② 善居室：善于治理家室。居室，指财货器物之经营。

③ 苟合：差不多充足。苟，且也。有差不多之意。或说苟，音 jí，极也。合，充足。

④ 完：齐备。

【译文】

孔子谈到卫国的公子荆，说："他善于治家理财。刚有一点儿，便说道：'差不多足够了。'稍微增加一些，就说道：'差不多完备了。'多有一些，就说道'差不多是富丽堂皇了。'"

13.9 子适卫，冉有仆①。子曰："庶②矣哉！"冉有曰："既庶矣，又何加焉？"曰："富之③。"曰："既富矣，又何加焉？"曰："教之。"

【章旨】

此章言治民之法。

【注释】

① 仆：御车，驾车。

② 庶：众多。指人口言。

③ 富之：使人民富裕。

【译文】

孔子到卫国去，冉有替他驾车子。孔子说："人口好多啊！"冉有说："人口多了以后，又该怎么办？"孔子说："使他们富裕。"冉有说："如果富裕了，又该怎么办？"孔子说："教育他们。"

13.10 子曰："苟有用我者，期月①而已可也，三年有成。"

【章旨】

此章孔子自言其用于世之时效。

【注释】

① 期（jī）月：满十二个月，即一年。

【译文】

孔子说："如果有人用我主持国家政事，一年就差不多了，三年后一定会有成就。"

13.11　子曰："'善人①为邦百年，亦可以胜残去杀②矣。'诚哉是言也！"

【章旨】

此章言善人为政之功效。

【注释】

① 善人：志于仁而未至者。

② 胜残去杀：克服残暴之人使不为恶，同时可免除刑戮。胜，克也。
　　残，贼也。《孟子·梁惠王下》曰："贼义者谓之残。"

【译文】

孔子说："'善人治理国家连续一百年，就可以感化残暴之人而免除刑罚杀戮了。'这句话说得真对呀！"

13.12　子曰："如有王者，必世①而后仁。"

【章旨】

此章言王者治国之绩效。

【注释】

① 世：三十年。

【译文】

孔子说："如果有王者兴起，也一定要经过三十年才能使仁道大行于天下。"

13.13　子曰："苟正其①身矣，于从政乎何有②？不能正其身，如正人何？"

【章旨】

此章言为政必先正己。

【注释】

① 其：己。

② 何有：何难之有。即有何困难之义。

【译文】

孔子说："如果能使自己的行为端正，对于居官行政有什么困难呢？如果不能使自己的行为端正，又怎么去端正别人呢？"

13.14 冉子退朝。子曰："何晏①也？"对曰："有政。"子曰："其事也②。如有政，虽不吾以③，吾其④与⑤闻之。"

【章旨】

此章言国政与私事之辨，所以抑季氏而教冉子也。

【注释】

① 晏：晚。

② 其事也：那只是私家之事。也，用法同"耳"。一说，此句为反诘语气，也同"耶"。

③ 不吾以：不用我。以，用也。

④ 其：当。

⑤ 与（yù）：参与。

【译文】

冉子从季氏的内朝回来。孔子说："为什么这么晚才回来？"冉子回答道："有政事商量。"孔子说："那只是私家之事罢了。如果国家有政事，虽然不用我了，我也会知道的。"

13.15 定公问："一言①而可以兴邦，有诸？"

孔子对曰："言不可以若是其几②也。人之言曰：'为君难，为臣不易。'如知为君之难也，不几乎③一言而兴邦乎？"

曰："一言而丧邦，有诸？"

孔子对曰："言不可以若是其几也。人之言曰：'予无乐乎为君，唯其言而莫予违④也。'如其善而莫之违也，不亦善乎？如不善而莫之违也，不几乎一言而丧邦乎？"

【章旨】

此章言正心诚意为治国平天下之本。

【注释】

① 一言：一句话。

② 几（jī）：期必也。犹言肯定。

③ 几（jī）乎：近于。有差不多之意。

④ 其言而莫予违：自己说的话没有人敢违背。其，己也。莫予违，"莫违予"之倒装形式。

【译文】

定公问道："一句话可以使国家兴盛，有这事吗？"

孔子回答道："话不可说得如此肯定。有人说：'做国君很难，做臣子也不容易。'如果做国君的知道为君的困难，不就差不多一句话使国家兴盛了吗？"

定公又问道："一句话可以使国家灭亡，有这事吗？"

孔子回答道："话不可说得如此肯定。有人说：'我对于做国君并不觉得有什么乐趣，唯有自己说了话没有人敢违背我。'如果自己说的是好话而没有人敢违背，不也很好吗？如果自己说的不是好话而没有人敢违背，那不就差不多一句话使国家灭亡了吗？"

13.16 叶公①问政。子曰："近者说②，远者来。"

【章旨】

此章言为政需以德泽。

【注释】

① 叶公：已见《论语·述而》第十八章。

② 说：同"悦"。

【译文】

叶公问为政的道理。孔子说："使境内的人幸福欢乐，使远方的人来投奔。"

13.17 子夏为莒父①宰，问政。子曰："无②欲速，无见小利。欲速则不达，见小利则大事不成。"

【章旨】

此章言为政需有远大眼光。

【注释】

① 莒父（fǔ）：鲁国的一个城邑。现已不知确在何处。

② 无：通"毋"，不要之意。

【译文】

子夏做了莒父县的县长，问为政的道理。孔子说："做事不要贪图快速，不要只顾小利。做事图快反而不能达成目的，只顾小利大事就做不成。"

13.18 叶公语①孔子曰："吾党有直躬②者，其父攘③羊，而子证之。"孔子曰："吾党之直者异于是。父为子隐，子为父隐。直在其中矣。"

【章旨】

此章言直须近情理合人伦。

【注释】

① 语（yù）：告也。

② 直躬：直道而行。

③ 攘：窃取。

【译文】

叶公告诉孔子说："我们家乡里有一个直率的人，他的父亲偷了人家的羊，他便亲自去告发。"孔子说："我们家乡直率的人和你们那里的不同。父亲替儿子隐讳，儿子替父亲隐讳。直率的道理就在这里面了。"

13.19　樊迟问仁。子曰："居处①恭，执事②敬，与③人忠。虽之④夷狄，不可弃⑤也。"

【章旨】

此章言行仁之一方。

【注释】

① 居处：自己独处。

② 执事：行事。

③ 与：对待。

④ 之：到，往。

⑤ 弃：弃之而不行。

【译文】

樊迟问如何行仁。孔子说："仪容要端庄，做事要认真，待人要忠诚，即使到蛮夷的国度里也不可以放弃而不实行。"

13.20　子贡问曰："何如斯可谓之士矣？"子曰："行己有耻①，使于四方，不辱君命②，可谓士矣。"

曰："敢问其次？"曰："宗族称孝焉，乡党称弟焉。"

曰："敢问其次？"曰："言必信，行必果③，硁硁然④小人哉，抑亦可以为次矣。"

曰："今之从政者何如？"子曰："噫！斗筲⑤之人，何足算⑥也！"

【章旨】

此章孔子与子贡论士之行。

【注释】

① 行己有耻：即"己行有耻"。谓自己之言行要有羞耻之心。

② 使于四方，不辱君命：子贡长于言语，故夫子告之如此。

③ 果：必行也。《孟子·离娄下》："孟子曰：'大人者，言不必信，行不必果，惟义所在。'"

④ 硁硁然：小石坚确貌。谓坚守于言行之必信必果。

⑤ 斗筲：皆容量名。斗，容十升。筲，容五升。

⑥ 何足算：犹言不值得一提。算，数（shǔ）也。

【译文】

子贡问道："怎样才算是士呢？"孔子说："自己的言行要有羞耻心，出使外国，能完满达成任务，便可以称为士了。"

子贡又问道："请问次一等的呢？"孔子说："宗族中的人都称赞他孝顺父母，乡里中的人都称赞他尊敬长上。"

子贡又问道："请问再次一等的呢？"孔子说："说话一定诚信，行为一定果决，这样坚定地只管贯彻自己言行的小人，也可以说是又次一等的士了。"

子贡又问道："现在负责行政的人怎么样呢？"孔子说："唉！这般器识狭小的人怎么值得一提呢！"

13.21 子曰："不得中行①而与之，必也狂狷②乎！狂者进取，狷者有所不为也。"

【章旨】

此章孔子叹中行者难得不得已退而求其次也。

【注释】

① 中行：即中道。谓行得其中者。退能不为，进能行道，兼有二者

之长。

② 狂狷：狂者进取于善道，狷者守节无为。狷，《说文》作"獧"，古字
也。即个性褊急之人。《孟子·尽心下》："孟子曰：'孔子不得中道而
与之，必也狂獧乎！狂者进取，獧者有所不为也。孔子岂不欲中道
哉？不可必得，故思其次也。''敢问何如斯可谓狂矣？'（万章问，
下同。）曰：'如琴张、曾晳、牧皮者，孔子之所谓狂矣。''何以谓
之狂也？'曰：'其志嘐嘐然，曰：古之人，古之人！夷考其行，而
不掩焉者也。狂者又不可得，欲得不屑不洁之士而与之，是獧也，是
又其次也。'"

【译文】

孔子说："得不到中道之士和他交往，那就只有同志向高远和个性狷介
的人交往了。志向高远的人富有进取心，个性狷介的人有所不为。"

13.22 子曰："南人①有言曰：'人而②无恒，不可以作巫医③。'
善夫！"

"不恒其德，或承之羞。"④子曰："不占⑤而已矣。"

【章旨】

此章极言恒之重要。

【注释】

① 南人：南方人。

② 而：如。

③ 巫医：古代以禳祷之术为人治病之人。

④ 不恒二句：见《易经·恒卦·爻辞》。不恒其德，即其人心意不能坚
定长久。或，常也。

⑤ 占（zhān）：占问吉凶。

【译文】

孔子说："南方人曾说过：'人如果没有恒心，不可以做巫医。'此话说

得好呀！"

《易经·恒卦》说："一个三心二意的人，常会招致羞辱。"孔子说："此话的意思就是说三心二意的人不必去占问吉凶了。"

13.23 子曰："君子和而不同①，小人同而不和。"

【章旨】

此章言君子小人与人相处之不同态度。

【注释】

① 君子和而不同：和者无乖戾之心，同者有阿比之意。君子尚义，故有
　　不同。小人尚利，故不能和。

【译文】

孔子说："君子能与人和乐相处，但有自己不同的意见。小人没有不同的意见，但是不能与人和乐相处。"

13.24 子贡问曰："乡人皆好之，何如？"子曰："未可也。""乡人皆恶之，何如？"子曰："未可也。不如乡人之善者好之，其不善者恶之。"①

【章旨】

此章言公论贵乎合道，不以量之多少为优劣之衡量。

【注释】

① 此章中的好、恶指人之好恶，各自为类。故不可遽以定善恶，而贵乎
　　合道也。

【译文】

子贡问道："全乡里的人都喜欢他，怎么样？"孔子说："不可以。"子贡又问道："全乡里的人都讨厌他，怎么样？"孔子说："不可以。不如全乡的善人喜欢他，不善的人讨厌他。"

13.25 子曰："君子易事而难说①也。说之不以道，不说也。及其使人也，器之②。小人难事而易说也。说之虽不以道，说也。及其使人也，求备③焉。"

【章旨】

此章言君子小人居心待下之不同。

【注释】

① 说：同"悦"。使之欣悦也。下同。

② 器之：因其材器之所宜而用之。

③ 求备：求全责备。

【译文】

孔子说："君子容易侍奉但是难讨他的欢喜。不用正当的方式讨好他，他是不会欢喜的。等到他使用人的时候，必按照人的才能而任用他。小人难以侍奉但是容易讨他的欢喜。即使用不正当的方式讨好他，他也会很欢喜。等到他用人的时候，便要求全责备一无是处了。"

13.26 子曰："君子泰而不骄，小人骄而不泰。"①

【章旨】

此章论君子小人礼貌不同。

【注释】

① 君子泰而不骄，小人骄而不泰：泰，安舒之貌。骄，矜肆之义。"君子无众寡、无小大，无敢慢"，故不骄。然心地坦然故常舒泰。小人矜己傲物，唯恐失尊，而心恒戚戚，故骄而不泰也。

【译文】

孔子说："君子舒泰安详但不骄矜，小人骄傲矜持但不舒泰。"

13.27 子曰："刚毅木讷^①，近仁。"

【章旨】

此章言四种近于仁德之特质。

【注释】

① 刚毅木讷：刚，心志坚强。毅，果敢。木，质朴。讷，钝于言。

【译文】

孔子说："刚强、果敢、质朴、言语迟钝，这四种品德，近于仁德。"

13.28 子路问曰："何如斯可谓之士矣？"子曰："切切偲偲^①，怡怡如^②也，可谓士矣。朋友切切偲偲，兄弟怡怡。"

【章旨】

此章孔子与子路言士行，亦以箴之。

【注释】

① 切切偲偲（sī sī）：互相责善貌。

② 怡怡如：和顺貌。

【译文】

子路问道："如何才可以称为士呢？"孔子说："互相劝善规过，和睦相处，可以称为士了。朋友之间，要互相劝善规过；兄弟之间，要和睦相处。"

13.29 子曰："善人教民七年，亦可以即戎^①矣。"

【章旨】

此章言善人教民之功效。

【注释】

① 即戎：去参加战斗。即，就也。戎，兵事。

【译文】

孔子说："善人教育人民七年，也可以使人民去作战了。"

13.30 子曰："以不教民①战，是谓弃之。"

【章旨】

此章言民不可不教而使之战斗。

【注释】

① 不教民：未曾教育训练过之民众。

【译文】

孔子说："使未经训练过的人民去打仗，就等于舍弃了他们。"

宪问第十四

共四十五章

14.1 宪^①问耻。子曰："邦有道，谷^②；邦无道，谷。耻也。""克、伐、怨、欲^③不行焉，可以为仁矣^④？"子曰："可以为难矣，仁则吾不知也。"

【章旨】

此章明耻辱及仁德。

【注释】

① 宪：原宪，字子思。本章不书姓，直书名，疑原宪所自记。

② 谷：但知食禄。

③ 克、伐、怨、欲：好胜、自夸、怨恨、贪欲。

④ 矣：用法同"乎"。

【译文】

原宪问什么是耻辱。孔子说："国家政治清平，只知道享受俸禄；国家政治昏乱，只知道享受俸禄。这就是耻辱。"原宪又问道："好胜、自夸、怨恨和贪欲四种毛病都没有发生过，可以说是仁人了吗？"孔子说："可以说是很难做到的了，若说是仁人那我还不大清楚。"

14.2 子曰："士而怀居^①，不足以为士矣。"

此章言士当励志修行以为世用，不当贪恋居处之安。

【注释】

① 怀居：思恋所居之安。

【译文】

孔子说："一个读书人如果贪恋其居室的安逸，就不配做一个读书人了。"

14.3 子曰："邦有道，危言危行①；邦无道，危行言孙②。"

【章旨】

此章教人处世之方。

【注释】

① 危言危行：正言正行。危，高峻也。引申有正直义。

② 孙（xùn）：同"逊"，谦逊也。

【译文】

孔子说："在国家政治清明的时候，说话要正直，行事要正直；当国家政治昏乱的时候，行事要正直，说话要谦逊。"

14.4 子曰："有德者必有言，有言者不①必有德。仁者必有勇，勇者不必有仁。"

【章旨】

此章言有本者必有末，有末者未必有本。

【注释】

① 不：未也。

【译文】

孔子说："有道德的人一定有美好的言语，有美好的言语的人未必有道德。有仁德的人一定有勇气，有勇气的人未必有仁德。"

14.5 南宫适①问于孔子曰："羿②善射，奡③荡舟④，俱不得其死然⑤。禹、稷⑥躬稼而有天下。"夫子不答。

南宫适出，子曰："君子哉若人！尚德哉若人！"

【章旨】

此章言力不足恃而唯德为可贵。

【注释】

① 南宫适：孔子弟子，又名韬，字子容。参见《论语·公冶长》第一章。

② 羿（yì）：夏代有穷国之君后羿，善射，灭夏后相而篡其位。其臣寒浞又杀羿而代之。

③ 奡（ào）：又作"浇"，夏代寒浞的儿子，多力，后为夏后少康所灭。

④ 荡舟：解说有三：一谓覆敌人之兵船。《竹书纪年》帝相二十七年："浇伐斟寻，大战于潍，覆其舟，灭之。"二谓陆上行舟。见"伪孔传"。三谓以舟师左右冲杀。见顾炎武《日知录》。

⑤ 然：同"焉"。

⑥ 稷：周之始祖，名弃，舜时为后稷，教民稼穑。后稷，官名。或说后，当为司之讹。

【译文】

南宫适向孔子问道："后羿擅长射箭，奡力能荡覆敌人的兵船，却都不得好死。夏禹和后稷亲自下田耕作，却得到了天下。"孔子没有回答。

南宫适出来后，孔子说："这人真是个君子呀！这人真崇尚道德呀！"

14.6 子曰："君子①而不仁者有矣夫，未有小人②而仁者也。"

【章旨】

本章言仁道难备，盖为观人用人者说法，使勿误于无弃材之论也。

【注释】

① 君子：以德言。

② 小人：以德言。

【译文】

孔子说："君子中不仁的人是有的吧，小人之中是不会有仁人的。"

14.7 子曰："爱之，能勿①劳乎？忠焉②，能勿诲乎？"

【章旨】

此章论忠爱之心。

【注释】

① 勿：不。

② 忠焉：忠于他。焉，于彼。

【译文】

孔子说："爱他，能够不使他劳动吗？忠于他，能够不教诲他吗？"

14.8 子曰："为命①，裨谌②草创之，世叔③讨论④之，行人子羽⑤修饰⑥之，东里子产⑦润色之。"

【章旨】

此章见郑之为治能和衷而共济。

【注释】

① 为命：拟定外交辞令。

② 裨谌：郑国之大夫。见《左传·襄公三十一年》。

③ 世叔：即《左传》之子太叔（古时"太"与"世"二字通用），名游吉。

④ 讨论：研究而提供意见。

⑤ 行人子羽：行人，官名。古之外交官。子羽，公孙挥之字。

⑥ 修饰：修改字句。修，删削。饰，增饰。

⑦ 东里子产：东里，地名，子产所居，在今郑州市。子产，公孙侨，郑

穆公之孙。时为执政者。《左传·襄公三十一年》："郑国将有诸侯之
事，子产乃问四国之为于子羽，且使多为辞令，与裨谌乘以适野，使
谋可否，而告于冯简子使断之。事成，乃授子太叔使行之，以应对宾
客。是以鲜有败事。"（录以备考）

【译文】

孔子说："郑国创作外交辞令，由裨谌草拟文稿，世叔提供意见，外交
官子羽修改字句，东里子产加工美化。"

14.9 或问子产。子曰："惠人也。"

问子西①。曰："彼哉！彼哉②！"

问管仲。曰："人也③，夺伯氏④骈邑⑤三百，饭疏食⑥，没齿⑦无
怨言。"

【章旨】

此章评子产、子西、管仲之为人。

【注释】

① 子西：郑公孙夏，为子产同宗兄弟。生当鲁襄公之世。子产继之而为
政。另有楚鬬宜申（当鲁僖公、文公之世）、公子申（与孔子同时）。

② 彼哉！彼哉：此系当时表示轻视之习惯语。相当现在"他呀！他
呀！"或"那个人呀！那个人呀！"有不屑置评之意。

③ 人也：这个人嘛。有引起下文之语气。或说人上脱一"夫"字。或
说人当作"仁"。或说依上"惠人也"之例，当作"仁人也"，脱一
"仁"字。

④ 伯氏：齐大夫。皇侃义疏云名偃。不知何据。

⑤ 骈邑：伯氏之采邑。阮元据清乾隆五十六年于山东临朐县柳山寨出土
之伯爵彝，考定柳山寨即春秋之骈邑。见《积古齐钟鼎彝器款识》。

⑥ 饭疏食：吃粗糙的粮食。参见《论语·述而》第十五章。

⑦ 没齿：犹言终生、终身。

【译文】

有人问子产是怎么样的人。孔子说："他是对人民有恩惠的人。"

又问子西。孔子说："那个人呀！那个人呀！"

又问管仲。孔子说："这个人嘛，他剥夺了伯氏骈邑三百户的采地，使伯氏只能吃粗糙的饭食，到死都没有怨言。"

14.10 子曰："贫而①无怨难，富而无骄易。"

【章旨】

此章言贫难处而富易居。

【注释】

① 而：能也。

【译文】

孔子说："贫穷能够不怨恨，很难做到；富裕能够不骄傲，倒容易做到。"

14.11 子曰："孟公绰①为赵、魏老②则优③，不可以为滕、薛④大夫。"

【章旨】

此章言人各有能有不能，故贵因材善用之。

【注释】

① 孟公绰：鲁大夫。《左传·襄公·襄公二十五年》记其事。《史记·仲尼弟子列传》谓其为孔子所尊敬之人。

② 赵、魏老：赵氏、魏氏皆晋卿。古者，大夫之家臣称老，亦称室老。

③ 优：宽裕。

④ 滕、薛：皆当时小国，为鲁之附庸。国小政繁。滕国故城在今山东滕州西南十五里。薛国故城在今滕州西南四十四里。

【译文】

孔子说："孟公绰如果做晋卿赵氏、魏氏的家臣那是力有余裕的，但是不能做滕、薛那样小国的大夫。"

14.12 子路问成人。子曰："若臧武仲①之知，公绰之不欲，卞庄子②之勇，冉求之艺，文③之以礼乐，亦可以为成人矣。"曰④："今之成人者何必然？见利思义，见危授命⑤，久要⑥不忘平生之言，亦可以为成人矣。"

【章旨】

此章论古今成人之行。

【注释】

① 臧武仲：鲁大夫臧孙纥。《左传·襄公二十三年》记其聪明远见之事。

② 卞庄子：鲁之勇士。《荀子·大略》《韩诗外传》卷十，并载其勇敢之事。

③ 文：修饰，饰以文采。

④ 曰：孔子又曰。或疑此字衍文。或疑曰下是子路之言。

⑤ 授命：付出生命。即拼命、不顾生死之意。

⑥ 久要（yāo）：旧约。要，约也。一说，久处穷困。要，通"约"，穷困也。说见杨树达《积微居小学述林》。

【译文】

子路问如何才是个完人。孔子说："有像臧武仲那样的智慧，孟公绰那样的清心寡欲，卞庄子那样的勇敢，冉求那样的才艺，再用礼乐来加以熏陶，也可以说是完人了。"停了一会儿又说道："现在的完人哪里一定要如此呢？看到利益能够想到该不该得，遇到危险能够付出生命，平日的诺言经久能够不遗忘，也可以说是完人了。"

14.13 子问公叔文子①于公明贾②曰："信乎，夫子不言，不笑，不取乎？"公明贾对曰："以③告者过也。夫子时然后④言，人不厌其言；乐然后笑，人不厌其笑；义然后取，人不厌其取。"子曰："其然？岂其然乎？"

【章旨】

此章论卫大夫公孙拔之言行。

【注释】

① 公叔文子：卫大夫公孙拔，亦作"公孙发"。《礼记·檀弓》载其事。

② 公明贾：卫人，姓公明，名贾。或谓即《礼记·杂记》中之公羊贾。

③ 以：此也。说见杨树达《词诠》。

④ 然后：而后。然，而也。

【译文】

孔子向公明贾问公叔文子，说："听说他老人家不说、不笑、不取，这是真的吗？"公明贾回答道："这是传话的人说错了。他老人家到该说话的时候才说话，所以别人不厌恶他的话；快乐了才笑，所以别人不厌恶他的笑；该取的时候才取，所以别人不厌恶他的取。"孔子说："是这样的吗？难道真是这样的吗？"

14.14 子曰："臧武仲以防①求为后②于鲁，虽曰不要③君，吾不信也。"

【章旨】

此章论臧武仲要君之事，好智不好学之过也。

【注释】

① 防：武仲之封邑。在今山东费县东北六十里之华城。离齐国边境甚近。

② 为后：立后嗣。

③ 要（yāo）：勒索，要挟。武仲获罪奔邾，自邾如防，使请于鲁，愿

为立臧氏之后，乃避邑去齐。事见《左传·襄公二十三年》。

【译文】

孔子说："臧武仲凭着他的采邑防城请求替他在鲁国立后嗣，即使有人说他不是要挟国君，我也是不相信的。"

14.15 子曰："晋文公①谲而不正②，齐桓公③正而不谲。"

【章旨】

此章论齐桓、晋文正谲之事。

【注释】

① 晋文公：名重耳。献公庶子。五霸之一。

② 谲（jué）而不正：诡诈不守正道。谲，欺诈不实。

③ 齐桓公：名小白，襄公庶弟，僖公之子。春秋五霸之首。

【译文】

孔子说："晋文公好耍手段行事不合正道，齐桓公行事合正道而不耍手段。"

14.16 子路曰："桓公杀公子纠，召忽死之，管仲不死。"①曰："未仁乎？"子曰："桓公九合②诸侯，不以兵车，管仲之力也。如③其仁，如其仁。"

【章旨】

此章舍管仲不死之小节而论其大功大仁。盖孔门论仁，绝不拒外功业而专指一心，如宋儒之言也。

【注释】

① 桓公杀公子纠，召（shào）忽死之，管仲不死：桓公小白与公子纠皆为齐襄公之弟。襄公无道，鲍叔奉小白奔莒，管仲、召忽奉公子纠奔鲁。襄公被弑，小白先入为君，逼迫鲁国杀公子纠，而请管仲、

召忽。召忽自杀。管仲请囚，至齐，鲍叔荐之，桓公以为相。事见《左传·庄公八年》和《左传·庄公九年》。

② 九合：九次聚会诸侯。《史记·封禅书》："兵车之会三，乘车之会六。"或以《穀梁传·庄公二十七年》云"衣裳之会十有一。"实不止九次，因谓九为虚数，盖谓其聚会次数之多也。或说九当作"纠"，乃言其纠合诸侯，不论次数。

③ 如：乃也。

【译文】

子路说："齐桓公杀公子纠，召忽因此而自杀，管仲并没有死。"因问道："这样看来，管仲是没有仁德的了？"孔子说："齐桓公九次召集诸侯开会，不用武力，都是管仲的功劳呀。这就是他的仁德，这就是他的仁德。"

14.17　子贡曰："管仲非仁者与？桓公杀公子纠，不能死，又相之①。"子曰："管仲相桓公，霸诸侯②，一匡天下③，民到于今受其赐④。微⑤管仲，吾其⑥被发左衽⑦矣。岂若匹夫匹妇⑧之为谅⑨也，自经⑩于沟渎⑪而莫之知也？"

【章旨】

此章亦舍管仲之小节而论其大功。

【注释】

① 相之：辅助他。

② 霸诸侯：为诸侯之长。霸，一作"伯"，长也。邢疏："霸，把也。诸侯把天子之政也。"

③ 一匡天下：使天下一切归于正。匡，正也。

④ 赐：恩惠。

⑤ 微：无。如果没有。

⑥ 其：将要。

⑦ 被（pī）发左衽：散披头发衣襟向左开。此夷狄之发式服制也。被，

同"披"。

⑧ 匹夫匹妇：谓小百姓。大夫以上有妾媵，庶民唯夫妇相匹配，故谓庶民为匹夫匹妇。

⑨ 谅：小信。

⑩ 经：缢。

⑪ 沟渎：山谷河沟。一说，地名，即《左传》之"句渎"，乃公子纠被杀处。恐不可信。

【译文】

子贡问道："管仲不是仁人吧？桓公杀死公子纠，不能自杀，又辅助他。"孔子说："管仲辅助桓公，称霸诸侯，使天下一切归于正，人民到今天还蒙受他的恩惠。如果没有管仲，我们都将散披着头发衣襟向左开而沦为夷狄了。哪里能像小百姓一样坚守小节小信，在山涧里自缢身死，还没有人知道呢？"

14.18　公叔文子之臣大夫僎①与文子同升诸②公。子闻之，曰："可以为'文③'矣。"

【章旨】

此章赞公叔文子荐贤之美德。

【注释】

① 臣大夫僎：家臣僎因荐而为大夫者。或以臣大夫三字为词，恐未妥。

② 诸：用法同"于"字。

③ 文：顺理成章之谓。谥法：锡民爵位曰文。

【译文】

公叔文子的家臣僎，文子推荐他做了大夫，和文子同在卫君的朝堂上任职。孔子听到了，就说："这便可以谥为'文'了。"

14.19　子言卫灵公之无道也，康子曰："夫如是，奚而①不丧？"孔子曰："仲叔圉②治宾客，祝鮀③治宗庙，王孙贾④治军旅。夫如是，奚其⑤丧？"

此章言人才之关乎国运。

【注释】

① 而：用法同"为"字。

② 仲叔圉：即孔文子。见《论语·公冶长》第十四章。

③ 祝鮀：见《论语·雍也》第十四章。

④ 王孙贾：见《论语·八佾》第十三章。

⑤ 其：以也，为（wèi）也。

【译文】

孔子谈到卫灵公的昏乱，康子说："既然如此，为什么不败亡？"孔子说："有仲叔圉接待宾客，祝鮀掌管宗庙祭祀，王孙贾管理军队。像这样，怎么会败亡？"

14.20 子曰："其言之不怍①，则为之也难。"

【章旨】

此章教人言语需慎重。

【注释】

① 怍（zuò）：惭愧。

【译文】

孔子说："一个人如果大言不惭，那么实践起来就很困难。"

14.21 陈成子①弑简公②。孔子沐浴而朝③，告于哀公曰："陈恒弑其君，请讨之。"公曰："告夫三子④。"

孔子曰⑤："以吾从大夫之后⑥，不敢不告也。君曰'告夫三子'者！"

之⑦三子告，不可。孔子曰："以吾从大夫之后，不敢不告也！"

【章旨】

此章明君臣大伦。

【注释】

① 陈成子：齐大夫陈恒。

② 简公：齐君，名壬。

③ 孔子沐浴而朝：时为哀公十四年，孔子告老在家。故于家中沐浴而朝见哀公。沐，濯发。浴，澡身。

④ 三子：即仲孙、叔孙、季孙三家。时政在三家，哀公不能自专。

⑤ 孔子曰：此退朝后语。

⑥ 从大夫之后：见《论语·先进》第七章。

⑦ 之：往，到。

【译文】

陈成子杀了他的国君齐简公。孔子洗了头发和身体后去朝见国君，向哀公报告说："陈恒杀了他的国君，请发兵征讨他。"哀公说："你去告诉仲孙、叔孙、季孙他们三人。"

孔子说："因为我曾身为大夫，不敢不报告呀。但是国君却对我说'你去告诉仲孙、叔孙、季孙他们三人'这样的话！"

孔子又去向三人报告了，都不肯出兵。孔子说："因为我曾身为大夫，不敢不报告呀！"

14.22 子路问事君。子曰："勿欺也，而犯之①。"

【章旨】

此章论事君之道有犯而无隐。

【注释】

① 犯之：谓犯颜直言进谏。《礼记·檀弓上》："事君有犯而无隐。"

【译文】

子路问如何侍奉国君。孔子说："不要隐瞒欺骗，却可犯颜而直谏。"

14.23 子曰："君子上达①，小人下达②。"

【章旨】

此章明君子小人性识之不同。

【注释】

① 上达：上达谓达于道，一说，上达谓日进乎高明。

② 下达：下达谓达于器，一说，下达谓日究乎污下。前说君子小人以位言，后说以德言。

【译文】

孔子说："君子通达于道义，小人通达于财利。"

14.24 子曰："古之学者为己①，今之学者为人②。"

【章旨】

此章言古、今学者求学目的之不同。

【注释】

① 为己：为增进自己之德业。

② 为人：为见知于他人。

【译文】

孔子说："古时学者为学的目的在于增进自己的德业，现在学者为学的目的在于向他人炫示。"

14.25 蘧伯玉①使人于孔子。孔子与之坐而问焉，曰："夫子何为？"对曰："夫子欲寡其过②而未能也。"使者出。子曰："使乎！使乎！"

【章旨】

此章赞使者应对得体。

【注释】

① 蘧伯玉：卫大夫，名瑗。孔子在卫时曾住在他家。

② 欲寡其过：想要减少自己的过失。《庄子·则阳》："蘧伯玉行年六十而六十化。"《淮南子·原道训》："蘧伯玉年五十而知四十九年非。"盖为勇于进修而改过之人。

【译文】

蘧伯玉派使者去看望孔子。孔子同使者坐下，问他说："蘧先生近来在做什么？"使者回答道："先生想要减少自己的过错可是办不到。"使者告辞出来。孔子说："一位好使者呀！一位好使者呀！"

14.26　子曰："不在其位，不谋其政。"

（此章重出，已见《论语·泰伯》第十四章。）

14.27　曾子曰："君子思不出其位①。"

【章旨】

此章言君子从政各专己职而不越职侵官。

【注释】

① 此章旧与上章合为一章，朱子始分之。本章又见《周易·艮卦·象辞》，当是象辞引曾子语。

【译文】

曾子说："君子所思虑的不超出自己的工作岗位。"

14.28　子曰："君子耻其①言而②过其行。"

此章勉人慎言。

【注释】

① 其：己。

② 而：用法同"之"。皇侃本作"之"。

【译文】

孔子说："君子以为自己所说的超过自己所能做的是可耻的。"

14.29 子曰："君子道者三，我无能焉：仁者不忧，知者不惑，勇者不惧①。"子贡曰："夫子自道②也。"

【章旨】

此章论君子之道。

【注释】

① 仁者不忧，知者不惑，勇者不惧：邢疏："仁者乐天知命内省不疚，故不忧也。知者明于事，故不惑。勇者折冲御侮，故不惧。"

② 自道：自述，自言。自子贡视之，孔子三事尽备，故曰夫子自道也。

【译文】

孔子说："君子所行的三件事，我一样也做不到：仁德的人不忧愁，智慧的人不疑惑，勇敢的人不畏惧。"子贡说："老师是在叙述自己的行谊呀。"

14.30 子贡方人①。子曰："赐也，贤乎哉？夫我则不暇。"

【章旨】

此章孔子责子贡之妄论他人是非。

【注释】

① 方人：比方人物。即批评人。郑玄注本作"谤人"注云："言人之过恶。"

【译文】

子贡常批评别人。孔子说："赐啊，你比别人优秀吗？我却没有这些闲工夫。"

14.31 子曰："不患人之不己知①，患其②不能也。"

【章旨】

此章言君子当尽其在我。

【注释】

① 不己知：为"不知己"之倒装形式。

② 其：己。

【译文】

孔子说："不怕别人不知道我，只怕我没有才能。"

14.32 子曰："不逆诈①，不亿②不信，抑亦先觉者，是贤乎！"

【章旨】

此章教人一于诚而已，诚自能明。

【注释】

① 逆诈：预先怀疑人家欺诈。

② 亿：同"臆"，猜测。

【译文】

孔子说："不事先怀疑别人欺骗我，不猜测别人对我不诚实，却能及早发觉别人的欺骗和不诚实，这样的人也是贤人了吧！"

14.33 微生亩①谓孔子曰："丘，何为是栖栖②者与？无乃③为佞④乎？"孔子曰："非敢为佞也，疾固⑤也！"

此章言孔子志存行道不以固执隐遁为高。

【注释】

① 微生亩：姓微生，名亩。一作尾生亩。或云即微生高。

② 栖栖：不遑宁处之义。

③ 无乃：不是。反诘语气。

④ 为佞：欲以言辩取信于人。佞，口给。

⑤ 疾固：疾恨执一固执之行。一说，病世之固陋，欲行道以化之。

【译文】

微生亩对孔子说："丘啊，为什么一天到晚栖栖惶惶地安定不下来呢？莫不是为了要逞口才吗？"孔子说："我不敢逞口才呀，我是讨厌那顽固不通的人啊！"

14.34 子曰："骥①不称其力，称其德也。"

【章旨】

此章言贤否在德行不在才力。

【注释】

① 骥：善马名，一日能行千里。

【译文】

孔子说："我们称千里马为骥，并不是称赞它的力气，而是称赞它的德行。"

14.35 或曰："以德报怨①，何如？"子曰："何以报德？以直报怨，以德报德。"

【章旨】

此章言人当以直报怨、以德报德。

【注释】

① 以德报怨：用恩德回报怨恨。如此之行为，若非大伪，即为至忍。

　　否，则为浮薄无性情之人。《老子》六十三章："大小多少，报怨以

　　德。"是当时流行此语。

【译文】

有人问孔子说："用恩德来回报怨恨，怎么样？"孔子说："那么用什么来报答恩惠呢？应该用正直来回报怨恨，用恩惠来回报恩惠。"

14.36　子曰："莫我知也夫！"子贡曰："何为其^①莫知子也？"子曰："不怨天，不尤人^②，下学而上达^③。知我者其天乎！"

【章旨】

此章孔子自言其为学之功。

【注释】

① 其：用法同"而"字。

② 不怨天，不尤人：道不行于世而不怨天，人不知己而不非人。尤，非

　　也，怨也。

③ 下学而上达：下学人事上达天理。一部《论语》皆下学之事。

【译文】

孔子说："没有人了解我啊！"子贡说："为什么没有人了解您呢？"孔子说："不怨恨天，不责怪人，学习一些做人的基本知能，而能了解高深的道理。能了解我的，恐怕只有上天了吧！"

14.37　公伯寮^①愬^②子路于季孙。子服景伯^③以告，曰："夫子固有惑志^④于公伯寮，吾力犹能肆^⑤诸市朝^⑥。"子曰："道之将行也与，命也；道之将废也与，命也。公伯寮其^⑦如命何！"

此章记孔子不怨不尤守命自安之事。

【注释】

① 公伯寮：姓公伯，名寮，鲁人。或云亦孔子弟子。《史记·仲尼弟子列传》作"公伯僚"，字子周。

② 愬：同"诉"，谗害也。

③ 子服景伯：鲁大夫，姓子服，名何，字伯，谥曰景。

④ 惑志：疑心。

⑤ 肆：杀而陈其尸。

⑥ 市朝：古人陈尸示众，大夫尸陈于朝廷，士之尸陈于市集。见《礼记·曲礼上》孔疏。

⑦ 其：将。

【译文】

公伯寮向季孙说子路的坏话。子服景伯把这事告诉孔子，说道："季孙的心意已经被公伯寮所迷惑了，不过我的力量还能把他杀死并且陈尸在街头示众。"孔子说："我的道如果能够实现，那是命运；我的道如果不能实现，那也是命运。公伯寮对命运又能如何呢！"

14.38 子曰："贤者辟世①，其次②辟地③，其次辟色④，其次辟言⑤。"子曰："作者⑥七人⑦矣。"

【章旨】

此章言隐逸贤者之行以叹世乱也。

【注释】

① 辟世：逃世隐居。即"天下无道则隐"也。辟，通"避"。

② 其次：三言其次，皆不以优劣论。

③ 辟地：去乱国适治邦。

④ 辟色：礼貌衰而去之。

⑤ 辟言：言不合而去之。

⑥ 作者：这样做的人。作，为也。

⑦ 七人：或以为即长沮、桀溺、荷蓧丈人、晨门、荷蒉、仪封人、狂
接舆。

【译文】

孔子说："有些贤人避世隐居，有些人则择地而居，又有些人见人脸色
不好而避去，又有些人言有不合而避去。"孔子说："这样做的人已经有七
个了。"

14.39 子路宿于石门①。晨门②曰："奚自？"子路曰："自孔氏。"
曰："是知其不可而为之者与？"

【章旨】

此章记隐者晨门之言以见孔子之志。

【注释】

① 石门：曲阜凡十二门。其南第二门曰石门，乃外城门也。或云，地
名，见《春秋》。

② 晨门：主管城门晨夜开闭者。失其名。盖一隐士。

【译文】

子路在鲁城石门睡了一夜。次日清早进城，守城门的人问道："你从哪
里来？"子路说："从孔子那里来。"守城门的人说："是那位明知道做不成却
仍要去做的人吗？"

14.40 子击磬①于卫。有荷蒉②而过孔氏③之门者，曰："有心哉，
击磬乎！"既而曰："鄙哉，硁硁④乎！莫己知也，斯已而已⑤矣。深
则厉，浅则揭⑥。"子曰："果哉，末之难矣⑦！"

此章言孔子不能忘情世事之志。

【注释】

① 磬（qìng）：乐器，以石制成，击之发音。

② 蒉（kuì）：编草为器以盛土者，即草筐。

③ 孔氏：皇本作"孔子"。

④ 硁硁（kēng kēng）：石声。即磬声。有坚确而不随世宜变通之意。

⑤ 斯已而已：也就罢休好了。一说：斯下"己"字，读jǐ，句谓"守己而已"，即《孟子·尽心上》"穷则独善其身"之意。

⑥ 深则厉，浅则揭：深浅指水言。厉，穿着衣服涉水。揭，卷起裤腿儿涉水。两句见《诗经·邶风·匏有苦叶》。水深比喻社会昏乱不可挽救，便可任由他去。水浅比喻社会昏暗程度尚少，可免于污染，故可撩起衣裳涉水而过。

⑦ 果哉，末之难矣：即"果哉末难之矣"之倒装形式。意谓果如此言而忘世，亦无所难矣。之，指世言。一说：果，荷蒉者态度坚决。之，指荷蒉者。难，辩论责难。

【译文】

有一天，孔子在卫国敲磬。有一个挑着草筐子的人从门口经过，说道："这个敲磬的是个有心人呀！"接着又说道："声音坚确固执，心胸真鄙陋啊！没有人了解自己，也就算了。水深，索性穿着衣裳走过去；水浅，不妨撩起衣裳走过去。"孔子说："果然如此忘却世事，也就没有什么好为难的了！"

14.41 子张曰："《书》①云：'高宗谅阴②，三年不言。'何谓也？"子曰："何必高宗，古之人皆然。君薨③，百官总己④以听于冢宰⑤三年。"

【章旨】

本章乃言三年之丧事。

【注释】

① 《书》：《尚书·无逸》。

② 高宗谅阴：高宗，殷王武丁。谅阴，天子居丧时所住的庐舍。又作梁暗，也叫凶庐。

③ 薨（hōng）：古天子死曰崩，诸侯死曰薨，大夫死曰卒。

④ 总己：总摄己职。

⑤ 冢宰：天官卿。类似后之宰相。

【译文】

子张问道："《尚书》上说：'殷高宗居丧住在凶庐里，三年不言政事。'这是什么意思？"孔子说："不仅殷高宗，古时的人都是如此的。国君死了，各部门的主管官员都管理自己职责听命于大冢宰三年。"

14.42 子曰："上好礼，则民易使也。"

【章旨】

此章言礼之效用。

【译文】

孔子说："在上位的国君如果依礼行事，那人民就容易受指使。"

14.43 子路问君子。子曰："修己以敬①。"曰："如斯而已乎？"曰："修己以安人②。"曰："如斯而已乎？"曰："修己以安百姓③。修己以安百姓，尧、舜其④犹病诸⑤！"

【章旨】

此章言君子之道以敬为主。

【注释】

① 修己以敬：修养自己品德使其诚敬地待人接物。

② 人：指政府百官及与己接触者。

③ 百姓：指社会群众之全体。

④ 其：尚且。

⑤ 诸：之。

【译文】

子路问怎样才能成为一个君子。孔子说："修养自己来诚敬地待人接物。"子路说："这样就好了吗？"孔子说："修养自己来使一般的人得到安适。"子路说："这样就好了吗？"孔子说："修养自己来使所有的老百姓都得到安适。修养自己来使所有的老百姓都得到安适，尧、舜还不能完全做到吧！"

14.44 原壤①夷俟②。子曰："幼而不孙弟③，长而无述焉，老而不死是为贼④。"以杖叩⑤其胫⑥。

【章旨】

此章孔子责原壤行怪而害道也。

【注释】

① 原壤（ràng）：鲁人，孔子之友。壤，《释文》：而丈反。《礼记·檀弓下》，记载其母死。孔子往助其治椁。原壤爬到棺木上敲着棺木唱狸首之歌。盖狂者也。

② 夷俟：蹲踞等待。夷，蹲也。古时东方夷人坐如此，故称夷。

③ 孙弟：通"逊悌"。

④ 贼：谓其败常乱俗有害于人也。

⑤ 叩：敲。

⑥ 胫：小腿。

【译文】

原壤蹲着等候孔子。孔子责备他说："你小时候不知敬顺长辈，长大了没有德业可以称述，老了不死还伤风败俗为害社会。"用拐杖轻敲他的小腿。

14.45 阙党①童子将命②。或问之曰："益③者与？"子曰："吾见其居于位④也，见其与先生并行⑤也。非求益者也，欲速成者也。"

【章旨】

此章明长幼之礼。

【注释】

① 阙党：在鲁阙门下，其里即名阙里。孔子之住宅即在此。

② 将命：传达宾主之辞命。

③ 益：长进，进益。

④ 居于位：坐在成人之座位上。《礼记·玉藻》："童子无事则立主人之北，南面。"故居于位为非礼。

⑤ 与先生并行：同长辈并肩而行。依礼，童子当随行在后。

【译文】

阙党的一个童子替孔子传达辞命。有人问孔子说："这小孩是个求上进的人吗？"孔子说："我曾看到他坐在大人的位子上，也曾看到他同长辈并肩而行。他不是个求上进的人，而是个想要快速成为大人的人。"

卫灵公第十五

共四十一章

15.1 卫灵公问陈①于孔子。孔子对曰："俎豆②之事，则尝闻之矣；军旅之事，未之学也。"明日遂行。

在陈绝粮，从者病，莫能兴。子路愠见③曰："君子亦有穷乎？"子曰："君子固穷④，小人穷斯⑤滥矣。"

【章旨】

此章记孔子先礼后兵及处穷益固之事。

【注释】

① 陈：通"阵"。谓兵阵之事。

② 俎豆：礼器，用以盛食。句法同"笾豆之事"。

③ 愠见：心怀愠怒而来见孔子。一说，心中怒意现于颜面。

④ 固穷：固守其穷。即穷则益固。一说，固有穷时。

⑤ 斯：则也，就也。

【译文】

卫灵公向孔子问军队的阵法。孔子回答道："礼仪的事情，曾经听说过；军队阵法的事情，却未曾学过。"第二天就离开卫国。

在陈国断绝了粮食，跟随的人都饿倒了，站不起来。子路气愤愤地来见孔子说："君子也有这样穷困的时候吗？"孔子说："君子虽然穷困仍然坚持己道，小人穷困了就要胡作妄为了。"

15.2 子曰："赐也，女以予为多学而识①之者与？"对曰："然，非与？"曰："非也，予一以贯之②。"

【章旨】

此章孔子告子贡多学当求一贯。

【注释】

① 识（zhì）：记也。

② 一以贯之：用一个基本理念来贯通它。之，指其学，与告曾子"吾道一以贯之"之"之"字指道者不同。

【译文】

孔子说："赐啊，你以为我是学得很多而一一记在心里的人吗？"子贡说："是的，难道不是吗？"孔子说："不是的，我用一个基本理念来贯穿它。"

15.3 子曰："由，知德者鲜矣。"

【章旨】

此章勉子路在德行上用功。

【译文】

孔子说："由，懂得道德的人是很少的。"

15.4 子曰："无为而治①者其②舜也与？夫何为哉？恭己正南面③而已矣。"

【章旨】

此章赞美舜能无为而治，亦以示人为政之道也。

【注释】

① 无为而治：不必躬亲庶政而能把天下治好。以其能得贤官人之故也。《大戴礼记·主言》："昔者舜左禹而右皋陶，不下席而天下治。"《新

序·杂事三》：“故王者劳于求人，佚于得贤。舜举众贤在位，垂衣裳恭己无为而天下治。”

② 其：大概。

③ 南面：指帝位言。帝王在朝面南而立，故称帝位为南面。

【译文】

孔子说：“不必躬亲庶政而能把天下治理好的大概只有大舜了吧？他做了些什么呢？只是庄重地站在朝廷之上而已。”

15.5 子张问行。子曰：“言忠信，行笃敬，虽蛮貊之邦①，行矣。言不忠信，行不笃敬，虽州里②，行乎哉？立则见其参于前③也，在舆④则见其倚于衡⑤也，夫然后行。”子张书诸绅⑥。

【章旨】

此章言心存诚敬始能行无不利。

【注释】

① 蛮貊（mò）之邦：天南地北的部族国家。蛮，南蛮。貊，北狄。

② 州里：犹言乡里。二千五百家为州。五家为邻，五邻为里。

③ 参（cān）于前：正在你的面前。参，值也，当也。一说，累积也。

④ 舆：车箱。

⑤ 衡：车前横轭。

⑥ 绅：大带之下垂者。以带束腰，垂其余以为饰，谓之绅。

【译文】

子张问如何能行得通达。孔子说：“说话忠诚信实，行为厚道庄敬，即使到南蛮北狄的国家，也行得通。说话不忠诚信实，行为不厚道庄敬，就是在自己乡里，能行得通吗？站着的时候，就好像看到它（忠诚信实、厚道庄敬）正在你的前面，坐在车上也好像看到它就倚附在前面的横轭上，这样才能到处行得通。”子张把这番话写在大带上。

15.6 子曰："直哉史鱼①！邦有道，如矢；邦无道，如矢。君子哉蘧伯玉！邦有道，则仕；邦无道，则可卷②而怀之。"

【章旨】

此章孔子赞美史鱼及蘧伯玉之德行。

【注释】

① 史鱼：卫之贤大夫，名鳅，字子鱼。临卒，嘱其子勿治丧正室，以尸谏卫灵公用蘧伯玉，黜退弥子瑕。见《韩诗外传》卷七。

② 卷（juǎn）：收也。谓卷收其才德。

【译文】

孔子说："好正直啊史鱼这个人！国家清平时，他像箭一样直；国家昏乱时，他仍然像箭一样直。好一个君子啊蘧伯玉这个人！国家清平时，他就出来做官；国家昏乱时，他可以把自己的才能收藏起来。"

15.7 子曰："可与言，而不与之言，失人；不可与言，而与之言，失言。知者不失人，亦不失言。"

【章旨】

此章言与人交谈需先知人。一说：君子当贵于言；言贵而后道重，轻言则道亦随之而轻。

【译文】

孔子说："可以同他说话，却不与他说话，就错过了人才；不可以同他说话，却同他说话，就枉费语言。聪明人不错过人才，也不枉费语言。"

15.8 子曰："志士仁人，无求生以害仁，有杀身以成仁。"

【章旨】

此章言仁德至重需生死以之，不可苟且。

【译文】

孔子说："有志之士、仁德之人，不会贪生怕死因而妨害了仁德，只有牺牲生命以成全仁德。"

15.9 子贡问为仁。子曰："工欲善其^①事，必先利其器。居是邦也，事其大夫之贤者，友其士^②之仁者。"

【章旨】

此章孔子教子贡行仁之方法。

【注释】

① 其：己也。

② 士：已仕而位在大夫以下之人。

【译文】

子贡问行仁的方法。孔子说："工人想做好自己的工作，必须先磨快他的工具。我们住在一个国家，就要选择这个国家的大夫中的贤人去侍奉他，选择士人中的仁人做朋友。"

15.10 颜渊问为邦。子曰："行夏之时^①，乘殷之辂^②，服周之冕^③，乐则《韶》《舞》^④。放郑声^⑤，远佞人。郑声淫^⑥，佞人殆。"

【章旨】

此章孔子教颜渊治国之法。

【注释】

① 行夏之时：即实行夏代历法。古之历法有夏正、殷正、周正之分。夏正即今之阴历，亦称农历，以一月为正月。殷正以阴历十二月为正月。周正以阴历十一月为正月。阴历合于农时，孔子重民事，故主行夏时。

② 乘殷之辂：辂亦作"路"。天子所乘车曰路。周制有五路：王、金、

象、革、木，并多文饰，唯木路最质素。木路，即殷路。孔子主乘殷路，尚质也。

③ 服周之冕：冕，祭服所用之冠。其制后高前下，有俛俯之形，故名冕。周礼有六冕，以别服者之等次。孔子主服周冕，尚文也。

④ 《韶》《舞》：《韶》，舜乐，取其尽善尽美。《舞》，舞，通"武"，周武王之乐，虽未尽善，取其尽美。

⑤ 放郑声：禁绝郑国的乐曲。放，舍弃。郑声非郑诗。

⑥ 淫：声过于乐曰淫。

【译文】

颜渊问治国的道理。孔子说："用夏朝的历法，坐殷朝的车子，戴周朝的礼帽，音乐就用《韶》乐和《武》乐。禁绝郑国的乐曲，远离小人。郑国的乐曲华丽淫秽，小人危险。"

15.11　子曰："人无远虑，必有近忧。"

【章旨】

此章告诫人凡事需思虑周密。

【译文】

孔子说："一个人如果没有深远的思虑，一定会有即将到来的忧患。"

15.12　子曰："已矣乎！吾未见好德如好色①者也。"

【章旨】

此章孔子叹时人多好色而不好德也。

【注释】

① 好德如好色：见《论语·子罕》第十七章。本章较之多"已矣乎"三字。

孔子说:"算了吧!我未曾见到爱好美德像爱好美色一样的人呀。"

15.13 子曰:"臧文仲①其窃位②者与?知柳下惠③之贤而不与立④也。"

【章旨】

此章责臧文仲不能荐贤。

【注释】

① 臧文仲:已见《论语·公冶长》第十七章。

② 窃位:居位而不称职,如盗取者然。

③ 柳下惠:鲁国贤人,姓展,名获,字禽,又叫展季。居于柳下,私谥惠。

④ 不与立:谓不推荐他与之并立于朝。一说:不给他官位。立,位也。

【译文】

孔子说:"臧文仲大概是个居位而不能尽职的人吧?他明知柳下惠是个贤人,却不能推荐他与其并立在朝廷上。"

15.14 子曰:"躬自厚①而薄责于人,则远怨矣。"

【章旨】

此章言立身处世之道在责己重责人轻。

【注释】

① 躬自厚:本当作"躬自厚责","责"字涉下文"薄责"之"责"字而省略。"躬自"为双音节副词,与《诗经·卫风·氓》"躬自悼然"之"躬自"用法同。

【译文】

孔子说:"多责备自己,少责备别人,怨恨就不会发生了。"

15.15 子曰："不曰如之何①如之何者,吾末②如之何也已矣。"

【章旨】

此章告诫人遇事需深思熟虑防患未然。

【注释】

① 不曰如之何:不说怎么办。有不动脑筋之意。《荀子·大略》:"天子即位,上卿进曰:如之何。忧之长也。"则曰如之何者,即深思远虑之人。

② 末:无也。

【译文】

孔子说:"一个不说怎么办怎么办的人,我对他也不知怎么办了。"

15.16 子曰："群居终日,言不及义,好行小慧①,难矣哉②!"

【章旨】

此章告诫人结交损友之害。

【注释】

① 好行小慧:喜欢用小聪明。

② 难矣哉:难有所成。

【译文】

孔子说:"同一群人整天混在一起,不说一句有道理的话,又喜欢使用小聪明,这种人很难有成就啊!"

15.17 子曰："君子义以为质①,礼以行之②,孙③以出之,信以成之。君子哉!"

【章旨】

此章言君子行事之完善。

① 义以为质：以义为行事之原则。质，实质。

② 之：指事言。下二"之"字同。

③ 孙：同"逊"，谦逊。

【译文】

孔子说："君子以义为行事的根本法则，用礼节来实行它，用谦逊的言辞来表达它，用诚实的态度来完成它。这真是个君子啊！"

15.18 子曰："君子病①无能焉，不病人之不己知也。"

【章旨】

此章勉人当及时充实自己之才能。

【注释】

① 病：以为憾也。

【译文】

孔子说："君子只恨自己没有才能，不怨别人不知道自己。"

15.19 子曰："君子疾①没世而名不称②焉。"

【章旨】

此章勉人修德成名。

【注释】

① 疾：恨。

② 称：称扬。

【译文】

孔子说："君子恨死后而名声不显于世。"

15.20　子曰："君子求诸己，小人求诸人。"

【章旨】

此章明君子小人用心之不同。

【译文】

孔子说："君子凡事求之于自己，小人凡事求之于他人。"

15.21　子曰："君子矜①而不争，群②而不党。"

【章旨】

此章言君子之行谊。

【注释】

① 矜：庄敬自持。

② 群：合群。作动词用。

【译文】

孔子说："君子庄敬自守而不争执，合群而不结党派。"

15.22　子曰："君子不以言举人①，不以人废言②。"

【章旨】

此章言君子之举措。

【注释】

① 不以言举人：因为有言者不必有德。

② 不以人废言：不因人不好而鄙弃他的好话。

【译文】

孔子说："君子不因为话说得好就提拔一个人，也不会因为人不好而鄙弃他的好话。"

15.23　子贡问曰："有一言①而可以终身行之者乎？"子曰："其恕乎！己所不欲，勿施②于人。"

【章旨】

此章孔子教子贡行恕道。

【注释】

① 一言：一个字。有时则作一句话解，如"一言以蔽之，曰思无邪。"

② 施：加。

【译文】

子贡问道："有一个字可以终身奉行的吗？"孔子说："大概就是'恕'了吧！自己所不愿意要的，不要加到别人身上去。"

15.24　子曰："吾之于人也，谁毁谁誉①？如有所誉者，其②有所试矣。斯民也，三代之所以直道而行也。"

【章旨】

此章论正直之道。

【注释】

① 谁毁谁誉：即"毁谁誉谁"之倒装形式。

② 其：必也。

【译文】

孔子说："我对于别人，诋毁过谁、赞美过谁呢？假如我有所赞美，必然是曾经试验过的。因为现在的这些人民，都是三代直道而行的人啊（怎么可以随意毁誉呢）。"

15.25　子曰："吾犹及史之阙文①也，有马者借人乘之②。今亡矣夫！"

【章旨】

此章伤悼人心世道日益偷薄。

【注释】

① 史之阙文：史官记事有疑则阙之以待问。

② 有马者借人乘之：有马不驯良，藉人服习之。借，犹藉也。藉人之
能，以服习己马也。一说，如子路"车马与朋友共"之义。案：史阙
文，以待问；马不驯，藉人代己调服，此皆谨笃服善之风。一属书，
一属御。孔子举此为学六艺者言，即为凡从事于学者言也。

【译文】

孔子说："我还曾来得及看到史官的文书上有空阙的字，有马的人把马
借给他人乘用。现在这类的事再也没有了！"

15.26 子曰："巧言乱德①。小不忍②，则乱大谋。"

【章旨】

此章教人谨言忍性。

【注释】

① 巧言乱德：花言巧语，扰乱是非，听之使人丧其所守。

② 小不忍：小事不能忍耐。如：妇人之仁，不能忍爱；匹夫之勇，不能
忍忿。他如不能忍小仁小惠，没有"蝮蛇螫手，壮士断腕"之勇气。
以及吝财不忍舍、见小利而贪等皆是。

【译文】

孔子说："花言巧语会败坏道德。小事情不能忍耐，便要败坏大的计划。"

15.27 子曰："众恶之，必察焉；众好之，必察焉。"①

【章旨】

此章论知人之明也。

【注释】

① 此章可与《论语·子路》第二十四章互参。

【译文】

孔子说："大家都厌恶他，一定要考察清楚；大家都喜欢他，也一定要考察清楚。"

15.28　子曰："人能弘道^①，非道弘人。"

【章旨】

此章勉人行道弘道耳。

【注释】

① 弘道：扩大人道。

【译文】

孔子说："人能发扬光大道，并非道能发扬光大人。"

15.29　子曰："过而不改，是谓过矣。"

【章旨】

此章勉人改过自新。

【译文】

孔子说："有了过错而不改正，这真可说是过错了。"

15.30　子曰："吾尝终日不食，终夜不寝，以思，无益，不如学也。"

【章旨】

此章言徒思无益不如学也。

【译文】

孔子说："我曾经整天不吃饭，整夜不睡觉，去想，没有益处，不如去学习。"

15.31 子曰："君子谋道不谋食。耕也，馁①在其中矣；学也，禄在其中矣。君子忧道不忧贫。"

【章旨】

此章勉人尽力求道。

【注释】

① 馁：饥饿。案：此章可与"樊迟请学稼"章互参。

【译文】

孔子说："君子尽心尽力追求真理，不追求衣食。去耕田，常有挨饿的时候；去学习，常会得到俸禄。所以君子只忧虑不明白道理，不忧虑得不到钱财。"

15.32 子曰："知及之①，仁不能守之；虽得之，必失之。知及之，仁能守之；不庄以涖②之，则民不敬。知及之，仁能守之，庄以涖之；动之不以礼，未善也。"

【章旨】

此章言居官临民之法以示进德修业之全节。

【注释】

① 之：诸之字所指，小则指卿大夫士之禄位，大则指天下国家及人民。

② 涖（lì）：同"莅"，临也。

【译文】

孔子说："聪明才智足以得到它，仁德却不足以守住它；即使得到了它，也一定会失去。聪明才智足以得到它，仁德又能够守住它；如果不用庄重的态度来治理人民，那么人民就不生敬重之心。聪明才智足以得到它，仁德也能够守住它，又能用庄重的态度来治理人民；如果动用人民不遵从礼法，也是不够好的。"

15.33　子曰："君子不可小知①而可大受②也。小人不可大受而可小知也。"

【章旨】

此章言知人之法当观于大而不可圉于小。

【注释】

① 小知：以小事小才被人所知晓。

② 大受：任之以重责大任。

【译文】

孔子说："君子不可以凭小事小才来了解他，但是可以承受重责大任。小人不可以承受重责大任，但是可以凭小事小才来了解他。"

15.34　子曰："民之于仁也，甚于水火①。水火，吾见蹈②而死者矣，未见蹈仁③而死者也。"

【章旨】

此章勉人为仁。

【注释】

① 甚于水火：甚于需要水火。《孟子·尽心上》："民非水火不生活。"

② 蹈：践踏。谓陷于水火之中。

③ 蹈仁：践履仁道。谓行仁也。

【译文】

孔子说："人民需要仁德，甚于需要水火。在水火里，我曾看见有人陷入其中而被淹死烧死，却未曾看见实践仁道而死的。"

15.35 子曰："当仁^①，不让于师。"

【章旨】

此章勉人行仁需汲汲也。

【注释】

① 当仁：遇到行仁之事。当，值也。

【译文】

孔子说："面临着行仁的事情，就是对师长也不必谦让。"

15.36 子曰："君子贞^①而不谅^②。"

【章旨】

此章言君子守正义不抱小信。

【注释】

① 贞：正而固也。即"义之与比"。《贾子·道术》："言行抱一谓之贞。"

② 谅：拘于小信也。谅者求信于人。如"言必信、行必果"，则"匹夫匹妇之为谅也"。

【译文】

孔子说："君子固守正道却不拘执小信。"

15.37 子曰："事君，敬其事^①而后其食^②。"

【章旨】

此章言事君之道。

【注释】

① 敬其事：尽心力于自己所任之职事。

② 食：俸禄。

【译文】

孔子说："侍奉国君，要尽心尽力地去做本分之内的事，把拿俸禄的事放在后头。"

15.38　子曰："有教无类。"

【章旨】

此章孔子自言其教学之原则。

【译文】

孔子说："任何人我都给予教诲，没有贵贱、贫富、智愚、善恶的区别。"

15.39　子曰："道①不同，不相为②谋。"

【章旨】

此章孔子告诫人与人共事须谨慎。

【注释】

① 道：谓意见行迹。一说，道指术业。

② 为：与也。《盐铁论·忧边》："道不同者，不相与谋。"

【译文】

孔子说："意见主张不同，不必互相商量。"

15.40　子曰："辞达而已矣。"

【章旨】

此章孔子自言其对于言辞的意见。

【译文】

孔子说："言辞能够表达意思便好了。"

15.41 师冕①见②。及阶，子曰："阶也。"及席③，子曰："席也。"皆坐，子告之曰："某在斯，某在斯。"

师冕出。子张问曰："与师言之道与？"子曰："然，固相师之道也。"

【章旨】

此章记相师之道也。

【注释】

① 师冕：乐师名冕者。古乐师皆以瞽者为之。

② 见（xiàn）：晋谒。

③ 席：座席。

【译文】

师冕来拜访孔子。走到台阶前，孔子说："这儿是台阶。"走到座席前，孔子说："这儿是座席。"都坐定了，孔子告诉师冕说："某人在这儿，某人在这儿。"

师冕辞别出去。子张问道："这是和盲人讲话应有的方式吗？"孔子说："是的，这本来是辅助盲人应有的方式。"

季氏第十六

共十四章

16.1 季氏^①将伐颛臾^②。冉有、季路^③见^④于孔子曰："季氏将有事于颛臾。"

孔子曰："求，无乃尔是^⑤过与？夫颛臾，昔者先王以为东蒙^⑥主，且在邦域之中^⑦矣，是社稷^⑧之臣也，何以伐为^⑨？"

冉有曰："夫子^⑩欲之。吾二臣者皆不欲也。"

孔子曰："求，周任^⑪有言曰：'陈力就列^⑫，不能者^⑬止。'危而不持，颠而不扶，则将焉用彼相矣^⑭？且尔言过矣，虎兕^⑮出于柙^⑯，龟玉^⑰毁于椟^⑱中，是谁之过与？"

冉有曰："今夫颛臾，固^⑲而近于费^⑳。今不取，后世必为子孙忧。"

孔子曰："求，君子疾夫舍^㉑曰欲之而必为之辞。丘也闻有国有家者，不患寡而患不均，不患贫而患不安^㉒。盖均无贫，和无寡，安无倾。夫如是，故远人不服，则修文德^㉓以来之。既来之，则安之。今由与求^㉔也，相夫子，远人不服，而不能来也；邦分崩离析^㉕，而不能守也；而谋动干戈于邦内。吾恐季孙之忧，不在颛臾，而在萧墙之内^㉖也。"

【章旨】

此章言季氏不当伐颛臾且以发抒孔子之政治思想。

【注释】

① 季氏：季康子，名肥。

② 颛臾：鲁国的附庸国，风姓，伏羲之后。今山东省费县西北八十里有颛臾村，当是古颛臾之地。

③ 冉有、季路：二子同为季氏家臣，冉求尤为用事，故先书之。下文孔子亦独责之也。

④ 见（xiàn）：晋谒。

⑤ 是：犹寔也。寔，亦作"实"。见王引之《经传释词》九。

⑥ 东蒙：即蒙山。因在鲁东，故名。在今山东省蒙阴县南，接费县界。

⑦ 在邦域之中：孔安国曰："鲁七百里之封，颛臾为附庸，在其域中。"邦域，即封域。

⑧ 社稷：公家，指鲁国公室。

⑨ 为：句末疑问语气词，与"何以文为"之"为"同。用法同"乎"字。

⑩ 夫子：指季康子。

⑪ 周任：古时之史官。

⑫ 陈力就列：陈其才力，度己所任，以就其位。列，班位。

⑬ 者：则。

⑭ 矣：用法同"乎"字、"耶"字。

⑮ 兕（sì）：野牛。

⑯ 柙（xiá）：槛也。即兽栏。

⑰ 龟玉：龟谓守龟，龟人掌之。玉谓命圭，典瑞掌之。

⑱ 椟（dú）：匮也。即匣子。

⑲ 固：谓城郭完坚，兵甲利也。国（都城）曰固，野曰险。

⑳ 费（bì）：春秋时鲁季孙氏之采邑。详见《论语·雍也》第七章。

㉑ 舍：舍而不言。

㉒ 不患寡而患不均，不患贫而患不安：当作"不患贫而患不均，不患寡而患不安"。盖"贫"与"均"从财富言，下文"均无贫"可以为

证；"寡"与"安"从人民言，下文"和无寡"可以为证。说详俞樾《群经平议》。

㉓ 文德：文治之德。所以别征伐为武事也。

㉔ 由与求：此处先仲由，尚齿也。

㉕ 分崩离析：犹言支离破碎，四分五裂。或曰，四分公室，季氏取其二，孟孙叔孙各取其一。或曰，民有离异之心，不可复合也。

㉖ 萧墙之内：指鲁哀公之朝中。人君树屏于门内，臣朝君，至屏而加肃敬，而朝拜于屏内。萧，肃也。墙，屏也。此屏字有二解：一谓屏风，一谓短墙，如近代之影壁。

【译文】

季氏将要去攻打颛臾。冉有、季路来见孔子说："季氏将要去攻打颛臾。"

孔子说："冉求，这事不当归罪于您吗？颛臾，前代的君王授权给他主持东蒙山的祭祀，而且它的国土又在鲁国的封域之内，是鲁国忠诚的藩臣，为什么要攻打它呢？"

冉有说："是他老人家要这样做的。我们两个人都不赞同。"

孔子说："冉求，周任曾经说过：'衡量一下自己的力量，能够胜任才就任职位。如果不能胜任，就该离职不干。'譬如辅助一个盲人，遇到危险而不去支持他，跌倒了也不去搀扶他，那他还要这个辅相干什么呢？而且，你的话也说错了，老虎、野牛从兽栏里跑出来，龟壳和命圭在匣子里毁坏了，这是谁的过失呢？"

冉有说："颛臾的城郭坚强，而且又离费邑很近。现在不把它攻下来，以后一定会成为子孙的麻烦。"

孔子说："冉求，君子所痛恨的是心里想要做的事不说出来，却一定另找借口来掩饰。我曾听说，身为诸侯或者卿大夫的，不忧虑财富不多而忧虑财富分配不平均；不忧虑人民少而忧虑境内不安宁。如果财富分配平均就无所谓贫穷，社会和睦团结就不会觉得人民少，境内安宁平静就不会倾危。能做到这些，如果远方的人还不归服，便再修治礼乐道德来招致他们。他们来了，就使他们生活得到安定。现在仲由和冉求辅助季氏，远方的人民不归服，却不能招致他们；国家四分五裂，却不能保全它；反而想在国土之内发动战争。我怕季孙的忧患不在颛臾，而在鲁君的朝廷之上。"

16.2 孔子曰："天下有道，则礼乐征伐自天子出①；天下无道，则礼乐征伐自诸侯出。自诸侯出，盖十世希不失矣②；自大夫出，五世希不失矣③；陪臣④执国命，三世希不失矣。天下有道，则政不在大夫；天下有道，则庶人不议。"

【章旨】

此章泛论天下政理。

【注释】

① 礼乐征伐自天子出：唯天子始得制礼乐专征伐。此大一统之义。

② 十世希不失矣：经过十代很少不失去其制礼乐专征伐之权柄者。如齐自桓公称霸，历孝公、昭公、懿公、惠公、顷公、灵公、庄公、景公、悼公、简公十公，而简公为陈恒所杀。晋自文公称霸，历九公而六卿专权。

③ 五世希不失矣：如鲁自季友专政，历文子、武子、平子、桓子而为阳虎所执。

④ 陪臣：家臣。陪，重也。陪臣谓重臣，言其君已为臣而己又为臣也。如诸侯为天子之臣，大夫为诸侯之臣，则大夫对天子言为陪臣。同理，大夫之家臣对诸侯言亦为陪臣。

【译文】

孔子说："天下政治清平，制礼作乐及出师征伐的事都由天子决定；天下政治昏乱，制礼作乐及出师征伐的事都由诸侯决定。由诸侯决定，大概传到十代很少能不失去的；由大夫决定，大概传到五代很少能不失去的；如果由大夫的家臣专擅国家的政权，传到三代很少能不失去的。天下政治清平，国家的行政大权不会操在大夫手中；天下政治清平，老百姓不会议论纷纷。"

16.3 孔子曰："禄之去公室五世①矣，政逮于大夫四世②矣，故夫三桓之子孙③微矣。"

【章旨】

此章叹鲁政日非政在大夫。

【注释】

① 禄之去公室五世：爵禄之权不由君出已五代。据毛奇龄《论语稽求篇》，五世指宣公、成公、襄公、昭公、定公。

② 四世：指季文子、武子、平子、桓子（《论语稽求篇》）。

③ 三桓之子孙：鲁仲孙（后改孟孙）、叔孙、季孙三家，皆出于桓公，故称三桓。

【译文】

孔子说："鲁国的政权离开了国君已经五代了，政权落到大夫之手已经四代了，所以桓公的三支子孙现在都已衰微了。"

16.4 孔子曰："益者三友，损者三友。友直，友谅①，友多闻，益矣。友便辟②，友善柔，友便佞③，损矣。"

【章旨】

此章论交友之道。

【注释】

① 谅：信实。与"匹夫匹妇之为谅也"之"谅"作小信解者有别。

② 便辟（pián pì）：谓习于威仪，致饰于外，而内无诚信也。便，熟习也。辟，同"僻"，邪而不正。或曰辟同"譬"。或曰辟同"避"。

③ 便（pián）佞：巧言善辩。便，习熟也。按：《尔雅·释训》有口柔、面柔、体柔。《论语·公冶长》二十四章有巧言、令色、足恭。便辟即体柔、足恭，善柔即面柔、令色，便佞即口柔、巧言。

【译文】

孔子说："有益的朋友有三种，有害的朋友也有三种。和正直的人做朋友，和信实的人做朋友，和见闻广博的人做朋友，便有益处了。和威仪习熟内无诚信的人做朋友，和攻于谄媚讨人欢心的人做朋友，和熟于辞令巧言善辩的人做朋友，便有害处了。"

16.5 孔子曰："益者三乐①，损者三乐。乐节礼乐，乐道人之善，乐多贤友，益矣。乐骄乐②，乐佚游，乐晏乐，损矣。"

【章旨】

此章论嗜好对人之影响有益有损。

【注释】

① 乐：音 yào，爱好。或读 lè，亦通。下文"礼乐"之"乐"音 yuè，"骄乐""晏乐"之"乐"音 lè。

② 乐骄乐：喜以骄纵为快乐。

【译文】

孔子说："有益的嗜好有三种，有害的嗜好也有三种。喜好得到礼乐中和的节制，喜好称道人家的好处，喜好有很多贤良的朋友，便有益了。喜好骄纵的乐趣，喜好逸乐游荡，喜好晏安的乐趣，便有害了。"

16.6 孔子曰："侍于君子有三愆①：言未及之而言，谓之躁；言及之而不言，谓之隐；未见颜色而言，谓之瞽②。"

【章旨】

此章言侍奉君子言语之道。

【注释】

① 愆（qiān）：过失。

② 瞽：无目者。谓不能察言观色，犹如无目者也。

孔子说："陪侍君子谈话容易犯三种错误：没到说话的时间却说话，叫作急躁；到说话的时间却不说话，叫作隐瞒；未曾察言观色就说话，叫作没有眼睛。"

16.7 孔子曰："君子有三戒①：少之时，血气②未定，戒之在色；及其壮也，血气方刚③，戒之在斗④；及其老也，血气既衰，戒之在得⑤。"

【章旨】

此章言君子自少至老当谨戒之事，亦以教人制欲也。

【注释】

① 戒：警惕戒备。即孟子所谓"持志"。志为气之帅，谓以心理之志统帅生理之血气也。

② 血气：生理之随时有变者。

③ 方刚：正强盛。

④ 斗：本字当作"鬥"，作斗者，通假字。《说文》："鬥，两士相对，兵杖在后，象鬥之形。""斗，遇也。"二字义微别。

⑤ 得：贪得。所贪者包括名誉、地位及财货。

【译文】

孔子说："君子有三件事情应当警惕戒备：年少的时候，血气尚未稳定，便要警惕不可纵情于女色；等到了壮年，血气正强盛，便要警惕不可好勇斗狠；等到年老了，血气已经衰弱，便要警惕不可贪得无厌。"

16.8 孔子曰："君子有三畏①：畏天命，畏大人②，畏圣人之言。小人不知天命而不畏也，狎③大人，侮圣人之言。"

【章旨】

此章言君子所敬畏之事。

【注释】

① 畏：心存敬畏。

② 大人：在高位者。

③ 狎：习狎而轻忽之，有亵慢之意。

【译文】

孔子说："君子有三项敬畏的事：敬畏天命，敬畏在高位的人，敬畏圣人的言论。小人不知道天命而不敬畏它，亵慢在高位的人，轻侮圣人的言论。"

16.9 孔子曰："生而知之者，上也；学而知之者，次也；困而学之，又其次也；困而不学，民斯为下矣。"①

【章旨】

此章论人质性之不同。亦劝人学也。

【注释】

① 本章"知"字、"学"字及"知之""学之"两"之"字，皆系泛指。

【译文】

孔子说："生下来就知道的，是上等人；学习后才知道的，是次等人；生活上遇到困难才去学习的，是又次一等的人；生活上遇到困难却仍不学习的，那是最下等的人了。"

16.10 孔子曰："君子有九思①：视思明，听思聪，色②思温，貌③思恭，言思忠，事思敬，疑思问，忿思难④，见得思义⑤。"

【章旨】

此章言君子无所不用其省察之功。

① 君子有九思：君子严于所思，而约之有此九端。《尚书·洪范》："貌
　日恭，言曰从，视曰明，听曰聪。"

② 色：颜色之见于面者。指容之静者而言。

③ 貌：谓礼容，举一身而言。指容之动者。

④ 忿思难：有忿怨之情则思大难随时将作。所谓"一朝之忿，忘其身，
　以及其亲"，是难也。

⑤ 见得思义：见有可得者则思当得否。

【译文】

孔子说："君子有九种需要思想的事：看的时候要想着看明白，听的时
候要想着听清楚，脸上的颜色想着要温和，容貌态度想着要恭敬，所说的话
需想着要忠诚老实，对于所做的事需想着要严肃认真，有了疑问要想着向人
请教，有了忿怨要想着大难就在面前，看见可得的要想着是否该由我得。"

16.11　孔子曰："'见善如不及，见不善如探汤①。'吾见其人矣，
吾闻其语矣。'隐居以求其志，行义以达其道②。'吾闻其语矣，未见
其人也。"

【章旨】

此章孔子深叹未见有求志达道之人。

【注释】

① 见善如不及，见不善如探汤：善，谓善良之行为。如不及，好像追赶
　不上似的。如探汤，好像以手探入沸汤之中，急欲避去也。此善善恶
　恶之行，出于其诚，是亦"能好人能恶人"之仁人矣。

② 隐居以求其志，行义以达其道：邢昺疏："谓隐遁幽居，以求遂其己
　志也；好行义事，以达其仁道也。"朱注："求其志，守其所达之道
　也；达其道，行其所求之志也。盖唯伊尹太公之流，可以当之。当时
　若颜子，亦庶乎此。然隐而未见，又不幸而早死，故夫子云然。"

【译文】

孔子说："'看到善良的行为，好像追赶不上似的；看到不善的行为，好像将手伸到沸水里，避之唯恐不速。'我看见过这样的人，也听到过这样的话。'避世隐居以求保全自己的心志，躬行正道以实践自己的主张。'我听到过这样的话，没看见过这样的人。"

16.12 齐景公有马千驷①，死之日，民无德而称焉。伯夷、叔齐饿于首阳②之下，民到于今称之。其斯之谓与③?

【章旨】

此章教人贵德轻财。

【注释】

① 有马千驷：有四千匹马。驷，四马。一乘亦四马。故此谓有千乘之国也。

② 首阳：山名。今在何地，难以确指。或谓在今山西省永济市南。

③ 其斯之谓与：或曰："斯"字指上"德"字。世之称夷、齐，称其德也。或曰："其斯之谓乎"之前当补入《论语·颜渊》第十章末"诚不以富，亦祇以异"句。异，谓异于常人之德行。

【译文】

齐景公有马四千匹，到死的时候，没有德行使人民称道。伯夷、叔齐在首阳山下挨饿而死，大家到现在还称颂他们。(《诗经》上说："诚不以富，亦祇以异。")大概就是这个意思吧?

16.13 陈亢①问于伯鱼②曰："子亦有异闻③乎?"

对曰："未也。尝独立，鲤趋而过庭④。曰：'学《诗》乎?'对曰：'未也。''不学《诗》，无以言。⑤'鲤退而学《诗》。他日，又独立，鲤趋而过庭。曰：'学礼乎?'对曰：'未也。''不学礼，无以立。⑥'鲤退而学礼。闻斯二者。"

陈亢退而喜，曰："问一得三：闻《诗》，闻礼，又闻君子之远其子⑦也。"

【章旨】

此章言孔子施教不私其子。

【注释】

① 陈亢（gāng）：即陈子禽。

② 伯鱼：孔子之子，名鲤。详见《论语·先进》第七章。

③ 异闻：闻知异于常人之教诲。

④ 趋而过庭：孔子立于堂上。伯鱼从堂下中庭趋而过之。礼，臣行过君前，子行过父前，皆当徐趋。所以为敬也。徐行曰步，疾行曰趋。

⑤ 不学《诗》，无以言：诗有比兴，可答对酬酢。

⑥ 不学礼，无以立：礼教恭俭庄敬，乃立身之本。

⑦ 远其子：无私厚于己子。远谓无私厚之，非疏远之义。

【译文】

陈亢问伯鱼说："您在老师那儿也曾得到特别的传授吗？"

伯鱼回答说："没有。他曾经有一次独自站着，我从庭中疾行而过。他问我说：'学《诗》了吗？'我回答道：'没有。'他说：'不学《诗》便不会说话。'我退下后马上去学《诗》。有一天，他又独自站着，我从庭中疾行而过。他问我说：'学礼了吗？'我回答道：'没有。'他说：'不学礼，便不能在社会上立足。'我退下后马上去学礼。只听到这两件事。"

陈亢回去后很高兴，说道："我问一件事却得知三件事：知道了《诗》，知道了礼，又知道君子对自己的儿子也不偏私亲厚。"

16.14 邦君之妻①，君称之曰夫人，夫人自称曰小童②；邦人称之曰君夫人，称诸异邦③曰寡小君④；异邦人称之亦曰君夫人。

【章旨】

此章孔子传述古制以正名分。

【注释】

① 邦君之妻：《鲁论》作"国君之妻"。

② 小童：谦辞。

③ 称诸异邦：国人对异邦人称本国君夫人。诸，之于。

④ 寡小君：谦辞。寡，有寡德之义。

【译文】

国君的妻子，国君称她为夫人，夫人自称为小童；国内的人称她为君夫人，可是对别国人便称她为寡小君；外国人也称她为君夫人。

阳货第十七

共二十六章

17.1 　阳货^①欲见孔子，孔子不见，归孔子豚^②。

孔子时^③其亡^④也，而往拜之。遇诸途。

谓孔子曰："来！予与尔言。"曰："怀其宝而迷其邦^⑤，可谓仁乎？"曰："不可。好从事而亟^⑥失时，可谓知乎？"曰："不可。日月逝矣，岁不我与^⑦。"

孔子曰："诺，吾将仕矣。"

【章旨】

此章记孔子与家臣相接之事。

【注释】

① 阳货：季氏家臣，名虎。尝囚季桓子而专鲁国之政。后因欲除三桓不成，而逃往晋国。赵岐、崔述分阳货、陈虎为二人，不可从。

② 归（kuì）孔子豚：送给孔子一只蒸熟的小猪。归，同"馈"。古礼，大夫有赐于士，士拜受，又亲拜于赐者之室。阳货故馈孔子豚，欲令孔子来拜而见之。

③ 时：伺也。

④ 亡：同"无"，谓外出不在家时。

⑤ 怀其宝而迷其邦：自己有一身本领却使自己的国家迷乱不治。其，己也。宝，谓道德才干。以下二曰字，并阳货语。

⑥ 亟（qì）：屡也。

⑦ 岁不我与：即"岁不与我"之倒装形式。与，犹待也。

【译文】

阳货想要孔子来见他，孔子不去，他便送给孔子一只蒸熟了的小猪（借使孔子到他家去拜谢时见面）。

孔子打听他不在家的时候，前去拜谢他。两人在路上遇见了。

阳货对孔子说："来！我和你谈谈。"说道："自己具有一身才干，却任由国家的政事迷乱不治，可以说是仁爱吗？"说道："不可以。一个人喜欢做官行政，却屡次失去机会，可以说是聪明吗？"说道："不可以。日子一天天地过去了，岁月是不待人的。"

孔子说："好的，我将要做官了。"

17.2 子曰："性相近也，习相远也。"

【章旨】

此章言习惯影响人至大，君子当慎其所习。勉人为学也。

【译文】

孔子说；"人的性情本来是相接近的，因为习惯的不同便相差很远了。"

17.3 子曰①："唯上知与下愚②不移。"

【章旨】

此章接续前一章之义举出此两种人性情不易改变。下愚之不移，由于不学。故亦劝学之义也。

【注释】

① 子曰：或曰此与上章当合为一，"子曰"二字衍文也。

② 上知与下愚：上知谓"生而知之者"，下愚谓"困而不学"者。

【译文】

孔子说："只有上智和下愚的人，质性是改不了的。"

17.4 子之武城①，闻弦歌②之声。夫子莞尔③而笑，曰："割鸡焉用牛刀④？"

子游对曰："昔者偃也闻诸夫子曰：'君子学道⑤则爱人，小人学道则易使也。'"

子曰："二三子，偃之言是也。前言戏之⑥耳。"

【章旨】

此章孔子嘉子游能以礼乐治民。

【注释】

① 武城：鲁邑，东武城也。时子游为之宰。参见《论语·雍也》第十二章。

② 弦歌：弹琴唱歌。弦，指琴瑟言。

③ 莞尔：微笑貌。莞，本作"莧"，山羊细角，人笑时两眉角微垂，似之。

④ 割鸡焉用牛刀：言治小邑何必用礼乐大道。其实深喜之。一说：惜子游之大才而用于武城之小邑。

⑤ 道：谓礼乐也。

⑥ 之：指偃而言。

【译文】

孔子到武城去，听到弹琴唱歌的声音。微笑着说道："杀鸡怎么用宰牛的刀？"

子游回答道："从前我听老师说过：'士大夫学习了礼乐就会爱护人民，人民学习了礼乐就容易指挥使唤。'"

孔子说："各位同学，言偃的话是对的。我刚才的话是跟他开玩笑的。"

17.5 公山弗扰①以费畔，召，子欲往。

子路不说，曰："末之也已②，何必公山氏之之也③？"

子曰："夫召我者，而岂徒④哉？如有用我者，吾其为东周⑤乎！"

【章旨】

此章孔子志欲兴复周道。亦知其不可而为之耳。

【注释】

① 公山弗扰：即公山不狃，为季氏家臣。事具《左传·定公五年》《左传·定公八年》《左传·定公十二年》及《左传·哀公八年》。而无《论语》所叙此事。后人颇疑之。

② 末之也已：无处可去了吧。末，无也，谓无地方也。武亿《经读考异》，"已"字单独为句，止也。

③ 何必公山氏之之也：为"何必之公山氏也"之倒装形式。上之字为助词。下之字为动词，往也。

④ 徒：空也。

⑤ 为东周：言兴复周道于东方。一说：谓不致如东周之一无作为。言必兴起西周之盛也。

【译文】

公山弗扰占据费邑背叛季氏，派人来叫孔子，孔子准备去。

子路很不高兴，说道："没有地方去了吧，为什么一定要到公山氏那里去呢？"

孔子说："那个叫我去的人，难道是白来叫我的吗？假如有人要用我，我将在东方兴复周道吧！"

17.6 子张问仁于孔子①。孔子曰："能行五者于天下，为仁矣。"

请问之。曰："恭、宽、信、敏、惠。恭则不侮②，宽则得众，信则人任焉，敏则有功，惠则足以使人③。"

【章旨】

此章孔子教子张以为仁之方。

【注释】

① 子张问仁于孔子：此句依体例当作“子张问仁”。下“孔子曰”当作“子曰”。此皆编者之失。

② 不侮：谓不被人侮慢。

③ 上述五事皆系为政之方，与答问仁不类。或曰此乃问仁政；或曰以子张之才大，故以天下告。岂其然乎?

【译文】

子张向孔子问行仁的方法。孔子说：“能够实践五种品德于天下，便是仁了。”

子张又问五种品德的细目。孔子说：“庄敬、宽厚、诚实、勤敏、慈爱。庄敬就不致遭受侮辱，宽厚就能得到众人的拥护，诚实就能得到别人的信任，勤敏就会有工作成绩，对人慈爱就能够使唤人。”

17.7 佛肸①召，子欲往。

子路曰：“昔者由也闻诸夫子曰：‘亲于其身为不善者，君子不入②也。’佛肸以中牟③畔，子之往也，如之何？”

子曰：“然，有是言也。不曰④坚乎，磨而不磷⑤；不曰白乎，涅而不缁⑥。吾其匏瓜⑦也哉？焉能系而不食？”

【章旨】

此章孔子欲舍经从权以行道也。

【注释】

① 佛肸（bì xī）：晋赵氏家臣，为中牟宰，据地而叛。

② 不入：谓不入其党。

③ 中牟：春秋时晋邑。故址在今河北省邢台与邯郸之间，与河南之中牟无涉。佛肸叛，见《左传·哀公五年》。

④ 曰：有。

⑤ 磷（lìn）：薄也。

⑥ 涅（niè）而不淄（zī）：染也染不黑。涅，本为一种矿物，古人用作黑色染料。此处用作动词，作染黑解。淄，黑色。

⑦ 匏（páo）瓜：即葫芦，味苦人不食之。或曰，匏瓜，星名。

【译文】

佛肸召请孔子，孔子准备去。

子路说："从前我听老师说过：'一个亲身做坏事的，君子是不到他那儿去的。'佛肸占据中牟叛乱，您却要到他那儿去，这是为什么呢？"

孔子说："对，我曾说过这话。不是有很坚硬的东西吗，磨也磨不薄它；不是有很白的东西吗，染也染不黑它。我难道是个匏瓜吗？怎么能够挂在那儿不让人吃呢？"

17.8　子曰："由也！女闻六言①六蔽矣乎？"对曰："未也。""居②，吾语③女。好仁不好学④，其蔽也愚⑤；好知不好学，其蔽也荡⑥；好信不好学，其蔽也贼⑦；好直不好学，其蔽也绞⑧；好勇不好学，其蔽也乱；好刚不好学，其蔽也狂。"

【章旨】

此章勉人好学。可与《论语·泰伯》第二章互参。

【注释】

① 六言：指下述六种德行。言，一个字。和"有一言可以终身行之者乎"之"言"同。

② 居：坐下。古人对答长者问题，必起立。

③ 语（yù）：告也。

④ 不好学：不学则不能明其理。

⑤ 愚：朱熹集注："愚者可陷可罔之类。"

⑥ 荡：放而无所归，穷高极远而不知所止。

⑦ 贼：受伤害。

⑧ 绞：急切。

【译文】

孔子说："仲由啊！你听说过六种品德有六种缺点了吗？"子路回答道："没有。"孔子说："坐下来，我告诉你。喜好仁德却不喜好学问，其缺点便是愚昧无知；喜好用聪明却不喜好学问，其缺点便是放荡无所止；喜好诚实却不喜好学问，其缺点便是自己受伤害；喜好率直却不喜好学问，其缺点便是言行急切；喜好勇敢却不喜好学问，其缺点便是易闯祸乱；喜好刚强却不喜好学问，其缺点便是胆大妄为。"

17.9 子曰："小子何莫学夫《诗》？《诗》可以兴①，可以观②，可以群③，可以怨④。迩之事父，远之事君⑤。多识于鸟兽草木之名⑥。"

【章旨】

此章孔子言学《诗》之益以勉弟子。

【注释】

① 兴：激发感动人之情意。

② 观：考见政治得失及风俗厚薄。

③ 群：谓与群相处和而不流。

④ 怨：遭遇挫折惨变怨而不怒。盖《诗》教温柔敦厚，乐而不淫，哀而不伤。故学《诗》者，通可以群，穷可以怨，而不失其性情之正也。

⑤ 迩之事父，远之事君：近则可事父远则可事君。事父事君，乃群道之大者。之，则也。

⑥ 多识于鸟兽草木之名：《诗》尚比兴，多就眼前事物（如鸟兽草木）比类而相通，感发而兴起。故学《诗》能多记识鸟兽草木之名也。

【译文】

孔子说："同学们，为什么不去研读《诗》？读《诗》可以培养联想力，可以提高观察力，可以陶冶合群的性情，可以学得怨诉的方法。近则可以侍奉父母，远则可以侍奉君主。还可以多多知道鸟兽草木的名称。"

17.10 子谓伯鱼曰："女为《周南》《召南》①矣乎？人而不为《周南》《召南》，其犹正墙面而立②也与？"

【章旨】

此章孔子勉伯鱼学《诗》以修身齐家也。

【注释】

① 为《周南》《召南》：为，学也。《周南》《召南》，《诗经》首二篇名。二南之诗，用于乡饮酒，众人合唱。人如不能歌二南，将一人独默，虽在人群中，犹面对墙壁而孤立也。故知"为"者，不唯诵其辞，且以习其乐也。

② 正墙面而立：解释见注①。朱注云："《周南》《召南》所言皆修身齐家之事。正墙面而立，言即其至近之地，而一物无所见，一步不可行。"

【译文】

孔子对伯鱼说："你研习过《周南》和《召南》了吗？一个人如果不研习《周南》和《召南》，那就会像面对着墙壁而站着吧？"

17.11 子曰："礼云礼云，玉帛①云乎哉？乐云乐云，钟鼓②云乎哉？"

【章旨】

此章言礼乐当贵其根本，不可徒事其末节。

【注释】

① 玉帛：圭璧绢帛等物，皆礼之所用。

② 钟鼓：皆乐器。乐之所用。

孔子说:"我们平时经常说礼,难道只是说的玉帛吗?我们平时也经常说乐,难道只是说的钟鼓吗?"

17.12 子曰:"色厉而内荏①,譬诸小人,其犹穿窬之盗②也与!"

【章旨】

此章孔子叹时人外貌与实情不一也。

【注释】

① 色厉内荏(rěn):外貌庄矜而内心懦弱。荏,柔弱。

② 穿窬之盗:穿墙壁为洞以入室盗窃。一说:穿谓穿壁,窬谓逾墙。

【译文】

孔子说:"脸色严厉,内心怯懦,这种人若用坏人相比,大概像个挖人墙壁入室盗窃的小偷吧!"

17.13 子曰:"乡原①,德之贼②也。"

【章旨】

此章叱责似德非德而乱德之人。

【注释】

① 乡原(yuàn):乡人之谨厚而同流合污以媚于世者。原,同"愿",谨厚而诚不足者。《孟子·尽心下》:"阉然媚于世者,是乡原也。"

② 德之贼:乡愿之人,似德非德,而害于德,故曰德之贼。贼,害也。《孟子·尽心下》:"非之(乡原),无举也;刺之,无刺也。同乎流俗,合乎污世;居之似忠信,行之似廉洁。众皆悦之。自以为是,而不可与入尧舜之道。故曰德之贼也。"

【译文】

孔子说:"外表忠厚老实而内心诚信不足的好好先生,是败坏道德的小人。"

17.14 子曰:"道听而途说,德之弃也^①。"

【章旨】

此章教人多识前言往行以蓄其德。

【注释】

① 道听而途说,德之弃也:于道路闻得传言即于途中传说之。听之易,说之易;入于耳,即出于口。纵闻善言,亦不为己有,其德亦终无可成,是自弃其德也。

【译文】

孔子说:"在道路上听到传言,就在路途上传播出去,这是自己放弃了品德的修养呀。"

17.15 子曰:"鄙夫^①可与事君也与哉?其未得之也,患得之^②。既得之,患失之。苟患失之,无所不至^③矣。"

【章旨】

此章言患得患失乃鄙夫之行,告诫人勿为也。

【注释】

① 鄙夫:庸劣陋恶之人。志于富贵而已者。

② 患得之:即患不得之。《荀子·子道》:"小人者,其未得也,则忧不得;既已得之,又恐失之。"王符《潜夫论·爱日》:"孔子疾夫未之得也,患不得之;既得之,患失之者。"可见汉以前人所见本有不字。

③ 无所不至:言小则吮痈舐痔,大则弑父与君,无不为也。

【译文】

孔子说:"庸鄙的人可以同他侍奉君主吗?当他没有得到职位的时候,生怕得不到。已经得到了,又怕失去它。假如怕失去它,便会无所不用其极了。"

17.16 子曰："古者民有三疾①，今也或是之亡②也。古之狂也肆③，今之狂也荡④；古之矜也廉⑤，今之矜也忿戾⑥；古之愚也直⑦，今之愚也诈⑧而已矣。"

【章旨】

此章伤世俗败坏人心不古。

【注释】

① 疾：病。即缺点、毛病。

② 或是之亡："或亡是"之倒装形式。或许无此。亡，同"无"。

③ 肆：谓纵意自恣，不拘小节。

④ 荡：谓放而无所据。

⑤ 廉：谓有棱角，陗厉难近。

⑥ 忿戾：多怒而好争斗。

⑦ 直：谓径行自遂，无所防戒。

⑧ 诈：挟私欺诳。

【译文】

孔子说："古时候的人常见的有三种毛病，现在连这三种毛病或许都看不到了。古时的狂人肆言无讳，现在的狂人放荡不羁；古时矜持的人还有些棱角令人不敢侵犯，现在矜持的人动辄老羞成怒与人争斗；古时的愚人言行还很直率，现在的愚人却好耍欺诈手段。"

17.17 子曰："巧言令色，鲜矣仁！"

（此章重出，已见《论语·学而》第三章。）

17.18 子曰："恶紫之夺朱①也，恶郑声之乱雅乐②也，恶利口之覆邦家③者。"

【章旨】

此章恶邪而胜正也。

【注释】

① 紫之夺朱：朱，正色。紫，间色。春秋时鲁桓公及齐桓公皆喜穿紫衣。《左传·哀公十七年》，卫浑良夫曾因"紫衣狐裘"而被罪，足征当时紫色已取代朱色而为诸侯衣服之正色矣。

② 恶郑声之乱雅乐：郑声，淫靡之乐。雅乐，正音。

③ 利口之覆邦家：利口，巧佞也。颠倒是非贤不肖，人君信之则倾覆其国家。

【译文】

孔子说："我厌恶紫色夺取了大红色的地位，厌恶郑国淫靡的音乐扰乱了雅乐，厌恶巧嘴利舌的人倾覆了国家。"

17.19　子曰："予欲无言。"

子贡曰："子如不言，则小子何述①焉？"

子曰："天何言哉？四时行焉，百物生焉，天何言哉？"②

【章旨】

此章孔子言道贵体悟，不在多言。

【注释】

① 述：遵而习之。

② 此章与《论语·述而》第二十三章相发明，可互参。

【译文】

孔子说："我想不说话了。"

子贡说："老师如果不说话，那么我们还有什么可遵从研习的呢？"

孔子说："天说了些什么呢？四季运行不已，百物生生不息，天说了些什么呢？"

17.20　孺悲①欲见孔子，孔子辞以疾。将命②者出户，取瑟而歌，使之闻之。

【章旨】

此章孔子行不屑之教诲。

【注释】

① 孺悲：鲁人，曾从孔子学士丧礼。《礼记·杂记》："恤由之丧，哀公使孺悲之孔子学士丧礼。士丧礼于是乎书。"或说，此来见，是始来见，尚未受学时也。《仪礼·士相见礼》疏谓孺悲不由绍介，故孔子辞以疾。

② 将命：传辞者。此指孺悲之介，传孺悲之辞者。或谓此主人之介，传主人之辞者。

【译文】

孺悲想要会见孔子，孔子托辞生病不见他。传话的人刚出房门，孔子便拿起瑟来弹奏唱歌，使他听到。

17.21　宰我问："三年之丧①，期②已久矣。君子三年不为礼，礼必坏；三年不为乐，乐必崩③。旧谷既没，新谷既升④，钻燧改火⑤，期可已矣。"

子曰："食夫稻⑥，衣夫锦，于女安乎？"曰："安。""女安，则为之！夫君子之居丧，食旨⑦不甘，闻乐不乐，居处不安⑧，故不为也。今女安，则为之！"

宰我出。子曰："予之不仁也！子生三年，然后免于父母之怀。夫三年之丧，天下之通丧⑨也。予也有三年之爱于其父母乎？"

【章旨】

此章论三年之丧以教宰我。

【注释】

① 三年之丧：父母死，守丧三年。时久不行，故宰我为问，欲以更其制耳。

② 期：期限。一说：音jī，一周年。

③ 崩：坠失。

④ 升：成，谓成熟也。

⑤ 钻燧（suì）改火：燧，取火之木也。钻燧即钻木取火。其法为先取一木为燧，中凿眼。取一木为钻，钻头放燧眼中，用绳力牵之。两木相磨，火星飞爆，即成火矣。燧木既燃，常保不熄。一木将尽，另接一木。后薪续前薪，是谓传薪。所钻之燧木，随季节而改易；"春取榆柳之火，夏取枣杏之火，季夏取桑柘之火，秋取柞楢之火，冬取槐檀之火"（马融引《周书·月令》文）。一年一轮回，谓之改火。

⑥ 稻：古代北方以稷（小米）为主食。水稻及梁（精细之小米）为珍品，居丧者不食之。

⑦ 旨：美也，谓美味。

⑧ 居处不安：日常起居生活总觉不安。

⑨ 通丧：通行之丧。《中庸》："三年之丧，达乎天子；父母之丧，无贵贱一也。"

【译文】

宰我问道："父母去世，守丧三年，时间太久了。君子三年不习礼仪，礼仪一定会荒废；三年不奏音乐，音乐一定会忘掉。去年的谷米已经吃光了，今年的谷物又已成熟，钻火用的燧木也已经过了一个轮回，所以守丧一年也就可以了。"

孔子说："（父母去世不到三年）你吃白米饭，穿锦绣衣服，心里安吗？"宰我说："安。"孔子说："你心里安，就去做吧！君子在守丧的时候，吃美好的食物不觉得甜美，听音乐不觉得快乐，住在房屋里不觉得安适，所以不这样做。现在你既然觉得心安，那你就去做好了！"

宰我出去后，孔子说："宰予真没有仁心呀！儿女生下来，三年以后才能脱离父母的怀抱。为父母守丧三年，天下都是如此的。宰予对于自己的父母有过三年的敬爱吗？"

17.22　子曰："饱食终日，无所用心，难矣哉！不有博弈①者乎？为之，犹贤乎已②。"

【章旨】

此章极言无所用心之不可也。

【注释】

① 博弈：博为局戏。博掷骰子而行棋，弈围棋也，不掷骰子而行棋。焦循《孟子正义》云："盖弈但行棋，博以掷采（骰子）而后行棋。……后人不行棋而专掷采，遂称掷采为博（赌博）。博与弈益远矣。"

② 犹贤乎已：句法及意义与《孟子·尽心上》"犹愈于已"同。已，止而不动之意。

【译文】

孔子说："整天吃饱饭，什么事都不做，很难为人呀！不是有掷骰子和围棋的游戏吗？做这些也比闲着好。"

17.23　子路曰："君子尚①勇乎？"子曰："君子义以为上②。君子③有勇而无义为乱，小人④有勇而无义为盗。"

【章旨】

此章告子路勇必配道义。

【注释】

① 尚：尚与下文"上"同，尚用作动词。

② 上：与前文"尚"同。

③ 君子：以位言。

④ 小人：以位言。

【译文】

子路问道："君子崇尚勇敢吗？"孔子说："君子认为义最崇高。如果君子只有勇敢而没有正义就会作乱，小人只有勇敢而没有正义就会偷盗。"

17.24 子贡曰："君子亦有恶乎？"子曰："有恶。恶称人之恶者，恶居下流①而讪上者，恶勇而无礼者，恶果敢而窒②者。"

曰："赐也亦有恶乎？""恶徼③以为知者，恶不孙以为勇者，恶讦④以为直者。"

【章旨】

此章孔子与子贡各言所恶之人。

【注释】

① 下流：晚唐以前本无流字，衍文也。说见惠栋《九经古义》、冯登府《论语异文考证》。苏轼《上枢密韩太尉书》引此文已有流字。

② 窒：塞。谓不通事理。

③ 徼：抄袭人说。

④ 讦（jié）：攻发人之隐私。

【译文】

子贡问道："君子也有厌恶的事吗？"孔子说："有厌恶的事。厌恶称道人家坏处的人，厌恶在下位而诽谤上级的人，厌恶勇敢而不知礼节的人，厌恶果决敢为而不通事理的人。"

孔子又问道："赐，你也有厌恶的事吗？"子贡说："我厌恶抄袭别人的智慧财产作为自己的聪明的人，厌恶不谦虚而自以为勇敢的人，厌恶揭发别人的阴私而以为率直的人。"

17.25 子曰："唯女子与小人①为难养②也，近之则不孙，远之则怨。"

【章旨】

此章孔子叹驾驭仆妾之困难。

【注释】

① 女子与小人：指侍妾、仆人。侍妾尤近，故先言之。

② 难养：难以养用。

【译文】

孔子说："只有妾和仆隶是难以养用的，亲近了便会无礼，疏远了便会怨恨。"

17.26 子曰："年四十而见恶①焉，其终也已。"

【章旨】

此章勉人需及时迁善改过。

【注释】

① 见恶：被人憎恶。

【译文】

孔子说："人到四十岁还受人憎恶，他将终身无望了。"

微子第十八

共十一章

18.1 微子①去之，箕子②为之奴，比干③谏而死。孔子曰："殷有三仁焉。"

【章旨】

此章论三人志同行异，而同得为仁也。

【注释】

① 微子：名启，纣王同母兄。微，国名；子，爵名。其母为帝乙之妾，后立为妻而生纣，故或谓微子为纣之庶兄。帝乙崩，纣立，而微子不得立。说见《吕氏春秋·仲冬纪》。古书中唯《孟子·告子》言微子为纣之叔父。

② 箕子：纣王之叔父。纣王无道，箕子谏而不听，乃披发佯狂为奴。箕，国名；子，爵名。

③ 比干：纣王之叔父。纣王无道，比干强谏而被杀。

【译文】

（纣王昏乱暴虐）微子离开了他，箕子装疯卖傻做了奴隶，比干强谏而被杀。孔子说："殷代有三位仁人。"

18.2 柳下惠①为士师②，三黜③。人曰："子未可以去乎？"曰："直道而事人，焉往而不三黜？枉道而事人，何必去父母之邦？"

此章论柳下惠之行直而和。

【注释】

① 柳下惠：见《论语·卫灵公》第十三章。

② 士师：典狱官，法官。

③ 三黜：多次被免职。

【译文】

柳下惠做法官，多次被免职。有人对他说："你不可以离开鲁国吗？"柳下惠说："用正直的态度为人做事，到哪里能不被屡次免职呢？如果用邪枉的态度为人做事，那又何必离开自己的祖国呢？"

18.3 齐景公待孔子曰："若季氏，则吾不能；以季、孟之间①待之。"曰②："吾老矣③，不能用也。"孔子行。

【章旨】

此章言齐景公不能用孔子，孔子亦不贪禄。

【注释】

① 季、孟之间：鲁三卿，季氏最尊。孟氏为下卿。

② 曰：此曰字非面告孔子，盖以私告其臣，而孔子闻之也。

③ 吾老矣：孔子在齐止一次。以昭公二十五年鲁乱去齐，两年而返，时景公盖年近六十（注：孔子在齐之事，《史记·孔子世家》详之）。

【译文】

齐景公谈到如何对待孔子时说："像鲁君对待季孙氏那样来对待孔子，我做不到。就用次于季孙氏而高于孟孙氏的待遇来待孔子。"后来又说道："我老了，不能用他了。"孔子就离开了齐国。

18.4 齐人归女乐①，季桓子②受之，三日不朝，孔子行。

【章旨】

此章记孔子可行即行之事。

【注释】

① 归（kuì）女乐：赠送歌舞的女子。归，同"馈"。此事可参阅《史记·孔子世家》及《韩非子·内储说》。

② 季桓子：季孙斯。卒于哀公三年。受女乐在定公十年。

【译文】

齐国人赠送能歌善舞的女子给鲁国，季桓子接受了，一连三日不上朝问政，于是孔子就走了。

18.5　楚狂接舆①歌而过孔子②，曰："凤兮，凤兮！何德之衰③？往者不可谏，来者犹可追④。已而，已而！今之从政者殆而！"孔子下⑤，欲与之言。趋而辟之，不得与之言。

【章旨】

此章言孔子不忍避世而接舆不识也。

【注释】

① 接舆：楚之贤人，佯狂避世，失其姓名。以其接孔子之车而歌，故称"接舆"。曹之升《四书摭余说》云："《论语》所记隐士，皆以其事名之。门者谓之'晨门'，丈者谓之'丈人'，津者谓之'沮''溺'，接孔子之舆者谓之'接舆'，非名亦非字也。"

② 过孔子：于途中过孔子之车。或说：过孔子门下。

③ 何德之衰：凤有道则见，无道则隐。接舆以凤比孔子，世无道而不能隐，为德衰也。

④ 犹可追：尚可赶得上、来得及之义。谓及今尚可隐去也。

⑤ 下：谓下车。或说：下堂。

【译文】

楚国的狂人接舆，唱着歌走过孔子的车子，说道："凤凰呀，凤凰呀！

你的德行为什么衰微了呢？过去的不能再挽回，未来的还来得及追悔。算了吧，算了吧！现在的执政者都是危险不可共事的！"孔子下车，想要同他谈谈。他匆忙走避，孔子没法同他谈。

18.6 长沮、桀溺①耦而耕②，孔子过之，使子路问津焉。

长沮曰："夫执舆③者为谁？"子路曰："为孔丘。"曰："是鲁孔丘与？"曰："是也。"曰："是知津矣。"

问于桀溺。桀溺曰："子为谁？"曰："为仲由。"曰："是鲁孔丘之徒与？"对曰："然。"曰："滔滔者天下皆是也④，而谁以⑤易之？且而⑥与其从辟⑦人之士也，岂若从辟世之士哉？"耰⑧而不辍。

子路行以告。夫子怃然⑨曰："鸟兽不可与同群，吾非斯人之徒与而谁与⑩？天下有道，丘不与易也。"

【章旨】

此章亦言孔子不忍避世而长沮和桀溺不识也。

【注释】

① 长沮、桀溺：皆隐于耕者。失其姓名字号。参见上章注①。

② 耦而耕：古代耕田之一种方法。其法为两人各执一耜，左右并发，前面用牛牵引。《周礼·考工记》云："耜广五寸，二耜为耦。"正义云："二耜为耦者，二人各执一耜，若长沮、桀溺耦而耕。"说见夏炘《学礼管释》卷十三释二耜为耦。

③ 执舆：执辔。本子路所执，因已下车，故孔子代之。

④ 滔滔者天下皆是也：滔滔，广大流行之貌。句谓天下之人皆如此也。郑玄注本滔滔作"悠悠"，《史记》引亦作"悠悠"。

⑤ 以：与也。与下文诸"与"字同义。

⑥ 而：同"尔"，汝也。

⑦ 辟：同"避"。

⑧ 耰（yōu）：播种之后，再把土把种子覆盖起来，并把土摩平。

⑨ 怃然：怅惘失意貌。

⑩ 吾非斯人之徒与而谁与：即“吾非与斯人之徒而与谁”之倒装形式。

【译文】

长沮和桀溺二人正在一同耕田，孔子从那儿经过，教子路去问渡口。

长沮问子路道：“那位在车上拉着马缰绳的是谁？”子路说：“是孔丘。”长沮问：“是鲁国的孔丘吗？”子路说：“是的。”长沮说：“他应该知道渡口在哪里的。”

子路又向桀溺问渡口。桀溺说：“您是谁？”子路说：“我是仲由。”桀溺说：“是鲁国孔丘的学生吗？”子路答道：“是的。”桀溺说：“天下乌鸦一般黑，你们要同谁去改革它呢？而且你与其跟随逃避坏人的人，哪里比得上跟随逃避社会的人呢？”（说完了）不停地在摩土覆盖种子。

子路跑回去向孔子报告。孔子怃然若失地说：“鸟兽是不可与它同群生活的，我不和这人群居处在一起，又和谁居处在一起呢？如果天下太平，我就不会同你们图谋改革了。”

18.7 子路从而后，遇丈人，以杖荷蓧①。子路问曰：“子见夫子乎？”丈人曰②：“四体不勤，五谷③不分，孰为夫子？”植其杖而芸④。子路拱而立⑤。止子路宿，杀鸡为黍⑥而食之，见其二子焉。

明日，子路行以告。子曰：“隐者也。”使子路反见之。至，则行矣。子路曰⑦：“不仕无义。长幼之节，不可废也；君臣之义，如之何其废之？欲洁其身，而乱大伦。君子之仕也，行其义也。道之不行，已知之矣。”

【章旨】

此章亦孔子不忍避世而荷蓧丈人不知也。

【注释】

① 蓧（diào）：《说文解字》作“莜”，本字也。除草器，用草或竹做成。

② 丈人曰：丈人责子路也。一说：丈人自谓也。

③ 五谷：禾黍稷稻麦（程瑶田说）。

④ 植其杖而芸：把拐杖插在地上去除草。一说，挂着拐杖除草。芸，本作"槈"，或作"薅"。今作"芸"，《汉石经》作"耘"，俱隶省。

⑤ 拱而立：双手为拱，体前微倾而立，表敬也。

⑥ 为黍：治黍为饭。

⑦ 子路曰：子路告丈人之二子也。

【译文】

子路跟随孔子而落在后面，遇到一个老人用拐杖担着除草的用具。子路问道："您见到我的老师了吗？"老人说："你四肢不劳动，五谷分不清，谁晓得你的老师是谁？"说完了，便把拐杖插在田里去除草。

子路拱手磬折恭敬地站着。丈人便留子路到家里住下，杀鸡做饭招待子路，又把两个儿子叫出来相见。

第二天子路赶上了孔子，向他报告了这事。孔子说："这是位隐士。"让子路再回去看他。子路到了那里他已走开了。子路说："不出来做官是不合义理的。长幼间的礼节，你知道不可废弃；君臣间的伦常怎么能够废弃呢？为了洁身自好而隐居，却乱了君臣间的伦常。须知君子出来做官，是尽自己应尽的义务。至于道不能实行，那是意料之中的事。"

18.8 逸民①：伯夷、叔齐、虞仲、夷逸、朱张、柳下惠、少连②。子曰："不降③其志，不辱其身，伯夷、叔齐与！"谓"柳下惠、少连，降志辱身矣，言中伦，行中虑④，其斯而已矣。"谓"虞仲、夷逸，隐居放言，身中清，废中权⑤。我则异于是，无可无不可。"

【章旨】

此章历评七人之行各守一节唯孔子无可无不可。

【注释】

① 逸民：遗佚于世之民。

② 伯夷、叔齐、虞仲、夷逸、朱张、柳下惠、少连：伯夷、叔齐已见

《论语·公冶长》第二十二章。虞仲已不可确知。或谓为周太王子仲雍，或谓即吴君周章之弟，或疑为春秋时虞君之弟。夷逸，曾见《尸子》。或劝其出仕而不从。朱张无可考。柳下惠已见《论语·卫灵公》第十三章。少连见《礼记·杂记》，孔子称其善居丧。

③ 降：屈也。

④ 言中（zhòng）伦，行中虑：言语合乎法度，行为合乎思虑。中，合也。伦，理也。

⑤ 身中清，废中权：立身行事合乎清道，废世隐居合乎权变。

【译文】

被遗失的贤人有：伯夷、叔齐、虞仲、夷逸、朱张、柳下惠、少连。孔子说："不屈降自己的心志，不侮辱自己的身体，是伯夷、叔齐吧！"又说："柳下惠、少连屈降自己的心志，侮辱自己的身体了，不过言语合乎法度，行事经过思虑，那也只有如此罢了。"又说："虞仲、夷逸逃世隐居放言高论，立身行事廉洁自守，废弃不用也是权宜之计。我就和他们不一样，没有一定的可以，也没有一定的不可以。"

18.9 大师挚①适齐，亚饭干适楚，三饭缭适蔡，四饭缺适秦②，鼓方叔③入于河，播鼗武④入于汉，少师阳、击磬襄⑤入于海。

【章旨】

此章记鲁衰，乐官四散。记之所以思念孔子也。

【注释】

① 大师挚：大师，乐官之长，名挚。疑即"师挚之始"之"师挚"。

② 亚饭干适楚，三饭缭适蔡，四饭缺适秦：亚，次也。亚饭、三饭、四饭，皆以乐侑食之官。干、缭、缺其名也。《礼》：王大食，三侑。鲁亦有三侑，僭王礼也。

③ 鼓方叔：击鼓者名方叔。

④ 播鼗（táo）武：播，摇也。鼗，小鼓有柄，两边有耳。持柄摇之，

旁耳还自击。也作"鞉"。武，名也。

⑤ 少师阳、击磬襄：少师，乐官之佐。阳、襄皆人名。襄即孔子所从学者。

【译文】

太师挚逃到齐国，亚饭干逃到楚国，三饭缭逃到蔡国，四饭缺逃到秦国，打鼓的方叔迁居到黄河边上，摇小鼓的武迁居到汉水旁边，少师阳、击磬襄都迁居到海边。

18.10 周公谓鲁公①曰："君子不施②其亲，不使大臣怨乎不以③。故旧无大故，则不弃也。无求备④于一人。"

【章旨】

此章周公告诫鲁公以忠厚立国之法。

【注释】

① 周公谓鲁公：周公，名旦。鲁公，伯禽，周公之子。伯禽受封之鲁，周公告诫之。

② 施：同"弛"，疏远遗弃。

③ 以：用。

④ 备：完满。

【译文】

周公告诫鲁公说："君子不疏远遗弃他的亲族，不使大臣怨恨自己的意见不被采用。关系久远的人如果没有大恶，不要遗弃他。不要对某一人求全责备。"

18.11 周有八士：伯达、伯适、仲突、仲忽、叔夜、叔夏、季随、季骒。①

【章旨】

此章记八士集于一家玮才蔚起。编者附于此，思其盛，亦所以感其衰也。

【注释】

① 此章涉及伯达八士皆无可确考。旧说：一母四乳，皆孪生。或说：此特见一家之多贤，何必皆孪生。或说在周成王时。或说在宣王时。或以为即武王时之尹氏八士，见《逸周书》。

【译文】

周代有八个贤士：伯达、伯适、仲突、仲忽、叔夜、叔夏、季随、季骒。

子张第十九

共二十五章

19.1 子张曰："士见危致命^①，见得思义^②，祭思敬，丧思哀^③，其可已矣。"

【章旨】

此章子张言士人立身之大节。盖述遗教以诱后学，且与同门相切磋也。

【注释】

① 致命：犹授命。句见《论语·宪问》第十二章。

② 见得思义：见《论语·季氏》第十章。

③ 祭思敬，丧思哀：见《论语·八佾》第十二及二十六章。

【译文】

子张说："读书人遇到危险便能献出生命，见有所获得便能先考虑是否合义，祭祀的时候想着要诚敬，居丧的时候想着要哀戚，大概就可以了。"

19.2 子张曰："执德不弘^①，信道不笃，焉能为有？焉能为亡^②？"

【章旨】

此章言人执德信道需广大笃实。

【注释】

① 执德不弘：执，守也。执德，犹言据德。弘，大也。

② 焉能为有？焉能为亡：言此等人不足为轻重。注：此章可与《论语·泰伯》第七章互参。

【译文】

子张说："执德不能宏大，信道不能笃实，怎么能算是有这种人？怎么能算是无这种人？"

19.3 子夏之门人问交于子张。子张曰："子夏云何？"

对曰："子夏曰：'可者与之，其不可者拒之①。'"

子张曰："异乎吾所闻。君子尊贤而容众，嘉善而矜不能。我之大贤与，于人何所不容？我之不贤与，人将拒我，如之何其拒人也？"

【章旨】

此章记子夏、子张交友见解之不同。

【注释】

① 其不可者拒之：即"无友不如己者"之义。

【译文】

子夏的学生向子张问交友之道。子张说："子夏对你们说过什么？"

回答道："子夏说：'可以交的就与他交往，不可以交的便拒绝他。'"

子张说："这和我所听到的不同。君子尊敬贤人并且接纳众人，嘉奖好人同时也同情无能的人。我若是个大贤人，对于别人有什么不能容纳的呢？如果我是个不贤的人，别人将要拒绝我，我又怎能去拒绝别人呢？"

19.4 子夏曰："虽小道，必有可观者焉。致远恐泥①，是以君子不为也。"

此章言君子当立志求大道。

【注释】

① 泥（nì）：拘滞不通。

【译文】

子夏说："即使是小的道艺，也一定有可取的地方。但是要行致久远恐怕会滞碍不通，所以君子都不去研求它。"

19.5　子夏曰："日知其所亡^①，月无忘其所能^②，可谓好学也已矣。"

【章旨】

此章勉人为学。

【注释】

① 日知其所亡：指博文言。

② 无忘其所能：指约礼言。

【译文】

子夏说："每天知道所未知的，每月都温习所已能的，可以说是好学的了。"

19.6　子夏曰："博学而笃志^①，切问而近思^②，仁在其中矣。"

【章旨】

此章言为仁之一方。

【注释】

① 志：志趣。一说：通"识"，记识也。

② 近思：就己身近处之问题去思考。

【译文】

子夏说："广博地学习并坚守自己的志趣，切实地发问并多考虑当前的问题，仁道就在这中间了。"

19.7 子夏曰："百工居肆①以成其事，君子学以致其道。"

【章旨】

此章勉人为学以求其道。

【注释】

① 肆：官府制造之处。犹今日之厂房。

【译文】

子夏说："各种工匠都在他的工作场所来完成他的工作，君子经由学习来获得他做人治事的道理。"

19.8 子夏曰："小人之过也必文①。"

【章旨】

此章勉人需知过改过，不可文过饰非。

【注释】

① 文（wén）：文饰。

【译文】

子夏说："小人对于过错一定加以文饰。"

19.9 子夏曰："君子有三变：望之俨然①，即之也温，听其言也厉②。"

【章旨】

此章言君子之威仪气象。

① 俨然：庄重貌。

② 厉：严正而确实。

【译文】

子夏说："君子的气象有三种变化：从远处望去态度庄重，接近他时温和可亲，听他说话严正而确实。"

19.10 子夏曰："君子信而后劳其民；未信，则以为厉①己也。信而后谏；未信，则以为谤己也。"

【章旨】

此章言事上使下必诚信交孚而后可以有成。

【注释】

① 厉：犹病也。虐害之意。

【译文】

子夏说："君子必须得到信任以后才去劳动他的百姓；未得到信任而劳动百姓，百姓就以为你在害他们。得到信任以后才去谏正君主；未得到信任而去谏正君主，君主会以为你在毁谤他。"

19.11 子夏曰："大德①不逾闲②，小德③出入可也。"

【章旨】

此章教人固守大德。

【注释】

① 大德：犹言大节。

② 闲：栅栏也。这里指界限。

③ 小德：犹言小节。

【译文】

子夏说："大的情操不可以超越规范，小的仪节稍有出入是可以的。"

19.12 子游曰："子夏之门人小子①，当洒扫应对进退，则可矣，抑末也。本之②则无，如之何？"

子夏闻之，曰："噫！言游过矣！君子之道，孰先传焉？孰后倦③焉？譬诸草木，区以别矣。君子之道，焉可诬④也？有始有卒者，其惟圣人乎！"

【章旨】

此章言君子之道传于人宜有先后之次第。

【注释】

① 门人小子：小子亦为门人。此特指门人中年轻一辈言。

② 本之：本者。本谓礼乐大道。

③ 倦：谓倦而不教。

④ 诬：欺罔。

【译文】

子游说："子夏的学生中年轻一辈的人，教他们洒水扫地应对进退是可以的，不过这都是些末节。做人的根本道理却没有，怎么可以呢？"

子夏听到了，说道："唉！言游说错了！君子的道理，哪一项该先传授？哪一项该后传授？譬如花草树木，是要区分为各种类别的。君子的道理，怎么可以不分难易先后一概而教呢？有始有终的，大概只有圣人了吧！"

19.13 子夏曰："仕而优①则学，学而优则仕。"

【章旨】

此章勉仕而有余裕者勿忘学也。

① 优：有余力。

【译文】

子夏说："做官有宽裕的时间和精力就应该去求学问，求学有宽裕的时间和精力就应该去做官。"

19.14 子游曰："丧致乎哀而止。"

【章旨】

此章言丧礼以哀戚为主。

【译文】

子游说："居丧时能极尽哀戚也就够了。"

19.15 子游曰："吾友张也为难能①也，然而未仁。"

【章旨】

此章评论子张务为高广，人所难能，而未有仁德。

【注释】

① 为难能：做一般人难能做到的事。

【译文】

子游说："我的同学子张好做些别人难以做到的事，但是他却没有仁德。"

19.16 曾子曰："堂堂①乎张也，难于并为仁矣。"

【章旨】

此章评论子张过于重视外貌难于行仁。

【注释】

① 堂堂：高大开广之貌。或说仪容美盛貌。

【译文】

曾子说："子张的言行高不可攀了，可是难以和他一同履行仁道。"

19.17 曾子曰："吾闻诸夫子：人未有自致^①者也，必也亲丧乎！"

【章旨】

此章勉人勿失其本心。

【注释】

① 自致：尽其极也。

【译文】

曾子说："我听老师说过：人平时没有能把感情发挥到极致的，一定要在父母死亡的时候吧！"

19.18 曾子曰："吾闻诸夫子：孟庄子^①之孝也，其他可能也；其不改父之臣与父之政，是难能也。"

【章旨】

此章论孟庄子之孝。可与《论语·学而》第十一章互参。

【注释】

① 孟庄子：鲁大夫孟献子仲孙蔑之子，名速。

【译文】

曾子说："我听老师说：在孟庄子的孝行中，别的都容易做到；但他不改变父亲的大臣和行政措施，是难以做到的。"

19.19 孟氏使阳肤^①为士师，问于曾子。曾子曰："上失其道，民散^②久矣。如得其情，则哀矜而勿喜！"

此章言衰世治狱之道。

① 阳肤：曾子之学生。

② 散：乖离叛上。

孟氏任用阳肤做法官，阳肤请教于曾子。曾子说："在上位的人不遵守法度，民心乖离背叛很久了。如果审得罪犯的实情，应该哀怜他，不可自鸣得意！"

19.20 子贡曰："纣①之不善，不如是之甚也。是以君子恶居下流②，天下之恶皆归焉。"

此章勉人宜力争上游，不可沦入下流。

① 纣：殷商末代君主，暴虐无道，为周武王所灭。参看《论语·微子》第一章注释。

② 下流：地势卑下众流会归处。比喻不善之地。

子贡说："纣的不好，不像传说的这么厉害。所以君子厌恶居于下流（一旦居下流），天下的坏事都会集中到他身上。"

19.21 子贡曰："君子之过也，如日月之食焉。过也，人皆见之；更也，人皆仰之。"

此章言君子贵能改过。

【译文】

子贡说："君子的过错，像日食月食一样。犯错了，人都看得见；改过了，人都仰望他。"

19.22 卫公孙朝①问于子贡曰："仲尼焉学？"子贡曰："文武之道，未坠于地②，在人。贤者识③其大者，不贤者识其小者。莫不有文武之道焉。夫子焉不学？而亦何常师之有？"

【章旨】

此章言孔子之学乃能学于众人而益见其仁益明其道也。

【注释】

① 卫公孙朝：卫大夫。春秋时鲁有成大夫公孙朝（左传·昭公二十六年），楚有武城尹公孙朝（左传·哀公十七年），郑有子产弟公孙朝（《列子》）。故加卫以别之。

② 坠于地：绝灭于世间。

③ 识（zhì）：记也。一说：读如认识之识。

【译文】

卫公孙朝问子贡说："仲尼的学问是从哪里学来的？"子贡说："文王、武王的道统，没有在世间消失，保存在每个人身上。贤能的人记取它的大纲，不贤能的人记取它的末节。没有一个人不具有文王、武王的道统。我的老师何处不可学？又哪有固定的师承呢？"

19.23 叔孙武叔①语大夫于朝曰："子贡贤于仲尼。"子服景伯②以告子贡。子贡曰："譬之宫墙③，赐之墙也及肩，窥见室家之好。夫子之墙数仞④，不得其门而入，不见宗庙之美，百官之富⑤。得其门者或寡矣。夫子之云，不亦宜乎！"

此章言孔子之德业深不可测。

【注释】

① 叔孙武叔：鲁大夫，名州仇。

② 子服景伯：已见《论语·宪问》第三十六章。

③ 宫墙：围墙。宫亦墙也。

④ 仞：一人之高度。或曰七尺，或曰八尺。

⑤ 宗庙之美，百官之富：古者家室与宗庙相连。美言其光辉，富言其充实。百官乃家中治事之府。贵家大室始有此制。官，本义为房舍。其后引申为官职之义。此用其本义。

【译文】

叔孙武叔在朝中告诉大夫们说："子贡比仲尼强。"子服景伯把此话告知子贡。子贡说："譬如围墙，我的墙只到肩膀那么高，可以看到家中美好的东西。老师的墙有几个人高，如果找不到大门进去，便看不到宗庙的美盛，府舍的众多。找到大门的人，大概是很少的。叔孙先生说这话，不是很自然的吗！"

19.24 叔孙武叔毁仲尼。子贡曰："无以为①也！仲尼不可毁也。他人之贤者，丘陵也，犹可逾也；仲尼，日月也，无得而逾焉。人虽欲自绝，其何伤于日月乎？多②见其不知量也！"

【章旨】

此章申言孔子之德业高如日月不可诋毁。

【注释】

① 无以为："无为此"之倒装形式。以，此也。

② 多：适也，只也。

【译文】

叔孙武叔毁谤仲尼。子贡说："不要这样做！仲尼是不可毁谤的。他人的贤能，好比是丘陵，还可以攀登过去；仲尼的贤能，好比是日月，不可能超越他。一个人虽然想和日月断绝关系，那对日月有什么损害呢？只不过显示他不自知其分量罢了！"

19.25 陈子禽谓子贡曰："子为恭也，仲尼岂贤于子乎？"子贡曰："君子一言①以为知，一言以为不知，言不可不慎也。夫子之不可及也，犹天之不可阶而升也。夫子之得邦家者，所谓立之斯立，道②之斯行，绥③之斯来，动④之斯和⑤。其生也荣⑥，其死也哀⑦。如之何其可及也？"

【章旨】

此章就仲尼神化之速以明圣人之德。

【注释】

① 一言：一句话。

② 道：引导。

③ 绥：安。

④ 动：谓劳动。

⑤ 和：谓能同心协力。

⑥ 荣：谓尊而亲之。

⑦ 哀：谓哀伤哭泣之。

【译文】

陈子禽对子贡说："您是在谦恭礼让吧，仲尼难道真的比您强吗？"子贡说："君子由一句话可以显出他的聪明，一句话可以显出他的不聪明，所以说话不可以不谨慎。老师的不可企及，犹如上天不可循阶历升。老师如果能得到封国而为诸侯或者得到采邑而为卿大夫，就正如我们所说的教百姓立身于世，百姓就能人人卓立于社会；引导百姓，百姓自会前进不已；使百姓安居乐业，百姓自会从远方来投靠；劳动百姓，百姓自会同心协力。老师活着的时候光荣尊崇，死了以后令人悲哀痛哭。如何能够企及呢？"

尧曰第二十

共三章

20.1 尧曰[①]："咨[②]！尔舜！天之历数[③]在尔躬，允执其中[④]。四海困穷，天禄永终。"舜亦以命禹。

曰："予小子履[⑤]，敢用玄牡[⑥]，敢昭告于皇皇后帝[⑦]：有罪不敢赦。帝臣不蔽[⑧]，简在帝心[⑨]。朕躬有罪，无以[⑩]万方；万方有罪，罪在朕躬。"

周有大赉，善人是富[⑪]。"虽有周亲[⑫]，不如仁人。百姓有过，在予一人。"

谨权量，审法度[⑬]，修废官[⑭]，四方之政行焉。兴灭国，继绝世[⑮]，举逸民，天下之民归心焉。所重民：食、丧、祭[⑯]。宽则得众，信则民任焉，敏则有功，公则说。[⑰]

【章旨】

此章历叙尧、舜、禹、汤、武王所以治天下之大端而以孔子之言继之。

【注释】

① 尧曰：此下乃尧命舜而禅以帝位之辞。

② 咨（zī）：嗟叹声。

③ 历数：帝王相传之次第，犹岁时节气之先后。历，或作"歷""厤"，次也。

④ 允执其中：切实执守中正之道。允，信也。

⑤ 予小子履：自此句以下是汤祷雨，以身代牲，为民受罪之辞（见《墨子·兼爱下》《吕氏春秋·顺民》）。"予小子"及"予一人"皆上古帝王自称之词。履，商汤名。注详《论语·颜渊》二十二章。

⑥ 敢用玄牡：用黑色公牛为牲以祭告天。或说汤既以身为牲，不宜复用玄牡。《鲁论》《齐论》皆无此四字。

⑦ 皇皇后帝：伟大的天帝。皇皇，大也。墨子作"上天后"。

⑧ 帝臣不蔽：凡天下贤者皆帝之臣，不敢有所隐蔽。墨子作"有善不敢蔽"。

⑨ 简在帝心：由帝心简择而任用之。

⑩ 以：及也，与也。《吕氏春秋》作"及"。

⑪ 周有大赉，善人是富：周朝有大封赐，惟富贵善人。赉，赐也。一说，天大赐周，使之富善人；所谓"有乱臣十人"是也。此下言周武王事。

⑫ 周亲：至近之人。此下四句，周武王封诸侯之辞。见刘宝楠《论语正义》引宋翔凤说。

⑬ 谨权量，审法度：即齐一度、量、衡。"法度"非法律制度，指分、寸、尺、丈、引而言。一说，法度即律度。律谓十二律，度谓丈尺。后凡定制有限节者皆称法度。汉儒以为此下乃孔子语。

⑭ 修废官：旧官职有废者，更修立之。赵佑《四书温故录》："或有职而无其官，或有官而不举其职，皆曰废。"

⑮ 继绝世：谓贤人世绝不祀，为之立后，使仍能享祀也。

⑯ 所重民：食、丧、祭：所重于民者，唯食、丧、祭三者。或分民、食、丧、祭为四事。

⑰ 宽则得众四句：或以此孔子告子张问仁语，上脱"恭则不侮"四字。"公则说"三字问仁章无之。或曰：公（公平正直义）字不见于《论语》，下至老庄之书屡言之。据子张问仁章有"惠则足以使人"，公字疑当作"惠"。或以为此非袭自问仁章，因"信则民任焉"《汉石

经》无之。天文本校勘记云："皇本、唐本、津藩本、正平本均无此句。"盖自问仁章误入。

【译文】

尧皇帝说："啊！舜呀！上天的大命已经落在你身上了，你要信实地遵行中正大道。如果天下的百姓都困穷了，上天给你的禄位也要永远断绝了。"舜传位给禹时也说了这一番话。

商汤说："我这小子履，冒昧地用黑色的公牛作牺牲，明明白白地祭告于伟大的天帝：有罪的人我不敢擅自赦免他。您的臣子善否我不敢隐瞒遮掩，由您简择任用。我本人如有罪过，不要累及天下百姓；天下百姓若有罪过，都归我一人来承担。"

周朝大封诸侯，使贤良的人都富贵尊荣。说："我虽然有至亲近的人，但不如有仁德的人。百姓如果有罪过，都该由我来负责。"

谨慎检验衡器量器，审定长度单位，修复已废弃的机关和职务，国家的政令就可以通行了。兴复已灭亡的国家，承续已绝嗣的后代，举用被遗弃的贤人，天下的百姓都会心悦归服了。所重视人民的是：粮食、丧葬、祭祀。宽厚就能得到大家的拥护，诚实就能得到百姓的信任，勤敏就能有功绩，公平就能使百姓欣悦。

20.2 子张问于孔子曰："何如斯可以从政矣？"子曰："尊五美，屏①四恶，斯可以从政矣。"

子张曰："何谓五美？"子曰："君子惠而不费，劳而不怨，欲而不贪②，泰而不骄，威而不猛。"

子张曰："何谓惠而不费？"子曰："因民之所利而利之，斯不亦惠而不费乎？择可劳而劳之，又谁怨？欲仁而得仁，又焉贪？君子无众寡，无小大，无敢慢，斯不亦泰而不骄乎？君子正其③衣冠、尊其瞻视，俨然人望而畏之，斯不亦威而不猛乎？"

子张曰："何谓四恶？"子曰："不教而杀谓之虐；不戒视成④谓之暴；慢令致期⑤谓之贼；犹之⑥与人也，出纳⑦之吝谓之有司⑧。"

【章旨】

此章孔子详教子张以为政之道也。

【注释】

① 屏（bǐng）：摒除。

② 欲而不贪：欲仁义而无不足之感。贪者，有欲而常感不足之意。

③ 其：己也。

④ 不戒视成：不事先告诫而临时督责其成功。

⑤ 慢令致期：缓其命令于先而急刻其期限于后以误其民而刑之。

⑥ 犹之：均之，均是。

⑦ 出纳：偏义词，仅有出意，无纳意。

⑧ 有司：职有专司之小吏。

【译文】

子张向孔子问道："怎么样才可以治理政事呢？"孔子说："尊重五种美德，排除四种恶政，就可以治理政事了。"

子张说："什么是五种美德？"孔子说："君子给人民好处自己却不破费，劳动百姓百姓却不怨恨，有所欲望却不贪财利，舒泰庄矜却不骄傲，有威仪却不凶猛。"

子张说："怎么做才能给人民好处却不破费呢？"孔子说："就人民可得到利益的地方使他们得到利益，这不就是给人民好处自己却不破费吗？选择可以劳动的时间和对象去劳动他们，又有谁会怨恨呢？自己想求得仁德而得到了仁德，又怎能说是贪财利呢？君子不管人多或人少，势力大或势力小，都不敢怠慢，这不就是舒泰庄矜却不骄傲吗？君子衣冠端整，视瞻庄敬，态度严肃地令人见而生敬畏之心，这不就是有威仪却不凶猛吗？"

子张说："什么是四种恶政？"孔子说："不曾教育便加以杀戮，叫作虐；不曾告诫就督责其成功，叫作暴；先前下令时宽缓，后来限期急迫，叫作贼；财物总是要给人的，而付出时吝啬，叫作有司。"

20.3 孔子曰："不知命①，无以②为君子也；不知礼，无以立也；不知言③，无以知人也。"

【章旨】

此章言为人立身之道也。

【注释】

① 命：谓穷达之分。

② 无以：不能。

③ 知言：辨析言语是非善恶之意。

【译文】

孔子说："一个人不了解命数，就不可能成为君子；不了解礼节，就不可能在社会上立足；不了解人家言语的用意，就不可能认识人。"

孟子

《孟子》提要

陈弘治

孟子传述孔子之道，其思想大都渊源于孔子。但因时代的变迁，以及各人个性修养的不同，在立言上也有许多不尽相同的地方。譬如：《孟子》一书，游文六艺之中，留意仁义之际，敦教化，明人伦，不语怪力，不谈鬼神，此与《论语》相同者。然而，《论语》气平，《孟子》气激；《论语》辞约而意广，《孟子》气盛而言宜；《论语》只言仁，而《孟子》兼明仁义；《论语》只言志，而《孟子》深论知言与养气。至于论时政，《论语》多作理论之谈，尚王道而未言其法制；而《孟子》则明揭仁政，详言法制，体国经野，具有规模，曾谓治地莫善于助，仁政必自经界始，并详载班爵制禄的要点。而论修养方法，不论在出处、辞受、取予之道各方面，亦较《论语》发挥得更透彻、更明白。

此外，孟子好辩，以辟异端自任。其指名而辩者，有为神农之言者许行，有墨者夷之，有为纵横之术者景春，有轻尧舜之道者白圭。其不指名者，陈澧《东塾读书记》谓：孟子"距杨墨"，杨朱为老子弟子，距杨朱即距道家；"善战者服上刑"，朱子集注以为指孙膑、吴起、苏秦、张仪、李悝、商鞅之类。凡此，皆孟子以尧舜仁义道德为尚，而志于传统正道之承传，诚如唐代韩愈所说"障百川而东之"了。

孟子私淑孔子，一生的抱负，就是要继承禹、周公、孔子的志业，以弘扬圣道儒学。的确，也唯有孟子可以阐扬孔子的学说。因为孔门弟子虽号称三千，贤达者七十，然而大抵都只是些诵经乐道的君子，他们对谨守师说、努力做人，或许各有所长，至于发扬孔子之学，光大圣人之业，却无此才气。纵使颜渊不死，也不过对孔子的学术思想，能有极高的领悟而已，若想有魄力、有办法地弘学救世，使人接受孔子之道，那也绝非他所擅长。因此，假若没有孟子出来，则孔子的精神，势必为其平淡的外表所掩埋；孔子的大道，势必为那些浅见的众人所鄙弃。所以，我们可以说：儒学的开创在于孔子，而发扬之功，则必须归于孟子了。

孟子所处的时代，天下滔滔，邪说横行；政治暴虐，民不聊生；社会风气，唯利是图；邦无定交，士无定主；道德废弛，斯文扫地。孟子生当此时，抱着"当今之世，舍我其谁"的大志，肩负起护卫民族文化的责任。持正统之论，严夷夏之防；揭仁义，辟功利；崇王道，黜霸功；维护道统，力挽狂澜。以他那口若悬河的辩才，打击异端邪说，批驳荒谬理论。靠着他的辩驳，乃使后世学者，尚知尊孔氏，崇仁义，贵王贱霸，维系圣贤一脉相传的道统于不坠，故唐代韩愈推崇他得孔子之真传，而谓其"功不在禹下"。

至其高视千古的胸襟志概，旨正言瞻的见识议论，更非其他儒者所可比拟，如论"大丈夫"、论"君命召不俟驾"、论"说大人则藐之"、论"善养浩然之气"等，处处都为后世士人注重气节立下优良的楷模。

要之，《孟子》发挥儒家要义，固是一部永不磨灭的儒家典籍；而其好批评同时学者，使本身失传的许行、告子等学说，赖其抨击而保存，亦为先秦哲学史料的重要宝库。

梁惠王上

共七章

1 孟子见梁惠王①。王曰："叟②，不远千里③而来，亦将有以利吾国乎？"

孟子对曰："王，何必曰利？亦有仁义而已矣。王曰：'何以利吾国？'大夫曰：'何以利吾家？'士庶人曰：'何以利吾身？'上下交征④利，而国危矣！万乘之国⑤，弑⑥其君者必千乘之家⑦；千乘之国⑧，弑其君者必百乘之家⑨。万取千焉，千取百焉，不为不多矣。苟为后义而先利，不夺不餍⑩。未有仁而遗⑪其亲者也，未有义而后⑫其君者也。王亦曰仁义而已矣，何必曰利？"

【章旨】

此章是孟子以仁义辟除梁惠王的功利思想。仁义二字为孟子王道政治的主要课题。

【注释】

① 梁惠王：即战国时魏国君，名罃。本都安邑，后迁大梁（今河南开封），僭称王，谥曰惠，故称梁惠王。《史记·魏世家》：惠王三十五年，卑礼厚币以招贤者，而孟轲至梁。

② 叟：老先生。长老之称。

③ 不远千里：不以千里为远。远，作动词用。

④ 征：取也。

⑤ 万乘（shèng）之国：乘，读去声。兵车一辆叫一乘。古代以兵车的多少来衡量国家的大小。天子畿内，地方千里，出兵车万辆，故云。

⑥ 弑：下杀上。

⑦ 千乘之家：古代执政大臣有一定的采地（即封邑），拥有这种采地的公卿大夫叫家。天子的公卿，地方百里，出兵车千辆，故云。

⑧ 千乘之国：指诸侯之国。

⑨ 百乘之家：指诸侯之大夫。

⑩ 餍（yàn）：饱足，满足。

⑪ 遗：舍弃。

⑫ 后：即置诸脑后而不顾之意。

【译文】

孟子进见梁惠王。梁惠王说："您老先生，不远千里路遥，来到我们这里，大概有什么妙计能对我们国家有利吧？"

孟子回答说："大王为什么要提这'利'字呢？怕只要有'仁义'二字就够了！假若一个国王说：'怎样才对我的国家有利？'大夫说：'怎样才对我的封邑有利？'一般士子以至平民也说：'怎样才对我本身有利？'全国上下都互相争逐私利，那国家就危险了！在拥有一万辆兵车的天子之国，杀天子的人一定就是那拥有千辆兵车的公卿；在拥有一千辆兵车的诸侯之国，杀诸侯的人一定就是那拥有百辆兵车的大夫。从万辆中取得千辆，从千辆中取得百辆，这样的比例也不算不多了。假若忽视公义而先讲私利，那么不完全夺取过来是永远不会满足的。从来没有讲'仁'的人却遗弃他的父母的，也从来没有讲'义'的人却不顾他的君主的。大王只要讲仁义就行了，为什么一定要提到利呢？"

2 孟子见梁惠王。王立于沼上，顾鸿雁麋①鹿，曰："贤者亦乐此乎？"

孟子对曰："贤者而后乐此。不贤者虽有此，不乐也。《诗》云②：'经始灵台③，经之营之。庶民攻④之，不日⑤成之。经始勿亟⑥，庶民子来⑦。

王在灵囿^⑧，麀鹿攸伏^⑨。麀鹿濯濯^⑩，白鸟鹤鹤^⑪。王在灵沼，於牣^⑫鱼跃。'文王以民力为台为沼，而民欢乐之，谓其台曰灵台，谓其沼曰灵沼，乐其有麋鹿鱼鳖。古之人与民偕乐^⑬，故能乐也。《汤誓》^⑭曰：'时日害丧^⑮？予及女^⑯偕亡！'民欲与之偕亡，虽有台池鸟兽，岂能独乐哉？"

【章旨】

此章是孟子劝梁惠王为政要像文王一样与民同乐，不要像夏桀那样招惹民怨。

【注释】

① 麋（mí）：鹿之大者。

②《诗》云：见《诗经·大雅·灵台》。

③ 经始灵台：经，度量设计。灵台，文王台名，故址在今陕西西安市鄠邑区东。

④ 攻：治也。引申为建造之意。

⑤ 不日：不终日，没多久。

⑥ 亟（jí）：速也，急也。

⑦ 子来：如人子来趋奉父事。

⑧ 囿（yòu）：养禽兽之场所。

⑨ 麀（yōu）鹿攸伏：麀，母鹿。攸伏，安其所而不惊动。

⑩ 濯濯：肥胖而有光泽貌。

⑪ 鹤鹤：羽毛洁白貌。

⑫ 於牣（wū rèn）：於，叹美之词。牣，充满。

⑬ 偕乐：同乐。

⑭《汤誓》：《尚书·商书》篇名。

⑮ 时日害丧（sàng）：时日，此日，指夏桀。害，同"曷"，何也。丧，读去声，亡也。

⑯ 女：同"汝"。

【译文】

孟子拜见梁惠王。惠王站在沼池旁边，一面看着飞鸟走兽，一面说道："贤德的人也喜欢享受这种快乐吗？"

孟子回答说："唯有贤德的人才能享受这种快乐，不贤的人纵使有这种快乐，也是无法享受的。《诗经》上说：'文王初造灵台的时候，刚打算怎样度量、怎样营造，人民知道了就一齐前来动手工作，没多久的工夫灵台就落成了。文王的意思本来不想太急太赶，而人民却像儿子为父亲做事一般地卖力工作。文王来到灵囿赏玩，母鹿们安闲地卧伏着；母鹿都很肥胖而有光泽，白色的鸟儿羽毛洁白而悦目。文王来到灵沼旁边，满沼池的鱼儿快活地跳跃着。'文王用人民的力量兴建高台深池，可是人民都高高兴兴，把那个台叫灵台，把那个沼叫灵沼，还高兴他有许多种类的鸟兽鱼鳖。古时候的国君就因为他肯和人民一同快乐，所以他能得到真正的快乐。《汤誓》上说：'在我头上的这个太阳呀，你什么时候才会消灭呢？我宁愿和你同归于尽！'作为国家的君王竟使人民怨恨到要和他一同灭亡，那他纵然有高台深池、珍禽异兽，难道能够独自享受其乐吗？"

3 梁惠王曰："寡人①之于国也，尽心焉耳矣。河内②凶，则移其民于河东③，移其粟于河内。河东凶亦然。察邻国之政，无如寡人之用心者，邻国之民不加少④，寡人之民不加多，何也？"

孟子对曰："王好战，请以战喻。填然⑤鼓之，兵刃既接，弃甲曳兵⑥而走，或百步而后止，或五十步而后止。以五十步笑百步，则何如？"

曰："不可。直⑦不百步耳，是亦走也。"

曰："王如知此，则无望民之多于邻国也。不违农时，谷不可胜⑧食也。数罟⑨不入洿池⑩，鱼鳖不可胜食也。斧斤⑪以时入山林，材木不可胜用也。谷与鱼鳖不可胜食，材木不可胜用，是使民养生丧死无憾也。养生丧死无憾，王道之始也。五亩之宅，树之以桑，五十者可以衣⑫帛矣。鸡豚狗彘之畜，无失其时，七十者可以食肉矣。百亩之田，勿夺其时，数口之家可以无饥矣。谨庠序⑬之教，申之以孝悌之义，颁白⑭者不负戴⑮于道路矣。七十者衣帛食肉，黎民⑯不饥不寒，然而不王者，未之有也。狗彘食人食而不知检⑰，途有饿莩⑱而不知发；人死，则曰：'非我也，岁也。'是何异于刺人而杀之，曰：'非我也，兵也。'王无罪⑲岁，斯⑳天下之民至焉。"

【章旨】

此章在说国君尽心为民，要从根本上行王道，不当只行小惠而已。

【注释】

① 寡人：寡德之人。诸侯自称之谦辞。

② 河内：魏地名，辖地当今河南济源市一带。

③ 河东：魏地名，辖地当今山西运城一带。

④ 加少：增少。即减少。

⑤ 填然：形容鼓声。

⑥ 曳兵：拖引兵器。

⑦ 直：但也，只也。

⑧ 胜（shēng）：尽也。

⑨ 数罟（cù gǔ）：细密的渔网。

⑩ 洿（wū）池：低深之池。

⑪ 斤：砍刀。

⑫ 衣（yì）：读去声，穿也。

⑬ 庠序：古代地方学校之名。周曰庠，殷曰序。

⑭ 颁白：同"斑白"。老人头发半白半黑。

⑮ 负戴：负，以肩背物。戴，以首顶物。皆指劳役之事。

⑯ 黎民：黑发之民。指一般少壮之人民。

⑰ 检：节制。

⑱ 途有饿莩（piǎo）：途，路也。莩，同"殍"，饿死之人。

⑲ 罪：作动词用，归罪之意。

⑳ 斯：则也。

【译文】

梁惠王对孟子说："我对于国家，也算是费尽心力的了。河内地方如果遭遇饥荒，就把那里的一部分人民迁移到河东，同时把河东的一部分粮食运到河内来救灾。假如河东遭了饥荒，也是用同样的办法。我曾观察过邻国的政治，没有一个国家能像我这样用心爱民的，但是邻国的人民并不因此减少，我的人民也不因此增多，这是什么缘故呢？"

孟子回答说："大王喜欢战争，那就让我用战争来打个比喻吧。当战鼓咚咚一响，双方枪尖刀锋已然接触，就丢了盔甲拖着兵器向后逃跑，有的跑了一百步后停住脚，有的跑了五十步后停住脚。那些跑了五十步的竟讥笑跑了一百步的胆小，这怎么样呢？"

惠王说："这当然不可以。只不过没有跑到一百步罢了，同样也是逃跑呀。"

孟子说："大王如果懂得这个道理，那就不要再希望人民比邻国多了。如果在农民耕作的时节，不去妨碍它，那谷物便会吃不尽了。细密的渔网不放到深池里去，那鱼类就吃不完了。斧头砍刀在适当的季节才去山林里砍伐，那木材也就用不尽了。谷物和鱼类吃不完，木材用不尽，这就使人民养生送死都没有缺憾了。养生送死都没有缺憾，就是王道政治的起步了。若进一步，在每户农家五亩大的宅园中，种植些桑树来养蚕，那么五十岁以上的人就可以穿丝绵衣服了。鸡狗和猪等家畜的饲养，不要耽误了繁殖的时节，那么七十岁以上的人就可以有肉吃了。一家人百亩的田地，不要夺去他们耕种的时间，那么几口人的家庭就可以不致饥饿了。慎重地办理学校教育，反复地用孝顺父母和敬爱兄长的道理来训导他们，那么头发斑白的老人也就不致背负着或头顶着重物在路上行走了。七十岁以上的人有丝绵衣服穿，有肉吃，一般少壮的人也不挨饿，不受冻，像这样却还不能使天下归服的，是从来不曾有过的事呀。（如今的国君）猪狗吃掉了人民的粮食却不知道检点节制，道路上有饿死的人却不知道散发仓米救济；人民饿死了，竟然说道：'那不是我的罪过，而是年岁不好。'这岂不就像拿着刀子杀死了人，却说：'那不是我杀的，是刀子杀死的。'大王假若不去归罪于年岁凶荒，那么天下的人就会都来归服了。"

4 梁惠王曰："寡人愿安①承教。"

孟子对曰："杀人以梃②与刃，有以异乎？"

曰："无以异也。"

"以刃与政，有以异乎？"

曰："无以异也。"

曰："庖③有肥肉，厩④有肥马，民有饥色，野有饿莩，此率兽而食人也。兽相食，且人恶⑤之，为民父母行政，不免于率兽而食人，恶⑥在其为民父母也？仲尼曰：'始作俑⑦者，其无后乎？'为其象⑧人而用之也。如之何其使斯民饥而死也！"

【章旨】

此章是孟子劝梁惠王革除率兽食人的暴政。

【注释】

① 安：安心，乐意。

② 梃（tǐng）：杖也。

③ 庖（páo）：厨房。

④ 厩（jiù）：马舍。

⑤ 恶（wù）：读去声，厌恶之意。

⑥ 恶（wū）：读平声，何也。

⑦ 俑（yǒng）：殉葬用的土偶或木偶。

⑧ 象：同"像"，似也。

【译文】

梁惠王说："我很乐意承受您的指教。"

孟子回答说："用木棍打死人和用刀子杀死人，有什么不同吗？"

梁惠王说："没有什么不同。"

"用刀子杀死人和用政治害死人，有什么不同吗？"

梁惠王说："也没有什么不同。"

孟子就说："现在您的厨房里有肥美的肉，马舍里有肥美的马，而人民却面带饥色，野外有饿死的尸体，这等于是率领禽兽来吃人啊。兽类彼此残杀，人类尚且厌恶它，做人民父母的国君主持政治，却免不了率领禽兽来吃人，那又怎么能做人民的父母呢？孔子曾说：'第一个制作木偶人来殉葬的人，该会断子绝孙吧？'因为它做得太像人形而用来殉葬啊。制作木偶殉葬尚且不可，又怎么可以使这些人因饥饿而致死呢！"

5 梁惠王曰："晋国①，天下莫强焉，叟之所知也。及寡人之身，东败于齐②，长子死焉；西丧地于秦七百里③；南辱于楚④。寡人耻之，愿比⑤死者壹洒⑥之。如之何则可？"

孟子对曰："地方百里⑦而可以王。王如施仁政于民，省刑罚，薄税敛，深耕易耨⑧，壮者以暇日修其孝悌忠信，入以事其父兄，出以事其长上，可使制梃以挞⑨秦、楚之坚甲利兵矣。彼夺其民时，使不得耕耨以养其父母，父母冻饿，兄弟妻子离散。彼陷溺其民，王往而征之，夫谁与王敌？故曰：'仁者无敌。'王请勿疑。"

【章旨】

此章是孟子劝梁惠王施行仁政。所谓"仁者无敌"是也。

【注释】

① 晋国：指魏国。魏本晋大夫魏斯与韩氏、赵氏共分晋地所建，故梁惠王犹自称晋国。

② 东败于齐：《史记·魏世家》：惠王三十年，魏伐赵，赵告急于齐，齐宣王用孙膑计，救赵击魏。魏使庞涓将，而令太子申为上将军，与齐人战，败于马陵。齐虏太子申，杀庞涓。

③ 西丧地于秦七百里：《史记·商君列传》：孝公使卫鞅将而伐魏，魏使公子邛将而击之。卫鞅伏甲而袭，虏公子邛，攻其军而破之。魏王

孟子·梁惠王上

397

恐，乃割河西之地献于秦。

④ 南辱于楚：《史记·楚世家》：楚使柱国昭阳将兵攻魏，破之于襄陵，得八邑。

⑤ 比（bì）：为也，替也。

⑥ 洒：同"洗"，雪耻之意。

⑦ 方百里：一百里见方。即一万平方里。

⑧ 深耕易耨（nòu）：深于耕地，勤于耘苗。易，速也；一说治也。耨，耘苗，锄草。

⑨ 制梃以挞（tà）：制，制造也。挞，击也。

【译文】

梁惠王说："从前我们晋国，全天下没有哪个国家能比它更强大了，这是您老先生所知道的。可是一到我的身上，东边被齐国所败，长子因此而死；西边丧失土地七百里给秦国；南边又受楚国的凌辱。我感到非常羞耻，愿替那些战死的人洗雪这种奇耻大辱。您说要怎么办才行呢？"

孟子回答说："只要有一百里方圆的国土就可以称王天下。大王假若能对人民施行仁政，减免刑罚，减轻赋税，教人民精心耕种、勤勉锄草，年轻的人，在闲暇时间修习那孝悌忠信的德行，使他们运用这些道德在家侍奉父兄，出外敬奉长上，这样，就可以使他们制造木棍去抗击秦、楚的坚固盔甲、锐利兵器了。那秦国和楚国剥夺了人民耕作的时间，使他们不能耕田锄草来养活父母，父母受冻挨饿，兄弟妻子四处分散。秦王、楚王使他们的人民陷在坑中，溺在水里，大王去讨伐他，哪有谁来和您对抗呢？所以古人说：'仁德的国君，无敌于天下。'请大王不要怀疑这话。"

6 孟子见梁襄王①。出，语②人曰："望之不似人君，就之而不见所畏焉。卒然③问曰：'天下恶④乎定？'吾对曰：'定于一。''孰能一之？'对曰：'不嗜杀人者能一之。''孰能与之？'对曰：'天下莫不与也。王知夫苗乎？七八月之间旱，则苗槁矣。天油然⑤作云，沛然⑥下雨，则苗浡然⑦兴之矣。其如是，孰能御之？今夫天下之人牧⑧，未有不嗜杀人者也。如有不嗜杀人者，则天下之民皆引领⑨而望之矣！诚如是也，民归之，由⑩水之就下，沛然谁能御之？'"

【章旨】

此章是孟子申说不好杀人的国君就能使天下归服。

【注释】

① 梁襄王：梁惠王之子，名赫；一说名嗣。

② 语（yù）：读去声，告诉。

③ 卒然：同"猝然"。急遽貌。

④ 恶（wū）：读平声，何也。

⑤ 油然：云兴貌，云盛貌。

⑥ 沛然：雨盛貌，水盛貌。

⑦ 浡然：兴起貌。浡，同"勃"。

⑧ 人牧：牧民之人。指国君。牧，养也。

⑨ 引领：延颈。领，脖子。

⑩ 由：同"犹"。

【译文】

孟子进见了梁襄王。出来以后，告诉人说："远远望去，不像个国君的样子；走近他，也不觉得有什么可敬畏之处。突然问：'天下要怎样才能安定？'

我回答说：'归于一统，就能安定。'

他又问：'谁能一统天下呢？'

我答道：'不喜好杀人的国君就能一统天下。'

他又问：'有谁会来归向这不喜好杀人的国君呢？'

我答说：'天下的人没有不归向这国君的。大王可知道那田里的禾苗吗？七八月之间天久不雨，那禾苗就干枯了。假若天上兴起了一阵浓云，下起滂沱的大雨，那禾苗又蓬勃地生长起来了。像这样，哪有谁能够阻挡得住呢？如今天下的国君，没有一个不喜好杀人的。假若有某位国君不爱杀人，那么天下的人民都会伸长脖子期待着他了！果真是这样，人民归向他，就像水向下奔流一样，浩浩荡荡地有谁能阻挡得住呢？'"

7 齐宣王①问曰："齐桓、晋文②之事，可得闻乎？"

孟子对曰："仲尼之徒，无道桓、文之事者，是以后世无传焉，臣未之闻也。无以③，则王乎？"

曰："德何如，则可以王矣？"

曰："保民而王，莫之能御也。"

曰："若寡人者，可以保民乎哉？"

曰："可。"

曰："何由知吾可也？"

曰："臣闻之胡龁④曰，王坐于堂上，有牵牛而过堂下者，王见之，曰：'牛何之⑤？'对曰：'将以衅钟⑥。'王曰：'舍⑦之！吾不忍其觳觫⑧，若无罪而就死地。'对曰：'然则废衅钟与⑨？'曰：'何可废也？以羊易之。'不识有诸⑩？"

曰："有之。"

曰："是心足以王矣。百姓皆以王为爱⑪也，臣固知王之不忍也。"

王曰："然。诚有百姓者。齐国虽褊小⑫，吾何爱一牛？即不忍其觳觫，若无罪而就死地，故以羊易之也。"

曰："王无异⑬于百姓之以王为爱也，以小易大，彼恶知之？王若隐⑭其无罪而就死地，则牛羊何择⑮焉？"

王笑曰："是诚何心哉？我非爱其财而易之以羊也。宜乎百姓之谓我爱也。"

曰："无伤⑯也。是乃仁术也，见牛未见羊也。君子之于禽兽也，见其生，不忍见其死；闻其声，不忍食其肉。是以君子远庖厨也。"

王说⑰，曰："《诗》云⑱：'他人有心，予忖度⑲之。'夫子之谓也。夫我乃行之，反而求之，不得吾心。夫子言之，于我心有戚戚⑳焉。此心之所以合于王者，何也？"

曰："有复㉑于王者曰：'吾力足以举百钧㉒，而不足以举一羽；明足以察秋毫之末，而不见舆薪。'则王许之乎？"

曰："否。"

"今恩足以及禽兽，而功不至于百姓者，独何与？然则一羽之不举，为不用力焉；舆薪之不见，为不用明焉；百姓之不见保，为不用恩焉。故王之不王，不为也，非不能也。"

曰："不为者与不能者之形何以异？"

曰："挟太山以超㉓北海，语人曰：'我不能。'是诚不能也。为长者折枝㉔，语人曰：'我不能。'是不为也，非不能也。故王之不王，非挟太山以超北海之类也；王之不王，是折枝之类也。老㉕吾老，以及人之老；幼㉖吾幼，以及人之幼，天下可运于掌㉗。《诗》云㉘：'刑㉙于寡妻，至于兄弟，以御㉚于家邦。'言举斯心加诸彼而已。故推恩足以保四海，不推恩无以保妻子。古之人所以大过人者无他焉，善推其所为而已矣。今恩足以及禽兽，而功不至于百姓者，独何与？权㉛，然后知轻重；度㉜，然后知长短。物皆然，心为甚，王请度㉝之。抑㉞王兴甲兵、危士臣，构怨㉟于诸侯，然后快于心与？"

王曰："否。吾何快于是？将以求吾所大欲也。"

曰："王之所大欲，可得闻与？"

王笑而不言。

曰："为肥甘不足于口与？轻暖不足于体与？抑为采色不足视于目与？声音不足听于耳与？便嬖㊱不足使令于前与？王之诸臣，皆足以供之，而王岂为是哉？"

曰："否。吾不为是也。"

曰："然则王之所大欲可知已。欲辟㊲土地，朝秦、楚，莅㊳中国而抚四夷也。以若㊴所为，求若所欲，犹缘木而求鱼㊵也。"

王曰："若是其甚与？"

曰："殆有㊶甚焉。缘木求鱼，虽不得鱼，无后灾。以若所为，求若所欲，尽心力而为之，后必有灾。"

曰："可得闻与？"

曰：“邹⁴²人与楚人战，则王以为孰胜？”

曰：“楚人胜。”

曰：“然则小固不可以敌大，寡固不可以敌众，弱固不可以敌强。海内之地，方千里者九，齐集有其一。以一服八，何以异于邹敌楚哉？盖⁴³亦反其本矣。今王发政施仁，使天下仕者皆欲立于王之朝，耕者皆欲耕于王之野，商贾皆欲藏于王之市，行旅皆欲出于王之途⁴⁴，天下之欲疾⁴⁵其君者皆欲赴愬⁴⁶于王，其若是，孰能御之？”

王曰：“吾惛⁴⁷，不能进于是矣。愿夫子辅吾志，明以教我。我虽不敏，请尝试之。”

曰：“无恒产⁴⁸而有恒心者，惟士为能。若民，则无恒产，因无恒心。苟无恒心，放辟⁴⁹邪侈，无不为已。及陷于罪，然后从而刑之，是罔⁵⁰民也。焉有仁人在位，罔民而可为也？是故明君制⁵¹民之产，必使仰足以事父母，俯足以畜⁵²妻子，乐岁终身饱，凶年免于死亡。然后驱而之善，故民之从之也轻⁵³。今也制民之产，仰不足以事父母，俯不足以畜妻子，乐岁终身苦，凶年不免于死亡。此惟救死而恐不赡⁵⁴，奚⁵⁵暇治礼义哉？王欲行之，则盍⁵⁶反其本矣。五亩之宅，树之以桑，五十者可以衣帛矣。鸡豚狗彘之畜，无失其时，七十者可以食肉矣。百亩之田，勿夺其时，八口之家可以无饥矣。谨庠序之教，申之以孝悌之义，颁白者不负戴于道路矣。老者衣帛食肉，黎民不饥不寒，然而不王者，未之有也。”

【章旨】

此章是孟子就齐宣王所问，层层引发，以黜霸功，劝行王道。

【注释】

① 齐宣王：齐威王之子，名辟疆。

② 齐桓、晋文：齐桓公，名小白；晋文公，名重耳。在春秋时代先后称霸，齐桓公为五霸之首。

③ 无以：必欲言而不止。以，同“已”，止也。

④ 胡龁（hé）：宣王之近臣。

⑤ 之：往也。

⑥ 衅（xìn）钟：以牲血涂新铸之钟。衅，杀牲以血涂新成之器，因以祭之。

⑦ 舍：释放。

⑧ 觳觫（hú sù）：悚惧貌。

⑨ 与：同"欤"。疑问语气词。

⑩ 诸："之乎"的合音。

⑪ 爱：吝惜，吝啬。

⑫ 褊（biǎn）小：狭小。褊，小也。

⑬ 异：怪也，疑也。

⑭ 隐：痛也。

⑮ 择：分别。

⑯ 无伤：无害，无妨。

⑰ 说：同"悦"。高兴。

⑱ 《诗》云：见《诗经·小雅·巧言》。

⑲ 忖度（cǔn duó）：揣想，推测。

⑳ 戚戚：心动貌。

㉑ 复：告也，白也。

㉒ 钧：三十斤。

㉓ 超：越也。

㉔ 折枝：折取树枝。一说，枝，同"肢"，谓按摩四肢。

㉕ 老：作动词用，尊敬之意。

㉖ 幼：作动词用，慈爱之意。

㉗ 运于掌：运转于掌上。言其不难也。

㉘ 《诗》云：见《诗经·大雅·思齐》。

㉙ 刑：同"型"。法也，模范也。

㉚ 御：进也。

㉛ 权：以秤称物。

㉜ 度：以尺量物。

㉝ 度：思量，酌量。

㉞ 抑：转折用的发语词。

㉟ 构怨：结怨。

㊱ 便嬖（pián bì）：君王左右近幸之人。

㊲ 辟：开拓土地。

㊳ 莅（lì）：临也。

㊴ 若：汝。一说，如此。

㊵ 缘木而求鱼：攀登树上去捉鱼。比喻绝不可得。

㊶ 殆有：殆，恐也，或也，表示不肯定之词。有，同“又”。

㊷ 邹：国名，即邾国。国土极小。今山东邹县东南有邾城，即其故址。

㊸ 盖：同“盍”。“何不”的合音。

㊹ 途：路也。

㊺ 疾：恨也。

㊻ 愬：同“诉”。告也。

㊼ 惛：同“昏”。愚昧不明。

㊽ 恒产：固定的产业。恒，常也。

㊾ 放辟：放肆乖僻。辟，同“僻”。

㊿ 罔：同“网”。网罗陷害之意。

(51) 制：订立，制定。

(52) 畜：养也。

(53) 轻：易也。

(54) 赡：丰足。

(55) 奚：何也。

(56) 盍：“何不”的合音。

【译文】

齐宣王问孟子说：“齐桓公和晋文公称霸的事迹，可以讲给我听吗？”

孟子回答说："孔子的学生没有谈到齐桓公和晋文公的事迹的，所以后世没有传述，我也不曾听到过。大王如果定要我说，那就让我说说王天下的道理吧？"

宣王问："要有怎样的道德才可以王天下呢？"

孟子说："能够尽力去保护人民，这样去统一天下，就没有人能抵挡得了。"

宣王说："像我这样的人，能够保护人民吗？"

孟子说："能够。"

宣王问："凭什么知道我能够呢？"

孟子答："我曾听到您的臣子胡龁说，有一天大王坐在殿堂上，有人牵着牛从殿下走过，大王看见了，就问：'这牛要牵到哪里去？'那人回答说：'准备宰了取它的血来涂钟。'大王说：'放了它吧！我不忍看它浑身发抖的样子，像这样没有罪过却被送进屠宰场。'那人便道：'那么就这样废除用牲血涂钟的仪式吗？'大王说：'怎么可以废除呢？用只羊来代替它吧。'不知果真有这回事吗？"

宣王说："有的。"

孟子说："就凭您这种心肠便足够王天下了。不过老百姓都以为大王是吝惜那头牛，但我本就知道大王是出于内心的不忍。"

宣王说："是的，确实有这样的百姓。齐国虽然狭小，我何至于吝惜一头牛？就是不忍看它浑身发抖的样子，像那样没有罪过却被送进屠宰场去，所以才用羊来代替它啊。"

孟子说："大王不必见怪于老百姓认为大王是吝惜一头牛，用小的去替换大的，他们怎能体会得到大王的用意呢？但是，大王假若哀痛那只牛没有罪过却被送进屠宰场去，那么牛和羊又有什么不同呢？"

宣王笑着说："这是什么心理呀？我并不是吝惜这点钱财才用羊去替换的。难怪老百姓要说我是吝惜那头牛了。"

孟子说："没有什么关系。这正是行仁的一种心术，是因为见到牛而没有见到羊的缘故。一位仁德的君子对于飞禽走兽，看见它们活着，就不忍心看见它们死去；听到它们哀叫悲鸣，就不忍心再吃它们的肉。所以说君子远离厨房，就是这个道理。"

宣王很高兴地说："《诗经》上说：'别人有什么心事，我能揣测出来。'您孟夫子就是这样的啊。谈判做事，往往我只是这样做了，再回头想想为何这样做，却说不出所以然来。现在您老人家这么一说，令我心中非常感动。这种心理能够合乎王道，又是什么道理呢？"

孟子说："假定有人向大王报告：'我的力气足够举起三千斤重的东西，却拿不起一根羽毛；视力能够看清楚秋天鸟儿的细毛尖端，却瞧不见一大车子的柴薪。'那么大王相信这话吗？"

宣王说："不。"

孟子紧接着说："现在大王的好心好意足以加到禽兽身上，但是恩泽却不能施到人民的身上，何故呢？照上面说的看来，一根羽毛拿不起来，是因为不肯用力气罢了；一大车子的柴薪瞧不见，是因为不肯用眼睛罢了；老百姓受不到爱护，是因为不肯施恩德罢了。所以大王不能王天下，只是不肯去做，并不是不能做到啊。"

宣王说："所谓不肯做和不能做这两种现象，有什么不同呢？"

孟子说："把泰山夹在腋下跳过北海，告诉人说：'这个我做不到。'这是真的不能做到。替老年人敲敲四肢筋骨（或折取树枝），告诉人说：'这个我做不到。'这是不肯做，不是不能做啊。所以大王不行仁政以王天下，不是属于夹着泰山跳越北海的一类；大王不行仁政以王天下，是属于替老年人捶打筋骨的一类哩。尊敬自家的父兄长辈，从而推广到别人家的父兄长辈；慈爱自家的儿女子弟，从而推广到别人家的儿女子弟，那么要统一天下就像在手掌中运转东西那样容易了。《诗经》上说：'先在妻子前做好榜样，再推广到兄弟，更进而推广到封邑和国家。'这就是说把仁善的心扩大到其他方面去罢了。因此能够将恩惠推广开去，就足以安定天下，不能将恩惠推广开去，就连自己的妻子都要保不住。古代的圣王所以能大大地超过别人，没有其他原因，只是善于推广他们的好行为罢了。如今您的好心好意足以加到禽兽身上，但是恩泽却不能施到人民的身上，唯独何故呢？一件事物，必须称一称，然后才晓得轻重；必须量一量，然后才晓得长短。任何事物都是如此，人的心更需要这样，请大王考虑一下吧。还是大王要发动坚甲利兵，危害将士臣民，去和列国诸侯结怨，然后心里才痛快吗？"

宣王说："不。我哪里要这么做才痛快呢？我是想要达成我最大的欲望啊。"

孟子说："大王所谓的最大欲望，可以说给我听听吗？"

宣王笑了笑，却不肯说。

孟子便问："是因为肥甘的食物不够您口腹的享受吗？轻暖的衣服不够您身体的穿着吗？还是因为艳丽的彩色不够您眼睛的观赏吗？美妙的音乐不够您耳朵的享乐吗？侍候的人不够供您使唤吗？这些，大王的大臣们都能充分地供给了，难道大王真是为了它们吗？"

宣王说："不。我不是为了这些。"

孟子说："那么大王的最大欲望便可以知道了。您是想要扩张土地，使秦、楚来朝贡，进而君临中国，安抚四方的夷狄了。凭您这样的做法，想去达成您的欲望，就好比爬到树上去捉鱼一般哩。"

宣王说："会像这样严重吗？"

孟子说："恐怕还比这更严重呢。爬到树上去捉鱼，虽然捉不到，却不会留下什么祸害。凭您的做法，想达成您的欲望，尽心尽力去做，一定会祸害在后头。"

宣王说："可以说出它的原因给我听听吗？"

孟子说："假定邹人和楚人打仗，那大王以为哪一方会打胜呢？"

宣王说："楚人会胜。"

孟子说："照这样说来，国小固然不能抵挡国大，人少固然不能抵挡人多，力弱固然不能抵挡力强。四海之内的地方，千里见方的土地有九份而已，齐国全部土地不过占其一份而已。以九分之一的势力去征服九分之八，这和邹人抗拒楚人有什么分别呢？为何不从根本上去做呢。现在大王如能推动革新、施行仁政，使天下做官的人都想站立在大王的朝廷上，种田的人都想到大王的田野里来耕作，做生意的人都想把货物储藏在大王的市场上，来往的旅客都想走在大王的道路上，天下痛恨自己国君的人都想到大王面前来控诉，果真这样，又有谁能抵挡得住呢？"

宣王说："我很昏庸愚昧，不能做到这地步。希望您辅助我达成心愿，明白地教导我。我虽不聪敏，请让我试一试。"

孟子说："没有固定产业却有不变心志的人，只有士人才能做得到。至于一般的平民，因为没有固定的产业，也就没有经常不变的心志了。假如没有经常不变的心志，种种放肆无礼、邪恶不正的坏事，没有不去做的了。等到犯了罪，然后去加以处罚，这等于是先设好罗网来陷害人民。哪有仁德的国君在位，会做出陷害人民入罪的事呢？因此一位英明的国君制定人民的产业，一定要使他们对上足够奉养父母，对下足够抚育妻儿，丰年时经常吃得饱，荒年时也不致饿死。然后再诱导他们向善，所以老百姓也就很容易地听从了。现在的国君制定人民的产业，对上不足以奉养父母，对下不足以抚育妻儿，丰年时经常困窘受苦，荒年时难免要饿死。这样，每个人全力拯救死亡都怕能力不够了，哪有闲工夫去修习礼义呢？大王如果要施行仁政，何不从根本上着手呢。在每户农家五亩大的宅园中，种植些桑树来养蚕，那么五十岁以上的人就可以穿丝绵衣服了。鸡狗和猪等家畜的饲养，不要耽误了繁殖的时节，那么七十岁以上的人就可以有肉吃了。一家人百亩的田地，不要夺去他们耕种的时间，那么几口人的家庭就可以不致饥饿了。慎重地办理学校教育，反复用孝顺父母和敬爱兄长的道理来训导他们，那么头发斑白的老人也就不致背负着或头顶着重物在路上行走了。七十岁以上的人有丝绵衣服穿，有肉吃，一般少壮的人也不挨饿，不受冻，像这样却还不能使天下归服，是从来不曾有过的事。"

梁惠王下

共十六章

1 庄暴①见孟子，曰："暴见于王，王语②暴以好乐，暴未有以对也。"曰："好乐何如？"

孟子曰："王之好乐甚，则齐国其庶几③乎！"

他日见于王，曰："王尝语庄子以好乐，有诸？"

王变乎色，曰："寡人非能好先生之乐也，直④好世俗之乐耳。"

曰："王之好乐甚，则齐其庶几乎！今之乐由⑤古之乐也。"

曰："可得闻与？"

曰："独乐乐⑥，与人乐乐，孰乐？"

曰："不若与人。"

曰："与少乐乐，与众乐乐，孰乐？"

曰："不若与众。"

"臣请为王言乐。今王鼓乐于此，百姓闻王钟鼓⑦之声、管籥⑧之音，举⑨疾首蹙頞⑩而相告曰：'吾王之好鼓乐，夫何使我至于此极也？父子不相见，兄弟妻子离散。'今王田猎于此，百姓闻王车马之音，见羽旄⑪之美，举疾首蹙頞而相告曰：'吾王之好田猎，夫何使我至于此极也？父子不相见，兄弟妻子离散。'此无他，不与民同乐也。今王鼓乐于此，百姓闻王钟鼓之声、管籥之音，举欣欣然有喜色而相告曰：'吾王庶几无疾病与，何以能鼓乐也？'今王田猎于此，百姓闻王车马之音，见羽旄之美，举欣欣然有喜色而相告曰：'吾王庶几无疾病与，何以能田猎也？'此无他，与民同乐也。今王与百姓同乐，则王矣。"

【章旨】

此章是孟子借齐宣王好乐，因势利导，劝他与民同乐，以王天下。

【注释】

① 庄暴：齐臣名。

② 语（yù）：读去声，告也。

③ 庶几：差不多。谓近于治平。

④ 直：只也。

⑤ 由：同"犹"。

⑥ 乐乐：上一"乐"字谓音乐，下一"乐"字谓快乐。

⑦ 钟鼓：皆属敲击类乐器。

⑧ 管籥：皆属古代吹奏乐器，如今箫、笙之类。

⑨ 举：皆也，俱也。

⑩ 疾首蹙頞（cù è）：疾首，头痛。蹙頞，皱额。

⑪ 羽旄：旌旗之属。

【译文】

庄暴来见孟子，说："我去朝见大王，大王告诉我爱好音乐，我一时不知怎样回答他。"略微停顿一下后，问孟子说："爱好音乐，究竟怎么样呢？"

孟子说："大王如果非常爱好音乐，那齐国就差不多要接近大治了！"

次日孟子进见齐宣王，说："大王曾经告诉庄先生爱好音乐，有这回事吗？"

宣王脸色变了，很不好意思地说："我不是爱好先王高尚的音乐，只是爱好世俗流行的乐曲罢了。"

孟子说："大王如果非常爱好音乐，那齐国就差不多要接近大治了！现在的音乐，和古代的音乐没有什么不同啊。"

宣王说："这个道理可以说给我听听吗？"

孟子说："一个人单独欣赏音乐来取乐，和别人一起欣赏音乐来取乐，哪一种较快乐呢？"

宣王说："不如和别人一起欣赏来得快乐些。"

孟子说："和少数人欣赏音乐来取乐，比起和多数人欣赏音乐来取乐，又是哪一种更快乐呢？"

宣王说："不如和多数人欣赏音乐来得快乐些。"

孟子说："那么请让我向您谈谈欣赏音乐的道理吧。假定现在大王在这儿演奏音乐，老百姓听到敲钟击鼓的声音，吹箫吹笛的乐音，全都头痛皱起额来，相互转告说：'我们国王这样爱好音乐，为什么使我们落得这般穷困的地步呢？父子不能见面，兄弟妻子四处分散。'假定现在大王在这儿打猎，老百姓听到车马的声音，看见旌旗的美丽，全都头痛皱起额来，相互转告说：'我们国王这样爱好打猎，为什么使我们落得这般穷困的地步呢？父子不能见面，兄弟妻子四处分散。'这没有别的原因，只是因为没有和人民一同享乐。反过来说，假定现在大王在这儿演奏音乐，老百姓听到敲钟击鼓的声音，吹箫吹笙的乐音，全都眉开眼笑地相互转告说：'我们国王大概很健康而没有疾病吧，要不然怎么能够吹奏音乐呢？'假定现在大王在这儿打猎，老百姓听到车马的声音，看见旌旗的美丽，全都眉开眼笑地相互转告说：'我们国王大概很健康而没有疾病吧，要不然怎么能够出来打猎呢？'这没有别的原因，只是因为能和人民一同享乐。现在大王若能和百姓同乐，那么就可以使天下归服了。"

2 齐宣王问曰："文王之囿①方七十里，有诸？"

孟子对曰："于传②有之。"

曰："若是其大乎？"

曰："民犹以为小也。"

曰："寡人之囿方四十里，民犹以为大，何也？"

曰："文王之囿方七十里，刍荛者③往焉，雉兔者④往焉，与民同之。民以为小，不亦宜乎？臣始至于境，问国之大禁，然后敢入。臣闻郊关⑤之内有囿方四十里，杀其麋鹿者如杀人之罪，则是方四十里为阱⑥于国中，民以为大，不亦宜乎？"

【章旨】

此章是孟子借论苑囿，劝宣王要与民共享，亦上章"与民同乐"之义。

【注释】

① 囿（yòu）：古代畜养禽兽的园林，有围墙者称苑，无围墙者称囿。

② 传（zhuàn）：古籍，古书。

③ 刍荛（chú ráo）者：割草打柴的人。

④ 雉（zhì）兔者：指打猎的人。雉，野鸡。

⑤ 郊关：边郊之关。

⑥ 阱（jǐng）：陷坑。

【译文】

齐宣王问道："周文王的苑囿方圆七十里，真有这回事吗？"

孟子回答说："在古籍上有这样的记载。"

宣王说："像这样不是太大了吗？"

孟子说："人民还认为太小呢。"

宣王说："我的苑囿方圆四十里，人民还认为太大，这又是什么原因呢？"

孟子说："文王的苑囿方圆七十里，割草打柴的人可以到那里面去，猎取野鸡野兔的人也可以到那里面去，文王和人民一同享用。人民认为太小，不也是应该的吗？我刚到齐国边界的时候，打听齐国最大的禁忌，然后才敢入境。我听说在齐国首都的郊外，有个方圆四十里的苑囿（古代王侯的打猎场），要是有谁杀了里面的大小鹿子，就视同犯了杀人罪，那么这方圆四十里的地方等于是在国内布置了一个陷阱，人民认为太大，不也是应该的吗？"

3　齐宣王问曰："交邻国有道乎？"

孟子对曰："有。惟仁者为能以大事小，是故汤事葛①，文王事混夷②。惟智者为能以小事大，故太王事獯鬻③，句践事吴④。以大事小者，乐天者也。以小事大者，畏天者也。乐天者保天下，畏天者保其国。《诗》云⑤：'畏天之威，于时⑥保之。'"

王曰："大哉言矣！寡人有疾，寡人好勇。"

对曰："王请无好小勇。夫抚剑疾视⑦，曰：'彼恶敢当我哉！'此匹夫之勇，敌一人者也。王请大之。《诗》云⑧：'王赫⑨斯怒，爰整其旅⑩。以遏徂莒⑪，以笃周祜⑫，以对于天下。'此文王之勇也。文王一怒而安天下之民。《书》曰⑬：'天降下民，作之君，作之师。惟曰其助上帝，宠之四方⑭。有罪无罪，惟我在，天下曷敢有越厥⑮志？'一人衡行⑯于天下，武王耻之。此武王之勇也。而武王亦一怒而安天下之民。今王亦一怒而安天下之民，民惟恐王之不好勇也。"

【章旨】

此章是孟子告诉齐宣王结交邻国的道理。又因宣王好勇，勉励宣王效法文王、武王的大勇。

【注释】

① 汤事葛：参见《孟子·滕文公下》第五章。葛为夏末小国。

② 文王事混夷：其事已不能详考。混夷为周初西戎国名。

③ 太王事獯鬻：参见本篇第十五章。獯鬻，即猃狁，北狄种族名，汉以后称匈奴。

④ 句践事吴：越王句践为吴王夫差所败，卑事夫差，当夫差马前卒。后得归，卧薪尝胆，生聚教训，终于报仇灭吴。

⑤《诗》云：见《诗经·周颂·我将》。

⑥ 时：是也。

⑦ 抚剑疾视：按剑怒视。

⑧《诗》云：见《诗经·大雅·皇矣》。

⑨ 赫：发怒貌。

⑩ 爰整其旅：爰，乃也。旅，徒众，军队。

⑪ 以遏徂莒：遏，阻止。徂，往也。莒，国名。

⑫ 以笃周祜：笃，厚也。祜，福也。

⑬《书》曰：见《尚书·泰誓》。

⑭ 宠之四方：爱护四方之民。

⑮ 厥：其。

⑯ 一人衡行：一人，指独夫纣。衡行，同"横行"，胡作非为。

【译文】

齐宣王问道："结交邻国有什么道理吗？"

孟子回答说："有的。只有仁爱的人才能以大国服侍小国，所以商汤服侍葛伯，文王服侍混夷。只有聪明的人才能以小国服侍大国，所以周太王服侍獯鬻，句践服侍夫差。以大国服侍小国的，是乐于奉行天命的人。以小国服侍大国的，是敬畏天命的人。乐于奉行天命的人可以保有天下，敬畏天命的人可以保全其国。《诗经》上说：'敬畏上天的威严，所以能保守住天命。'就是这个意思。"

宣王说："您的这番话好伟大呀！不过，我有个毛病，我喜好武勇，恐怕没有容人的度量。"

孟子答道："请大王不要喜好小勇。像那手按着刀剑、睁目怒视着说：'他怎么敢抗拒我呢！'这是匹夫之勇，只能够敌得住一个人罢了。希望大王能够把它扩大。《诗经》上说：'文王勃然震怒，于是整顿军队，前往阻止侵略莒国的敌人，增厚周朝的福祉，同时报答天下人的仰望。'这是文王的大勇。文王一怒而安定了天下的百姓。《尚书》上说：'上天降生了人民，替他们设立君王，设立师傅。用意是在帮助上帝来爱护人民。因此，无论有罪或无罪，都由我负责，普天之下何人敢违反上帝的旨意、逾越自己的本分呢？'所以独夫纣王横行天下，武王认为这是奇耻大辱。这就是武王的大勇。武王也一怒而安定了天下的百姓。如今大王若是也能一怒而安定天下的百姓，那老百姓就会唯恐大王不喜好武勇。"

4　齐宣王见孟子于雪宫①。王曰："贤者亦有此乐乎？"

孟子对曰："有。人不得，则非其上矣。不得而非其上者，非也。为民上而不与民同乐者，亦非也。乐民之乐者，民亦乐其乐；忧民之忧者，民亦忧其忧。乐以天下，忧以天下，然而不王者，未之有也。昔者，齐景公问于晏子②曰：'吾欲观于转附、朝儛③，遵④海而南，放于琅邪⑤，吾何修而可以比于先王观也？'晏子对曰：'善哉问也！天子适⑥诸侯曰巡狩，巡狩者，巡所守也。诸侯朝于天子曰述职，述职者，述所职也。无非事者。春省耕而补不足，秋省敛而助不给。夏谚曰：吾王不游，吾何以休？吾王不豫⑦，吾何以助？'一游一豫，为诸侯度。今也不然，师⑧行而粮食，饥者弗食，劳者弗息。睊睊胥谗⑨，民乃作慝⑩。方命⑪虐民，饮食若流，流连荒亡，为诸侯忧。从流下而忘反谓之流，从流上而忘反谓之连，从兽无厌⑫谓之荒，乐酒无厌谓之亡。先王无流连之乐，荒亡之行。惟君所行也。'景公说⑬，大戒⑭于国，出舍于郊。于是始兴发、补不足。召太师⑮曰：'为我作君臣相说之乐。'盖《徵招》《角招》⑯是也。其诗曰：'畜君何尤⑰？'畜君者，好君也。"

【章旨】

此章是孟子告诉宣王，人君为政要与人民同忧乐，并引古事为证。

【注释】

① 雪宫：齐宣王的行宫。

② 齐景公问于晏子：齐景公，名杵臼。晏子，名婴，齐国贤相。

③ 转附、朝儛（wǔ）：皆山名。转附，即芝罘山。朝儛，即召石山。都在今山东省境内。

④ 遵：循也，沿也。

⑤ 放于琅邪：放，至也。琅邪，即琅琊，山名，在今山东诸城市东南。

⑥ 适：之也，往也。

⑦ 豫：逸乐，游乐。

⑧ 师：军队，军旅。

⑨ 睊睊（juàn juàn）胥谗：睊睊，侧目怒视貌。胥，皆也，相也。

⑩ 慝（tè）：恶也。

⑪ 方命：逆命。谓违反上帝意旨。

⑫ 厌：同"餍"，满足。

⑬ 说：同"悦"。

⑭ 戒：告诫。

⑮ 太师：古代乐官之长。

⑯ 《徵（zhǐ）招》《角招》：皆乐曲名。招，同"韶"。

⑰ 畜君何尤：畜，止也。尤，过失。

【译文】

齐宣王在雪宫接见孟子。宣王说："贤德的人也有这种快乐吗？"

孟子回答说："有的。要是人民得不到这种快乐，就要非议他们的国君了。得不到这种快乐就非议国君，是不对的。作为一国之君却不和人民同享快乐，也是不对的。大凡以人民的快乐为快乐的国君，人民也会以国君的快乐为快乐；以人民的忧患为忧患的国君，人民也会以国君的忧患为忧患。和天下的人同忧同乐，这样还不能称王于天下，那是从来没有的事啊。从前齐景公问晏子道：'我想到转附、朝儛两座山去游览，然后再沿着海岸南行，直到琅琊山，我要怎样做才能比得上古代圣君的巡游呢？'晏子回答说：'您的这番问话很好呀！天子到诸侯的国家去视察叫作巡狩，巡狩的意思，就是巡视所守的疆土。诸侯来朝见天子叫作述职，述职的意思，就是陈述职责内的工作。没有不是和正当的事相关的。春天出去看看人民耕种的情形，以便补助农事上的不足。秋天出去看看人民收获的情况，以便救济那不能自给的农户。夏朝的谚语说：'我们国王不出来游历，我们怎能获得休息？我们国王不出来走走，我们怎能得到补助？'国王的一游一走，足以作为诸侯的法度。现在的国君却不这样，军旅一出（指国君出巡），就要人民筹送粮食，使得饥饿的人得不到食物，劳苦的人得不到休息，百姓侧目怒视，出言诽谤，而人们就要为非作歹了。这样违背天命，虐待百姓，浪费饮食，如同流水，流连忘返，荒淫无道，构成了诸侯的忧虑。顺流而下，乐而忘返，叫作流；逆流而上，乐而忘返，叫作连；放纵打猎，毫无节制，叫作荒；喜好饮酒，毫无节制，叫作亡。古代的圣君没有这种流连的逸乐、荒亡的行为。上面这两种情形，就看您自己选择去做了。'景公听了非常高兴，就大大地告谕国人，并且走出宫中，设舍住在城外。于是开始发放钱粮，救济贫穷的百姓。又召来乐官说：'替我制作一首君臣相乐的歌曲。'这首歌曲就是现在所流传的《徵招》和《角招》两章。那歌词说：'劝阻国君，有何不对呢？'所谓劝阻国君，就是敬爱国君。"

5　齐宣王问曰："人皆谓我毁明堂^①，毁诸？已^②乎？"

孟子对曰："夫明堂者，王者之堂也。王欲行王政，则勿毁之矣。"

王曰："王政可得闻与？"

对曰："昔者文王之治岐^③也，耕者九一^④，仕者世禄^⑤，关市讥而不征^⑥，泽梁^⑦无禁，罪人不孥^⑧。老而无妻曰鳏，老而无夫曰寡，老而无子曰独，幼而无父曰孤。此四者，天下之穷民而无告者。文王发政施仁，必先斯四者。《诗》云^⑨：'哿^⑩矣富人，哀此茕^⑪独。'"

王曰："善哉言乎！"

曰："王如善之，则何为不行？"

王曰："寡人有疾，寡人好货。"

对曰："昔者公刘^⑫好货。《诗》云^⑬：'乃积乃仓，乃裹糇粮^⑭，于橐^⑮于囊，思戢用光^⑯。弓矢斯张，干戈戚扬^⑰，爰方启行^⑱。'故居者有积仓，行者有裹粮也，然后可以爰方启行。王如好货，与百姓同之，于王何有^⑲？"

王曰："寡人有疾，寡人好色。"

对曰："昔者太王^⑳好色，爱厥妃。《诗》云^㉑：'古公亶父，来朝走马。率西水浒^㉒，至于岐下。爰及姜女^㉓，聿来胥宇^㉔。'当是时也，内无怨女，外无旷夫^㉕。王如好色，与百姓同之，于王何有？"

【章旨】

此章是孟子就明堂、好货、好色诸事，开导宣王推行仁政，以王天下。

【注释】

① 明堂：周天子东巡狩接见诸侯之所。在泰山下。

② 已：止也。

③ 岐：地名。在今陕西岐山一带。

④ 九一：指井田制而言。

⑤ 世禄：世代承袭爵禄。

⑥ 关市讥而不征：关市，关口与市集。讥，稽查，查问。不征，不征税也。

⑦ 泽梁：泽，指泽薮，捕兽之处。梁，指鱼梁，在流水中拦鱼的一种装置。

⑧ 孥（nú）：本指妻室儿女。不孥，谓不及妻子。

⑨《诗》云：见《诗经·小雅·正月》。

⑩ 哿（gě）：可也。

⑪ 茕（qióng）：孤独，单独。

⑫ 公刘：后稷的后代，是周朝创业的始祖。

⑬《诗》云：见《诗经·大雅·公刘》。

⑭ 餱（hóu）粮：干粮。

⑮ 橐（tuó）：盛物之袋。不缝底而以绳系两端之口者曰橐，缝底者曰囊。

⑯ 思戢用光：思安集其民，以光大其基业。戢，同"辑"。

⑰ 戚扬：戚，斧也。扬，钺也，大斧。

⑱ 启行：谓动身迁往豳地。

⑲ 于王何有：对于王天下，何难之有？

⑳ 太王：即古公亶父，是公刘九世孙。

㉑《诗》云：见《诗经·大雅·绵》。

㉒ 率西水浒：率，循也，沿也。浒，水涯。

㉓ 姜女：即太姜。太王之妃。

㉔ 聿来胥宇：聿，发语词。胥，省视，视察。

㉕ 旷夫：独身之男子。

【译文】

齐宣王问道："别人都劝我把明堂毁掉，您看毁掉它呢？还是不毁呢？"

孟子回答说："说到那明堂，是古代天子接见诸侯的官殿。大王如要实行王政，就不要把它毁掉了。"

宣王说："什么是王政，可以说给我听听吗？"

孟子答道："从前周文王治理岐山，对于农民只抽九分之一的租税，对于做官的人给以世代承袭的俸禄，关口和市场只稽查却不征税，山泽溪流任人捕兽捕鱼不加禁止，犯罪的人只刑罚本人而不牵连到他的妻子儿女。年老而失去妻室的人叫作鳏夫，年老而失去丈夫的人叫作寡妇，年老而没有子女的人叫作孤独者，年幼而没有父亲的孩子叫作孤儿。这四种人，是天下最穷困而无依靠的人。文王发布政令，实施仁政，一定最先考虑到他们。所以《诗经》上说：'富人是可以过得去的了，该可怜的是这些孤苦无依的人。'"

宣王说："真好呀！您说的这番话。"

孟子说："大王如果认为这话很好，那为什么不去做呢？"

宣王说："我有个毛病，我喜爱钱财。"

孟子答道："这个无妨。从前公刘也喜爱钱财。《诗经》上说他：'把米谷囤积在仓库中，把干粮包裹在囊袋里，一心想着安集百姓，光大基业。把弓张开，把箭上弦，其他的干戈斧钺也都备齐上场，于是开始向豳地出发。'因此居家的人有积谷，出门的人有干粮，然后才可以开始出发。大王如果喜爱钱财，能和百姓同享，那对于王天下又有什么困难呢？"

宣王又说："我还有一个毛病，我喜爱女色。"

孟子答道："这也无妨。从前太王喜爱女色，爱他的妃子。《诗经》上说他：'古公亶父，次日清晨便跑着马。沿着西边的水滨，来到岐山之下。领着他的妃子姜女，一同来察看住处。'当时，闺房内没有嫁不出去的怨女，外面也没有娶不到老婆的单身汉。大王如果喜爱女色，能和百姓一道，使大家都有对象，那对于王天下又有什么困难呢？"

6 孟子谓齐宣王曰："王之臣有托其妻子于其友而之楚游者。比^①其反也，则冻馁^②其妻子。则如之何？"

王曰："弃之。"

曰："士师不能治士^③，则如之何？"

王曰："已之。"

曰："四境之内不治，则如之何？"

王顾左右而言他。

【章旨】

此章是孟子设喻逼问宣王，劝他善尽为君的职责。

【注释】

① 比：读去声，及也。

② 馁：饥饿。

③ 士师不能治士：士师，古代狱官。其下有乡士、遂士等属官。

【译文】

孟子告诉齐宣王说："假定大王有个臣子，把妻室儿女寄托朋友照顾而到楚国去。等他回来的时候，他的妻室儿女却受了饥寒。对这种朋友应该怎么办呢？"

宣王说："和他绝交。"

孟子说："一个司法长官不能管好他手下的属吏，那该怎么办呢？"

宣王说："把他免职。"

孟子说："一个国君不能治好他的国家，那又该怎么办？"

宣王听了，回过头去左顾右盼，而说别的事情。

7 孟子见齐宣王，曰："所谓故国^①者，非谓有乔木之谓也，有世臣②之谓也。王无亲臣矣，昔者所进，今日不知其亡③也。"

王曰："吾何以识其不才而舍之？"

曰："国君进贤，如不得已，将使卑逾尊，疏逾戚，可不慎与？左右皆曰贤，未可也。诸大夫皆曰贤，未可也。国人皆曰贤，然后察之；见贤焉，然后用之。左右皆曰不可，勿听。诸大夫皆曰不可，勿听。国人皆曰不可，然后察之；见不可焉，然后去之。左右皆曰可杀，勿听。诸大夫皆曰可杀，勿听。国人皆曰可杀，然后察之；见可杀焉，然后杀之。故曰国人杀之也。如此，然后可以为民父母。"

【章旨】

此章是孟子告诉宣王国君进贤退恶的方法。

【注释】

① 故国：古老之国。谓传世久远、立国有素者。

② 世臣：累世勋旧之臣。

③ 亡：逃走。

【译文】

孟子进见齐宣王，说："所谓古老的国家，并不是那个国家有高大树木的意思，而是有累世功勋的老臣的意思。大王现在连亲信的臣子都没有啦，先前所进用的人，今天却不知逃往哪里去了。"

宣王说："我怎知他没有才干而舍弃不用呢？"

孟子说："国君进用贤人，如果迫不得已要破格任用，将使卑贱者超越在尊贵者之上，疏远者超越在亲近者之上，能不慎重吗？左右亲近的人都说某人贤能，也不可轻信。众位大夫都说某人贤能，也不可轻信。全国的人都说某人贤能，然后才去加以辨察；发现他确实贤能，然后再任用他。左右亲近的人都说某人不可用，不要听信。众位大夫都说某人不可用，也不要听信。全国的人都说某人不可用，然后才去加以辨察；发现他确实不可用，然后再罢去他。左右亲近的人都说某人该杀，不要听信。众位大夫都说某人该杀，也不要听信。全国的人都说某人该杀，然后才去加以辨察；发现他确实该杀，然后再杀他。所以说是全国的人杀的。这样，才可以做人民的父母。"

8 齐宣王问曰："汤放桀①，武王伐纣②，有诸？"

孟子对曰："于传有之。"

曰："臣弑③其君可乎？"

曰："贼④仁者谓之贼，贼义者谓之残，残贼之人谓之一夫。闻诛一夫⑤纣矣，未闻弑君也。"

【章旨】

此章是孟子说明汤武革命为吊民伐罪，而非臣弑其君。

【注释】

① 汤放桀：夏桀暴虐，汤兴兵讨伐，将其流放南巢（在今安徽省内）。

② 武王伐纣：商纣无道，武王伐之，纣王大败，自焚而死。

③ 弑：下杀上。

④ 贼：害也。

⑤ 一夫：即独夫。指众叛亲离之君。

【译文】

齐宣王问道："商汤放逐夏桀，周武王讨伐商纣，有这回事吗？"

孟子回答说："在古书上有这样的记载。"

宣王说："做臣子的杀掉他的君王，这可以吗？"

孟子说："伤害仁德的人叫作贼，伤害道义的人叫作残，害义伤仁的人，叫作独夫。我只听说杀了一个独夫商纣而已，没有听说过杀掉君王的啊。"

9 孟子见齐宣王，曰："为巨室，则必使工师①求大木。工师得大木，则王喜，以为能胜②其任也。匠人斫而小之，则王怒，以为不胜其任矣。夫人幼而学之，壮而欲行之，王曰'姑舍女③所学而从我'，则何如？今有璞玉④于此，虽万镒⑤，必使玉人雕琢之。至于治国家，则曰'姑舍女所学而从我'，则何以异于教玉人雕琢玉哉？"

此章是孟子设喻说明人君治国，必须听贤、任贤。

【注释】

① 工师：古代官名，为匠人之长。

② 胜（shēng）：堪也。胜任之意。

③ 女：同"汝"。

④ 璞玉：玉之在石中者。即未经雕琢之玉。

⑤ 万镒（yì）：镒，二十两为一镒。万镒，言其价值之贵重。

【译文】

孟子进见齐宣王，说："建造一所大房子，那一定要派工师去寻找大的木材。工师找到了大木材，大王便高兴，以为他能称职。工匠把那木材砍削小了，大王就会发怒，以为他不能称职。但凡一个人从小学习一种专业知识，长大了便想去实现他的抱负，大王却说'姑且抛开你所学的，听从我的去做'，那会怎么样呢？假定现在有一块未经雕琢的玉石，即使它价值二十万两黄金，也一定要请玉匠来雕琢它。至于治理国家，却说'姑且抛开你所学的，听从我的去做'，这和教玉匠按照你的意思去雕琢玉石又有什么分别呢？"

10 齐人伐燕①，胜之。宣王问曰："或谓寡人勿取，或谓寡人取之。以万乘之国伐万乘之国，五旬②而举之，人力不至于此。不取，必有天殃，取之何如？"

孟子对曰："取之而燕民悦，则取之。古之人有行之者，武王是也③。取之而燕民不悦，则勿取。古之人有行之者，文王是也④。以万乘之国伐万乘之国，箪食壶浆⑤，以迎王师，岂有他哉？避水火也。如水益深，如火益热，亦运⑥而已矣。"

【章旨】

此章是孟子告诉宣王，征伐取与要以人心作为依归。

【注释】

① 齐人伐燕：齐宣王五年，燕王哙让位给宰相子之，国人不服，引发内乱，齐国趁机攻燕。

② 旬：十日为一旬。

③ 武王是也：武王伐纣，殷民归服，而有天下。

④ 文王是也：文王三分天下有其二，仍服侍殷商。

⑤ 箪食（dān shí）壶浆：箪食，一竹筐之饭。壶浆，一壶之酒浆。

⑥ 运：转也。

【译文】

齐国攻打燕国，打下了燕国。宣王问道："有人劝我不要占有它，有人劝我占有它。以一个拥有万辆兵车的国家去攻打同样拥有万辆兵车的国家，五十天就打下了它，单靠人力是做不到这样的呀。如果不占有它，一定会有天降的灾祸，把它占了，你看怎样？"

孟子回答说："如果占有它而燕国的人民很高兴，那就占有它。古人有这样做过的，周武王便是。如果占有它而燕国的人民不高兴，那就不要占有它。古人有这样做过的，周文王便是。以一个拥有万辆兵车的国家去攻打同样拥有万辆兵车的国家，而对方的百姓用竹筐盛着饭菜，用壶盛着酒浆，来迎接您的军队，难道还有别的缘故吗？只不过想避开水深火热的虐政罢了。如果水更加深，火更加热，那他们也只好再转向别国去求救了。"

11 齐人伐燕，取之。诸侯将谋救燕。宣王曰："诸侯谋伐寡人者，何以待①之？"

孟子对曰："臣闻七十里为政于天下者，汤是也。未闻以千里畏人者也。《书》曰②：'汤一征，自葛始。'天下信之。东面而征，西夷怨；南面而征，北狄怨。曰：'奚为后我？'民望之，若大旱之望云霓③也。归市者不止，耕者不变。诛其君而吊④其民，若时雨降，民大悦。《书》曰：'徯我后⑤，后来其苏⑥！'今燕虐其民，王往而征之，民以为将拯己于水火之中也，箪食壶浆，以迎王师。若杀其父兄，系累⑦其子弟，毁其宗庙，迁其重器⑧，如之何其可也？天下固畏齐之强也，今又倍地而不行仁政，是动天下之兵也。王速出令，反其旄倪⑨，止其重器，谋于燕众，置君而后去之，则犹可及止也。"

【章旨】

此章是孟子为宣王谋止兵之策，劝其诛君吊民，勿取燕国，方可免除兵祸。

【注释】

① 待：对付。

②《书》曰：见《尚书·商书·仲虺之诰》。下文同。

③ 霓（ní）：虹也。

④ 吊：恤问之意。

⑤ 徯（xī）我后：徯，待也。后，君王。

⑥ 苏：复生。

⑦ 系累：系缚，捆绑。

⑧ 重器：犹宝器。

⑨ 旄倪（mào ní）：旄，同"耄"，指老人。倪，小儿。

【译文】

齐国攻打燕国，占有了它。各国诸侯商议要救燕国。宣王问道："诸侯们大都商议要来攻打我，该怎样去对付他们呢？"

孟子回答说："我听说凭着七十里的土地就能统治天下的，商汤便是。从来没有听说拥有一千里的土地却怕别人来攻打的呀。《尚书》上说：'商汤征伐，从葛国开始。'天下的人都相信他。因此向东面去征伐，西面的夷人就抱怨；向南面去征伐，北面的狄人就抱怨。说：'为什么把我们放到后面呢？'人民盼望他快些到来，就像大旱时盼望乌云和虹霓一般。他所到之处，赶集的人照常来往不停，耕田的人照样工作不变。诛杀那虐民的暴君，抚慰那受害的百姓，有如及时的甘霖从天空降落下来，人民都非常高兴。所以《尚书》上说：'等待我们的国君，他一来我们就可复活了！'如今燕君虐待人民，大王前去征伐他，人民以为大王是要把他们从水深火热中解救出来，所以用竹筐盛着饭菜、用壶盛着酒浆，来迎接您的军队。假如大王反而杀死他们的父兄，拘捕他们的子弟，毁坏他们的宗庙，搬走他们的宝器，这怎么可以呢？天下的诸侯本来就害怕齐国的强大，现在又加大一倍的土地，却不知实行仁政，这当然要引发天下诸侯兴兵动武了。大王赶快发出命令，遣返掳掠而来的老人及小孩，停止搬运他们的宝器，再和燕国的人商量，替他们选立一位贤君，然后从燕国撤退军队，这样或许还来得及阻止诸侯的兴兵。"

12 邹与鲁鬨①。穆公问曰："吾有司②死者三十三人，而民莫之死也。诛之则不可胜诛，不诛则疾视③其长上之死而不救。如之何则可也？"

孟子对曰："凶年饥岁，君之民老弱转乎沟壑，壮者散而之四方者几④千人矣；而君之仓廪实、府库充，有司莫以告，是上慢而残下也。曾子曰：'戒之，戒之！出乎尔者，反乎尔者也。'夫民今而后得反之也，君无尤⑤焉！君行仁政，斯民亲其上、死其长矣。"

【章旨】

此章是孟子告诉邹穆公：长上能恤其下，下必共赴其难。所谓"上恤下亲"是也。

【注释】

① 邹与鲁鬨（hòng）：邹，周时小国，故城在今山东邹县东南。鬨，争斗。

② 有司：官吏。职有所司，故曰有司。

③ 疾视：瞋目相视。

④ 几：读平声，近也。

⑤ 尤：责怪，归罪。

【译文】

邹国和鲁国交兵相斗。邹穆公问道："我的官吏牺牲了三十三人，但人民却一个也不肯效死。杀了他们，也杀不了那么多；不杀，却瞪着眼睛看他的长官被杀而不去援救。这该怎么办才好呢？"

孟子回答说："当那荒年饥岁，您的人民年老弱小者辗转饿死在田沟山谷里，年轻力壮者逃散到四处去的，不下一千人；可是您的谷仓中堆满了粮食，库房里装满了财宝，官吏们却不把这情形向您报告，这是对上怠慢君王、对下残害百姓啊。曾子说过：'要警惕呀！要警惕呀！从你身上做出来的，一定会回报到你的身上去。'那些人民现在可抓着了报复的机会，您不要责怪他们啦！如果您实行仁政，那么人民自然就会敬爱上司、为长官效死了。"

13 滕文公问曰："滕^①，小国也，间^②于齐、楚。事齐乎？事楚乎？"

孟子对曰："是谋非吾所能及也。无已，则有一焉：凿斯池^③也，筑斯城也，与民守之，效死而民弗去，则是可为也。"

【章旨】

此章是孟子告诉滕文公：与其依赖大国，不如奋发自强，与民死守城池。

【注释】

① 滕：周时小国，始祖为文王之子错叔绣，故城在今山东滕州西南。

② 间：读去声，介于其间。

③ 池：指护城河。

【译文】

滕文公问道："滕，是个小国，介于齐、楚两个大国之间。服侍齐国好呢？还是服侍楚国好呢？"

孟子回答说："这个决策问题不是我能力所能做到的。假如您非要我说说不可，那只有一个办法，就是：把这护城河挖深些，把这城墙筑坚固些，同人民一起守卫它，让人民宁肯为国效死也不愿离去，这就可以有所作为了。"

14 滕文公问曰："齐人将筑薛①，吾甚恐。如之何则可？"

孟子对曰："昔者大王居邠②，狄人侵之。去之③岐山之下居焉，非择而取之，不得已也。苟为善，后世子孙必有王者矣。君子创业垂统④，为可继也。若夫成功，则天也。君如彼何哉？强为善而已矣。"

【章旨】

此章是孟子引太王故事，劝文公勉力为善，以保其国。

【注释】

① 筑薛：薛为周初小国，近于滕，故城在今山东滕州东南四十余里处。齐灭薛后，威王以之封田婴，婴将在此筑城，故滕文公恐。

② 邠：同"豳"。在今陕西旬邑县。

③ 之：往。

④ 创业垂统：创立基业，留传统绪。

【译文】

滕文公问道："齐国将在薛地筑城，我很害怕。该怎么办才好呢？"

孟子回答说："从前周太王居住在邠地，狄人来侵犯他。太王就离开邠地搬到岐山之下定居，并不是太王主动选择住到那里，实在是不得已。若是一个国君能施行善道，后代子孙一定会有称王于天下的。有德的君子创立基业，留传统绪，正是为着一代一代能承继下去。至于能否成功，只有听任天命了。现在您对齐人又能做些什么呢？只有勉力行善（实行仁政）罢了。"

15 滕文公问曰："滕，小国也。竭力以事大国，则不得免焉，如之何则可？"

孟子对曰："昔者大王居邠，狄人侵之。事之以皮币①，不得免焉。事之以犬马，不得免焉。事之以珠玉，不得免焉。乃属其耆老②而告之曰：'狄人之所欲者，吾土地也。吾闻之也：君子不以其所以养人者③害人。二三子何患乎无君？我将去之。'去邠，逾梁山④，邑⑤于岐山之下居焉。邠人曰：'仁人也，不可失也。'从之者如归市⑥。或曰：

'世守也，非身之所能为也，效死勿去。'君请择于斯二者。"

【章旨】

此章是孟子就滕文公所问，提出退让和死守两种做法，给文公作抉择。

【注释】

① 皮币：皮革与布帛。

② 属（zhǔ）其耆老：属，会集，集合。耆老，老人。

③ 所以养人者：指土地。

④ 梁山：山名。在今陕西省乾县西北。

⑤ 邑：作动词用，谓建造城邑。

⑥ 归市：趋赶市集。

【译文】

滕文公问道："滕，是个小国。尽力去服侍大国，仍不免要受到侵犯，该怎么办才好？"

孟子回答说："从前周太王居住在邠地，狄人来侵犯他。太王用皮革和布帛去孝敬他，依然无法免受侵犯。再用好狗和良马去孝敬他，仍旧无法免受侵犯。又用珍珠和宝玉去孝敬他，还是无法免受侵犯。于是太王就召集邠地的长老们，告诉他们说：'狄人所要的，是我们的土地。我听说过：有仁德的君子不会为了土地来伤害人民。你们何必担心没有首长呢？我准备离开此地。'于是就离开邠地，越过梁山，在岐山之下建起城邑安居下来。邠地的百姓说：'这是一位有仁德的人啊，不可失掉他。'于是追随太王而走的人好像赶集一般之多。也有人这么说：'这是祖宗世代相传的基业，不是本身所能擅自做主放弃的，宁可死守，不要离开。'请您在二者中选择一个。"

16 鲁平公①将出，嬖人②臧仓者请曰："他日君出，则必命有司所之。今乘舆③已驾矣，有司未知所之，敢请。"

公曰："将见孟子。"

曰："何哉，君所为轻身以先于匹夫者？以为贤乎？礼义由贤者出，而孟子之后丧逾前丧④。君无见焉。"

公曰："诺。"

乐正子⑤入见，曰："君奚为不见孟轲也？"

曰："或告寡人曰：'孟子之后丧逾前丧。'是以不往见也。"

曰："何哉，君所谓逾者？前以士，后以大夫；前以三鼎⑥，而后以五鼎⑦与？"

曰："否。谓棺椁衣衾⑧之美也。"

曰："非所谓逾也，贫富不同也。"

乐正子见孟子，曰："克告于君，君为来见也。嬖人有臧仓者沮⑨君，君是以不果来也。"

曰："行或使之，止或尼⑩之。行、止，非人所能也。吾之不遇鲁侯，天也。臧氏之子，焉能使予不遇哉？"

【章旨】

此章是孟子将自己不得与鲁君相见，归之于天意。因为他肯定圣贤的出处，关乎时运，非关人力。

【注释】

① 鲁平公：景公之子，名叔。一名旅。

② 嬖（bì）人：宠幸之人。有时指近臣，有时指姬妾。

③ 乘舆：古代天子和诸侯的坐车。

④ 后丧逾前丧：后丧，指其母丧。前丧，指其父丧。

⑤ 乐正子：孟子弟子，名克，仕于鲁。

⑥ 三鼎：鼎为古代食器。祭祀时用以盛祭品。士祭礼用三鼎。

⑦ 五鼎：大夫祭礼。

⑧ 棺椁衣衾：内棺曰棺，外棺曰椁。衣衾，死者装殓之衣被。

⑨ 沮（jǔ）：阻也，止也。

⑩ 尼（nì）：曳止之也。

【译文】

鲁平公准备外出，宠幸的小臣臧仓请示道："往日君王外出，一定告知管事的人要去的地方。现在马车已经预备好了，管事的人还不知道君王要去哪里，敢来请示。"

平公说："我要去看看孟子。"

臧仓说："为什么呢，君王这样屈尊就驾去拜访一个普通的百姓？以为他是贤人吗？礼义是由贤人制定出来的，可是孟子后来葬母的礼仪超过他以前葬父的礼仪。君王不要去看他。"

平公说："好吧。"

乐正子进去见平公，问道："君王为什么不去看孟轲呢？"

平公说："有人告诉我：'孟子葬母的礼仪超过以前葬父的礼仪。'所以我不去看他了。"

乐正子说："君王所说的'超过'，是指什么呢？是指葬父亲用士礼，葬母亲用大夫之礼吗？是指葬父亲用三个鼎供祭品，葬母亲用五个鼎供祭品吗？"

平公说："不是。我指的是棺椁衣衾的奢华。"

乐正子说："这不能说是'超过'，只是前后贫富状况不同罢了。"

乐正子去见孟子，说道："我向君王介绍您，君王原本要来见您。有一个宠幸的小臣名叫臧仓的阻止了他，所以他最后就不来了。"

孟子说："一个人要出来做件事情，有某种力量在指使他，不出来做，也有某种力量在阻止他。人的行止，不是单凭人力所能做得到的。我不能和鲁君相见，这是天意。姓臧的那个人，又怎能使我不和鲁君相见呢？"

公孙丑上

共九章

1 公孙丑①问曰："夫子当路②于齐，管仲、晏子③之功，可复许④乎？"

孟子曰："子诚齐人也，知管仲、晏子而已矣。或问乎曾西⑤曰：'吾子与子路孰贤？'曾西蹴然⑥曰：'吾先子之所畏也。'曰：'然则吾子与管仲孰贤？'曾西艴然⑦不悦，曰：'尔何曾⑧比予于管仲？管仲得君如彼其专也，行乎国政如彼其久也，功烈如彼其卑也，尔何曾比予于是！'"曰："管仲，曾西之所不为也，而子为⑨我愿之乎？"

曰："管仲以其君霸，晏子以其君显。管仲、晏子犹不足为与？"

曰："以齐王，由反手⑩也。"

曰："若是，则弟子之惑滋甚⑪。且以文王之德，百年而后崩，犹未洽⑫于天下；武王、周公继之，然后大行。今言王若易然，则文王不足法与？"

曰："文王何可当也！由汤至于武丁⑬，贤圣之君六七作。天下归殷久矣，久则难变也。武丁朝诸侯，有天下，犹运之掌也。纣之去武丁未久⑭也，其故家遗俗，流风善政，犹有存者；又有微子、微仲、王子比干、箕子、胶鬲⑮，皆贤人也，相与辅相⑯之。故久而后失之也。尺地莫非其有也，一民莫非其臣也，然而文王犹方百里起，是以难也。齐人有言曰：'虽有智慧，不如乘势。虽有镃基⑰，不如待时。'今时则易然也。夏后、殷、周之盛，地未有过千里者也，而齐有其地矣；鸡鸣狗吠相闻，而达乎四境，而齐有其民矣；地不改辟矣，民不改聚矣，行仁政而王，莫之能御也。且王者之不作，未有疏于此时者也；民之憔悴于虐政，未有甚于此时者也。饥者易为食，渴者易为饮。孔子曰：'德之流行，速于置邮[18]而传命。'当今之时，万乘之国行仁政，民之悦之，犹解倒悬[19]也。故事半古之人，功必倍之，惟此时为然。"

【章旨】
此章是孟子以王道事业自任，而黜霸功，用明儒家仁政之旨。

【注释】
① 公孙丑：孟子弟子，齐人。
② 当路：居要地、要位。
③ 管仲、晏子：管仲，名夷吾，相齐桓公，称霸诸侯。晏子，名婴，相齐景公，名显诸侯。
④ 许：期也，冀也。
⑤ 曾西：曾参之子，鲁人。
⑥ 蹴（cù）然：不安貌。
⑦ 艴（fú）然：愠怒貌。
⑧ 何曾：何乃。
⑨ 为：读去声，犹谓也。
⑩ 由反手：由，同"犹"。反手，喻事之容易。
⑪ 滋甚：益甚，愈甚。
⑫ 洽：音xiá，或qià，和也，遍也。
⑬ 汤至于武丁：计有汤、太甲、大戊、祖乙、盘庚、武丁共六君。
⑭ 纣之去武丁未久：武丁之后有祖庚、祖甲、廪辛、庚丁、武乙、太丁、帝乙等七君，但在位日期皆短，故云。
⑮ 微子、微仲、王子比干、箕子、胶鬲：微子，纣之庶兄。微仲，微子之弟。比干，纣之叔父。箕子，亦纣之叔父。胶鬲，纣之臣。

⑯ 辅相：辅助。

⑰ 镃（zī）基：锄头。

⑱ 邮：驿站。

⑲ 倒悬：倒挂，倒吊。喻困苦之甚。

【译文】

公孙丑问道："假使老师在齐国当权，那么管仲和晏子的功业，有望再度出现吗？"

孟子说："你真是个齐国人，只知道管仲和晏子罢了。从前有人问曾西说：'您和子路相比谁贤能呢？'曾西很不安地说：'他是我父亲所敬畏的人，我怎敢和他相比？'那人又说：'那么您和管仲相比谁较贤能？'曾西马上不高兴起来，说道：'你为什么竟拿我和管仲相比呢？管仲得到国君的宠信是那样专一，执行国家的政权是那样长久，可是做出来的功业却是那样卑小，你为什么竟拿我和管仲相比呢？'"停顿了一会儿，孟子又说："管仲，是曾西所不屑为伍的，你以为我愿意学他吗？"

公孙丑说："管仲使他的国君称霸天下，晏子使他的国君名显诸侯，管仲和晏子还不值得学习吗？"

孟子说："凭借齐国来统一天下，就像翻转手掌一般容易。"

公孙丑说："照老师这样说来，那弟子就更加迷惑不解了。况且以周文王那样的德行，又活了将近一百岁才去世，他的德政还没有周遍于天下；等到武王和周公继续他的事业，然后才教化大行，成就王业。现在说到王业好像很容易的样子，那么文王也不值得效法了吗？"

孟子说："文王怎么能够比得上呢！从商汤到武丁，圣贤的国君有六七位。天下的人归服殷商已经很久了，时间久了就不容易改变。所以武丁朝会诸侯，统有天下，就像在手掌中运转东西一样。纣王上距武丁没有多久，他那勋旧的世家、祖传的风俗，以及流布的教化、仁惠的政绩，都还有些存在着；又有微子、微仲、王子比干、箕子、胶鬲等，都是有贤德的人，共同来辅助他。所以经历了长久的时间才失掉天下。当时没有一尺的土地不是纣王所有，没有一个人民不是纣王的臣子，然而文王却还能从一百里方圆的小地方兴起，这才不容易呀！齐国有句俗话：‘虽有聪明智慧，不如利用形势。虽有锄头农具，不如等待天时。’现在的时势真是太容易推行仁政了。在夏、商、周最隆盛的时代，他们的土地没有大过一千里的，而齐国却有这么广阔的土地了；鸡鸣狗叫的声音处处相闻，一直达到四方的边境，齐国已经拥有这么众多的人民了。国土不必再扩大了，人民也不必再聚集了，若能推行仁政而称王于天下，是没有人能够阻挡得住的。何况仁德的贤君没有兴起、出现，从来没有这样长久过；人民受到暴虐政治的痛苦压迫，也从来没有像现在这样厉害过。饥饿的人容易给他食物吃，口渴的人容易给他饮料喝。孔子说过：‘仁德教化的散布，比驿站传达政令还要快速。’现在这个时候，拥有万辆兵车的大国推行仁政，老百姓欢欣的情况，就好像解救了他们被倒吊着的痛苦一样。所以，事情只做到古人的一半功夫，功效就加倍超过了古人，只有现在这个时候才能如此啊。”

2　公孙丑问曰：“夫子加①齐之卿相，得行道焉，虽由此霸王，不异矣。如此，则动心否乎？”

孟子曰：“否。我四十不动心。”

曰：“若是，则夫子过孟贲②远矣。”

曰：“是不难。告子③先我不动心。”

曰：“不动心，有道乎？”

曰：“有。北宫黝④之养勇也，不肤挠⑤，不目逃⑥，思以一豪挫于人，若挞⑦之于市朝。不受于褐宽博⑧，亦不受于万乘之君。视刺万乘之君，若刺褐夫。无严⑨诸侯。恶声至，必反之。孟施舍⑩之所养勇也，曰：‘视不胜犹胜也。量敌而后进，虑胜而后会⑪，是畏三军者也。舍岂能为必胜哉？能无惧而已矣。’孟施舍似曾子，北宫黝似子夏。夫二子之勇，未知其孰贤，然而孟施舍守约⑫也。昔者曾子谓子襄⑬曰：‘子好勇乎？吾尝闻大勇于夫子矣：自反而不缩⑭，虽褐宽博，吾不惴⑮焉；自反而缩，虽千万人，吾往矣。’孟施舍之守气，又不如曾子之守约也。”

曰："敢问夫子之不动心，与告子之不动心，可得闻与？"

"告子曰：'不得于言⑯，勿求于心。不得于心，勿求于气。'不得于心，勿求于气，可。不得于言，勿求于心，不可。夫志，气之帅也；气，体之充也。夫志，至焉，气，次⑰焉。故曰：'持其志，无暴⑱其气。'"

"既曰：'志，至焉；气，次焉。'又曰'持其志，无暴其气'者，何也？"

曰："志壹则动气，气壹⑲则动志也。今夫蹶⑳者趋者，是气也，而反动其心。"

"敢问夫子恶㉑乎长？"

曰："我知言，我善养吾浩然之气。"

"敢问何谓浩然之气？"

曰："难言也。其为气也，至大至刚，以直养而无害，则塞于天地之间。其为气也，配义与道；无是，馁㉒也。是集义㉓所生者，非义袭㉔而取之也。行有不慊㉕于心，则馁矣。我故曰告子未尝知义，以其外之也。必有事焉而勿正㉖，心勿忘，勿助长也。无若宋人然。宋人有闵㉗其苗之不长而揠㉘之者，芒芒然㉙归，谓其人㉚曰：'今日病㉛矣，予助苗长矣。'其子趋而往视之，苗则槁矣。天下之不助苗长者寡矣。以为无益而舍之者，不耘苗者也。助之长者，揠苗者也，非徒无益，而又害之。"

"何谓知言？"

曰："诐辞㉜知其所蔽，淫辞㉝知其所陷，邪辞㉞知其所离，遁辞㉟知其所穷。生于其心，害于其政；发于其政，害于其事。圣人复起，必从吾言矣。"

"宰我、子贡善为说辞㊱，冉牛、闵子、颜渊善言德行。孔子兼之，曰：'我于辞命，则不能也。'然则夫子既圣矣乎？"

曰："恶㊲！是何言也！昔者子贡问于孔子曰：'夫子圣矣乎？'孔子曰：'圣则吾不能，我学不厌而教不倦也。'子贡曰：'学不厌，智也；教不倦，仁也。仁且智，夫子既圣矣。'夫圣，孔子不居。是何言也？"

"昔者窃闻之：子夏、子游、子张，皆有圣人之一体³⁸；冉牛、闵子、颜渊，则具体³⁹而微。敢问所安⁴⁰？"

曰："姑舍是。"

曰："伯夷、伊尹⁴¹何如？"

曰："不同道。非其君不事，非其民不使；治则进，乱则退，伯夷也。何事非君，何使非民；治亦进，乱亦进，伊尹也。可以仕则仕，可以止则止，可以久则久，可以速则速，孔子也。皆古圣人也，吾未能有行焉，乃所愿，则学孔子也。"

"伯夷、伊尹于孔子，若是班⁴²乎？"

曰："否。自有生民以来，未有孔子也。"

曰："然则有同与？"

曰："有。得百里之地而君之，皆能以朝诸侯，有天下。行一不义、杀一不辜⁴³而得天下，皆不为也。是则同。"

曰："敢问其所以异？"

曰："宰我、子贡、有若，智足以知圣人；污⁴⁴，不至阿⁴⁵其所好。宰我曰：'以予观于夫子，贤于尧、舜远矣。'子贡曰：'见其礼而知其政，闻其乐而知其德，由百世之后，等⁴⁶百世之王，莫之能违也。自生民以来，未有夫子也。'有若曰：'岂惟民哉！麒麟之于走兽，凤凰之于飞鸟，泰山之于丘垤⁴⁷，河海之于行潦⁴⁸，类也。圣人之于民，亦类也。出于其类，拔乎其萃⁴⁹，自生民以来，未有盛于孔子也。'"

【章旨】

此章是孟子与公孙丑谈养气和知言，以及孔子在古圣中的出类拔萃。

【注释】

① 加：居也。一说，晋升。

② 孟贲：古代勇士，卫人，水行不避蛟龙，陆行不避虎兕。

③ 告子：与孟子同时之学者，名不害。

④ 北宫黝：齐人，余不详。

⑤ 肤挠：肌肤被刺而挠屈。挠，却退。

⑥ 目逃：目受刺激而转睛逃避。

⑦ 挞（tà）：鞭打。

⑧ 褐宽博：宽大的粗布衣。古贱者之服。此处用以指卑贱之人。

⑨ 严：畏也。

⑩ 孟施舍：其人已不可考。

⑪ 会：交合，交战。

⑫ 守约：执持简要原则。

⑬ 子襄：曾子弟子。

⑭ 缩：直也。谓理直。

⑮ 惴（zhuì）：恐惧。

⑯ 不得于言：于言有所不达。谓人能服我之口而未能服我之心。

⑰ 次：舍止。

⑱ 暴：乱也。

⑲ 壹：专一，凝注。

⑳ 蹶：失足跌倒。

㉑ 恶：读平声，何也。

㉒ 馁：饥乏而气衰。

㉓ 集义：积累正义。谓平日所为皆合于义。

㉔ 义袭：正义偶加于身。谓只行一事偶合于义。

㉕ 慊（qiè）：快意，满足。

㉖ 正：定也，止也。

㉗ 闵：同“悯”，忧也。

㉘ 揠（yà）：拔也。

㉙ 芒芒然：疲倦之貌。一说，无知貌。

㉚ 其人：指家人。

㉛ 病：疲乏，疲惫。

㉜ 诐（bì）辞：偏颇之言辞。

㉝ 淫辞：过甚之言辞。淫，过分之意。一说，放荡。

㉞ 邪辞：邪僻之言辞。

㉟ 遁辞：躲闪之言辞。

㊱ 说辞：言语，辞令。

㊲ 恶：读平声，叹词，表惊讶不安。

㊳ 一体：局部。谓部分之长处。

㊴ 具体：全部。谓全部长处。

㊵ 安：处也，居也。

㊶ 伯夷、伊尹：伯夷，孤竹君之子，与其弟叔齐互相让位，逃去。周武
　　王伐纣灭殷，义不食周粟，饿死于首阳山。伊尹，有莘之处士，商汤
　　用之为相。

㊷ 班：齐等，同等。

㊸ 不辜：无罪。

㊹ 污：污下，卑劣。

㊺ 阿：阿私。

㊻ 等：评其等级。

㊼ 丘垤（dié）：小土丘。垤，土之小高处。

㊽ 行潦：道旁积水处。

㊾ 萃：群也，众也。

【译文】

　　公孙丑问道："假如老师做了齐国的宰相，能够推行自己的主张，虽然
从此霸诸侯、王天下，那也不足为奇了。果真遇到这种情况，那么老师会不
会动心呢？"

　　孟子说："不。我四十岁就不动心了。"

　　公孙丑说："这么说来，那老师的勇气远胜过孟贲很多了。"

　　孟子说："这个不难。告子还比我先不动心呢。"

公孙丑说："不动心，有方法吗？"

孟子说："有的。像齐国的北宫黝，他培养的勇气是：不因肌肤被刺而畏缩，不因眼睛被戳而闪躲，他认为受到别人一点点屈辱，就好像在大庭广众前挨了鞭打一样；既不能忍受平常人的侮辱，也不能忍受大国国君的侮辱；把刺杀一个大国的国君看成刺杀一个平常的人一样；不畏惧诸侯，有辱骂的声音传过来，一定还报回去。另一位叫孟施舍的，他培养的勇气又有所不同，他说：'我打仗从不计胜败，我把那失败看作胜利一样，如果先衡量敌人的力量然后才前进，先考虑有把握取胜然后才交战，这是惧怕敌人的兵多势众啊。我哪能一定打胜仗呢？只是能够无所畏惧罢了。'孟施舍培养的勇气像曾子，北宫黝培养的勇气像子夏。这两个人的勇气，不知道谁比较优胜，不过孟施舍能够执守简易的原则。从前曾子告诉子襄说：'你喜欢勇敢吗？我曾经从孔夫子那里听到过大勇的理论：反省自己，若是道理不直，即使对方是个布衣，难道我不畏惧他吗；反省自己，若是道理正直，即使面对千万人，我也要勇往直前。'这样看来，孟施舍执守坚定的勇气，又不如曾子执守义理来得简易可行了。"

公孙丑说："恕我大胆，请问老师的不动心，和告子的不动心，可以讲给我听听吗？"

孟子说："告子曾经说过：'不能在言语上求得胜利，就不要求助于内心。不能在内心思想上求得胜利，就不要求助于意气。'不能在内心思想上求得胜利，不要求助于意气，这是对的；不能在言语上求得胜利，不要求助于内心思想，这是不对的。因为思想意志，是意气感情的主宰；意气感情，是充满体内的力量。思想意志趋向哪里，意气感情也就跟到哪里。所以说：要坚持自己的思想意志，不要乱动自己的意气感情。"

公孙丑说："您既说：'思想意志趋向哪里，意气感情也就跟到哪里。'却又说：'要坚持思想意志，不要乱动意气感情。'这是什么道理呢？"

孟子说："因为思想意志专注于某方面的时候会牵动意气感情，意气感情专注的时候也会牵动思想意志。譬如那跌倒和奔跑，是体气专注于某方面的活动，却也牵动了思想、造成心的悸动。"

公孙丑说："再恕我大胆，请问老师擅长哪一方面？"

孟子说："我善于辨别他人的言辞，我也善于培养浩然之气。"

公孙丑道："请问什么叫作浩然之气？"

孟子说："这很难说啊。那一种气，极宏大、极刚强，用正直的道义去培养它而不加以伤害，就会充满在天地之间。那种气，必须配合正义和大道，没有正义和大道，那气就要衰竭了。它是由正义经常累积所产生的，不是偶然地做一两件正义的行为所能取得的。只要行为有愧于心，那气就会疲软不振了。所以我说，告子不曾懂得义的真谛，因为他把义看作是心外之物（按孟子肯定仁义皆根于心）。但是有一件事不可停止不做，那就是内心时时刻刻地记住它，却不可勉强帮助它生长。不要像宋国人那样。宋国有一个担心禾苗不长而去把它拔高一些的人，疲倦地走回家去，告诉家人说：'我今天累死了，我帮助禾苗生长了。'他的儿子急忙跑去一看，禾苗都枯槁了。当今天下的人，能不去帮助禾苗生长的太少了。认为培养工作没有益处而放弃不做的，那就类似不替禾苗除草的懒汉。勉强帮助它生长的，那就类似拔高禾苗的宋人，不但没有益处，反而害了它。"

公孙丑又问："什么叫作知言？"

孟子答道："偏于一边的言辞，就知道他的心有所蒙蔽；过分放荡的言辞，就知道他的心有所陷溺；邪僻不正的言辞，就知道他的心有所背离；躲躲闪闪的言辞，就知道他的心有所理屈。这四种言辞若从国君的心中产生出来，必然会在政治上造成危害；如果它表现在政治措施上，一定会危害到国家的整体大事。即使圣人再生，也一定赞同我这话。"

公孙丑又说："宰我、子贡擅长辞令，冉牛、闵子、颜渊擅长讲论道德。孔子兼有这两种长处，却还谦虚地说：'我对于辞令，还不行啦。'那么老师已经是个圣人了吧？"

孟子说："咳！这是什么话呀！从前子贡问孔子说：'老师已经是圣人了吧？'孔子说：'圣人，我不敢当，我不过是学不厌、教不倦罢了。'子贡说：'学习而不知厌倦，这是智；教人而不嫌疲劳，这是仁。既仁又智，老师已经是圣人了。'圣人这名称，孔子都不敢自居。你这是什么话呢？"

公孙丑说："从前我曾听说过：子夏、子游、子张，都各有孔子的一部分长处；冉牛、闵子、颜渊，则各有孔子的全部长处，只是规模微小了些。请问老师你是属于哪一种人？"

孟子说："暂且不谈这个。"

公孙丑又问："那么伯夷和伊尹这二人怎么样呢？"

孟子说："他们二人作风不相同。不是他理想的国君不去侍奉，不是他理想的百姓不去使唤；天下太平就出来做官，天下混乱就退隐山林，这是伯夷的一贯作风。没有不是我该侍奉的国君，也没有不是我该使唤的百姓；天下太平固然出来做官，天下混乱也出来做官，这是伊尹的一贯作风。应该做官就做官，应该辞职就辞职；应该继续做就继续做，应该马上走就马上走，这是孔子的一贯作风。他们都是古代的圣人，我还没有能做得到他们那样，至于我所希望的，那就是学习孔子。"

公孙丑说："照这样说来，伯夷、伊尹和孔子，不是相等的吗？"

孟子："不。自有人类以来，没有人能比孔子更伟大的了。"

公孙丑说："那么他们有相同的地方吗？"

孟子说："有。如果拥有百里方圆的土地，而奉他们为国君，他们都能够使诸侯来朝服，而统一天下；如果让他们做一件不合正义的事，杀一个没有罪过的人，因而得到天下，他们都不会做的。这些就是他们相同的地方。"

公孙丑说："请问他们有什么不同的地方吗？"

孟子说："宰我、子贡、有若三人，他们的才智都足够了解孔子；即使卑劣一些，也不致偏私他们所爱好的人。宰我说：'以我来看老师，胜过尧舜太多了。'子贡说：'观察一国的礼制，就可以了解它的政治；聆听一国的音乐，就可以了解它的德教。从百代之后，评论百代以前的帝王，没有能偏离这个原则的。自有人类以来，没有人能比老师更伟大的了。'有若也说：'岂止人类如此呢！麒麟对于走兽，凤凰对于飞鸟，泰山对于土丘，河海对于足边的洼水，都是同类的。圣人对于百姓，也是同类的。远远地超出了同类，高高地挺拔出群伦，自有人类以来，没有人的德业能比孔子更伟大的了。'"

3 孟子曰："以力假仁者霸，霸必有大国。以德行仁者王，王不待大，汤以七十里，文王以百里。以力服人者，非心服也，力不赡^①也。以德服人者，中心悦而诚服也，如七十子^②之服孔子也。《诗》云^③：'自西自东，自南自北，无思^④不服。'此之谓也。"

【章旨】

此章在谈论王、霸的分别。

【注释】

① 赡：足也。

② 七十子：《史记·孔子世家》云，孔子弟子身通六艺者七十有二人。通称为七十子。

③《诗》云：见《诗经·大雅·文王有声》。

④ 思：助词，无义。

【译文】

孟子说："表面假借仁义、实际仗恃武力去征服人的，可以称霸诸侯，称霸一定要凭借强大的国力。用道德来感化人而推行仁政的，可以称王天下，称王不必等待强大的国力，商汤仅用七十里的地，文王也只用一百里的土地，就行了。仗恃武力去降服人的，不是真心顺服，只是因为力量不够。用道德来感服人的，才是心中喜悦而诚心顺服，好像孔门七十多位大弟子信服孔子一样。《诗经》上说：'从东从西，从南从北，没有人不心悦诚服。'就是这个意思。"

4 孟子曰："仁则荣，不仁则辱。今恶^①辱而居不仁，是犹恶湿而居下也。如恶之，莫如贵德而尊士，贤者在位，能者在职。国家闲暇，及是时明其政刑，虽大国必畏之矣。《诗》云^②：'迨^③天之未阴雨，彻彼桑土^④，绸缪牖户^⑤。今此下民，或敢侮予？'孔子曰：'为此诗者，其知道乎！能治其国家，谁敢侮之！'今国家闲暇，及是时，般乐怠敖^⑥，是自求祸也。祸福无不自己求之者。《诗》云^⑦：'永言配命^⑧，自求多福。'《太甲》^⑨曰：'天作孽^⑩，犹可违^⑪。自作孽，不可活。'此之谓也。"

【章旨】

此章是孟子劝勉为政者，欲免祸患屈辱，必须贵德尊士。

【注释】

① 恶（wù）：厌恶之意。

② 《诗》云：见《诗经·豳风·鸱鸮》。

③ 迨：及也。

④ 彻彼桑土：彻，取也。桑土，也作"桑杜"，桑根也。

⑤ 绸缪牖（yǒu）户：绸缪，缠结也。牖户，此指鸟巢的出入口。

⑥ 般（pán）乐怠敖：般，般乐为同义词。敖，同"遨"。

⑦ 《诗》云：见《诗经·大雅·文王》。

⑧ 永言配命：永，长也。言，语中助词。配命，与天命相配。

⑨ 《太甲》：《尚书》篇名。

⑩ 孽：祸也。

⑪ 违：避也。

【译文】

孟子说："国君实行仁政就会有荣耀，不行仁政就会遭受屈辱。现在厌恶屈辱，却心存不仁，这好比厌恶潮湿却自处于低洼之地一样。倘若国君真的厌恶屈辱，最好的方法是崇尚道德、尊敬贤士，有贤德的人居于高位，有才能的人担任要职。国家太平无事，趁着这个时候，修明政教法典，纵使强大的国家，也一定会畏惧他了。《诗经》上说：'趁着天空还没有起云下雨，拾取那桑根树皮，修补窠巢的出入口。现在那些树下的人们，又有谁敢来欺侮我呢？'孔子说：'作这一首诗的人，真是懂得道理呀！能够好好治理他的国家，谁敢侵侮他呢！'现在的国君却不然，在国家太平无事时，趁机追求享乐，怠惰游玩，这等于是自找祸患。祸患和幸福没有不是自己找来的。《诗经》上说：'我们要永远配合天命，自己去找寻各种幸福。'《太甲》上也说：'上天造成的灾祸，还可以躲避。自己造成的灾祸，那就活不成了。'就是这个意思。"

5 孟子曰："尊贤使能，俊杰^①在位，则天下之士皆悦而愿立于其朝矣。市，廛而不征^②，法而不廛^③，则天下之商皆悦而愿藏于其市矣。关，讥^④而不征，则天下之旅皆悦而愿出于其路矣。耕者，助^⑤而不税，则天下之农皆悦而愿耕于其野矣。廛，无夫、里之布^⑥，则天下之民皆悦而愿为之氓^⑦矣。信能行此五者，则邻国之民仰之若父母矣。率其子弟，攻其父母，自有生民以来未有能济^⑧者也。如此，则无敌于天下。无敌于天下者，天吏也。然而不王者，未之有也。"

【章旨】

此章在说国君若能推行五种德政，就能称王于天下。

【注释】

① 俊杰：才德出众之人。

② 廛（chán）而不征：谓只收商店税，不征货物税。廛，市宅。

③ 法而不廛：谓依法征货物税，不收商店税。

④ 讥：稽查。

⑤ 助：指井田制度的助耕公田。

⑥ 夫、里之布：夫布，一夫力役之钱，即丁钱。里布，宅园地税。《周星·地官·载师》："凡宅不毛者有里布。"

⑦ 氓：民也。

⑧ 济：成功。

【译文】

孟子说："尊重有贤德的人，任用有才能的人，凡是杰出的人都能居于重要职位，那么天下的士子都会高兴而愿意在他的朝廷上做官了。在市场上，只征收店铺的租而不再收货物税，或只依法征收货物税而不再征收店铺的租税，那么天下的商人都会高兴而愿意把货物运送到他的市场上来交易了。在关卡地方，只稽查而不征税，那么天下的旅客都会高兴而愿意在他的道路上经过了；耕田的人，只依井田制度，助耕公田，不再征税，那么天下的农夫都会高兴而愿意在他的田野里耕种了。人们的住宅，没有额外的丁钱和地税，那么天下的人民都会高兴而愿意做他的百姓了。真正能够做到这五项德政，那么邻国的百姓都会像仰慕父母一般地仰慕他了。如果邻国要来侵犯他，那就无异于率领儿女来攻打他的父母一样，这种事，从有人类以来，没有能够成功的。像这样，就会天下无敌了。天下无敌的人，就叫作奉行天命的官长。如此却不能够称王于天下的，是从来没有过的。"

6 孟子曰："人皆有不忍人之心。先王有不忍人之心，斯有不忍人之政矣。以不忍人之心，行不忍人之政，治天下可运之掌上。所以谓'人皆有不忍人之心'者，今人乍见孺子①将入于井，皆有怵惕恻隐②之心，非所以内③交于孺子之父母也，非所以要④誉于乡党朋友也，非恶其声而然也。由是观之，无恻隐之心，非人也；无羞恶之心，非人也；无辞让之心，非人也；无是非之心，非人也。恻隐之心，仁之端也；羞恶之心，义之端也；辞让之心，礼之端也；是非之心，智之端也。人之有是四端也，犹其有四体⑤也。有是四端而自谓不能者，自贼者也。谓其君不能者，贼其君者也。凡有四端于我者，知皆扩而充之矣，若火之始然⑥，泉之始达⑦。苟能充之，足以保四海⑧；苟不充之，不足以事父母。"

【章旨】

此章勉人推广不忍人之心，扩充四端，以行仁政。

【注释】

① 乍见孺子：乍，突然。孺子，小孩。

② 怵惕（chù tì）恻隐：怵惕，惊惧貌。恻隐，哀痛怜悯。

③ 内：同"纳"，结。

④ 要：读平声，求也。

⑤ 四体：四肢。

⑥ 然：同"燃"。

⑦ 达：通也。

⑧ 四海：犹言天下。古谓中国四境皆有海环绕，因称中国四境曰四海。

【译文】

孟子说："每个人都有怜恤别人、不忍害人的心。古时圣王就因为有不忍害人的心，因此便有了不忍害人的政治。用不忍害人的心，去推行不忍害人的政治，治理天下就可以像在手掌上运转小物件那样容易了。之所以说'每个人都有不忍害人的心'，其理由是：譬如现在看到一个小孩快要掉进井里去了，任何人都有惊惧和怜悯的心，这种心表现出来，并不是想借此来和那小孩的父母攀结交情，也不是想借此在乡里朋友间博取美誉，更不是厌恶那小孩的哭叫声才这样的。由此可见，没有同情心的，就不是人；没有羞耻心的，就不是人；没有推让心的，就不是人；没有是非心的，就不是人。同情的心，是仁的萌芽；羞耻的心，是义的萌芽；推让的心，是礼的萌芽；是非的心，是智的萌芽。人的心里有这仁义礼智四种萌芽，就好比他有手脚四肢一样，是与生俱有的。有这四种萌芽却自己认为不能为善，那是自己戕害自己了。认为他的国君不能为善，那是戕害他的国君了。所有在我心里的这四种善端，如果晓得把它们扩充起来，就会像火开始燃烧，泉水开始涌出，其势必不可挡。假若能够扩充，就可以保有天下；假若不去扩充，就连尽职地赡养父母都不能够做到了。"

7 孟子曰："矢人岂不仁于函人①哉？矢人惟恐不伤人，函人惟恐伤人。巫、匠②亦然。故术不可不慎也。孔子曰：'里仁为美，择不处仁，焉得智？'夫仁，天之尊爵③也，人之安宅也。莫之御④而不仁，是不智也。不仁不智，无礼无义，人役⑤也。人役而耻为役，由⑥弓人而耻为弓，矢人而耻为矢也。如耻之，莫如为仁。仁者如射，射者正己而后发，发而不中，不怨胜己者，反求诸己而已矣。"

【章旨】

此章是用矢人、函人等作比喻，说明行仁由己，不必假于他人。

【注释】

① 函人：制造盔甲的人。

② 巫、匠：巫，指为人祈神驱病的巫医。匠，指制造棺材的木工。

③ 尊爵：尊贵的爵位。

④ 御：阻止。

⑤ 人役：受役于人者。

⑥ 由：同"犹"。

【译文】

孟子说："造箭的人难道比造甲的人残忍不仁吗？造箭的人唯恐他的箭不能够伤害人，造甲的人唯恐他的盔甲不能抵挡刀箭而伤害到人。做巫医的和做棺材的，也是这样。所以选择谋生的技艺不可不慎重啊。孔子曾经说过：'乡里中有仁厚风俗才是好的，选择住所若不选在有仁厚风俗的乡里，怎么能说是聪明呢？'说到这个'仁'，是上天赐给我们最尊贵的爵位，也是人类最平安的住宅。没有人阻止却不去行仁，这是不明智的。不仁、不智，无礼、无义，这种人只能做别人的仆役。只适合当仆役，却又以做仆役之事为可耻，这就好比制弓的人以制弓为耻，造箭的人以造箭为耻一般了。如果认为这是可耻的，就不如好好地去行仁。行仁的人如同射箭一样，射箭的人先要立正自己的身子，然后再发箭，如果没有命中目标，不埋怨那些胜过自己的人，只要反躬自问、检讨自己罢了。"

8 孟子曰："子路，人告之以有过，则喜；禹，闻善言，则拜。大舜有①大焉：善与人同②，舍己从人，乐取于人以为善；自耕稼、陶、渔③，以至为帝，无非取于人者。取诸人以为善，是与④人为善者也，故君子莫大乎与人为善。"

【章旨】

此章是说圣贤好善之心，在于与人为善。

① 有：同"又"。

② 善与人同：很会与人为善。善是动词。

③ 耕稼、陶、渔：《史记·五帝本纪》："舜耕于历山，渔于雷泽，陶于河滨。"陶，指制作瓦器。

④ 与：偕也，同也。一说，助也，许也。

【译文】

孟子说："子路，别人告诉他的过错，他就非常高兴；夏禹，听到了善言，就拜受领谢。大舜更是了不起：他很会与人为善，抛弃自己的缺点，接受别人的优点，乐于吸取别人的善言善行来给自己实行；从他耕种田地，制造瓦器，捕捉鱼虾，一直到做了帝王，没有一处优点不是从别人那里吸取来的。吸取别人的善言善行，自己实行起来，这就是携同别人一齐行善。所以君子最大的美德，就是携同别人一齐行善了。"

9 孟子曰："伯夷，非其君不事，非其友不友，不立于恶人之朝，不与恶人言。立于恶人之朝，与恶人言，如以朝衣朝冠坐于涂炭①。推恶恶②之心，思与乡人立，其冠不正，望望然③去之，若将浼④焉。是故诸侯虽有善其辞命而至者，不受也。不受也者，是亦不屑就⑤已。柳下惠⑥，不羞污君，不卑小官，进不隐贤，必以其道，遗佚⑦而不怨，阨穷⑧而不悯，故曰：'尔为尔，我为我。虽袒裼裸裎⑨于我侧，尔焉能浼我哉！'故由由然⑩与之偕而不自失焉，援而止⑪之而止。援而止之而止者，是亦不屑去已。"孟子曰："伯夷隘⑫，柳下惠不恭。隘与不恭，君子不由⑬也。"

【章旨】

此章论伯夷和柳下惠，各有所偏。君子之道，当以中庸为贵。

【注释】

① 涂炭：污泥与黑炭。皆不洁之物。

② 恶恶（wù è）：上字动词，下字名词。

③ 望望然：去而不顾之貌。

④ 浼（měi）：污也。

⑤ 不屑就：不齿接近。

⑥ 柳下惠：鲁大夫展禽，食采柳下，谥曰惠。

⑦ 遗佚：谓不被用。

⑧ 阨穷：困穷。

⑨ 袒裼裸裎（tǎn xī luǒ chéng）：袒裼，露臂。裸裎，露身。

⑩ 由由然：犹愉愉然，高兴之貌。

⑪ 止：留也。

⑫ 隘（ài）：狭窄。

⑬ 由：行也。

【译文】

孟子说："伯夷，不是他心目中理想的国君就不去侍奉，不是他心目中理想的朋友就不去结交，不站在坏人的朝廷上，也不和坏人说话。他认为站在坏人的朝廷上，或同坏人说话，就好比穿戴着上朝的衣冠坐在泥地和黑炭上一样。把这种讨厌坏人的心理推广开来，他便这样想：和一个普通人站在一起，如果那人帽子没有戴正，他就不高兴地掉头离开，好像就会受其污染似的。因此当时各国诸侯虽然好言好语来招致他做官，他也不接受。他这不接受的意思，就是不屑于去就任官职。柳下惠，不以侍奉肮脏的国君为羞耻，也不以做一个小官为卑贱，入朝做官时，不隐藏自己的才能，但一定依照正道来办事，如被遗弃而不用也不怨恨；遭受困穷也不忧愁，因此他说：'你是你，我是我，即使你露臂赤身站在我的旁边，你又怎么能污染我呢！'所以他高高兴兴地和众人在一起而不觉有损于自己，挽住他留下，他就留下。这挽住他留下他就留下的意思，就是不屑于离开了。"孟子批评他们说："伯夷器量太狭窄，柳下惠行为太不严肃。器量狭窄和行为不严肃，都非中正大道，君子是不这样做的。"

公孙丑下

共十四章

1 孟子曰："天时^①不如地利^②，地利不如人和^③。三里之城，七里之郭^④，环而攻之而不胜。夫环而攻之，必有得天时者矣；然而不胜者，是天时不如地利也。城非不高也，池非不深也，兵革^⑤非不坚利也，米粟非不多也，委^⑥而去之，是地利不如人和也。故曰：域^⑦民不以封疆之界，固国不以山谿之险，威天下不以兵革之利。得道者多助，失道者寡助。寡助之至，亲戚畔^⑧之；多助之至，天下顺之。以天下之所顺攻亲戚之所畔。故君子有不战，战必胜矣。"

【章旨】

此章在说要得天下，首先要得民心。所谓"人和为贵"是也。

【注释】

① 天时：指宜于攻战与否的时节气候。

② 地利：指高城深池、山川险阻之固。

③ 人和：指深得民心，内部团结。

④ 郭：外城。

⑤ 兵革：武器和甲胄。古代甲胄，有以皮革为之者，亦有以铜铁为之者。

⑥ 委：弃也。

⑦ 域：界限。作动词用。

⑧ 畔：同"叛"。

【译文】

孟子说："得到天时不如据有地利，据有地利不如获得人和。譬如只有三里内城、七里外城的一座小城，包围着攻打它，却不能取胜。在这包围着攻打它之际，那一定有合乎天时的便利，然而却不能取胜，这就是得到天时不如据有地利的明证。城墙不是不高，护城河不是不深，兵器和甲胄不是不坚固锐利，粮食不是不多，战事临头时却弃城逃走，这就是有地利不如获得人和的明证。所以说：限制人民不凭靠国家的疆界，巩固国家不凭靠山川的险阻，威慑天下不凭靠兵甲的锐利。能行仁政而得民心的，帮助他的人就多，不行仁政而失民心的，帮助他的人就少。帮助他的人少到了极点，就连亲戚也要叛离他；帮助他的人多到了极点，全天下人都会来归顺他。以天下人所归顺的国家，去攻打连亲戚也都叛离的国家，自然所向无敌。所以一位仁德的在位者不战便罢，要战是必然会获得胜利的。"

2 孟子将朝王。王使人来曰："寡人如①就见者也，有寒疾，不可以风。朝将视朝，不识可使寡人得见乎？"

对曰："不幸而有疾，不能造②朝。"

明日，出吊于东郭氏③。公孙丑曰："昔者辞以病，今日吊，或者不可乎？"

曰："昔者疾，今日愈，如之何不吊？"

王使人问疾，医来，孟仲子④对曰："昔者有王命，有采薪之忧⑤，不能造朝。今病小愈，趋造于朝，我不识能至否乎？"

使数人要⑥于路，曰："请必无归而造于朝。"

不得已而之景丑氏⑦宿焉。

景子曰："内则父子，外则君臣，人之大伦也。父子主恩，君臣主敬。丑见王之敬子也，未见所以敬王也。"

曰："恶⑧！是何言也！齐人无以仁义与王言者，岂以仁义为不美也？其心曰：'是何足与言仁义也'云尔，则不敬莫大乎是。我非尧、舜之道不敢以陈于王前，故齐人莫如我敬王也。"

景子曰："否，非此之谓也。《礼》曰⑨：'父召，无诺。君命召，不俟驾。'固将朝也，闻王命而遂不果⑩，宜与夫礼若不相似然。"

曰："岂谓是与？曾子曰：'晋、楚之富，不可及也。彼以其富，我以吾仁；彼以其爵，我以吾义。吾何慊⑪乎哉？'夫岂不义而曾子言之？是或一道也。天下有达尊⑫三：爵一，齿⑬一，德一。朝廷莫如爵，乡党莫如齿，辅世长民莫如德。恶得有其一以慢其二哉？故将大有为之君，必有所不召之臣；欲有谋焉，则就之。其尊德乐道，不如是不足与有为也。故汤之于伊尹，学焉而后臣之，故不劳而王。桓公之于管仲，学焉而后臣之，故不劳而霸。今天下地丑⑭德齐，莫能相尚，无他，好臣其所教，而不好臣其所受教。汤之于伊尹，桓公之于管仲，则不敢召。管仲且犹不可召，而况不为管仲者乎？"

【章旨】

此章是说一个大有为之君，必须尊德乐道，礼贤下士。

【注释】

① 如：当也，将也。

② 造：到也。

③ 东郭氏：齐大夫家。

④ 孟仲子：孟子之从昆弟，学于孟子者。

⑤ 采薪之忧：疾病之代辞。也称负薪之忧。《礼记·曲礼》："君使士射，不能，则辞以疾，言曰：某有负薪之忧。"

⑥ 要：读平声，阻拦。

⑦ 景丑氏：齐大夫家。

⑧ 恶：读平声，叹词。

⑨ 《礼》曰：为当时礼书上所载。今散见于《礼记·曲礼》及《荀子·大略》。

⑩ 不果：事之合于预期者曰果，否则曰不果。

⑪ 慊（qiàn）：心意不满足。

⑫ 达尊：天下公认尊贵之事。

⑬ 齿：年龄。

⑭ 丑：同也，比也。

【译文】

孟子要去朝见齐王。齐王派人来说："我本想过来看你，不料患了感冒，不能吹风。明天早上（一说如果你肯来上朝），我将上朝办事，不知道能够让我看到你吗？"

孟子回答说："很不凑巧，我也有病，不能到朝廷去。"

第二天，孟子出门到东郭大夫家去吊丧。公孙丑说："昨天托辞生病，今天出去吊丧，恐怕不可以吧？"

孟子说："昨天生病，今天好了，为什么不可出去吊丧呢？"

齐王派人来问病，并且带了医生同来。孟子的堂兄弟孟仲子应付说："昨天大王有命令来，因为有点小病，不能到朝廷去。今天病稍微好了些，已经赶紧上朝去了，但是我不知道他到达了没有？"

接着孟仲子派了几个人分头到路上拦截孟子，说道："请千万不要回来，一定要上朝廷去。"

孟子没办法，就躲到景丑大夫家去过夜。

景丑说："在家中有父子，在朝廷有君臣，这是人与人间最大的伦理。父子之间以恩情为主，君臣之间以恭敬为主。我只看见大王对你尊敬，却没有看见你对大王有什么回敬。"

孟子说："哦！这是什么话！齐国人没有一个拿仁义的道理来向大王进言的，难道是他们认为仁义不好吗？他们的内心这样想：'这个君王哪里值得和他谈仁义呢？'如此罢了，那么，对大王的不恭敬没有比这更大的了。而我呢，不是尧、舜之道不敢拿来向大王陈述，所以在齐国人中，没有比我更恭敬大王的了。"

景丑说："不，我不是说这个。《礼经》上说：'父亲召唤，不等待应命就去。国君召唤，不等待车驾就走。'你本来要去朝见大王，一听到大王的召命，反而不去了，这和《礼经》上所说的好像有点不相符吧。"

孟子说："是说这个吗？从前曾子说过：'晋国和楚国的财富，没有人比得上。他凭着他的财富，我凭着我的仁道；他凭着他的爵位，我凭着我的义理。我又有什么欠缺而不满足呢？'这些话要是不合理，曾子会拿来说吗？这里头或许有一番道理的。天下通行的尊贵事件有三样：一是爵位，一是年龄，一是道德。在朝廷上以爵位为先，在乡里中以年龄为先，至于辅国教民，那就以道德为最尊贵了。怎么可以有了爵位就轻视年龄和道德呢？所以，想要大有作为的国君，一定有他不能召唤的臣子；如果有事要商量，就要亲自去请教。他那尊重道德和乐行仁政，若是不这样，便不值得和他有所作为。因此，商汤对于伊尹，先向伊尹请教，然后任命他为臣，因而不费什么力气，就称王于天下。齐桓公对于管仲，也是先请教然后任命为臣，因而不费什么力气，就称霸于诸侯。如今天下各国，土地的大小差不多，德教的高低也不相上下，谁也高过不了谁，这没有别的缘故，只因为他们喜欢用听话的人为臣，不喜欢用能够教导他的人为臣。商汤对于伊尹，齐桓公对于管仲，都不能随意召唤。管仲尚且不可召唤，何况不屑为管仲的人呢？"

3 陈臻①问曰："前日于齐，王馈兼金②一百而不受；于宋，馈七十镒③而受；于薛，馈五十镒而受。前日之不受是，则今日之受非也；今日之受是，则前日之受非也。夫子必居一于此矣。"

孟子曰："皆是也。当在宋也，予将有远行，行者必以赆④，辞曰'馈赆'，予何为不受？当在薛也，予有戒心⑤。辞曰：'闻戒，故为兵馈之。'予何为不受？若于齐，则未有处⑥也。无处而馈之，是货⑦之也。焉有君子而可以货取乎？"

【章旨】

此章是孟子就陈臻所问，说明君子辞受之道。

【注释】

① 陈臻：孟子弟子。

② 馈兼金：馈，赠送。兼金，上等成色、价值双倍的金子。

③ 镒（yì）：二十两。古者以一镒为一金。

④ 赆（jìn）：盘缠，旅费。

⑤ 戒心：戒备不虞的心。时有恶人欲害孟子，故孟子有戒备之心。

⑥ 未有处：指于义未有所处。即没有理由接受礼物之意。

⑦ 货：贿赂。

【译文】

陈臻问道："前日在齐国，齐王赠送您价值双倍的金子两千两，您不接受；在宋国，送给您一千四百两，您接受了；在薛国，送给您一千两，您也接受了。如果前日不接受是正确的，那么今日接受便错了；如果今日接受是正确的，那么前日不接受便错了。老师在这二者之中，一定有一个不对了。"

孟子说："都是对的。当在宋国的时候，我将有长途的旅行，旅行的人需要旅费，送礼的言辞说'赠送一点旅费'，我为什么不接受呢？当在薛国的时候，我有戒备的心，送礼的言辞说：'听说您有戒心，赠送点兵备的费用。'我为什么不接受呢？至于在齐国，就没有什么理由接受馈赠，没有理由接受却要送我金钱，这明明是要拿钱收买我啊。哪有君子可以拿钱收买的呢？"

4 孟子之平陆①，谓其大夫曰："子之持戟之士②，一日而三失伍③，则去之否乎？"

曰："不待三。"

"然则子之失伍也亦多矣，凶年饥岁，子之民老羸④转于沟壑，壮者散而之四方者几千人矣。"

曰："此非距心之所得为也。"

曰："今有受人之牛羊而为之牧之者，则必为之求牧与刍⑤矣。求牧与刍而不得，则反诸其人乎？抑亦立而视其死与？"

曰："此则距心之罪也。"

他日，见于王，曰："王之为都⑥者，臣知五人焉。知其罪者，惟孔距心。"为王诵之。

王曰："此则寡人之罪也。"

【章旨】

此章是孟子设喻劝谏平陆大夫，要以恤民养民为本职，不可尸位素餐。同时也在婉讽齐王。

【注释】

① 之平陆：之，往也。平陆，齐邑名，在今山东汶上县北。

② 持戟之士：指卫士、战士。戟为古代兵器的一种。

③ 伍：班次，行列。

④ 羸：瘦弱。

⑤ 牧与刍：指牧地和牧草。

⑥ 为都：治都。

【译文】

孟子来到平陆，告诉当地的邑宰孔距心说："假使你的卫士，一天之内三次脱离了班次行列，那么你革职他吗？"

孔距心说："不必等待三次。"

孟子说："那么你失职的地方也很多，在那灾荒饥馑的年岁，你的人民年老体弱者辗转饿死在沟渠山谷之中，年轻力壮者逃散到四处去的，将近千人了。"

孔距心答道："这不是我的力量所能办得到的。"

孟子说："譬如现在有一个人，接受别人的牛羊而替人看牧，那一定要替牛羊寻找牧地和牧草了。如果寻找不到牧地和牧草，那么，是把牛羊归还给主人呢？还是站着看那牛羊饿死呢？"

孔距心说："这确是我的罪了。"

后来有一天，孟子朝见齐王，说："大王的邑宰，我认识了五个人。能够知道自己过失的，只有孔距心一人。"同时把前日的一番话向齐王复述了一遍。

齐王说："这是我的过失。"

5 孟子谓蚔蛙①曰："子之辞灵丘②而请士师③，似也，为其可以言也。今既数月矣，未可以言与？"

蚔蛙谏于王而不用，致④为臣而去。

齐人曰："所以为蚔蛙则善矣，所以自为，则吾不知也。"

公都子⑤以告。曰："吾闻之也：有官守⑥者，不得其职则去。有言责者，不得其言则去。我无官守，我无言责也，则吾进退岂不绰绰然⑦有余裕哉？"

【章旨】

此章是孟子说明有官守与无官守，其行止进退自有不同。

【注释】

① 蚔蛙（chí wā）：齐大夫。

② 灵丘：齐邑名。

③ 士师：狱官之长。

④ 致：辞也。即致仕之意。

⑤ 公都子：孟子弟子。

⑥ 官守：居官有其一定职守，故称官守。

⑦ 绰绰然：宽广貌。

【译文】

孟子告诉蚔蛙说："你辞去灵丘邑宰，请求改任典狱长官，似乎很有道理，因为这样可以向君王进言。但现在你已到任几个月了，难道还没有到可以说话的时候吗？"

蚔蛙向齐王进谏，齐王不采纳其言，就辞职而去。

齐国有人便说："孟子替蚔蛙出主意是不错的了，至于对自己打什么主意，那我就不明白了。"

公都子把这话告诉了孟子。孟子说："我听说过：有官位职守的人，如果无法尽其职责，就该离去。有进言责任的人，他的谏言不被采纳，就该离去。我没有任官的职守，也没有进言的责任，那我的进退行动，岂不是宽舒得很有回旋的余地吗？”

6 孟子为卿于齐，出吊于滕^①。王使盖^②大夫王驩为辅行^③。王驩朝暮见，反齐、滕之路，未尝与之言行事^④也。

公孙丑曰：“齐卿^⑤之位，不为小矣。齐、滕之路，不为近矣。反之而未尝与言行事，何也？”

曰：“夫既或治之，予何言哉？”

【章旨】

此章记述孟子对待嬖臣王驩的情形。足见孟子严谨而不恶的处世态度。

【注释】

① 出吊于滕：滕文公之丧，齐王派孟子往吊之。

② 盖：齐邑名。故城在今山东沂水西北。

③ 辅行：谓副使也。

④ 行事：指出使之事。

⑤ 齐卿：指孟子官位。一说，王驩。

【译文】

孟子在齐国做客卿，奉命出使到滕国去吊丧，齐王派盖邑大夫王驩作副使。王驩和孟子早晚都在一起，往返于齐国和滕国的路途上，孟子却不曾和他说过一句出使的事情。

公孙丑就问：“齐国客卿的官位，不算小了。齐、滕之间的路程，不算短了。往返一趟却不曾和王驩说过一句出使的事情，这是为什么呢？”

孟子答道：“这事既然有人办了（指王驩独断独行），我还说什么呢？”

7 孟子自齐葬于鲁^①。反于齐，止于嬴^②。充虞^③请曰：“前日不知虞之不肖，使虞敦匠事^④。严^⑤，虞不敢请。今愿窃有请也：木若以^⑥美然。”

曰："古者棺椁无度⑦。中古棺七寸，椁称之，自天子达于庶人，非直⑧为观美也，然后尽于人心。不得，不可以为悦；无财，不可以为悦。得之为⑨有财，古之人皆用之，吾何为独不然？且比化者⑩，无使土亲肤，于人心独无恔⑪乎？吾闻之也：君子不以天下俭其亲。"

【章旨】

此章记孟子事亲主孝。即使是丧事，也要尽人子的心力，不宜过分节俭。

【注释】

① 自齐葬于鲁：孟子仕于齐，丧母，归葬于鲁。

② 嬴：齐邑名。故城在今山东莱芜市西北。

③ 充虞：孟子弟子。

④ 敦匠事：敦，督治。匠事，指制作棺木之事。

⑤ 严，急也，谓不暇。

⑥ 以：太也。

⑦ 棺椁无度：内棺或外棺厚薄无尺寸之度。

⑧ 直：只也。

⑨ 为：与也。

⑩ 比（bì）化者：比，为也，替也。化者，指死者。

⑪ 恔（xiào）：快也。

【译文】

孟子护送母亲的灵柩，从齐国回到鲁国安葬。再返回齐国时，到了嬴邑，停下歇息。弟子充虞问道："前日老师不以我为不才，派我监理棺木的制造工作。当时很匆促忙碌，我不敢请问老师。现在事已完毕，敢私下请问一下，那棺木好像太好了一点。"

孟子说："上古对于棺木的尺寸，没有一定的规矩，到了中古，才规定内棺七寸厚，外棺的厚度和它相等，从天子直到平民都一样，并不只是为了美观，而是要这样才算尽了孝子的心。假使在礼法上不允许这样做，那人子的心就不会感到满意；假使没有财力这样做，那人子的心也会感到遗憾。礼法既许可，财力又做得到，古时的人都这样做，我为什么不这样呢？况且，为了死者，不让泥土接触到他的肌肤，在人子的心上难道不感到快慰吗？我听说过：一个君子，无论何种情况下，都不应当在父母身上去省钱的。"

8 沈同①以其私问曰："燕可伐与？"

孟子曰："可。子哙②不得与人燕，子之③不得受燕于子哙。有仕④于此，而子悦之，不告于王而私与之吾子之禄爵，夫⑤士也，亦无王命而私受之于子，则可乎？何以异于是？"

齐人伐燕。或问曰："劝齐伐燕，有诸？"

曰："未也。沈同问：'燕可伐与？'吾应之曰：'可。'彼然而伐之也。彼如曰：'孰可以伐之？'则将应之曰：'为天吏⑥，则可以伐之。'今有杀人者，或问之曰：'人可杀与？'则将应之曰：'可。'彼如曰：'孰可以杀之？'则将应之曰：'为士师，则可以杀之。'今以燕伐燕⑦，何为劝之哉？"

【章旨】

此章是孟子辩说自己没有劝齐伐燕；齐之伐燕，乃以暴易暴而已。

【注释】

① 沈同：齐大臣。

② 子哙：燕王名。逊位给其相国子之。

③ 子之：燕相国名。受禅于其君子哙。

④ 仕：同"士"。

⑤ 夫：彼也。

⑥ 天吏：奉行天命之人。

⑦ 以燕伐燕：谓齐暴虐，与燕无异，如以燕伐燕也。

【译文】

沈同以私人的身份问孟子说："燕国可以讨伐吗？"

孟子答道："可以。燕王子哙不可以把燕国让给子之，子之也不可以从子哙那里接受燕国。就好比有一位士人在此，你很喜欢他，不向君王禀告就自作主张地把你的俸禄官位让给他，那位士人，也没有君王的任命就从你的手上接受了俸禄官位，这样可以吗？子哙和子之私相授受的事，和这个例子又有什么两样呢？"

后来齐国果然去攻打燕国。有人便问孟子说："听说你劝齐国讨伐燕国，有这回事吗？"

孟子答道："没有。沈同问我：'燕国可以讨伐吗？'我回答说：'可以。'他认为我说的对就去攻打燕国了。如果他再问我：'谁可以去讨伐他呢？'那我会回答说：'做天吏的人才可以去讨伐。'好比现在有一个杀人犯，有人问道：'这个犯人可以杀吗？'我会回答说：'可以。'如果他再问我：'谁可以去杀他呢？'我会回答说：'做狱官的人才可以去杀他。'如今以一个和燕国同样暴虐的齐国，去讨伐燕国，我为什么去劝他呢？"

9 燕人畔①。王曰："吾甚惭于孟子。"

陈贾②曰："王无患焉。王自以为与周公孰仁且智？"

王曰："恶！是何言也！"

曰："周公使管叔监殷③，管叔以殷畔④。知而使之，是不仁也；不知而使之，是不智也。仁、智，周公未之尽也，而况于王乎？贾请见而解之。"

见孟子，问曰："周公何人也？"

曰："古圣人也。"

曰："使管叔监殷，管叔以殷畔也。有诸？"

曰："然。"

曰："周公知其将畔而使之与？"

曰："不知也。"

"然则圣人且有过与？"

曰："周公，弟也；管叔，兄也。周公之过，不亦宜乎！且古之君子，过则改之；今之君子，过则顺之⑤。古之君子，其过也如日月之食，民皆见之；及其更⑥也，民皆仰之。今之君子，岂徒顺之？又从为之辞。"

【章旨】

此章是孟子说古人与今人处理自己过错的不同，用以深责陈贾的文饰过错。

【注释】

① 燕人畔：畔，同"叛"。齐破燕后二年，燕人迎立太子平为王，反抗齐国。

② 陈贾：齐大夫。

③ 周公使管叔监殷：武王克殷，立纣子武庚，而使管叔蔡叔监其国。

④ 管叔以殷畔：武王既崩，成王年幼，周公摄政，管叔蔡叔疑周公将不利于成王，乃挟武庚以作乱。

⑤ 顺之：顺遂其过而不改。

⑥ 更：读平声，改也。

【译文】

燕人反抗齐国。齐宣王说："我对孟子感到很惭愧。"

陈贾说："大王不要忧虑。大王自以为和周公比较谁仁谁智呢？"

宣王说："哦！这是什么话！"

陈贾说："周公派管叔监督殷国，管叔却据殷国叛乱。如果周公预知他会叛乱，却仍派他去监督，这是不仁；如果周公料不到他会叛乱而派他去，这是不智。仁和智，周公都没有完全做到，何况是大王呢？请让我去见孟子解释这件事情。"

于是陈贾来见孟子，问道："周公是怎样的人呢？"

孟子答说："是古代的圣人。"

陈贾又问："他派管叔监督殷国，管叔却据殷国叛乱，有这回事吗？"

孟子说："有的。"

陈贾再问："周公知道管叔会叛变，却有意派他去的吗？"

孟子说："周公不曾知道。"

陈贾就说："这么说来，圣人尚且也会有过错吗？"

孟子答道："周公是弟弟，管叔是哥哥。弟弟不能疑心哥哥，所以周公的过错，不也是合乎情理的嘛！而且，古时的君子，有了过错就随即改正；现在的君子，有了过错就错到底。古时的君子，他的过错，好像日食和月食一样，大家都看得见；等他改正的时候，人人都仰望他。现在的君子，岂止将错就错，并且还为他的过错辩护掩饰呢。"

10 孟子致为臣①而归。

王就见②孟子，曰："前日愿见而不可得，得侍同朝，甚喜。今又弃寡人而归，不识可以继此而得见乎？"

对曰："不敢请耳，固所愿也。"

他日，王谓时子③曰："我欲中国④而授孟子室，养弟子以万钟⑤，使诸大夫国人皆有所矜式⑥，子盍⑦为我言之？"

时子因陈子⑧而以告孟子。陈子以时子之言告孟子。

孟子曰："然。夫时子恶知其不可也？如使予欲富，辞十万而受万⑨，是为欲富乎？季孙曰：'异哉！子叔疑⑩！使己为政，不用，则亦已矣，又使其子弟为卿。人亦孰不欲富贵？而独于富贵之中，有私龙断⑪焉。'古之为市者，以其所有，易其所无者，有司者治之⑫耳。有贱丈夫焉，必求龙断而登之，以左右望而罔⑬市利。人皆以为贱，故从而征之。征商自此贱丈夫始矣。"

【章旨】

此章是孟子说明自己以道为进退，不因利禄而去留。

【注释】

① 致为臣：指辞去客卿之位。

② 就见：亲往见之。

③ 时子：齐臣名。

④ 中国：即国中。谓在都城之中。

⑤ 万钟：形容谷禄数量之多。六斛四斗为一钟。

⑥ 矜式：效法。

⑦ 盍：何不。

⑧ 陈子：孟子弟子陈臻。

⑨ 辞十万而受万：孟子为齐客卿，俸禄十万钟，今若受齐王万钟之养，是辞十万而受万也。

⑩ 季孙、子叔疑：皆未详为何时人。

⑪ 龙断：同"垄断"。原指冈垄之断而高者。此处作动词，独占市利之意。

⑫ 治之：谓治其争讼。

⑬ 罔：网罗而取之。

【译文】

孟子辞去齐国客卿的官职，准备回乡。齐王亲自来见孟子，说："过去想见您却见不到，后来能够侍候在您身边、同您在一起，我很高兴。现在您又将抛弃我而归去，不知从此以后我还能有幸见到您吗？"

孟子回答说："只是我不敢请求罢了，这本来就是我所希望的啊。"

过了些日子，齐王对时子说："我想在市中心给孟子一栋房子，供养他的弟子，每年一万钟的俸禄，好让大夫们和老百姓有个模范可以效法，您何不替我去向孟子说说呢？"

于是时子便托陈臻把这话转告孟子。陈臻把时子的话告诉了孟子。

孟子就说："嗯。那时子怎知道这件事做不得呢？假若我是为了财富，我辞去了十万钟的俸禄却来接受这一万钟的供养，这算是为财富吗？季孙曾说过：'真奇怪啊！子叔疑这个人，自己想做官，国君不用他，也就算了，却又让他的子弟们去做卿大夫。凡是人，哪一个不想富贵呢？但他却在富贵场中有一种独占的行为。'好比古时的市场交易，拿自己所有的东西去换取自己没有的物品，那市场上的管理官吏，只不过是维持秩序罢了。却有一个卑鄙的男子，一定要找个高处占据，左右瞻望，想要独占市场上的好处。大家都以为这人卑鄙，因而征收他的税。征收商人的税，就是从这卑鄙男子开始的。"

　孟子去齐，宿于昼①。有欲为王留行者，坐而言。不应，隐几②而卧。

客不悦，曰："弟子齐宿③而后敢言，夫子卧而不听，请勿复敢见矣。"

曰："坐。我明语④子。昔者鲁缪公⑤无人乎子思之侧，则不能安子思。泄柳、申详⑥，无人乎缪公之侧，则不能安其身。子为长者⑦虑，而不及子思。子绝长者乎？长者绝子乎？"

【章旨】

此章在说君子不肯枉道屈留，唯贤者方能安贤。

【注释】

① 昼：齐邑名。在临淄之西南。

② 隐几：凭倚坐几。

③ 齐宿：齐，同"斋"。先一日斋戒，叫作齐宿。

④ 语：读去声，告也。

⑤ 鲁缪公：即鲁穆公，名显。尊礼子思。

⑥ 泄柳、申详：泄柳，鲁缪公时贤人。申详，子张之子。

⑦ 长者：孟子年老，故自称长者。

【译文】

孟子离开齐国，在昼邑过夜。有一位想替齐王挽留孟子的人，恭敬地坐着和孟子谈话。孟子不加理会，只管凭倚在坐椅上打瞌睡。

这位客人不高兴，说："我斋戒了一个晚上才敢和您说话，您却躺着睡觉，不听我的，让我以后再也不敢来见您了。"

孟子说："你且请坐。我明白地告诉你。从前鲁穆公礼待子思，如果没有人在子思身边，就不能使子思安心。泄柳和申详，如果没有人在穆公的身边维持调护，也不能使自己安心。现在你替我设想，把我看成不如子思。是你弃绝于我呢？还是我弃绝于你呢？"

12 孟子去齐。尹士①语人曰："不识王之不可以为汤、武，则是不明也。识其不可，然且至，则是干泽②也。千里而见王，不遇故去，三宿而后出昼，是何濡滞③也？士则兹不悦。"

高子④以告。

曰："夫尹士恶知予哉？千里而见王，是予所欲也。不遇故去，岂予所欲哉？予不得已也。予三宿而出昼，于予心犹以为速，王庶几改之。王如改诸，则必反予⑤。夫出昼而王不予追也，予然后浩然⑥有归志。予虽然，岂舍王哉？王由⑦足用为善。王如用予，则岂徒齐民安，天下之民举⑧安。王庶几改之，予日望之。予岂若是小丈夫然哉？谏于其君而不受，则怒，悻悻然⑨见于其面，去则穷日之力而后宿哉？"

尹士闻之，曰："士诚小人也。"

【章旨】

此章孟子表明去齐之心，出于不得已；而其望君悔悟之情，犹眷眷在怀。

【注释】

① 尹士：齐人。

② 干泽：求禄。

③ 濡滞：迟留，滞留。

④ 高子：孟子弟子。

⑤ 反予：招我返回。

⑥ 浩然：如水之流不可止也。

⑦ 由：同"犹"。

⑧ 举：皆，全。

⑨ 悻悻然：忿忿不平之貌。

【译文】

孟子离开齐国。尹士告诉别人说："不知道齐王不能成为商汤和周武王，那是没有知人之明。知道他不能有所为，然而还要来，那是贪求禄位。走了千里远的路程来见齐王，不相投合而离去，在昼邑住了三夜然后才离开，为何这样逗留而舍不得走呢？我对此很不高兴。"

高子把这话告诉了孟子。

孟子说："尹士怎会了解我呢？千里迢迢来见齐王，这是我的希望。不相投合而离去，哪里是我所愿意的？我实在是不得已。我住了三夜，才离开昼邑，在我心里还认为太快了呢，我心想：齐王或许会改变心意。齐王如果回心转意，那一定会把我召回。直到我离开昼邑而齐王不来追我回去，然后我才无所留恋地有归去的决心。我虽然这样做，难道真的忍心舍弃齐王吗？齐王还是可以推行善政的。齐王假若用我，那么岂止齐国的百姓可以得到安乐，天下的人民全都可以得到安乐。齐王也许会回心转意的，我天天在盼望着。我难道像那些器量狭窄的小人吗？向他的君王进谏，如果不被接受，就生气起来，愤愤不平的心绪表现在脸上，一旦离开，非要尽一天的气力不肯停脚歇息吗？"

尹士听说后，说："我真是小人啊。"

13 孟子去齐，充虞路问曰："夫子若有不豫①色然。前日虞闻诸夫子曰：'君子不怨天，不尤②人。'"

曰："彼一时，此一时也。五百年必有王者兴，其间必有名世③者。由周而来，七百有余岁矣。以其数，则过矣；以其时考之，则可矣。夫天未欲平治天下也，如欲平治天下，当今之世，舍我其谁也？吾何为不豫哉？"

【章旨】

此章是孟子表明他的用世之心。所谓"当今之世，舍我其谁"是也。

【注释】

① 豫：愉悦。

② 尤：责怪。

③ 名世：名闻于一世。

【译文】

孟子离开齐国，弟子充虞在路上问道："老师的表情看来好像有点不高兴的样子。前些时候我曾听老师说过：'君子不埋怨天，不责怪人。'"

孟子说："那是一个时候，现在又是一个时候，情况不相同啊。自古以来，每五百年一定有位圣君出现，这中间也一定会有一个名闻当世的贤臣。从周朝到现在，已经有七百多年了。拿年数来说，超过了五百；拿时势来考察，也该是圣君贤臣出世的时候了。那大概是上天不想使天下太平，如果想使天下太平，在现今这个时代里，除了我还有谁呢？天意如此，我为什么会快乐呢？"

14 孟子去齐，居休①。公孙丑问曰："仕而不受禄，古之道乎？"

曰："非也。于崇②，吾得见王。退而有去志，不欲变，故不受也。继而有师命③，不可以请。久于齐，非我志也。"

【章旨】

此章是孟子说明不受禄和去齐的原因。

【注释】

① 休：地名，在今山东滕州北。

② 崇：齐邑名，今不可考。

③ 师命：师旅之命。

【译文】

孟子离开齐国，停留在休这个地方。公孙丑问道："做官不拿俸禄，这是古道吗？"

孟子说："不是。当初在崇邑，我见到齐王，出来后我就有离开齐国的意思，不想改变这心意，所以不接受俸禄。接着不久，齐国有出师作战的命令，不能请求离开。长久留在齐国，不是我原本的心愿。"

滕文公上

共五章

1 滕文公为世子①，将之楚，过宋而见孟子。孟子道性善，言必称尧、舜。

世子自楚反，复见孟子。孟子曰："世子疑吾言乎？夫道一而已矣。成𬯀②谓齐景公曰：'彼丈夫也，我丈夫也，吾何畏彼哉？'颜渊曰：'舜何人也？予何人也？有为者亦若是。'公明仪③曰：'文王我师也，周公岂欺我哉？'今滕，绝④长补短将五十里也，犹可以为善国。《书》曰⑤：'若药不瞑眩⑥，厥疾不瘳⑦。'"

【章旨】

此章是孟子勉励滕文公尽己之性，以师圣贤，不必他求。所谓"道一而已"也。

【注释】

① 世子：即太子。

② 成𬯀：齐之勇臣。

③ 公明仪：鲁贤人，曾子弟子。

④ 绝：犹截也。

⑤《书》曰：见《尚书·说命》。

⑥ 瞑眩：昏眩。

⑦ 瘳（chōu）：病愈。

滕文公当太子的时候，要到楚国去，经过宋国，会见了孟子。孟子同他讲人性本善的道理，开口必称述尧、舜的事迹。

太子从楚国回来，又去会见孟子。孟子说："太子怀疑我的话吗？天下的真理，只有这么一个而已。成䁖对齐景公说：'他是个男子汉，我也是个男子汉，我为什么怕他呢？'颜回也说：'舜是怎样的人呢？我是怎样的人呢？有作为的人也能像他一样。'公明仪说：'文王是我的老师，周公难道会欺骗我吗？'现在滕国的土地，截长补短，也差不多有五十里方圆，还可以推行仁政，成为一个好的国家。《尚书》上说：'假若药物不能使人吃了头昏眼花，这病是不会好的。'"

2 滕定公薨①，世子谓然友②曰："昔者孟子尝与我言于宋，于心终不忘。今也不幸至于大故③，吾欲使子问于孟子，然后行事。"

然友之邹问于孟子。孟子曰："不亦善乎！亲丧固所自尽也。曾子曰：'生，事之以礼；死，葬之以礼，祭之以礼。可谓孝矣。'诸侯之礼，吾未之学也，虽然，吾尝闻之矣。三年之丧，齐疏④之服，飦粥⑤之食，自天子达于庶人，三代共之。"

然友反命，定为三年之丧。父兄百官皆不欲，曰："吾宗国⑥鲁先君莫之行，吾先君亦莫之行也，至于子之身而反之，不可。且志⑦曰：'丧祭从先祖。'曰：'吾有所受之也。'"

谓然友曰："吾他日未尝学问，好驰马试剑。今也父兄百官不我足也，恐其不能尽于大事，子为我问孟子。"

然友复之邹问孟子。

孟子曰："然，不可以他求者也。孔子曰：'君薨，听于冢宰⑧，歠⑨粥，面深墨，即位而哭，百官有司莫敢不哀，先之也。'上有好者，下必有甚焉者矣。'君子之德，风也；小子之德，草也。草尚⑩之风，必偃⑪。'是在世子。"

然友反命。

世子曰："然，是诚在我。"

五月居庐⑫，未有命戒。百官族人可谓曰知。及至葬，四方来观之，颜色之戚，哭泣之哀，吊者大悦。

【章旨】

此章孟子说明丧礼须尽人子的心力，以免不足之憾。

【注释】

① 滕定公薨：定公，文公之父。诸侯死曰薨。

② 然友：世子的师傅。

③ 大故：指丧事。

④ 齐（zī）疏：用粗布缉边的丧服。齐，衣之下缝。疏，粗也。

⑤ 飦（zhān）粥：厚曰飦，稀曰粥。飦，同"馆"。

⑥ 宗国：滕和鲁俱为文王之后，故为宗国。

⑦ 志：古籍，古书。

⑧ 冢宰：六卿之长。

⑨ 歠（chuò）：饮也。

⑩ 尚：同"上"。

⑪ 偃：伏也。

⑫ 五月居庐：诸侯五月而葬，安葬前孝子必居丧庐，故云。

【译文】

滕定公去世，太子对他的师父然友说："从前在宋国时，孟子曾经和我谈过一些为人的道理，我心里一直不曾忘记。现在不幸遭遇了父丧，我想请你去问问孟子，然后再办丧事。"

然友就到邹国请教孟子。孟子说："真是再好不过了！父母的丧事本来就应当尽心竭力的。曾子说过：'父母在世时，要依礼奉侍；去世后，要依礼埋葬，依礼祭祀。这才可说是尽孝了。'诸侯的礼节，我不曾学过，不过，我曾听说过。三年的丧礼，穿着粗布缉边的孝服，喝着稀饭，从天子一直到平民，夏、商、周三代都是一样的。"

然友回来复命，太子便决定行三年的丧礼。滕国的父老和官员们都不愿意，他们说道："我们的同宗鲁国，历代的君王没有这样做过，我们的祖先也没有这样做过，到了你的身上却要改变前代的所为，不可以这样。而且古籍上说：'丧礼或祭礼一律遵从祖先的规矩。'那意思是说：'我们是从这一传统继承下来的。'"

太子便对然友说："我从前不曾好好读书，只喜欢跑马弄剑。现在父兄和官员们对我不满，恐怕不能够尽心竭力地办好这件丧事，你再替我去问问孟子看。"

然友又到邹国去问孟子。

孟子说："嗯，是的，这是不能够求于别人的。孔子曾说过：'国君去世，一切政事交由宰相处理，太子喝着稀饭，脸色深黑，就孝子之位而哭泣，百官执事没有人敢不悲哀，因为太子先做表率的缘故。'在上位的人有什么爱好，在下的人一定比他更厉害。'君子的德行，好比是风；小人的德行，好比是草。草上加风，一定会随风而倒。'这件事就全靠太子自己了。"

然友回去复命。

太子说："是的，这事的确取决于我。"

于是太子住在丧庐里守孝五个月，不曾发布过任何命令或教戒。百官和族人可以说都赞同，认为太子知礼。到了安葬的那天，四方的人都来观礼，太子脸色的悲惨，哭泣的哀痛，吊丧的人都大为满意。

3　滕文公问为国。

孟子曰："民事不可缓也。《诗》云[①]：'昼尔于茅[②]，宵尔索绹[③]；亟其乘屋[④]，其始播百谷。'民之为道也，有恒产者有恒心，无恒产者无恒心。苟无恒心，放辟邪侈，无不为已。及陷乎罪，然后从而刑之，是罔民也。焉有仁人在位，罔民而可为也？是故贤君必恭俭礼下，取于民有制。阳虎[⑤]曰：'为富不仁矣，为仁不富矣。'夏后氏五十而贡[⑥]，殷人七十而助[⑦]，周人百亩而彻[⑧]，其实皆什一也。彻者，彻也；助者，藉⑨也。龙子⑩曰：'治地莫善于助，莫不善于贡。'贡者，校数岁之中以为常。乐岁，粒米狼戾⑪，多取之而不为虐，则寡取之；凶年，粪其田而不足，则必取盈焉。为民父母，使民盼盼然⑫，将终岁勤动，不得以养其父母，又称贷⑬而益之，使老稚转乎沟壑，恶在其为民父母也？夫世禄，滕固行之矣。《诗》云⑭：'雨⑮我公田，遂及我私。'惟助为有公田。由此观之，虽周亦助也。

"设为庠序学校以教育之。庠者，养也；校者，教也；序者，射也。夏曰校，殷曰序，周曰庠，学则三代共之，皆所以明人伦也。人伦明于上，小民亲于下。有王者起，必来取法，是为王者师也。《诗》云⑯：'周虽旧邦，其命惟新。'文王之谓也。子力行之，亦以新子之国！"

使毕战⑰问井地。

孟子曰："子之君将行仁政，选择而使子，子必勉之！夫仁政，必自经界⑱始。经界不正，井地不钧，谷禄⑲不平，是故暴君污吏必慢其经界。经界既正，分田制禄可坐而定也。

"夫滕壤地褊小⑳，将为㉑君子焉，将为野人焉。无君子，莫治野人；无野人，莫养君子。请野九一而助，国中什一使自赋。卿以下必有圭田㉒，圭田五十亩，余夫㉓二十五亩。死徙无出乡，乡田同井，出入相友，守望㉔相助，疾病相扶持，则百姓亲睦。方里而井，井九百亩，其中为公田，八家皆私百亩，同养公田。公事毕，然后敢治私事，所以别野人也。此其大略也，若夫润泽之，则在君与子矣。"

【章旨】

此章是孟子就治国和井地，发表他的主张，并引述古事，勉励文公施行仁政。

【注释】

① 《诗》云：见《诗经·豳风·七月》。

② 于茅：往取茅草。

③ 索绹：搓绞绳子。

④ 亟其乘屋：亟，急也。乘，升登也。

⑤ 阳虎：即阳货。鲁季氏家臣。

⑥ 贡：赋税法的一种。一夫授田五十亩，计其五亩之入以为贡。

⑦ 助：赋税法的一种。井田之制，八家合力助耕公田，而不复税其私
　　田，谓之助。

⑧ 彻：亦赋税法的一种。彻，通也。八家同井，耕则通力而作，收则计
　　亩而分，谓之彻。

⑨ 藉：借也。

⑩ 龙子：古贤人。

⑪ 狼戾：犹言狼藉。谓多而散乱。

⑫ 盻盻（xì xì）然：勤苦不休貌。一说恨视貌。

⑬ 称贷：举贷，借贷。

⑭《诗》云：见《诗经·小雅·大田》。

⑮ 雨：读去声，降雨也。

⑯《诗》云：见《诗经·大雅·文王》。

⑰ 毕战：滕臣名。

⑱ 经界：田间界线。

⑲ 谷禄：古人俸禄用谷，故称征收的谷米为谷禄。

⑳ 褊（biǎn）小：狭小。

㉑ 为：有也。

㉒ 圭田：奉祭祀之田。

㉓ 余夫：成年而未成家的人丁。

㉔ 守望：防御盗寇。

【译文】

滕文公问治国的方法。

孟子说："人民耕作的农事最不可拖延了。《诗经》上说：'白天你要去割取茅草，晚上你要把绳索搓好；赶紧登上屋顶修补房屋，来春开始又要播

种五谷。'大凡人民有一种基本原则，就是：有固定产业的人才有经久不变的心，没有固定产业的人就没有经久不变的心。假如没有经久不变的心，种种放肆无礼、邪恶不正的坏事，没有不去做的了。等到犯了罪，然后去加以处罚，这等于是先设好罗网来陷害人民。哪有仁德的国君在位，会做出陷害人民入罪的事呢？因此贤明的国君一定恭敬节俭、以礼对待臣民，并且向人民征税也有一定的节度。阳虎说过：'要发财便不能仁爱，要仁爱便不能发财。'

"夏朝的制度是每家给五十亩地而行贡法，商朝是每家给七十亩地而行助法，周朝是每家给一百亩地而行彻法，其实都是十分之一的税率。彻，是通盘计算的意思；助，是借助劳力的意思。古代贤人龙子说过：'处理田税最好的是助法，最不好的是贡法。'所谓贡法，是比较几年中的收成，定出一个平均数来作为田税的标准。丰年的时候，米粒狼藉满地，多征收一点也不算暴虐，却不多征收；荒年的时候，只供施肥的费用都还不够，却一定要收满定额。做人民父母的国君，使人民勤苦不休，整年劳动，结果还不能养活自己的父母，又需借高利贷来凑足那定额去完税，使得老少辗转饿死在沟渠山谷之中，怎能算是做人民的父母呢？做官的有世代俸禄，滕国早已实行了。《诗经》上说：'但愿雨先下在公田里，然后再落到私田。'只有助法才有公田。从这诗上看来，周朝虽是彻法，也是兼行助法的。

"人民生活没有了问题，便要设立庠、序、学校来教育他们。庠，就是教养的意思；校，就是教导的意思；序，就是习射的意思。夏朝叫作校，商朝叫作序，周朝叫作庠，至于'学'，夏、商、周三代都是一样，都是用来昌明人伦大道的。人伦大道昌明于上，在下的小民自然就会和睦相亲了。如果有圣王兴起，一定会来学习效法，这样便做了圣王的老师了。《诗经》上说：'周朝虽是一个古老的国家，但它的国运却一直充满新的气象。'这就是指文王而说的。希望你尽力去做，也来革新你的国家。"

滕文公派毕战去问井田之制。

孟子说："你的国君要推行仁政，选上了你而派你来，你一定要好好勉励自己，努力去做！谈到推行仁政，一定要从划分田界开始。田界划分不正确，井地的大小不均匀，征收谷米也就不公平了，所以暴虐的国君和贪污的官吏一定怠忽那田间的界线。田界既然划分正确，分配人民的田地和制定官吏的俸禄都可以很轻松地处理妥当了。

"现在滕国土地狭小，但也要有劳心的官吏，也要有劳力的农民。没有官吏就没有人管理农民；没有农民，就没有人养活官吏。我建议在郊野用九分抽一的助法，在城市用十分抽一的贡法而使人民自行缴纳租税。公卿以下的官吏，一定有专供祭祀用的田地，这种田地每家五十亩，家中有已成年而未成家的子弟，每人另加二十五亩。这样，无论埋葬或搬家，都不离开本乡，同乡的人同在一块井田上耕种生活，平日出入互相友爱，防御盗寇互相帮助，有了疾病互相照顾，那么百姓就自然亲爱和睦了。井田的制度是：每一方里的土地为一个井字，每一井为九百亩，中间是公田，其余分给八家，各有私田一百亩，这八家共同耕种公田。公田的农事做完，然后才敢做自己私田里的事，这就是用以区分农民的办法。这只是个大概，至于怎样去增饰修订，那全在国君和你了。"

4 有为神农之言①者许行，自楚之滕，踵门②而告文公曰："远方之人闻君行仁政，愿受一廛③而为氓④。"文公与之处。其徒数十人，皆衣褐⑤，捆屦⑥、织席以为食。

陈良⑦之徒陈相与其弟辛，负耒耜而自宋之滕，曰："闻君行圣人之政，是亦圣人也，愿为圣人氓。"

陈相见许行而大悦，尽弃其学而学焉。

陈相见孟子，道许行之言曰："滕君则诚贤君也，虽然，未闻道也。贤者与民并耕而食，饔飧⑧而治。今也滕有仓廪府库，则是厉⑨民而以自养也，恶得贤？"

孟子曰："许子必种粟而后食乎？"

曰："然。"

"许子必织布而后衣乎？"

曰："否。许子衣褐。"

"许子冠乎？"

曰："冠。"

曰："奚冠？"

曰："冠素。"

曰："自织之与？"

曰："否。以粟易之。"

曰："许子奚为不自织？"

曰："害于耕。"

曰："许子以釜甑⑩爨，以铁⑪耕乎？"

曰："然。"

"自为之与？"

曰："否。以粟易之。"

"以粟易械器者，不为厉陶冶；陶冶亦以其械器易粟者，岂为厉农夫哉？且许子何不为陶冶，舍⑫皆取诸其宫中⑬而用之？何为纷纷然与百工交易？何许子之不惮⑭烦？"

曰："百工之事固不可耕且为也。"

"然则治天下独可耕且为与？有大人之事，有小人之事。且一人之身，而百工之所为备，如必自为而后用之，是率天下而路也。故曰：或劳心，或劳力，劳心者治人，劳力者治于人；治于人者食⑮人，治人者食于人，天下之通义也。

"当尧之时，天下犹未平，洪水横流，氾滥于天下，草木畅茂，禽兽繁殖，五谷不登⑯，禽兽偪⑰人，兽蹄鸟迹之道交于中国。尧独忧之，举舜而敷⑱治焉。舜使益⑲掌火，益烈⑳山泽而焚之，禽兽逃匿。禹疏九河㉑，瀹㉒济、漯而注诸海，决汝、汉，排淮、泗而注之江，然后中国可得而食也。当是时也，禹八年于外，三过其门而不入，虽欲耕，得乎？

"后稷㉓教民稼穑，树艺㉔五谷，五谷熟而民人育。人之有㉕道也，饱食、暖衣、逸居而无教，则近于禽兽。圣人有忧之，使契为司徒㉖，教以人伦，父子有亲，君臣有义，夫妇有别，长幼有叙，朋友有信。放勋^㉗曰：'劳之来之，匡之直之，辅之翼之，使自得之，又从而振德之。'圣人之忧民如此，而暇耕乎？

"尧以不得舜为己忧，舜以不得禹、皋陶^㉘为己忧。夫以百亩之不易^㉙为己忧者，农夫也。分人以财谓之惠，教人以善谓之忠，为天下得人者谓之仁。是故以天下与人易，为天下得人难。孔子曰：'大哉尧之为君！惟天为大，惟尧则^㉚之。荡荡^㉛乎民无能名焉！君哉舜也！巍巍乎有天下而不与焉。'尧、舜之治天下，岂无所用其心哉？亦不用于耕耳。

"吾闻用夏变夷者，未闻变于夷者也。陈良，楚产也，悦周公、仲尼之道，北学于中国。北方之学者，未能或之先也。彼所谓豪杰之士也。子之兄弟事之数十年，师死而遂倍^㉜之。昔者孔子没，三年之外，门人治任^㉝将归，入揖于子贡，相向而哭，皆失声，然后归。子贡反，筑室于场^㉞，独居三年，然后归。他日，子夏、子张、子游，以有若似圣人，欲以所事孔子事之，强^㉟曾子。曾子曰：'不可。江汉以濯之，秋阳以暴^㊱之，皜皜^㊲乎不可尚已。'今也南蛮鴃舌^㊳之人，非先王之道，子倍子之师而学之，亦异于曾子矣。吾闻出于幽谷迁于乔木者，未闻下乔木而入于幽谷者。《鲁颂》^㊴曰：'戎狄是膺^㊵，荆舒^㊶是惩。'周公方且膺之，子是之学，亦为不善变矣。

"从许子之道，则市贾^㊷不贰，国中无伪，虽使五尺之童适市，莫之或欺。布帛长短同，则贾相若；麻缕丝絮轻重同，则贾相若；五谷多寡同，则贾相若；屦大小同，则贾相若。"

曰："夫物之不齐，物之情也，或相倍蓰^㊸，或相什百，或相千万。子比^㊹而同之，是乱天下也。巨屦小屦同贾，人岂为之哉？从许子之道，相率而为伪者也，恶能治国家？"

【章旨】

此章是孟子拿尧、舜治天下之道，力辟农家者流君民并耕之说。

【注释】

① 为神农之言：为，治也。春秋战国诸子，多托古代圣王以自重；神农氏教民稼穑，因之当时重农学派每托之于神农。

② 踵门：亲至其门。

③ 廛：民宅。一夫之居二亩半曰廛。

④ 氓：民也。

⑤ 衣（yì）褐：穿褐。衣，读去声。

⑥ 捆屦（kǔn jù）：编织麻鞋或草鞋。

⑦ 陈良：楚之儒者。

⑧ 饔飧（yōng sūn）：谓自炊爨。朝曰饔，夕曰飧。

⑨ 厉：病也，害也。

⑩ 甑（zèng）：瓦制器皿。

⑪ 铁：指农具。

⑫ 舍：同"啥"，什么。

⑬ 宫中：屋中。古时居室皆称宫。

⑭ 惮（dàn）：畏惧。

⑮ 食（sì）：养也。

⑯ 登：谷物成熟。

⑰ 偪：同"逼"。

⑱ 敷：遍也，布也。

⑲ 益：即伯益。舜臣名。

⑳ 烈：炽其火也。

㉑ 九河：即徒骇、太史、马颊、覆釜、胡苏、简、洁、钩盘、鬲津。

㉒ 瀹（yuè）：疏通。

㉓ 后稷：农官名。周之始祖弃为农官，因称弃为后稷。

㉔ 树艺：种植。

㉕ 有：为也。

㉖ 契为司徒：契，舜臣名。司徒，官名，掌礼教以导民。

㉗ 放勋：帝尧之名。

㉘ 皋陶：舜臣名。掌五刑。

㉙ 易：治也。

㉚ 则：法也。

㉛ 荡荡：广大貌。

㉜ 倍：同"背"。

㉝ 任：行李，行装。

㉞ 场：冢上之坛场。

㉟ 强：勉强。

㊱ 暴：同"曝"。

㊲ 皜皜（hào hào）：洁白貌。

㊳ 鴃（jué）舌：形容其声音之恶。鴃，伯劳鸟。

㊴ 鲁颂：见《诗经·鲁颂·閟宫》。

㊵ 膺：击也。

㊶ 荆舒：荆，楚之本号。舒，国名，近于楚。

㊷ 贾：同"价"。

㊸ 蓰（xǐ）：五倍。

㊹ 比：读去声，次也。

【译文】

有个研究神农氏学说的人叫许行，从楚国来到滕国，亲自到宫廷里告诉滕文公说："我这个从远方来的人，听说君王实行仁政，希望得到一所住宅，作为您的子民。"滕文公就赐给他一所住宅。他的门徒有几十个人，都穿着粗布衣服，以打草鞋、织席子过生活。

陈良的徒弟陈相和他的弟弟陈辛，也背着农具从宋国来到滕国，对文公说："听说君王实行圣人的政治，这也就是圣人了，我愿意做圣人的子民。"

陈相见了许行，大为悦服，完全舍弃以前的儒学而向许行学习。

陈相来见孟子，转述许行的言论说道："滕君确实是位贤德的君主，虽然这样，却还没有听到过真正的大道呢。一位贤君应当和人民一起耕种而自食其力，一面早晚烧饭，一面治理国事。现在滕国有储藏粮米的仓库、存放财物的府库，这是虐害人民来奉养自己，哪能算有贤德呢？"

孟子说："许子一定自己种粟然后才吃饭吗？"

陈相答道："是的。"

孟子说："许子一定自己织布然后才穿衣服吗？"

陈相答道："不。许子只穿粗麻的衣服。"

孟子说："许子戴帽子吗？"

陈相答道："戴。"

孟子说："戴什么帽子呢？"

陈相答道："戴素色丝帽。"

孟子说："自己织的吗？"

陈相答道："不。用米换来的。"

孟子说："许子为何不自己织呢？"

陈相答道："因为会妨碍耕种。"

孟子说："许子用锅子和瓦甑煮饭，用铁器耕种吗？"

陈相答道："是的。"

孟子说："自己制造的吗？"

陈相说："不。用米换来的。"

于是孟子就说："用米去换取农具和锅甑，不能说虐害铁匠和陶匠；铁匠和陶匠也用他们的农具和锅甑来换取米粟，难道就虐害农夫吗？而且许子为什么不去兼做烧窑打铁的事，什么东西都从自己家中拿来使用？为什么忙忙碌碌去和各种工匠交换？怎么许子这样不怕麻烦呢？"

陈相答道："各种工匠的事情本来就不可一面耕种一面兼做的啊。"

孟子反驳说："既然这样，那么治理天下就能一面耕种一面兼做吗？有大人（指统治者）的事情，有小人（指庶民）的事情。并且一个人身上所需要用的，必须具备各种工匠所制的成品，如果一定要自己去做然后才用它，这是率领天下的人在路上疲于奔命啊。所以说：有人劳心，有人劳力，劳心的人管理人，劳力的人受人管理；受人管理的人供养人，管理人的人受人供养，这是天下通行的道理啊。

"当尧的时候，天下还没有安定，洪水到处乱流，泛滥于天下各地，草木非常茂盛，禽兽生殖很快，五谷没有收成，禽兽逼害人类，印着兽蹄鸟迹的道路，交错纵横于整个中国。尧独为此事忧虑，就起用舜去分头治理。舜派伯益掌管火政，伯益就用大火焚烧山林沼泽，使禽兽逃去躲避。又派禹疏导九河，濬通济水和漯水流入大海，挖掘汝水和汉水，排开淮水和泗水，使它流入长江，然后中国才可以耕种生活。在这个时候，禹八年在外，三次经过自己的家门口都没有进去，虽想亲自去耕种，可能吗？

"后稷教导人民农事，种植五谷，五谷成熟了，人民才得到养育。大凡人类有一种情况，吃饱、穿暖、住得安逸了，如果没有教育，那就要和禽兽差不多。圣人又为此忧虑，派契做司徒的官，教导人们做人的道理：父子之间要有亲爱的感情，君臣之间要有相敬的礼义，夫妇之间要有内外的分别，长幼之间要有尊卑的次序，朋友之间要有诚信的交谊。尧吩咐契说：'对于人民，要慰劳他们，招徕他们，匡正他们，矫直他们，帮助他们，扶持他们，使他们能各得所需，然后加以教诲，不使放逸。'圣人如此地忧虑人民，还有闲暇去耕种吗？

"尧把不能得到舜这样的人引以为忧虑，舜也把得不到禹和皋陶这样的人引以为忧虑。那些把百亩的田地没有耕种得好当作自己忧虑的，只是个平常的农夫罢了。把钱财分给别人叫作惠，用善道去教化人家叫作忠，替天下人民求得贤才叫作仁。因此，把天下让给别人比较容易，替天下求得贤才却很困难。孔子曾说：'真伟大啊！尧这个国君。只有天最高大，也只有尧能够效法天。他那圣德广大无边，人民实在无法形容得出来！真是一位好国君啊！舜这个人。功德是那样高大，虽然统有天下，却不占有它、享用它。'尧、舜治理天下，难道不用心思吗？只是不用在耕种上罢了。

"我只听说过用中原的文明来改变夷狄的，没有听说过用夷狄来改变中原的。你的老师陈良，生长在楚国，喜爱周公和孔子的学说，到北方中原来学习。北方的学者，没有人能够超过他。真可说是一位才识过人的读书人了。你们兄弟师事他几十年，他一死就背叛了他。从前孔子死了，三年之后，门徒们收拾行李准备回去，进去向子贡作揖告别，彼此相对而泣，都泣不成声，然后才回去。子贡又回到墓地，在坟场上筑了一间小屋，独自住了三年，然后才回去。后来，子夏、子张、子游三人，认为有若很像孔子，想要用尊敬孔子的礼节来侍奉有若，要求曾子同意。曾子说：'不行。老师的道德，好比用江汉的水洗濯过，用秋天的太阳曝晒过，洁白得无以复加了。'现在许行这个说话像伯劳鸟一样怪腔异调的人，竟来批评指责古时圣王的大道，你却背叛你的老师去向他学习，这和曾子真是大不相同了。我只听说过从幽谷飞出而迁往高大树上去的，没有听说过离开高大树木而飞进幽谷去的。《鲁颂》说：'痛击戎狄，惩戒荆舒。'周公尚且要攻击他们，你却赞同他、向他学习，也真是太不会转变了。

陈相分辩说："依照许子的学说去做，那么市场上的货物就没有二价，国内就没有欺骗的行为，即使叫小孩子到市上去买东西，也没有人会骗他。布帛的长短相同，价钱便一样；麻线或丝絮轻重相同，价钱便一样；稻米多少相同，价钱便一样；鞋子大小相同，价钱便一样。"

孟子说："各种货物好坏参差不齐，原是货物本来的情形，有的相差一倍或五倍，有的相差十倍或百倍，有的相差千倍或万倍。你却把它们依次混同起来，这只是扰乱天下罢了。大鞋子和小鞋子价钱一样，哪有人肯去做大的呢？所以依照许子的学说去做，这是率领天下的人去作伪罢了，哪能够治理好国家呢？"

5 墨者夷之①因徐辟②而求见孟子。孟子曰："吾固愿见，今吾尚病，病愈，我且往见，夷子不来！"

他日，又求见孟子。孟子曰："吾今则可以见矣。不直则道不见③，我且直之。吾闻夷子墨者，墨之治丧也以薄为其道也。夷子思以易天下，岂以为非是而不贵也？然而夷子葬其亲厚，则是以所贱事亲也。"

徐子以告夷子。

夷子曰："儒者之道，古之人'若保赤子'④，此言何谓也？之则以为爱无差等，施由亲始。"

徐子以告孟子。

孟子曰："夫夷子信以为人之亲其兄之子，为若亲其邻之赤子乎？彼有取尔也。赤子匍匐⑤将入井，非赤子之罪也。且天之生物也，使之一本⑥，而夷子二本⑦故也。盖上世⑧尝有不葬其亲者，其亲死，则举而委⑨之于壑。他日过之，狐狸食之，蝇蚋姑嘬⑩之。其颡有泚⑪，睨而不视。夫泚也，非为人泚，中心达于面目，盖归反虆梩⑫而掩之。掩之诚是也，则孝子仁人之掩其亲，亦必有道矣。"

徐子以告夷子。夷子怃然为间⑬曰："命之⑭矣！"

【章旨】

此章是孟子批判墨家的薄葬和兼爱，用以阐明儒家的正道。

【注释】

① 墨者夷之：墨者，研究墨家学说的人。夷之，已无可考。

② 徐辟：孟子弟子。

③ 见：同"现"。

④ 若保赤子：见《尚书·康诰》。

⑤ 匍匐：在地上爬行。

⑥ 一本：一个本原。指父母是人子的唯一本原。

⑦ 二本：谓视他人父母同于自己父母，是为二本。

⑧ 上世：上古，太古。

⑨ 委：弃也。

⑩ 蝇蚋（ruì）姑嘬：蚋，蚊属。姑嘬，咀吮也。

⑪ 其颡（sǎng）有泚（cǐ）：颡，额也。泚，汗出貌。

⑫ 虆梩（lěi sì）：盛土的竹笼叫虆，掘土的铁锹叫梩。

⑬ 怃然为间：怃然，茫然自失貌。为间，有顷。

⑭ 命之：教之。

【译文】

有个研究墨家学说的人叫作夷之，凭借徐子的关系，想求见孟子。孟子说："我原来就想见他，现在我还有病，等病好了，我将去见他，请他不必前来！"

隔了些日子，夷子又求见孟子。孟子说："我今天可以见他了。若不纠正他，那么儒道不会昌明，我将纠正他一番。我听说夷子是研究墨家学说的人，墨家办理丧事以薄葬作为原则。夷子想用这套来改革天下习俗，难道不是认为非薄葬就不足为贵吗？然而夷子却厚葬他的父母，这便是拿他所轻贱的行为来对待父母了。"

徐子把这话转告夷子。

夷子说："儒家的学说，有所谓古代的君王'爱护人民如同爱护婴儿一样'，这话是什么意思呢？我认为是：爱人没有差别等级，只是实行起来先从自己的父母开始罢了。"

徐子把这话转告孟子。

孟子说："夷子真以为一个人爱他哥哥的儿子有如爱他邻居的小孩是一样的吗？那句话是另有用意的啊。一个无知的婴儿在地上爬行，快要跌入井里去，并不是婴儿的过错。并且天生万物，使一物一个本原，而夷子却看成两个本原，所以才主张爱无差等，他的道理就在此啊。大概上古曾经有不埋葬父母的人，他的父母死了，就把尸体抬到山谷里丢弃。过了一些日子，经过那里，看见狐狸吃着尸体上的肉，苍蝇蚊虫聚集吸吮，那人额上不禁冒出冷汗，斜着眼睛，不忍正视。这一冒汗，不是为了怕别人看见而冒出的，实在是由于心中愧疚而表露到脸上来的，于是那人回家拿来了竹笼和铁锹，把尸体掩埋了。这掩埋尸体，果真是正确的话，那么后世孝子仁人埋葬他的父母，也就一定有他的道理了。"

徐子把这话转告夷子。夷子怅惘了一会儿说道："孟子已指教我了。"

滕文公下

共十章

1 陈代^①曰："不见诸侯，宜若小然；今一见之，大则以王，小则以霸。且志曰：'枉尺而直寻^②。'宜若可为也。"

孟子曰："昔齐景公田^③，招虞人以旌^④，不至，将杀之。志士不忘在沟壑，勇士不忘丧其元^⑤。孔子奚取焉？取非其招不往也。如不待其招而往，何哉？且夫枉尺而直寻者以利言也。如以利，则枉寻直尺而利，亦可为与？昔者赵简子^⑥使王良与嬖奚^⑦乘，终日而不获一禽。嬖奚反命曰：'天下之贱工也。'或以告王良。良曰：'请复之。'强而后可，一朝而获十禽。嬖奚反命曰：'天下之良工也。'简子曰：'我使掌^⑧与女乘。'谓王良。良不可，曰：'吾为之范我驰驱^⑨，终日不获一；为之诡遇^⑩，一朝而获十。《诗》云^⑪：不失其驰，舍矢^⑫如破。我不贯^⑬与小人乘，请辞。'御者且羞与射者比^⑭；比而得禽兽，虽若丘陵^⑮，弗为也。如枉道而从彼，何也？且子过矣！枉己者，未有能直人者也。"

【章旨】

此章在说君子守正，不可枉己从人。

【注释】

① 陈代：孟子弟子。

② 枉尺而直寻：谓所屈者小，所伸者大。古制：八尺曰寻。

③ 田：打猎。

④ 招虞人以旌：虞人，掌管山泽苑囿的官吏。古代君王，招大夫以旌，招士以方，招虞人以皮冠。

⑤ 丧其元：丧，失也。元，首也，头也。

⑥ 赵简子：晋国正卿赵鞅。

⑦ 王良与嬖奚：王良，善御者。嬖奚，幸臣名奚者。

⑧ 掌：专主。

⑨ 范我驰驱：谓纳我驰驱于轨范之中。范，作动词用。

⑩ 诡遇：不依规矩驾驶。

⑪《诗》云：见《诗经·小雅·车攻》。

⑫ 舍矢：放矢，发矢。

⑬ 贯：同"惯"。

⑭ 比：读去声，阿党为伍。

⑮ 丘陵：形容堆积之多。

【译文】

陈代问孟子："不肯去谒见诸侯，似乎太拘小节了吧；现在一去谒见诸侯，大则可以称王天下，小则可以称霸诸侯。况且古籍上说过：'受屈一尺，可伸八尺。'似乎很可以做一做啊。"

孟子说："从前齐景公打猎，用旌旗来召唤猎场的官吏，猎场官吏不去，景公想要杀他。有志气的人不怕死无葬身之地，有勇气的人不怕脑袋搬家。孔子取他哪一点呢？就是取他不理会不合于礼的召唤啊。如果不等待对方的招聘，就自己前去求见，这成什么话呢？况且那所谓'受屈一尺，可伸八尺'是就利益的观点说的。如果专就利益的观点来说，那么'受屈八尺，可伸一尺'而有利益，也可以去做吗？从前赵简子派王良替他的宠臣嬖奚驾车去打猎，一整天都没有射到一只鸟。嬖奚回来报告说：'那是个天下最笨拙的驾车人。'有人把这话告诉了王良。王良说：'请让我再驾一次看看。'再三要求，嬖奚才勉强应允，一个早晨便打中了十只。嬖奚回来报告说：'真是天下最高明的驾车人呀。'赵简子说：'以后我就派他专门替你驾车好了。'于是赵简子便同王良说。王良不肯，说道：'我为他按规矩驾车奔驰，整天射不到一只鸟；为他不按规矩驾车，一个早晨便打中了十只。《诗经》上说：驾车的人不失法度奔驰，射箭的人一发便可中靶。我不习惯和小人驾车，恕我不能接受这个差事。'一个驾车的人尚且羞与小人射手合作为伍；就算合作而获得的鸟兽堆积如山，也不肯去做。现在如果我枉屈正道而顺从他人，这成什么话？而且你错了！己身不正的人，从来不能匡正别人的。"

2 景春①曰："公孙衍、张仪②岂不诚大丈夫哉？一怒而诸侯惧，安居而天下熄③。"

孟子曰："是焉得为大丈夫乎？子未学礼乎？丈夫之冠④也，父命之；女子之嫁也，母命之，往送之门，戒之曰：'往之女家⑤，必敬必戒，无违夫子⑥！'以顺为正者，妾妇之道也。居天下之广居⑦，立天下之正位⑧，行天下之大道⑨。得志与民由之，不得志独行其道。富贵不能淫，贫贱不能移，威武不能屈，此之谓大丈夫。"

【章旨】

此章是孟子在论大丈夫。盖所谓大丈夫者，当在道德本性上见，不在权势气焰上取也。

【注释】

① 景春：孟子时人，习纵横之术者。

② 公孙衍、张仪：皆纵横家。公孙衍，魏人，曾佩五国相印，为约长。张仪，魏人，以连横事秦，破从约。

③ 熄：谓无战火。

④ 冠：古时男子二十岁行加冠礼。

⑤ 女家：夫家。女，同"汝"。

⑥ 夫子：指丈夫。

⑦ 广居：指仁。

⑧ 正位：指礼。

⑨ 大道：指义。

【译文】

景春说："公孙衍和张仪难道不是真的大丈夫吗？他们一发怒诸侯便害怕，他们安居在家就能停息战争。"

孟子说："这怎能算是大丈夫呢？你没有学过礼吗？一个男子汉举行冠礼的时候，由父亲训诲他；一位女孩子出嫁的时候，由母亲训诲她，送她到门口，告诫她说：'到了你的夫家，一定要恭敬，一定要戒慎，不可违背你的丈夫。'以顺从当作正道的，这是妇人之道啊。住着天下最宽广的住宅，站在天上最正大的位置，走着天下最宽大的道路。得志的时候就同人民一起去做，不得志的时候就独自坚守善道。富贵不能动荡他的心意，贫贱不能改变他的节操，威武不能挫折他的志气，这才算是真正的大丈夫。"

3　周霄①问曰："古之君子仕乎？"

孟子曰："仕。传曰：'孔子三月无君，则皇皇如②也；出疆必载质③。'公明仪④曰：'古之人三月无君则吊。'"

"三月无君则吊，不以急⑤乎？"

曰："士之失位也，犹诸侯之失国家也。礼曰：'诸侯耕助以供粢盛⑥，夫人蚕缫⑦以为衣服。牺牲⑧不成，粢盛不洁，衣服不备，不敢以祭。惟士无田，则亦不祭。'牲杀、器皿、衣服不备，不敢以祭，则不敢以宴，亦不足吊乎？"

"出疆必载质，何也？"

曰："士之仕也，犹农夫之耕也，农夫岂为出疆舍其耒耜哉？"

曰："晋国亦仕国也，未尝闻仕如此其急。仕如此其急也，君子之难仕，何也？"

曰："丈夫生而愿为之有室，女子生而愿为之有家，父母之心人皆有之。不待父母之命、媒妁⑨之言，钻穴隙相窥，逾墙相从，则父母国人皆贱之。古之人未尝不欲仕也，又恶不由其道。不由其道而往者，与钻穴隙之类也。"

【章旨】

此章在说君子有心出仕，但亦必由其道。

【注释】

① 周霄：魏人。

② 皇皇如：匆遽貌。

③ 质：见面的礼品。古人初见，必用礼物以表诚意。士人一般用雉。

④ 公明仪：鲁贤人，曾子弟子。

⑤ 以急：太急。

⑥ 粢盛：祭祀用的黍稷。

⑦ 蚕缫：养蚕缫丝。

⑧ 牺牲：祭祀用的牛羊牲畜。也叫牲杀。

⑨ 媒妁（shuò）：婚姻介绍人。

【译文】

周霄问道："古时候的君子出来做官吗？"

孟子回答说："出来做官的。古书上记载：'孔子要是三个月没有国君可侍奉，心里就非常焦虑不安；走出国界车上一定载着礼物。'公明仪也说：'古时候的人，三个月没有国君可侍奉，亲友就要去哀怜他、安慰他。'"

"三个月没有国君可侍奉就要人家哀怜、安慰，不是太急了吗？"

孟子说："士人失去官位，就好比诸侯失掉国家一样。礼书上说：'诸侯亲自参与耕种为了供给祭品，亲自养蚕抽丝为了供给祭服。牛羊要是不肥实，谷物要是不洁净，祭服要是不具备，不敢用来祭祀。士人若是没有可供祭祀用的田地，也不能祭祀。'像这样牛羊、祭器、祭服不具备，不敢用来祭祀，也不敢用来宴乐，那还不够让人去哀怜、安慰他吗？"

周霄又问："走出国界车上一定载着礼物，那又是什么原因呢？"

孟子说："士人出外做官，就好比农夫耕田一样，农夫难道会因为走出国界就抛弃他的农具吗？"

周霄说："我们晋国也是一个可以做官的国家，我却不曾听说求官位如此急迫。求官位既是如此急迫，君子您却又难于出来做官，这又为什么呢？"

孟子说："一个男孩子生下来，父母便希望他能有个好妻室，一个女孩子生下来，父母便希望她能有个好婆家，父母的这种心情，人人都有。但是，假若不等待父母答应，媒人介绍，自己就钻壁洞、挖门缝来互相窥视，甚至爬过墙去幽会私奔，那么父母和一般人都会轻视他。古时候的人，并非不想做官，但又讨厌不循正道来找官做。不循正道而出来做官，这和钻壁洞、挖门缝的男女是一类的啊。"

4 彭更①问曰："后车数十乘，从者数百人，以传食②于诸侯，不以泰③乎？"

孟子曰："非其道，则一箪食不可受于人；如其道，则舜受尧之天下不以为泰。子以为泰乎？"

曰："否，士无事而食，不可也。"

曰："子不通功易事④，以羡⑤补不足，则农有余粟，女有余布；子如通之，则梓匠轮舆⑥皆得食于子。于此有人焉，入则孝，出则悌，守先王之道，以待后之学者，而不得食于子，子何尊梓匠轮舆而轻为仁义者哉？"

曰："梓匠轮舆，其志将以求食也；君子之为道也，其志亦将以求食与？"

曰："子何以其志为哉？其有功于子，可食⑦而食之矣。且子食志乎？食功乎？"

曰："食志。"

曰："有人于此，毁瓦画墁⑧，其志将以求食也，则子食之乎？"

曰："否。"

曰："然则子非食志也，食功也。"

【章旨】

此章是孟子说明君子受人供养的道理。

① 彭更：旧说孟子弟子。疑非是。

② 传食：犹言转食。

③ 以泰：太侈奢，太过分。

④ 通功易事：互通各人行业，交换各种产品。

⑤ 羡：多余。

⑥ 梓匠轮舆：梓匠，木工。轮舆，车工。

⑦ 食（sì）：下文"食之""食志""食功"同此。

⑧ 画墁（màn）：指涂画新粉刷的墙壁。墁，泥匠用以刷墙的工具。

【译文】

彭更问道："后面跟着的车子有几十辆，随从的门徒有好几百人，这样到处去接受各国诸侯的供养，不是太过分了吗？"

孟子回答说："如果不合正道，就是一小竹筐的饭也不可受人施舍；如果合乎正道，即使像舜接受了尧的天下也不算过分。你认为太过分吗？"

彭更说："不是这个意思，我是说士人不做事，吃白饭，那是不应该的。"

孟子说："你如果不和别人分工合作、交换产品，拿多余的来弥补不足的，那么农夫就会有剩余的谷物，妇女就会有多余的布匹；你如果能和他们互通有无，那么木匠和车匠都能受到你的供养。假定这里有个人，在家孝顺父母，出外尊敬长辈，奉守着古代圣王的正道，等待着传授给后代的读书人，却不能得到你的供养，你为什么尊重那木匠和车匠而轻视这倡导仁义的人呢？"

彭更说："木匠和车匠，他们的心意原本就是为了谋饭吃；君子研究道德真理，他们的心意难道也是为了谋饭吃吗？"

孟子说："你为什么拿他们的心意来论呢？只要他们对你有功劳，足以受你供养就该供养他们了。而且，你供养别人，是为了他的心意呢？还是为了他的功劳？"

彭更说："为了他的心意供养他。"

孟子说："假定有个人在这里，毁坏屋瓦乱涂墙壁，他的心意是为了求得饭吃，那么你供养他吗？"

彭更说："不。"

孟子说："这样说来，那么你供养别人，并非为了他的心意，而是为了他的功劳了。"

5 万章①问曰："宋，小国也，今将行王政，齐楚恶而伐之，则如之何？"

孟子曰："汤居亳②，与葛③为邻，葛伯放④而不祀。汤使人问之曰：'何为不祀？'曰：'无以供牺牲也。'汤使遗⑤之牛羊。葛伯食之，又不以祀。汤又使人问之曰：'何为不祀？'曰：'无以供粢盛也。'汤使亳众往为之耕，老弱馈食⑥。葛伯率其民，要⑦其有酒食黍稻者夺之，不授者杀之。有童子以黍肉饷⑧，杀而夺之。《书》曰⑨'葛伯仇饷'，此之谓也。为其杀是童子而征之，四海之内皆曰：'非富天下也，为匹夫匹妇复仇也。'汤始征，自葛载⑩，十一征而无敌于天下。东面而征，西夷怨；南面而征，北狄怨，曰：'奚为后我？'民之望之，若大旱之望雨也。归市者弗止，芸⑪者不变，诛其君，吊其民，如时雨降，民大悦。《书》曰：'徯我后⑫，后来其无罚！''有攸⑬不惟臣，东征，绥⑭厥士女，匪厥玄黄⑮，绍⑯我周王见休⑰，惟臣附于大邑周。'其君子实玄黄于匪以迎其君子，其小人箪食壶浆以迎其小人。救民于水火之中，取其残⑱而已矣。《太誓》⑲曰：'我武惟扬，侵于⑳之疆，则取于残，杀伐用张，于汤有光。'不行王政云尔，苟行王政，四海之内皆举首而望之，欲以为君，齐楚虽大，何畏焉？"

【章旨】

此章是孟子借汤武事迹，说明王政无敌于天下，以答万章所问。

【注释】

① 万章：孟子弟子。此时可能仕于宋。

② 亳（bó）：地名，在今河南商丘市北。

③ 葛：夏代国名，伯爵，故城在今河南宁陵市北。

④ 放：放肆无道。

⑤ 遗（wèi）：赠送。

⑥ 馈食：送食物给人吃。

⑦ 要：读平声，拦截。

⑧ 饷（xiǎng）：馈也。

⑨《书》曰：见《尚书·商书·仲虺之诰》。下文"奚为后我""徯我后"
同此。

⑩ 载：始也。

⑪ 芸：同"耘"。

⑫ 徯我后：徯，等待。后，君也。

⑬ 攸：古国名。见于甲骨文和金文。

⑭ 绥：安也。

⑮ 玄黄：本为束帛之色，用以代称币帛。

⑯ 绍：继也。

⑰ 休：同"庥"，庇也。一说美也。以上见《尚书·周书·武成》。

⑱ 残：指害民之人。

⑲《太誓》：亦作"泰誓"。《尚书·周书》篇名。

⑳ 于：古国名。亦作"邘"。《通鉴前编》："纣十有八祀，西伯伐邘。"
注引徐广曰："大传作于。"

【译文】

万章问道："宋国，是个小国，现在想要实行仁政，齐和楚两个大国因
而讨厌它，发兵来攻打它，这该怎么办呢？"

孟子回答说："从前商汤居住在亳邑，和葛国接邻，葛伯放肆无道，不
举行祭祀。汤派人去问他说：'为什么不祭祀？'葛伯答道：'因为没有可供
祭祀的牲畜啊。'汤便派人送牛羊去给他。葛伯把牛羊吃了，又不用来祭祀。
汤再派人问他：'为什么不祭祀？'葛伯答道：'因为没有可供祭祀的谷物啊。'
汤便派遣亳邑的民众去替他耕种，年老的和弱小的也来帮耕田的人送饭。葛

伯率领他的人民拦截那些拿着饭菜酒食的人进行强夺，不肯给的就杀死。有一个小孩拿了饭和肉去送给耕田的人吃，葛伯竟把他杀了，夺去他的饭和肉。《尚书》上说'葛伯仇视送饭的人'，就是这个意思。汤因为葛伯杀死那小孩而发兵征伐葛伯，所以天下的人都说：'汤不是要充实自己的国家，而是为那无辜的平民报仇啊。'汤初次征伐，从葛国开始，征伐了十一次，天下就没有人能和他对抗了。他向东面征伐，西夷就抱怨；向南面征伐，北狄就抱怨，说道：'为什么不先来征伐我们这里呢？'人民盼望着他，就像大旱的时候盼望下雨一样。赶集的人都不停止，耕田的人照样工作，除掉那暴虐的君主，安慰那受难的人民，好比下了一阵及时雨，百姓非常高兴。《尚书》上说：'等待我们的国君，国君一来我们便不再受罪了。'又说：'攸国不称臣归服，周武王便起兵东征，安定那些苦难的男女，那些男女都用竹筐装着黑色和黄色的币帛来迎接武王，并且愿意继续受我周王庇护，归顺做我大周的子民。'这时候，那些商朝的官员都用竹筐装着黑色和黄色的币帛来迎接武王的官员，那些商朝的百姓都用竹篮盛着饭、用陶壶装着酒来迎接武王的百姓。因为武王是从水深火热之中救出了人民，而除掉那残害人民的暴君罢了。《尚书·周书·泰誓》说：'奋扬我们的威武，攻进于国的疆土，除掉那残民的暴君，伸张吊民伐罪的武功，比起商汤还要辉煌。'宋国不实行仁政便罢了，如果真要实行仁政，那么全天下的人都抬头仰望，要拥戴他做国君，齐国和楚国虽然强大，又有什么可怕呢？"

6 孟子谓戴不胜①曰："子欲子之王之善与？我明告子。有楚大夫于此，欲其子之齐语也，则使齐人傅②诸，使楚人傅诸？"

曰："使齐人傅之。"

曰："一齐人傅之，众楚人咻③之，虽日挞④而求其齐也，不可得矣；引而置之庄岳⑤之间数年，虽日挞而求其楚，亦不可得矣。子谓薛居州善士也，使之居于王所。在于王所者，长幼卑尊皆薛居州也，王谁与为不善？在王所者，长幼卑尊皆非薛居州也，王谁与为善？一薛居州，独如宋王何？"

【章旨】

此章是孟子以学习语言为喻，说明君王的左右若小人多，君子少，很难匡正国君，使之为善。

【注释】

① 戴不胜：即戴盈之。宋国公族执政者。

② 傅：教导。

③ 咻（xiū）：喧扰。

④ 挞（tà）：鞭打。

⑤ 庄岳：齐街、里名。庄是街名，岳是里名。

【译文】

孟子对戴不胜说："你想让你的君王行善吗？让我明白地告诉你。假定有一个楚国的大夫在这里，想要他的儿子学习齐国话，那么应该请齐国人教导他呢，还是请楚国人教导他呢？"

戴不胜答道："当然请齐国人教导他。"

孟子说："一个齐国人教导他，却有许多楚国人喧扰他，纵然每天鞭打他要他说齐国话，那是做不到的；如果带他到齐国都城闹区的庄岳之间住上几年，纵然每天鞭打他要他说楚国话，也是做不到的。你说薛居州是个好人，推荐他在宫中侍奉君王。如果在宫中的人，年长的、年幼的，地位高的、地位低的，都是像薛居州一样的好人，那么君王和谁去做坏事呢？如果在宫中的人，年长的、年幼的，地位高的、地位低的，都不是像薛居州那样的好人，那么君王同谁去做好事呢？一个薛居州，又能使宋王怎么样呢？"

7 公孙丑问曰："不见诸侯何义？"

孟子曰："古者不为臣不见。段干木逾垣而辟之①，泄柳闭门而不内②，是皆已甚③。迫，斯可以见矣。阳货欲见孔子④而恶无礼，大夫有赐于士，不得受于其家，则往拜其门。阳货瞰⑤孔子之亡也，而馈孔子蒸豚。孔子亦瞰其亡也，而往拜之。当是时，阳货先，岂得不见？曾子曰：'胁肩谄笑⑥，病于夏畦⑦。'子路曰：'未同⑧而言，观其色赧赧然⑨，非由⑩之所知也。'由是观之，则君子之所养可知已矣。"

【章旨】

此章是孟子说明不去谒见诸侯的道理。

【注释】

① 段干木逾垣而辟之：段干木，魏文侯时人，师事子夏，守道不仕，文侯造其门，欲见之，逾墙逃避而走。垣，墙也。辟，同"避"。

② 泄柳闭门而不内：泄柳，鲁缪公时人，缪公闻其贤，往见之，闭门不纳。

③ 已甚：太甚，过分。

④ 阳货欲见孔子：事又见《论语·阳货》。

⑤ 瞰（kàn）：窥伺。

⑥ 胁肩谄笑：耸起双肩，强装媚人的笑脸。即故意做出恭敬之状。

⑦ 夏畦（xī）：指夏月在田间耕作。畦，田畤。

⑧ 同：合也。

⑨ 赧赧然：羞惭而脸红的样子。

⑩ 由：子路名。

【译文】

公孙丑问道："不主动去进见诸侯，是什么道理呢？"

孟子回答说："古时候的人，如果不是做臣子就不进见国君。像段干木跳墙躲避魏文侯，泄柳闭门不见鲁缪公，这都做得太过分。如果国君求见心切，也就可以会见了。从前阳货想见孔子又怕别人说他无礼（不可径自召唤）——按照礼法规定，大夫有礼物赐给士人，士人不能在家接受，就要前往大夫家里拜谢。阳货便窥伺孔子不在家的时候，送给孔子一只蒸熟的小猪。孔子知道阳货的用意，也窥伺阳货不在家的时候，前往拜谢。在这个时候，阳货先来拜访孔子，孔子哪能不去见他呢？曾子说过：'耸起双肩做出讨好人的笑脸，比夏天在田里劳作还要痛苦。'子路也说：'情意不投合，却要勉强和人说话，看他心惭脸红的样子，这种人我真不明白啊。'由此看来，一个君子品德节操的修养也就可想而知了。"

8 戴盈之^①曰："什一，去关市之征，今兹^②未能，请轻之，以待来年，然后已^③，何如？"

孟子曰："今有人日攘^④其邻之鸡者，或告之曰：'是非君子之道。'曰：'请损^⑤之，月攘一鸡，以待来年，然后已。'如知其非义，斯速已矣，何待来年？"

【章旨】

此章是孟子以偷鸡为喻，说明不合理的事应立即改革，不可借故推托。

【注释】

① 戴盈之：即前章之戴不胜。

② 今兹：今年。

③ 已：止也。

④ 攘：窃取，盗窃。

⑤ 损：减少。

【译文】

戴盈之说："抽取十分之一的赋税，免除关口和市场的税捐，今年还办不到，请先减轻一些，等到明年再废止，你看怎么样呢？"

孟子说："假定现在有一个人每天偷邻居一只鸡，有人告诉他说：'这不是正人君子的行为。'他却回答说：'请让我减少些，先改为每月偷一只鸡，等到明年再改正。'如果明白这是不合理的事，就要赶快停止，为什么要等到明年呢？"

9 公都子^①曰："外人皆称夫子好辩，敢问何也？"

孟子曰："予岂好辩哉？予不得已也。天下之生久矣，一治一乱。当尧之时，水逆行，氾滥于中国，蛇龙居之，民无所定。下者为巢^②，上者为营窟③。《书》曰④：'洚水警余。'洚水者，洪水也。使禹治之，禹掘地而注之海，驱蛇龙而放之菹⑤，水由地中行，江、淮、河、汉是也。险阻既远，鸟兽之害人者消，然后人得平土而居之。

"尧、舜既没，圣人之道衰，暴君代作，坏宫室⑥以为污池，民无所安息；弃田以为园囿，使民不得衣食。邪说暴行又作，园囿、污池、沛泽⑦多而禽兽至。及纣之身，天下又大乱。周公相武王诛纣、伐奄⑧，三年讨其君，驱飞廉⑨于海隅而戮之，灭国者五十，驱虎、豹、犀、象而远之，天下大悦。《书》曰⑩：'丕⑪显哉，文王谟⑫！丕承哉，武王烈⑬！佑启我后人，咸以正无缺。'

"世衰道微，邪说暴行有作⑭，臣弑其君者有之，子弑其父者有之。孔子惧，作《春秋》。《春秋》，天子之事也。是故孔子曰：'知我者其惟《春秋》乎！罪我者其惟《春秋》乎！'

"圣王不作，诸侯放恣，处士横议⑮，杨朱、墨翟之言盈天下。天下之言不归杨则归墨。杨氏为我，是无君也；墨氏兼爱，是无父也。无父无君是禽兽也。公明仪曰：'庖有肥肉，厩有肥马，民有饥色，野有饿莩⑯，此率兽而食人也。'杨墨之道不息，孔子之道不著，是邪说诬民，充塞仁义也。仁义充塞则率兽食人，人将相食。吾为此惧，闲⑰先圣之道，距杨墨，放淫辞，邪说者不得作。作于其心，害于其事；作于其事，害于其政。圣人复起，不易吾言矣。

"昔者禹抑⑱洪水而天下平，周公兼⑲夷狄、驱猛兽而百姓宁，孔子成《春秋》而乱臣贼子惧。《诗》云⑳：'戎狄是膺㉑，荆舒是惩，则莫我敢承㉒。'无父无君，是周公所膺也。我亦欲正人心，息邪说，距诐行㉓，放淫辞，以承三圣者。岂好辩哉？予不得已也。能言距杨墨者，圣人之徒也。"

【章旨】

此章是孟子说明他好辩的原因，是为了正人心，辟邪说，以弘扬圣王之道，完全情非得已。

【注释】

① 公都子：孟子弟子。

② 下者为巢：低处者巢居于树上。

③ 营窟：窑洞，洞穴。

④《书》曰：见《尚书·虞书·大禹谟》。

⑤ 菹（jù）：草泽。

⑥ 宫室：古时民房通称为宫室。

⑦ 沛泽：深广之水、杂草丛生之地。

⑧ 奄：东方小国，曾助纣为虐。

⑨ 飞廉：纣王幸臣，善走。

⑩《书》曰：见《尚书·周书·君牙》。

⑪ 丕：大也。

⑫ 谟（mó）：谋略。

⑬ 烈：功业。

⑭ 有作：又作。

⑮ 横议：放言纵论。

⑯ 莩（piǎo）：同"殍"，死尸也。

⑰ 闲：捍御。一说，习也。

⑱ 抑：遏止。

⑲ 兼：摒绝。一说兼并。

⑳《诗》云：见《诗经·鲁颂·閟宫》。

㉑ 膺：击也。

㉒ 承：抵挡。

㉓ 诐（bì）行：偏邪不正的行为。

【译文】

公都子说："外边的人都说老师喜欢辩论，请问是什么原因呢？"

孟子说："我哪里喜欢辩论？我是不得已的啊。自有天地以来已经很久了，太平了一个时期，又动乱了一个时期。远在尧的时代，河水倒流，泛滥在中原各地，蛇和龙盘踞着，人民没有安身的住所。低地的人家就在树上做巢居住，高地的人家便挖掘洞窟穴居。《尚书》上说：'洚水警戒着我啊。'所谓洚水，就是洪水。于是舜就派大禹来治水，大禹挖掘河道，疏导那水流到海里去，把蛇龙驱逐到草泽里，水顺着河道流去，就是现在的长江、淮河、黄河和汉水了。泛滥的洪水既已远离，害人的鸟兽也都消除，然后人类才能在平地上居住。

"尧、舜死后，圣人的大道逐渐衰微，暴虐的国君相继出现，他们毁坏民房来改作深池，使得人民无处安身；废除农田来改作苑囿，使得人民没有衣食。荒谬的学说和残暴的行为跟着兴起，苑囿、沼池、草泽多了，禽兽也就来了。到了商纣的时候，天下又大乱起来。周公辅佐武王杀了纣王，讨伐奄国，经过三年的工夫才杀了奄君，把飞廉驱逐到海边并且加以杀戮，消灭了助纣为虐的国家五十个，驱逐他们所养的虎、豹、犀、象那些猛兽而使之远离，于是天下的人民大为喜悦。所以《尚书》上说：'多么显耀啊，文王的谋略！多么伟大啊，武王的功业！帮助启发我们后辈的人，使我们事事都能遵循正道，没有缺憾。'

"到了周室东迁，世运衰败，王道式微，荒谬的学说和残暴的行为又重新产生，有臣子杀死君王的，也有儿子杀死父亲的。孔子非常忧惧，著成一部《春秋》。《春秋》这种史书，定名分，寓褒贬，本是天子的职事。所以孔子说：'了解我忧世苦心的只有《春秋》这部著作吧！责骂我僭越身份的也只有《春秋》这部著作吧！'"

"圣王不再出现，诸侯肆无忌惮，不在位的士人乱发议论，杨朱和墨翟的学说充满天下。天下人的言论主张，不是归属于杨朱就是归属于墨翟。杨朱主张'为我'，这是没有国家观念；墨翟提倡'兼爱'，这是没有家庭观念。没有家庭观念和国家观念，这简直就是禽兽了。公明仪说：'厨房里有肥美的肉，马舍里有肥壮的马，但是人民却有饥饿的脸色，野外却有饿死的尸体，这是率领禽兽来吃人啊。'杨朱和墨翟的学说不消灭，孔子的学说就无法显扬，这便是用荒谬的学说欺惑人民、蔽塞仁义。仁义被阻塞就等于率领禽兽来吃人，人和人也将互相残杀。我为此忧惧，而来捍卫古代圣王的学说，抗拒杨朱和墨翟，摒斥那过分放荡的言论，使那些邪说不能兴起。那些邪说若从心里产生，就会危害到他的行事；若表现在他的行事上，就会危害到他所推行的政治。即使有圣人再生，也会同意我这番话的。

"从前大禹抑制洪水，天下方得太平；周公摒绝夷狄、驱逐猛兽，百姓才得安宁；孔子著成《春秋》，乱臣贼子才知道害怕。《诗经》上说：'痛击戎狄，惩戒荆舒，这样就没有人敢来抵挡我了。'没有家庭观念和国家观念的人，是周公所要惩罚的。我也要端正人心，消灭邪说，抗拒不正的行为，摒斥放荡的言论，来继承这三位圣人的事业，难道是喜欢辩论吗？我是不得已的啊。能够以言论来抗拒杨朱和墨翟的，就是圣人的信徒啊。"

10 匡章①曰："陈仲子②岂不诚廉士哉？居於陵③，三日不食，耳无闻，目无见也。井上有李，螬④食实者过半矣，匍匐往，将⑤食之；三咽⑥，然后耳有闻，目有见。"

孟子曰："于齐国之士，吾必以仲子为巨擘⑦焉。虽然，仲子恶能廉？充⑧仲子之操，则蚓而后可者也。夫蚓，上食槁壤⑨，下饮黄泉⑩。仲子所居之室，伯夷之所筑与，抑亦盗跖⑪之所筑与？所食之粟，伯夷之所树与，抑亦盗跖之所树与？是未可知也。"

曰："是何伤哉？彼身织屦，妻辟纑⑫，以易之也。"

曰："仲子，齐之世家也。兄戴，盖⑬禄万钟，以兄之禄为不义之禄而不食也，以兄之室为不义之室而不居也，辟兄离母，处于於陵。他日归，则有馈其兄生鹅者，己频顣⑭曰：'恶用是鶂鶂⑮者为哉？'他日，其母杀是鹅也，与之食之。其兄自外至，曰：'是鶂鶂之肉也。'出而哇⑯之。以母则不食，以妻则食之；以兄之室则弗居，以於陵则居之，是尚为能充其类也乎？若仲子者，蚓而后充其操者也。"

【章旨】

此章是孟子批判陈仲子矫情而蔑人伦，不能算得上是廉士。

【注释】

① 匡章：齐人，曾为威王将领，率兵抵抗秦国、大败秦军。

② 陈仲子：齐人，性耿介，不苟求于人。

③ 於（wū）陵：地名。在今山东邹平东南。

④ 蝤：即蛴螬。金龟子的幼虫。

⑤ 将：持也，取也。

⑥ 咽（yàn）：吞食。

⑦ 巨擘（bò）：大拇指。

⑧ 充：推而满之。

⑨ 槁壤：干土。

⑩ 黄泉：地中的泉水。

⑪ 盗跖：古时大盗名。

⑫ 辟纑（bì lú）：绩麻曰辟，练麻曰纑。

⑬ 盖（gě）：地名，为陈戴采邑。

⑭ 频顣：即"颦蹙"。皱眉蹙额。

⑮ 鶂鶂（yì yì）：形容鹅声。

⑯ 哇（wā）：吐也。

【译文】

匡章说："陈仲子这个人，难道不真是廉洁人士吗？住在於陵，三天没有吃东西，以致耳朵失去了听觉，眼睛失去了视觉。门外井边有一棵李树，已被小虫吃去了大半的果实，他爬过去，取那果实吃了，咽下三口，然后耳朵才有了听觉，眼睛才有了视觉。"

孟子说："在齐国的人士中，我一定把仲子看作是首屈一指的人。虽是这样，仲子又怎么能算是廉洁呢？仲子的节操，充其量只有蚯蚓才能办得到。那蚯蚓，上面吃干土，下面喝地下水。可是仲子所住房屋，是伯夷那样的人所建筑的呢，还是盗跖那样的人所建筑的呢？仲子所吃的粟米，是伯夷那样的人所种的呢，还是盗跖那样的人所种的呢？这还不可知道。"

匡章说："这有什么妨害呢？他亲自编草鞋，妻子缉绩麻线，拿去交换来的啊。"

孟子说："仲子，是齐国的世家。他哥哥陈戴，在盖邑收入的俸禄有一万钟之多，仲子认为他哥哥的俸禄是不义的而不肯去吃，认为他哥哥的房屋是不义的而不肯去住，避开哥哥，离别母亲，住在於陵。有一天，回到家里，正好有一个人送了一只活鹅给他哥哥，他便皱着眉头说：'要这种鶃鶃叫的东西做什么呢？'后来有一天，他的母亲宰杀了这只鹅，拿肉给他吃。他哥哥刚好从外面回来，便说：'这就是那鶃鶃叫的东西的肉。'仲子就跑出门去，吐了出来。母亲给的食物他不吃，妻子给的他却吃了；哥哥的房屋他不住，於陵的房屋他却住了，这还算是能推广廉洁的典范吗？像仲子这样的行为，若要推广他的节操，只有变成蚯蚓之后才能做得到了。"

离娄上

共二十八章

　　1　孟子曰："离娄①之明、公输子②之巧，不以规矩③，不能成方员④；师旷⑤之聪，不以六律⑥，不能正五音⑦；尧、舜之道，不以仁政，不能平治天下。今有仁心仁闻⑧而民不被其泽，不可法于后世者，不行先王之道也。故曰：徒善不足以为政，徒法不能以自行。《诗》云⑨：'不愆⑩不忘，率⑪由旧章。'遵先王之法而过者，未之有也。圣人既竭目力焉，继之以规矩准绳⑫，以为方员平直，不可胜用也；既竭耳力焉，继之以六律正五音，不可胜用也；既竭心思焉，继之以不忍人之政，而仁覆天下矣。故曰，为高必因丘陵，为下必因川泽，为政不因先王之道，可谓智乎？是以惟仁者宜在高位，不仁而在高位。是播其恶于众也。上无道揆⑬也，下无法守⑭也，朝不信道⑮，工不信度⑯，君子犯义，小人犯刑，国之所存者幸也。故曰，城郭不完，兵甲不多，非国之灾也；田野不辟，货财不聚，非国之害也。上无礼，下无学，贼民兴，丧⑰无日矣。《诗》云⑱：'天之方蹶⑲，无然泄泄⑳。'泄泄犹沓沓㉑也。事君无义，进退无礼，言则非先王之道者，犹沓沓也。故曰，责难于君谓之恭，陈善闭邪谓之敬，吾君不能谓之贼。"

【章旨】

　　此章在说治国必用仁政，又当遵循先王之道，因为"徒善不足以为政，徒法不能以自行"。

【注释】

① 离娄：即离朱。黄帝时人，能于百步之外望见秋毫之末。

② 公输子：即公输班。鲁国巧匠，曾为楚惠王制作云梯，欲以攻宋。

③ 规矩：圆规和曲尺。

④ 员：同"圆"。

⑤ 师旷：晋平公太师，为古时有名音乐家。

⑥ 六律：指太蔟、姑洗、蕤宾、夷则、无射、黄钟六种阳律。另有阴律六种，合称十二律。古时乐器之音都依此为准则。

⑦ 五音：即宫、商、角、徵、羽。五种音阶之名。

⑧ 闻：读去声，声誉，美名。

⑨《诗》云：见《诗经·大雅·假乐》。

⑩ 愆：差错，过失。

⑪ 率：循也。

⑫ 准绳：准，测平之器。绳，量直之线。

⑬ 道揆：以义理度量而制其宜。揆，度也。

⑭ 法守：以礼法自守。

⑮ 朝不信道：朝廷不信奉先王大道。

⑯ 工不信度：百工不信奉规矩准绳。

⑰ 丧：读去声，亡也。

⑱《诗》云：见《诗经·大雅·板》。

⑲ 蹶：颠覆。

⑳ 泄泄（yì yì）：怠缓悦从貌。

㉑ 沓沓：弛缓貌。

【译文】

孟子说："以离娄那样敏锐的目力，公输子那样高明的技巧，如果不用圆规和曲尺，不能精确地画出方形和圆形；以师旷那样灵敏的耳力，如果不用六律，也不能订正五音；同样地，以尧、舜那样的治术，如果不行仁政，也不能平治天下。现在有些国君，虽然有仁爱的心肠和仁爱的声誉，但是人

民却蒙受不到他的恩泽，也不能作为后代的榜样，这是因为不去实行前代圣
王仁政。所以说：只有善心不足以治理国家，只有善法也不能自动去推行。
《诗经》上说：'不差错不遗忘，一切都遵照传统的规章。'遵循前代圣王的
法度而出错的，这是从来没有的。圣人既已竭尽了眼力，又接着用圆规、曲
尺、水平器、绳墨，来制作方的、圆的、平的、直的东西，那么这些东西就
可以用不尽了；既已竭尽了耳力，又接着用六律来订正五音，那么各种音调
也就应用无穷了；既已竭尽了心思，又接着实行仁政，那么仁爱的德泽就可
广被于天下了。所以说，堆筑高台一定要凭借土丘山陵，把地挖深一定要凭
借河川沼泽，同样地，如果推行政治不凭借古代圣王的大道，可算得是聪明
吗？因此，只有仁人才应该处于高位。不仁的人而处于高位，那就是把他的
祸害传播到众人的身上。在上的国君没有义理法度，在下的臣子不能奉法守
职，朝廷不信奉先王大道，百工不信奉规矩准绳，官吏触犯义理，百姓触犯
刑章，像这样，国家还能生存的，那真是太侥幸了。所以说，城墙不完固，
军备不充足，不是国家的祸患；田野不开辟，货财不积聚，不是国家的祸患；
唯有在上的人没有礼义，在下的人没有教育，那国家的灭亡就不知在哪一天
了。《诗经》上说：'上天正要颠覆这个国家，你们不要这样怠缓柔顺了。'所
谓怠缓柔顺，就是俗语所说的'沓沓'了。凡是事君不能尽义，进退不能守
礼，开口就说些违背先王正道的话，就是所谓'沓沓'了。所以说，要求国
君做他认为难以实行的事业，叫作'恭'；向国君讲说善道、堵塞邪念，叫作
'敬'；认为国君不能推行仁政善法，这就叫作'贼'——残害国君。"

2 孟子曰："规矩，方员之至①也；圣人，人伦之至也。欲为君，
尽君道；欲为臣，尽臣道。二者皆法尧、舜而已矣。不以舜之所以事
尧事君，不敬其君者也；不以尧之所以治民治民，贼其民者也。孔子
曰：'道二，仁与不仁而已矣。'暴其民甚，则身弑国亡；不甚，则
身危国削，名之曰'幽''厉'②，虽孝子慈孙，百世不能改也。《诗》
云③：'殷鉴不远，在夏后之世。④'此之谓也。"

此章在说圣人是人伦的极致，为君为臣都要取法尧、舜。

【注释】

① 至：极致，最高标准。

②"幽""厉"：幽王和厉王。《逸周书·谥法解》："动祭乱常曰幽，杀戮无辜曰厉。"可见"幽"和"厉"都是恶谥。

③《诗》云：见《诗经·大雅·荡》。

④ 殷鉴不远，在夏后之世：谓殷人灭夏，殷之子孙宜以夏之覆亡为借镜。鉴，镜也。

【译文】

孟子说："圆规和曲尺，是方形和圆形的标准；古代圣人，是人伦道理的模范。要想做国君，就要尽国君的天职；要想做臣子，就要尽臣子的职责。这两种只要都取法尧、舜就可以了。不用舜侍奉尧的方式来侍奉国君，便是不恭敬他的国君；不用尧治理人民的方式来治理人民，便是残害他的人民。孔子说过：'治国的方法有两种，仁政和暴政罢了。'暴虐他的人民太厉害，那么本身就会被杀、国家就会灭亡；不太厉害，本身也会危险，国家也会削弱，死后还要给他一个'幽''厉'那样恶劣的谥号，即使后代出了孝子慈孙，经过一百代也更改不掉。《诗经》上说：'殷商有面借鉴的镜子离它不远，就在前代夏桀的时候。'就是这个意思。"

3　孟子曰："三代①之得天下也以仁，其失天下也以不仁。国之所以废兴存亡者亦然。天子不仁，不保四海；诸侯不仁，不保社稷②；卿大夫不仁，不保宗庙；士庶人不仁，不保四体。今恶死亡而乐不仁，是犹恶醉而强③酒。"

【章旨】

此章说明不仁的害处，用以警惕世人。

【注释】

① 三代：夏、商、周三代。禹、汤、文、武以仁得天下，桀、纣、幽、厉以不仁失天下。

② 社稷：土神和谷神。古之有国者，必立社稷，故用为国家之代称。

③ 强：读上声，勉强。

【译文】

孟子说："夏、商、周三代所以能得到天下，是由于施行仁政；失掉天下，是由于不施行仁政。一切国家的衰败和兴盛、生存和灭亡也都是这个道理。天子如果不仁，便保不住天下；诸侯如果不仁，便保不住国家；卿大夫如果不仁，便保不住祖庙；士人和平民如果不仁，便保不住自己的身体。现在有些人厌恶死亡，却又喜欢做残暴不仁的事，这就好比厌恶酒醉而偏要喝酒一样啊。"

4 孟子曰："爱人不亲，反其仁；治人不治，反其智；礼人不答，反其敬。行有不得者皆反求诸己，其身正而天下归之。《诗》云①：'永言配命②，自求多福。'"

【章旨】

此章教人凡事要先检讨自己，不可一味责望他人。

【注释】

①《诗》云：见《诗经·大雅·文王》。

② 永言配命：永，长也。言，词中助词。配命，与天命相配。

【译文】

孟子说："我爱别人，别人却不亲近我，就该反省自己仁德是否不够；我管理别人，没有管好，就该检讨自己，智慧是否不足；我尊敬别人，别人没有回敬，就该反问自己诚意是否不够。一切的行为如有不得于心，都要检讨自己，本身端正了，那天下的人自会来归顺他。所以《诗经》上说：'我们要永远配合天命，自己去找寻各种幸福。'"

5 孟子曰："人有恒①言，皆曰：'天下国家。'天下之本在国，国之本在家，家之本在身。"

【章旨】

此章是说天下国家皆以身为本。

【注释】

① 恒：常也。

【译文】

孟子说："一般人有句口头语，都说：'天下国家。'其实天下的基础是邦国，邦国的基础是家庭，家庭的基础是个人。"

6 孟子曰："为政不难，不得罪于巨室①。巨室之所慕，一国慕之；一国之所慕，天下慕之。故沛然②德教溢乎四海。"

【章旨】

此章在说世臣大家对国家政治影响之大。

【注释】

① 巨室：世臣大家。

② 沛然：水流盛大貌。

【译文】

孟子说："治理国家政事并不困难，只要不得罪那些世臣大家的贤卿大夫就行了。因为贤卿大夫所敬慕的，全国的人都会敬慕他；全国的人所敬慕的，全天下的人都会敬慕他。因此，德行教化就能盛大流行，充满于天下了。"

7 孟子曰："天下有道，小德役大德①，小贤役大贤；天下无道，小役大，弱役强。斯二者，天也。顺天者存，逆天者亡。齐景公曰：'既不能令，又不受命，是绝物②也。'涕出而女于吴③。今也小国师大国而耻受命焉，是犹弟子而耻受命于先师也。如耻之，莫若师文王。师文王，大国五年，小国七年，必为政于天下矣。《诗》云④：'商之孙子，其丽不亿⑤。上帝既命，侯⑥于周服。侯服于周，天命靡常⑦。殷士肤敏⑧，裸将于京⑨。'孔子曰：'仁不可为众也。'夫国君好仁，天下无敌。今也欲无敌于天下，而不以仁，是犹执热而不以濯⑩也。《诗》云⑪：'谁能执热，逝⑫不以濯？'"

【章旨】

此章是在激励国君行仁政以自强，否则只得听命于人。

【注释】

① 小德役大德：即小德役于大德。于字省略，下文同。

② 绝物：自绝于人。

③ 女于吴：把女儿嫁给吴王阖闾。女，读去声。齐至景公而衰，为吴所困，羞与为婚而畏其强，故涕泣而以女妻之。

④《诗》云：见《诗经·大雅·文王》。

⑤ 其丽不亿：丽，数也。古以十万为亿，与今人以万万为亿不同。

⑥ 侯：语词，犹维也。

⑦ 靡常：无常。

⑧ 肤敏：谓仪态优美，才思敏捷。肤，美也。

⑨ 裸（guàn）将于京：裸，祭时以酒灌地降神。将，助也。京，周朝都会镐京，即今长安。

⑩ 执热而不以濯：拿热的东西不先用手浸一下冷水。一说，苦热而不以澡其身。

⑪《诗》云：见《诗经·大雅·桑柔》。

⑫ 逝：发语词，无义。

【译文】

孟子说："天下有道的时候，小德受役于大德，小贤受役于大贤；天下无道的时候，力小受役于力大，势弱受役于势强。这两种情况，都是天意啊。顺从天意的就能生存，违背天意的就要灭亡。齐景公说：'既不能命令别人，又不接受别人的命令，这是自绝于人了。'因此流着眼泪把女儿嫁给吴王。现在弱小国家效法大国，却以接受大国命令为耻，这就好比弟子以接受师长的命令为耻一样。如果真的以接受别人的命令为可耻的话，就不如效法周文王推行仁政。效法文王推行仁政，大国只要五年，较小的国家也只要七年，便一定可以统治天下了。《诗经》上说：'商朝的子孙，人数不止十万。上帝既已授命文王，他们也只得归服周朝。归服了周朝，是因为天命无常。商朝的士子仪态美又聪敏，拿了酒到周朝京城来助祭。'孔子称赞说：'仁政的力量是不能以人数的多寡来计算的。'由此可见，国君如果爱好仁德，天下就没有敌手。如今有些国君想要天下没有敌手，却又不行仁德，这就好比拿了烫手的东西却不预先用手浸一下冷水一样。所以《诗经》上说：'谁能拿热的东西，却不先用凉水浸下手呢？'"

8　孟子曰："不仁者可与言哉？安其危而利其菑①，乐其所以亡者②。不仁而可与言，则何亡国败家之有？有孺子歌曰：'沧浪③之水清兮，可以濯我缨④；沧浪之水浊兮，可以濯我足。'孔子曰：'小子听之！清斯⑤濯缨，浊斯濯足矣，自取之也。'夫人必自侮，然后人侮之；家必自毁，而后人毁之；国必自伐，而后人伐之。《太甲》⑥曰：'天作孽，犹可违；自作孽，不可活。'此之谓也。"

【章旨】

此章是说亡国败家之祸，都由不仁者所自取。所谓"祸福自取"是也。

【注释】

① 菑：同"灾"。

② 所以亡者：指荒淫暴虐等足以致亡之事。

·③ 沧浪：水名。武当县境内汉水，又名沧浪之水。

④ 缨：系帽的丝带。

⑤ 斯：则。

⑥《太甲》:《尚书·商书》篇名。

【译文】

　　孟子说:"不仁的人可以同他说道理吗?明明是危险,他却以为安全;明明是灾祸,他却以为有利;把荒淫暴虐这些足以导致亡国败家的事,当作是快乐来追求。如果不仁的人可以同他说道理,那么天下怎会有亡国败家的事情呢?从前有个小孩唱着歌说:'沧浪的河水要是清洁的话,可以洗我的帽带;沧浪的河水要是混浊的话,可以洗我的两脚。'孔子听了,对他的弟子说:'你们听着!水清就用来洗帽带,水浊就用来洗两脚,这完全是由水自取的。'同样地,一个人必定先自己欺侮自己,然后别人才去欺侮他;一个家必定先自己毁败自己,然后别人才去毁败它;一个国必定先自己内部作乱,然后别人才去攻伐它。《尚书·太甲》说:'上天造作的罪恶,还可以避开;自己造作的罪恶,那就活不成了。'就是这个意思。"

　　9　孟子曰:"桀纣之失天下也,失其民也;失其民者,失其心也。得天下有道,得其民,斯得天下矣;得其民有道,得其心,斯得民矣;得其心有道,所欲与之聚之,所恶勿施尔也。民之归仁也,犹水之就下、兽之走圹①也。故为渊驱鱼者,獭②也;为丛驱爵③者,鹯④也;为汤武驱民者,桀与纣也。今天下之君有好仁者,则诸侯皆为之驱矣。虽欲无王,不可得矣。今之欲王者,犹七年之病求三年之艾⑤也。苟为不畜⑥,终身不得。苟不志于仁,终身忧辱,以陷于死亡。《诗》云⑦:'其何能淑⑧,载胥⑨及溺。'此之谓也。"

【章旨】

　　此章是说得天下之道,在于好仁而得人心,反之则自陷于死亡。

【注释】

　　① 圹:广野。

　　② 獭:兽名,穴居河滨,捕鱼而食。

　　③ 爵:同"雀"。

④ 鸇（zhān）：鹰类鸟名，性凶猛，喜食鸽雀。

⑤ 艾：草名，可用以灸人病，干久益善。

⑥ 畜：同"蓄"。

⑦《诗》云：见《诗经·大雅·桑柔》。

⑧ 淑：善也。

⑨ 载胥：载，则也。胥，相也。

【译文】

孟子说："夏桀和商纣失去天下，是由于失去了他们的人民；所以会失去人民的支持，是由于失去了人民的信心。要获得天下有一定的方法，能获得人民的支持，就可以获得天下了；获得人民的支持也有一定的方法，能获得人民的信心，就可以获得人民的支持了；获得人民的信心也有一定的方法，人民所需求的替他们聚积起来，人民所厌恶的不要加到他们的身上，这样就是了。人民归向仁君仁政，就像水向下流淌、兽向旷野奔走一样。所以，替潭水把鱼赶过来的，是那吃鱼的水獭；替丛林把鸟雀赶过来的，是那吃鸟雀的鸇鹰；替商汤和周武王把人民赶过来的，是那暴虐人民的桀、纣。现在天下的国君如果有喜好仁政的，那么各国诸侯都会替他把人民赶过来了。虽然不想称王天下，也是推不掉的。但是当今一些想称王于天下的国君，却好比生了七年的老病要用三年的旧艾来医治一样。如果平日不储存，一辈子也得不到。同样的，如果不决意去施行仁政，一辈子都会遭受忧愁耻辱，以至于陷入身死国亡的惨局。《诗经》上说：'那怎么会有好的结局呢，只有大家相率溺亡罢了。'就是这个意思。"

10　孟子曰："自暴①者，不可与有言也；自弃②者，不可与有为也。言非礼义，谓之自暴也；吾身不能居仁由③义，谓之自弃也。仁，人之安宅也；义，人之正路也。旷安宅而弗居，舍正路而不由，哀哉！"

【章旨】

此章深责绝弃仁义、自甘堕落的人。

【注释】

① 自暴：自己贼害自己。

② 自弃：自己轻贱自己。

③ 由：行也。

【译文】

孟子说："自己甘愿贼害自己的人，不可和他谈什么道理；自己甘愿轻贱自己的人，不可和他有什么作为。凡是出言诋毁礼义，就叫作自己贼害自己；认为自己不能以仁存心、由义而行，就叫作自己轻贱自己。仁，是人类最安全舒适的住宅；义，是人类最光明正大的道路，空着安全舒适的住宅不去住，舍弃光明正大的道路不去走，真是可悲啊！"

11　孟子曰："道在尔①而求诸远，事在易而求诸难。人人亲其亲②，长其长，而天下平。"

【章旨】

此章指示人求道的途径，诚人不要好高骛远。

【注释】

① 尔：同"迩"，近也。

② 亲其亲：上一亲字动词，下一亲字名词。下文"长其长"同此。

【译文】

孟子说："做人的道理只在近处，却偏向远处去求；治国的方法很容易，却偏往难处着手。只要人人能够亲爱他的双亲，尊敬他的长辈，天下就可以太平了。"

12　孟子曰："居下位而不获于上①，民不可得而治也。获于上有道，不信于友，弗获于上矣；信于友有道，事亲弗悦，弗信于友矣；

悦亲有道，反身不诚，不悦于亲矣；诚身有道，不明乎善，不诚其身矣。是故诚者，天之道也；思诚者，人之道也。至诚而不动②者，未之有也；不诚，未有能动者也。"

【章旨】

此章教人修身必先立其诚。

【注释】

① 获于上：得其上之信任。

② 动：指所生之效验。如悦于亲、信于友、获于上皆是。

【译文】

孟子说："在下位如果得不到上级的信任，百姓就不容易听他管束了。要得到上级的信任有一定的方法，如果得不到朋友的信任，也就不能得到上级的信任了；要得到朋友的信任也有一定的方法，如果侍奉父母时得不到父母的欢心，就不能得到朋友的信任了；要得到父母的欢心也有一定的方法，如果反躬自问，心意不诚，就不能得到父母的欢心了；要使自己心意诚实也有一定的方法，如果不明白什么是善，就不能使自己心意诚实了。所以诚实无伪，是自然的天理；想做到诚实无伪，是做人的原则。一个人极其诚实无伪却不能感动别人，那是从来没有的事；不能诚实无伪，那是绝对不会感动别人的。"

13 孟子曰："伯夷辟①纣，居北海之滨，闻文王作，兴②曰：'盍归乎来③！吾闻西伯④善养老者。'太公辟纣，居东海之滨，闻文王作，兴曰：'盍归乎来！吾闻西伯善养老者。'二老者，天下之大老⑤也，而归之，是天下之父归之也。天下之父归之，其子焉往？诸侯有行文王之政者，七年之内，必为政于天下矣。"

【章旨】

此章是孟子教诸侯效法文王，养老尊贤，以为政于天下。

【注释】

① 辟：同"避"。

② 兴：读去声，兴奋之意。

③ 盍归乎来：盍，何不。来，语末助词。

④ 西伯：文王名号。纣命文王为西方诸侯之长，故名。

⑤ 大老：老人中最年高德劭者。

【译文】

孟子说："伯夷逃避纣王的祸乱，隐居在北海的海边，听说文王兴起，高兴地说：'为什么不去归附他呢！我听说文王很会敬养老人。'姜太公逃避纣王的祸乱，隐居在东海的海边，听说文王兴起，也高兴地说：'为什么不去归附他呢！我听说文王很会敬养老人。'这两位老人，都是天下最年高德劭的长者，现在都来归附文王，这等于是天下的父亲全归属文王了。天下的父亲全都归属于他，他们的儿子还会往哪里去呢？所以，现在的诸侯若是有人效法文王的仁政，只要在七年之内，就一定能掌握天下的政权了。"

14 孟子曰："求也为季氏宰①，无能改于其德，而赋粟②倍他日。孔子曰：'求非我徒也，小子鸣鼓而攻之可也。'由此观之，君不行仁政而富之③，皆弃于孔子者也，况于为之强战④？争地以战，杀人盈野；争城以战，杀人盈城，此所谓率土地而食人肉，罪不容于死。故善战者服上刑⑤，连诸侯者⑥次之，辟草莱、任土地者⑦次之。"

【章旨】

此章是孟子表示他痛恨横征暴敛和穷兵黩武。

【注释】

① 求也为季氏宰：求，冉求，孔子弟子。季氏，鲁卿季康子。宰，家臣。

② 赋粟：征收人民谷物。

③ 富之：使之富也。

④ 强战：恃强而战。

⑤ 上刑：最重的刑罚，即极刑。

⑥ 连诸侯者：指张仪、苏秦等人。连，连结也。

⑦ 辟草莱、任土地者：指李悝、商鞅等人。辟草莱，开辟荒野。任土
地，利用土地以增税收。

【译文】

孟子说："冉求做季氏的家臣，不能改变季氏暴敛的行为，征收人民的
田赋反而比往日增加了一倍。孔子就说：'冉求不是我的学生，你们可以大张
旗鼓地声讨他。'由此看来，国君不实行仁政，却去帮他聚敛财富的人，都
是孔子所唾弃的啊！何况是替他逞强征战呢？这些人为了争夺土地而战，杀
人遍野；为了争夺城池而战，杀人满城，这就叫作率领土地去吃人肉，判他
死刑都不足以抵偿他的罪恶。所以爱好打仗的人应该受最重的刑罚，合纵连
横制造祸端的人受次一等的刑罚，迫害人民开辟荒野来增加土地税收的人受
再次一等的刑罚。"

15　孟子曰："存①乎人者，莫良于眸子②。眸子不能掩其恶。胸
中正，则眸子瞭③焉；胸中不正，则眸子眊④焉。听其言也，观其眸
子，人焉廋⑤哉？"

【章旨】

此章在论观人心胸邪正的方法。

【注释】

① 存：察也。一说，在也。

② 眸子：目瞳子。即眼珠。

③ 瞭：明也。

④ 眊（mào）：目蒙蒙不明之貌。

⑤ 廋（sōu）：匿也。

【译文】

孟子说:"观察一个人,没有比眼珠更好的了。眼珠不能遮掩一个人的邪恶。胸中正直,眼珠就很明亮;胸中不正,眼珠就昏暗不明。听一个人讲的话,观察他的眼睛,这个人的善恶邪正又哪里能隐藏得住呢?"

16 孟子曰:"恭者不侮人,俭者不夺人。侮夺人之君,惟恐不顺^①焉,恶得为恭俭?恭俭岂可以声音笑貌为哉?"

【章旨】

此章说恭俭无法用声音笑貌所得矫饰,是孟子对伪装恭俭的国君有感而发。

【注释】

① 不顺:不顺遂其意。

【译文】

孟子说:"恭敬的人不会侮辱别人,节俭的人不会剥取别人。那些一味侮辱剥取别人的国君,唯恐不能顺遂他的心意,怎能算得是恭敬节俭呢?恭敬和节俭这两种美德又哪里能用好听的声音和嬉笑的容貌做得出来呢?"

17 淳于髡^①曰:"男女授受不亲^②,礼与?"

孟子曰:"礼也。"

曰:"嫂溺,则援之以手乎?"

曰:"嫂溺不援,是豺狼也。男女授受不亲,礼也;嫂溺,援之以手者,权^③也。"

曰:"今天下溺矣,夫子之不援,何也?"

曰:"天下溺,援之以道;嫂溺,援之以手,子欲手援天下乎?"

【章旨】

此章是说济世要用正道,不能枉道从俗,与援嫂以手,所行权变不同。

【注释】

① 淳于髡：齐国辩士，为人滑稽，曾仕于齐威王朝。

② 男女授受不亲：古礼，男女之间不能直接以手传递物品。

③ 权：合宜的变通常法以行事。

【译文】

淳于髡问道："男女之间不能亲手递接东西，这是礼节上的规定吗？"

孟子回答说："是礼节规定。"

淳于髡接着问："假定嫂嫂掉到水里，那么用手去拉她吗？"

孟子回答说："嫂嫂掉到水里，若是不去拉她，那是豺狼。男女之间不能亲手递接东西，这是正常的礼节；嫂嫂掉到水里用手去拉她，这是变通的做法。"

淳于髡说："现在天下的百姓就像掉到水里一般受着困苦，您孟先生却不去援救他们，又是什么缘故呢？"

孟子说："天下的百姓掉到水里，要用正道去救援；嫂嫂掉到水里，只用手去救援。难道你想用手去救援天下吗？"

18 公孙丑曰："君子之不教子，何也？"

孟子曰："势不行也。教者必以正，以正不行，继之以怒。继之以怒，则反夷①矣。'夫子教我以正，夫子未出于正也。'则是父子相夷也。父子相夷，则恶矣。古者易子而教之，父子之间不责善②。责善则离，离则不祥③莫大焉。"

【章旨】

此章说明古人不亲自教子的原因。

【注释】

① 夷：伤也。

② 责善：以善相责求。

③ 祥：福也，善也。

【译文】

公孙丑问道："君子不亲自教导儿子，是什么原因呢？"

孟子说："这是由于情势上行不通啊。因为教导儿子一定要用正理正道，如果用正理正道而行不通，那么接着就要用怒言责备。一用怒言责备，那就反伤感情了。儿子会这么说：'老爸拿正理正道教导我，老爸自己的作为却不出于正理正道。'那就变成父子互伤感情了。父子互伤感情，便很不好了。古时候的人，互相交换儿子来教导，父子之间不互相责难求好。互相责难求好就会产生隔膜，一有隔膜，那么家庭的不和善便没有比这个更大的了。"

19 孟子曰："事，孰为大？事亲为大。守，孰为大？守身为大。不失其身而能事其亲者，吾闻之矣；失其身而能事其亲者，吾未之闻也。孰不为事？事亲，事之本也。孰不为守？守身，守之本也。曾子养曾晳①，必有酒肉。将彻②，必请所与③，问有余，必曰有。曾晳死，曾元④养曾子，必有酒肉。将彻，不请所与；问有余，曰亡⑤矣，将以复进也。此所谓养口体者也。若曾子，则可谓养志⑥也。事亲若曾子者，可也。"

【章旨】

此章在勉人事亲守身，并且效法曾子养志的事亲方法。

【注释】

① 曾晳：即曾点，曾子之父。

② 彻：撤去，收去。

③ 与：给也。

④ 曾元：曾子之子。

⑤ 亡：同"无"。

⑥ 养志：承顺父母心意。所谓曲意承欢是也。

孟子说:"'奉养'这种事,哪一种最重大?当然要以奉养父母最为重大。'执守'这种事,哪一种最重大?当然要算执守自身最为重大。不亏损自身操守而能奉养父母的,我听说过;亏损自身操守而能奉养父母的,我从来没听说过。哪一种奉养的事不该做呢?但是奉养父母,是一切奉养的根本;哪一种操守的事不该做呢?但是坚守自己,为一切操守的根本。从前曾子奉养曾晳,每餐一定有酒有肉。吃饱要收去的时候,一定要问剩下的给谁吃,曾晳若问还有多余吗?一定回答说'有'。曾晳死后,曾元奉养曾子,每餐也一定有酒有肉。但吃饱要收去的时候,就不问剩下的给谁吃,曾子若问还有多余吗,便说'没有了'。意思是想第二餐再进奉给曾子吃。这就叫作口腹之养罢了。至于曾子那样的曲意承欢,那就可以说是奉养父母的心了。奉养父母,若是做到像曾子那样,也就差不多了。"

20 孟子曰:"人不足与适①也,政不足间②也,惟大人为能格③君心之非。君仁,莫不仁;君义,莫不义;君正,莫不正。一正君而国定矣。"

【章旨】

此章说明大臣事君之道,首在正君。

【注释】

① 适:同"谪",指责。

② 间(jiàn):读去声,非议。

③ 格:正也。

【译文】

孟子说:"那些当政的小人不值得去指责,那些不当的措施也不值得去非议,只有伟大人物才能端正国君不正确的思想。国君仁义,没有人不仁义;国君忠义,没有人不忠义;国君正直,没有人不正直。一把国君端正了,国家也就安定了。"

21 孟子曰："有不虞^①之誉，有求全^②之毁。"

【章旨】

此章在论别人的毁誉不一定确实。

【注释】

① 不虞：料想不到。

② 求全：过分苛求。

【译文】

孟子说："有意料不到的赞美，也有过分苛求的毁谤。"

22 孟子曰："人之易^①其言也，无责耳矣^②。"

【章旨】

此章告诫人出言谨慎，不要轻易妄言。

【注释】

① 易：轻易，随便。

② 无责耳矣：言其不足责也。因为轻易其言，则无以入德，故以不足责
　　绝之也。取俞樾《诸子平义》说。

【译文】

孟子说："一个人若是轻易地胡言乱语，也就不值得去责备他了。"

23 孟子曰："人之患在好为人师。"

【章旨】

此章告诫人不要自满，以老师自居。

【译文】

孟子说："一般人的毛病，在于喜欢做别人的老师。"

24 乐正子①从于子敖②之齐。

乐正子见孟子。孟子曰："子亦来见我乎？"

曰："先生何为出此言也？"

曰："子来几日矣？"

曰："昔者③。"

曰："昔者，则我出此言也，不亦宜乎？"

曰："舍馆未定。"

曰："子闻之也，舍馆定，然后求见长者乎？"

曰："克④有罪。"

【章旨】

此章表面深责乐正子有失尊师之礼，实际暗责乐正子不应追随子敖。

【注释】

① 乐正子：孟子弟子。

② 子敖：王驩之字，齐国权臣，孟子不屑与言之人。

③ 昔者：昨天。

④ 克：乐正子之名。

【译文】

乐正子追随子敖到齐国。

乐正子来见孟子。孟子问道："你也来看我吗？"

乐正子说："老师为何说这样的话呢？"

孟子说："你到齐国几天了？"

乐正子说："昨天才到。"

孟子说："昨天到的，那么我说这话，不也应该的吗？"

乐正子说："因为住所没有安顿好。"

孟子说："你听说过住所安顿好了才来拜见长辈的吗？"

乐正子说："我错了。"

25 孟子谓乐正子曰："子之从于子敖来，徒铺啜①也。我不意②子学古之道而以铺啜也。"

【章旨】

此章明责乐正子所从非人，贪求不义之禄。

【注释】

① 铺啜（bū chuò）：铺，食也。啜，饮也。

② 不意：意料不到。

【译文】

孟子对乐正子说："你追随子敖到齐国来，只是为了混口饭吃罢了。我没想到你学习古人的道理居然是为了混口饭吃。"

26 孟子曰："不孝有三①，无后为大。舜不告而娶，为无后也。君子以为犹告也。"

【章旨】

此章说明舜不告而娶是为了保全孝道。

【注释】

① 不孝有三：阿意曲从，陷亲不义，一不孝也；家贫亲老，不为禄仕，二不孝也；不娶无子，绝先祖祀，三不孝也。

【译文】

孟子说："不孝顺的事有三种，其中以绝嗣最为重大。虞舜不禀告父母就娶妻子，就是为了怕绝嗣。所以君子认为他同禀告了一样。"

27 孟子曰："仁之实，事亲是也；义之实，从兄是也；智之实，知斯二者弗去是也；礼之实，节文①斯二者是也；乐之实，乐斯二者，乐则生矣；生则恶可已②也，恶可已则不知足之③蹈之手之舞之。"

【章旨】

此章在说孝和悌是仁、义、智、礼等一切德行的根本。

【注释】

① 节文：节制，文饰。

② 恶可已：恶，读平声。已，止也。

③ 之：语助词，无义。

【译文】

孟子说："仁的主要内容，就是侍奉父母；义的主要内容，就是顺从兄长；智的主要内容，就是明了这两者而坚守不离；礼的主要内容，就是节制或文饰这两者；乐的主要内容，就是乐于去做这两者，而从中产生快乐；快乐一产生就无法停止，无法停止，就会不知不觉地手舞足蹈起来了。"

28 孟子曰："天下大悦而将归己，视天下悦而归己犹草芥①也，惟舜为然。不得乎亲，不可以为人；不顺乎亲，不可以为子。舜尽事亲之道而瞽瞍底豫②，瞽瞍底豫而天下化，瞽瞍底豫而天下之为父子者定，此之谓大孝。"

【章旨】

此章盛称舜的孝行，足为天下法式。

【注释】

① 草芥：芥，小草。故以为微贱之喻。

② 瞽瞍底（zhǐ）豫：瞽瞍，舜之父。底豫，致乐也。

【译文】

孟子说："天下的人大为悦服，要来归附自己，把这件事情看得像草芥一样微不足道的，只有舜是如此。不能够得到父母的欢心，就不可以算是人；不能够顺从父母的旨意，就不可以算是子女。舜竭尽了侍奉父母的孝道，使得瞽瞍变得快乐；瞽瞍得到快乐，天下的人也都受了感化；瞽瞍得到快乐，天下做父子的伦常也就确立不移了，这便叫作大孝。"

离娄下

共三十三章

1 孟子曰："舜生于诸冯①，迁于负夏②，卒于鸣条③，东夷之人也。文王生于岐周④，卒于毕郢⑤，西夷之人也。地之相去也，千有余里；世之相后也，千有余岁。得志行乎中国，若合符节⑥，先圣后圣，其揆⑦一也。"

【章旨】

此章是说古来圣人，时地虽异，行道之心皆同。

【注释】

① 诸冯：传说在今山东菏泽南。

② 负夏：卫地。

③ 鸣条：在今山西西南。

④ 岐周：岐山下周之旧邑。在今陕西境内。

⑤ 毕郢：在今陕西咸阳市东。

⑥ 符节：古时信物，以玉、竹等为之，篆刻文字，剖分两半，各执其一，相合无差，以代印信。

⑦ 揆：度，度量。

【译文】

孟子说："虞舜出生于诸冯，迁居到负夏，死在鸣条，是东夷的人。周文王出生于岐周，死在毕郢，是西夷的人。地方相隔一千多里；时代相距一千多年。当他们实现抱负的时候，在中国推行大道，好像符印相合一般，完全一模一样，一个是前代的圣人，一个是后代的圣人，他们治国的法度，都是相同的。"

2 子产^①听郑国之政，以其乘舆^②济人于溱、洧^③。孟子曰："惠^④而不知为政。岁十一月，徒杠^⑤成；十二月，舆梁^⑥成，民未病涉也。君子平其政，行辟^⑦人可也，焉得人人而济之？故为政者，每人而悦之，日亦不足矣。"

【章旨】

此章是说君子为政，应建立大德，不宜只施小惠。

【注释】

① 子产：春秋时郑国贤相公孙侨之字。

② 乘舆：所乘之车。

③ 溱、洧（zhēn wěi）：二水名，皆在河南境内。

④ 惠：指私恩小利。

⑤ 徒杠（gāng）：徒步通行的独木桥。

⑥ 舆梁：可通行车辆的桥梁。

⑦ 辟：同"避"。

【译文】

郑子产掌理郑国政治的时候，曾经用他所乘的车子帮助人民渡过溱水和洧水。孟子评论说："只知道施些小恩惠，却不明白施政的大体。每年十一月修好行人的小桥，十二月修好行车的大桥，这些都做到了，人民就不患渡水的困难了。一个在上位的君子，只要治理好他的政事，外出时教人开路、驱人回避都可以，怎能够一个一个地帮助他们渡河呢？所以，执政的人，如果要施小惠一个一个地去讨人欢喜，那他一生的时间恐怕也不够用啊。"

3 孟子告齐宣王曰："君之视臣如手足，则臣视君如腹心；君之视臣如犬马，则臣视君如国人；君之视臣如土芥^①，则臣视君如寇雠。"

王曰："礼，为旧君有服^②，何如斯可为服矣？"

曰："谏行言听，膏泽^③下于民；有故而去，则君使人导之出疆，又先于其所往；去三年不反，然后收其田里。此之谓三有礼焉。如此则为之服矣。今也为臣，谏则不行，言则不听；膏泽不下于民；有故而去，则君搏执^④之，又极^⑤之于其所往；去之日，遂收其田里。此之谓寇雠。寇雠，何服之有？"

【章旨】

此章是孟子为宣王讲述报施的道理。盖为宣王对待臣下恩薄礼衰而发。

【注释】

① 土芥：芥为小草。土与芥皆微贱之物，可任意践踏。

② 礼，为旧君有服：今《仪礼·丧服》有"大夫为旧君服齐衰三月"之文。

③ 膏泽：恩泽。

④ 搏执：逮捕。

⑤ 极：穷也。

【译文】

孟子告诉齐宣王说："国君把臣子看成自己的手脚，那么臣子就会把国君看成自己的腹心；国君把臣子看成狗马，那么臣子就会把国君看成路人；国君把臣子看成泥土草芥，那么臣子就会把国君看成盗寇仇敌。"

宣王说："《礼书》上规定：臣子对过去的国君还得有一定的丧服，国君要怎样对待臣子，臣子才会为他服孝呢？"

孟子回答说："臣子有劝谏就采行，有建议就听从，恩泽施加到人民身上；有事故离开本国，国君便派人护送他出境，并且预先派人到他去的国家称扬他一番；离开了三年没有回来，然后才收回他的田地和房屋。这就叫作三回有礼。这样臣子就会为他服孝了。如今做臣子的，有劝谏却不被国君采行，有建议却不被国君听从；恩泽施加不到人民的身上；有事故离开本国，国君就要拘捕他，还想尽办法断绝他的前途；离开的那一天，就马上收回他的田地和房屋。这就叫作盗寇仇敌。对于盗寇仇敌还为他服什么孝呢？"

4　孟子曰："无罪而杀士，则大夫可以去；无罪而戮民，则士可以徙。"

【章旨】

此章教人明哲保身的方法。

【译文】

孟子说："若是士人没有犯罪而被杀，那么士大夫便可辞职离开了；若是人民没有犯罪而被杀，那么士人便可以迁居他处了。"

5　孟子曰："君仁，莫不仁；君义，莫不义。"

【章旨】

此章警戒人君讲修仁义，以收上行下效之功。

【译文】

孟子说："国君若仁，便没有人不仁；国君若义，便没有人不义。"

6　孟子曰："非礼之礼，非义之义，大人弗为。"

【章旨】

此章是说君子不做不合礼义中正的事。

【译文】

孟子说："似是而非的礼，似是而非的义，有学问有品德的君子是不会去做的。"

7 孟子曰："中也养不中①，才也养不才，故人乐有贤父兄也。如中也弃不中，才也弃不才，则贤不肖之相去，其间不能以寸②。"

【章旨】

此章勉人善尽教养子弟之责。

【注释】

① 中也养不中：中，指无过不及者。养，谓涵育熏陶。

② 寸：比喻距离之短。

【译文】

孟子说："品德很好的人应该教育熏陶品德不好的人，才能很好的人应该教育熏陶才能不好的人，所以人人都喜欢有贤能的父兄。假使品德很好的人弃绝不理品德不好的人，才能很好的人弃绝不理才能不好的人，那么有品德和没品德、有才能和没才能，彼此相差的距离，其间也就近得不能用寸来度量了。"

8 孟子曰："人有不为也，而后可以有为。"

【章旨】

此章在说人要有守，才能有为。

【译文】

孟子说："一个人，要有所不为，然后才能有所为。"

9 孟子曰："言人之不善，当如后患何？"

【章旨】

此章警戒人不能批评别人的短处。

【译文】

孟子说："只晓得说别人的不好，若是惹出了麻烦，那将怎么办呢？"

10　孟子曰："仲尼不为已甚者。"

【章旨】

此章赞扬孔子为人的中庸厚道。

【译文】

孟子说："孔子在待人处世各方面都不会做得太绝。"

11　孟子曰："大人者，言不必信，行不必果①，惟义所在。"

【章旨】

此章说大人物的言行皆以义为依归。

【注释】

① 果：决断。

【译文】

孟子说："真正伟大的人物，说话不一定句句守信，做事不一定样样果决，完全看义理的所在去做。"

12　孟子曰："大人者，不失其赤子之心①者也。"

【章旨】

此章教人保持纯真无伪的本心。

【注释】

① 赤子之心：婴儿之心最为天真无邪。

【译文】

孟子说："真正伟大的人物，永远保持那一片天真无邪的心。"

13　孟子曰："养生①者不足以当大事，惟送死②可以当大事。"

【章旨】

此章强调孝道中慎终的重要。

【注释】

① 养生：供养父母。

② 送死：送葬父母。

【译文】

孟子说："供养父母不能算是什么大事，只有送终尽哀才算得上是件大事。"

14 孟子曰："君子深造①之以道，欲其自得之也。自得之则居之安，居之安则资②之深，资之深则取之左右逢其原③，故君子欲其自得之也。"

【章旨】

此章教人为学需注重体会有得。

【注释】

① 深造：深入探究，达于极境。

② 资：藉也。

③ 原：同"源"。

【译文】

孟子说："君子为学，依循正确的方法深入探究，达到高深的造诣，就是希望自己能默识心通，领会有得。能领会有得就能牢固地存在心中，能牢固地存在心中就能蓄积深厚，能蓄积深厚，就能在取用它时左右逢源，所以君子为学要默识心通，领会有得。"

15 孟子曰："博学而详说之，将以反说约也。"

此章说做学问贵能由博反约。

【译文】

　　孟子说："广博地学习，详细地解说，是为了要回归到简要地说明内容精义的地步。"

16　孟子曰："以善服人者，未有能服人者也；以善养人，然后能服天下。天下不心服而王者，未之有也。"

【章旨】

此章勉励时君以仁义化人，不要以仁义取胜于人。

【译文】

　　孟子说："拿仁义的德行来使人服输，是不能够令人心服的；拿仁义的德行来化育别人，这才能使天下的人心服。天下的人不心服却能称王于天下的，那是从来没有过的事。"

17　孟子曰："言无实不祥，不祥之实，蔽贤者当之。"

【章旨】

此章说妒贤蔽贤的人，将自食其果。

【译文】

　　孟子说："说话不实在是不吉利的，这种不吉利的后果，将由阻挡贤才进用的人来承担它。"

18　徐子^①曰："仲尼亟^②称于水，曰：'水哉！水哉！'何取于水也？"

　　孟子曰："原泉混混^③，不舍昼夜，盈科^④而后进，放^⑤乎四海。有本者如是，是之取尔。苟为无本，七八月之间雨集，沟浍^⑥皆盈，其涸^⑦也，可立而待也。故声闻过情^⑧，君子耻之。"

【章旨】

此章借水有本源为喻，说明君子必须务本。

【注释】

① 徐子：名辟。孟子弟子。

② 亟（qì）：屡次。

③ 混混：同"滚滚"，水涌出貌。

④ 盈科：填满坑洞。

⑤ 放：至也。

⑥ 浍（kuài）：田间水道。

⑦ 涸（hé）：干枯。

⑧ 声闻过情：闻，读去声，名誉。情，实也。

【译文】

徐子问道："孔子屡次称赞水说：'水呀！水呀！'究竟水有什么可取的地方呢？"

孟子回答说："那水从源泉里滚滚地涌出来，不分昼夜地流个不停，流满了低洼的坑洞，然后再继续向前流去，直到大海。有本源的才能如此，孔子就是取它这一点啊。假如没有本源，就好比七八月间雨量汇集，大小沟渠都涨满了，但是它的干涸消失，可以站着等待。所以声名超过实际，是君子所引为可耻的。"

19 孟子曰："人之所以异于禽兽者几希^①，庶民去之，君子存之。舜明于庶物^②，察于人伦，由仁义行，非行仁义也。"

【章旨】

此章教人保存善性，居仁由义。

① 几希：微少。

② 庶物：众事，万物。

【译文】

孟子说："人和禽兽不同的地方只在那么一点点——理性，众人抛掉它，君子保存它。舜明白万物的道理，详察人类的常情，是从天性自然流露的仁义来行事，不是把仁义作为手段去做的。"

20 孟子曰："禹恶旨酒①而好善言。汤执中②，立贤无方③。文王视民如伤，望道而④未之见。武王不泄迩⑤，不忘远。周公思兼三王，以施四事，其有不合者，仰而思之，夜以继日，幸而得之，坐以待旦。"

【章旨】

此章称赞禹、汤、文、武和周公仁民爱物的道统。

【注释】

① 旨酒：美酒。

② 执中：执守中道。

③ 无方：无常法、常规。

④ 而：犹如也。

⑤ 泄迩：遗漏者。泄，一说，狎也。

【译文】

孟子说："夏禹厌恶美酒，爱听善言。商汤执守中道，举用贤才不拘常规。周文王看待人民唯恐他们受伤了一样（极言其爱民深切之情），望着大道已在眼前却像未曾看到一样（言其毫不自满，努力不懈）。武王不遗漏近人，也不忘记远人。周公想要兼备三代君王的美德，来践行禹、汤、文、武所做的四种善事，若是有不相符合，就仰首思考，白天想不通，夜里接着想，侥幸想通了，就坐着等待天亮，以便赶快实行。"

21 孟子曰："王者之迹熄而《诗》亡,《诗》亡然后《春秋》作。晋之《乘》^①、楚之《梼杌》^②、鲁之《春秋》,一也。其事则齐桓、晋文,其文则史。孔子曰:'其义则丘窃取之矣。'"

538

【章旨】

此章说孔子作《春秋》以继续道统的深意。

【注释】

①《乘（shèng）》:晋史书名。

②《梼杌（táo wù）》:楚史书名。

【译文】

孟子说:"圣王采《诗》以观民风的事迹消失后,《诗》也就没有了,《诗》没有了,然后孔子才著述《春秋》。晋国的《乘》、楚国的《梼杌》、鲁国的《春秋》,名称虽异,其实都是一样的。它们所记载的事情不外乎是齐桓公、晋文公等的霸业,所使用的文笔不过是一般史书的笔法。至于孔子的《春秋》则不然,他说:'那《诗经》中褒善刺恶的大义,我私自把它采用过来了。'"

22 孟子曰："君子之泽五世而斩^①,小人之泽五世而斩。予未得为孔子徒也,予私淑^②诸人也。"

【章旨】

此章孟子以继承孔子的道统自任。

【注释】

① 斩:断绝。

② 淑:善也。

【译文】

孟子说:"在位的圣贤,他的流风余韵五代以后便断绝了,不在位的圣贤,他的流风余韵五代以后也断绝了。我不能够亲自做孔子的门徒,我是心仪孔子而私下愿意学习孔子的。"

23 孟子曰："可以取，可以不取，取伤廉；可以与，可以无与，与伤惠；可以死，可以无死，死伤勇。"

【章旨】

此章教人审辨义理，不要过与不及。

【译文】

孟子说："拿也可以，不拿也可以，若是拿了，就对廉洁有损害；给也可以，不给也可以，若是给了，就对恩惠有损害；死也可以，不死也可以，若是死了，就对英勇有损害。"

24 逢蒙①学射于羿②，尽羿之道，思天下惟羿为愈己③，于是杀羿。孟子曰："是亦羿有罪焉。"

公明仪曰："宜若无罪焉。"

曰："薄乎云尔，恶得无罪？郑人使子濯孺子④侵卫，卫使庚公之斯⑤追之。子濯孺子曰：'今日我疾作，不可以执弓，吾死矣夫！'问其仆曰：'追我者谁也？'其仆曰：'庚公之斯也。'曰：'吾生矣。'其仆曰：'庚公之斯，卫之善射者也，夫子曰吾生，何谓也？'曰：'庚公之斯学射于尹公之他，尹公之他学射于我。夫尹公之他，端人⑥也，其取友必端矣。'庚公之斯至，曰：'夫子何为不执弓？'曰：'今日我疾作，不可以执弓。'曰：'小人⑦学射于尹公之他，尹公之他学射于夫子。我不忍以夫子之道反害夫子。虽然，今日之事，君事也，我不敢废。'抽矢叩轮去其金⑧，发乘矢⑨而后反。"

【章旨】

此章警人交友取徒，不可不慎。

【注释】

① 逢蒙：也作"蓬蒙"。羿的学生，后来叛变，帮助寒浞杀羿。

② 羿：夏朝诸侯有穷国之君，善射，帝相时，因夏民以代夏政，旋为家

众所杀。

③ 愈己：胜过自己。

④ 子濯孺子：郑国大夫。

⑤ 庚公之斯：卫国大夫。

⑥ 端人：正派的人，正直的人。

⑦ 小人：庚公谦称自己。

⑧ 金：指箭镞。

⑨ 乘矢：四支箭。

【译文】

古时候，逢蒙跟随后羿学习射箭，完全学得了后羿的箭法技巧，他想天下的人只有后羿的本领高过自己，于是就杀了后羿。孟子评论说："这件事后羿也有过错啊。"

公明仪说："好像没有什么过错吧。"

孟子说："只是轻微一点罢了，怎能没有过错呢？从前郑国派子濯孺子去侵犯卫国，卫国派庚公之斯来追击他。子濯孺子说：'今天我的疾病发作了，不能拉弓箭，我活不成了！'问他的车夫说：'追我的是谁？'车夫说：'是庚公之斯。'他便说：'那我可以活命了。'车夫惊讶地说：'庚公之斯，是卫国的名射手，先生您却说您可以活命了，这是什么道理呢？'他回答说：'庚公之斯跟尹公之他学习射箭，尹公之他又跟我学习。尹公之他是个正派的人，他所选取的朋友也一定是正派的。'庚公之斯追到时，问道：'老师为什么不拿起弓来呢？'子濯孺子说：'今天我的疾病发作了，不能够拉弓。'庚公之斯说：'我跟随尹公之他学习射箭，尹公之他又跟您学习。我不忍心用您的箭法射术反过来伤害您。不过，今天的事情，是奉国君之命，我也不敢因私情而废公事。'于是抽出箭来在车轮上敲掉箭头，射了四箭后回去了。"

25 孟子曰："西子①蒙不洁，则人皆掩鼻而过之。虽有恶人②，齐戒③沐浴则可以祀上帝。"

此章以人的美丑为喻，教人有善不可全恃，有过不妨悔改。

【注释】

① 西子：即西施。古代美女。

② 恶人：指丑人。

③ 齐戒：同"斋戒"。

【译文】

孟子说："像西施这么美貌的人，若是身上沾染了肮脏，那么别人走过她身边时，也会掩着鼻子赶快避开。反之，即使是面貌丑陋的人，若是他静修心念、洁净身体，那么也可以祭祀上帝。"

26 孟子曰："天下之言性也，则故^①而已矣，故者以利^②为本。所恶于智者为其凿也，如智者若禹之行水也，则无恶于智矣。禹之行水也，行其所无事也，如智者亦行其所无事，则智亦大矣。天之高也，星辰之远也，苟求其故，千岁之日至^③可坐而致也。"

【章旨】

此章警戒好用私智的人。

【注释】

① 则故：则，效法。故，谓已然之迹。

② 利：犹顺也。指顺其自然之势。

③ 日至：冬至或夏至。

【译文】

孟子说："天下的人研究性理，只须从过去的行迹去探求就可以了，所谓过去的行迹，是以顺着自然情势做基础的。我之所以厌恶那些聪明的人是因为他们喜欢穿凿附会，如果那些聪明的人能像大禹疏导水流一样，那么就不会对聪明有所厌恶了。大禹疏导水流，就是顺着水的自然趋势使它畅行无阻，如果那些聪明的人也能顺其自然、因势利导，那么他的聪明也就很伟大了。譬如天是那样高，星辰是那样远，假若能够探求它过去的行迹，就是千年之久的冬至或夏至，也都可以坐着推算出来。"

27 公行子①有子之丧，右师②往吊。入门，有进而与右师言者，有就右师之位而与右师言者。孟子不与右师言，右师不悦曰："诸君子皆与驩言，孟子独不与驩言，是简③驩也。"孟子闻之，曰："礼，朝廷不历位④而相与言，不逾阶而相揖也。我欲行礼，子敖⑤以我为简，不亦异乎？"

【章旨】

此章表现孟子持正守礼，不趋炎附势。

【注释】

① 公行子：齐国大夫。

② 右师：王驩官名。

③ 简：怠慢。

④ 历位：离开己位而趋就他人之位。

⑤ 子敖：王驩之字。

【译文】

公行子的儿子死了，右师王驩去吊丧。他一进门，就有人向前去和他说话，也有人走到他的座位前来和他说话。孟子却不和他说话，他不高兴地说："各位大夫都和我说话，只有孟子不和我说话，这是对我怠慢啊。"孟子听了这话，便说："依据礼法，在朝廷上不离开自己的位子去和别人说话，不越过台阶去和别人作揖。我要遵行礼法，王子敖却认为我怠慢了他，不是太奇怪了吗？"

28 孟子曰："君子所以异于人者，以其存心也。君子以仁存心，以礼存心。仁者爱人，有礼者敬人。爱人者，人恒爱之；敬人者，人恒敬之。有人于此，其待我以横逆①，则君子必自反也：我必不仁也，必无礼也，此物②奚宜至哉？其自反而仁矣，自反而有礼矣，其横逆由③是也，君子必自反也：我必不忠。自反而忠矣，其横逆由是也，君子曰：'此亦妄人也已矣。如此，则与禽兽奚择④哉？于禽兽又何难⑤焉？'是故君子有终身之忧，无一朝之患也。乃若所忧则有之：舜，人也；我，亦人也。舜为法于天下，可传于后世，我由未免为乡人也，是则可忧也。忧之如何？如舜而已矣。若夫君子所患则亡⑥矣。非仁无为也；非礼无行也。如有一朝之患，则君子不患矣。"

【章旨】

此章论君子和众人不同的地方，在于以仁、礼存心，时刻自省。

【注释】

① 横逆：强暴不顺理。

② 此物：即此事。

③ 由：同"犹"。

④ 择：区别。

⑤ 难：责难，计较。

⑥ 亡：同"无"。

【译文】

孟子说："君子和众人不同的地方，在于他的居心。君子以仁德居心，以礼法居心。有仁德的人，就能爱护别人；讲礼法的人，就能恭敬别人。能爱护别人的人，别人也会经常爱护他；能恭敬别人的人，别人也会经常恭敬他。假设这里有个人，他对我蛮横无理，那么君子一定反问自己：一定是我不仁，一定是我无礼，否则这种事情怎么会加到我身上来呢？反问了自己之后，确知没有不仁，也没有无礼，而那人的蛮横无理还是这个样子，君子一定又反问自己：一定是我不忠。反问了自己之后，确知没有不忠，而那人的蛮横无理还是这个样子，君子就会说：'这也不过是个狂妄的人罢了。像这样的人，那和禽兽有何区别呢？对于禽兽又有什么好责难的呢？'所以，君子只有终身长远的忧虑，没有一时突发的祸患。说到君子所有的忧虑，就是：舜，是个人；我，也是个人。舜的一切作为可以做天下人的模范，可以流传到后代，而我却还不免是个庸俗的普通人，这个才是值得忧虑的事。忧虑了又怎么办呢？那只有做到像舜一般罢了。至于君子的祸患，那是没有的了。不仁的事不去做；无礼的事也不去做。假定一旦有了突来的祸患，那君子也不把它当作祸患了。"

29 禹、稷当平世，三过其门而不入①，孔子贤之。颜子当乱世，居于陋巷，一箪食②，一瓢饮，人不堪其忧，颜子不改其乐，孔子贤之。孟子曰："禹、稷、颜回同道。禹思天下有溺者，由③己溺之也，稷思天下有饥者，由己饥之也，是以如是其急也。禹、稷、颜子易地④则皆然。今有同室之人斗者，救之，虽被发缨冠⑤而救之，可也；乡邻有斗者，被发缨冠而往救之，则惑也，虽闭户可也。"

【章旨】

此章说圣贤同守一道，虽所遭之事或异，然处之各当其理。

【注释】

① 禹、稷当平世，三过其门而不入：三过其门而不入，是禹治水时之事，此言禹、稷，乃连类及之。

② 箪食：箪，盛饭的竹器。食，饭也。

③ 由：同"犹"。

④ 地：人所处的分位。

⑤ 缨冠：急于戴冠，不及使缨摄于颈，而与冠并加于头。缨，冠系也。此处作动词用。

【译文】

大禹和后稷处于政治清平的时代，三次经过自己的家门口都没进去，孔子很称赞他们。颜回处于政治昏乱的时代，住在简陋的巷子里，吃着一小竹筐的粗饭，喝着一小瓠瓢的开水，别人受不了那种愁苦，颜回却能自得其乐，孔子也很称赞他。孟子评论说："大禹、后稷和颜回所守的圣贤之道都是一样的。大禹想天下的人若有遭水淹没的，就好像自己使他们淹没了一样；后稷想天下的人若是有遭受饥饿的，就好像自己使他们饥饿了一样，所以才急到这样的地步（三过其门而不入）。大禹、后稷和颜回，假如互换他们所处的地位，情况也都一样（颜回也会三过家门不入，禹、稷也会自得其乐）。好比现在有同屋的人发生打斗，要去救他们，虽是披散着头发、帽带也来不及系就急忙赶去劝阻，这是可以的（禹、稷的行为就像这样）；若是乡里邻人发生了打斗，也披着头发、没系好帽带就赶过去劝阻他们，那就是不明事理了，即使是关起门来不加过问，也是可以的（颜回的行为就像这样）。"

30 公都子①曰："匡章②，通国③皆称不孝焉，夫子与之游，又从而礼貌之，敢问何也？"

孟子曰："世俗所谓不孝者五：惰其四支④，不顾父母之养，一不孝也；博弈⑤好饮酒，不顾父母之养，二不孝也；好货财，私妻子，不顾父母之养，三不孝也；从⑥耳目之欲，以为父母戮⑦，四不孝也；好勇斗很⑧，以危父母，五不孝也。章子有一于是乎？夫章子，子父责善而不相遇⑨也。责善，朋友之道也；父子责善，贼恩⑩之大者。夫章子，岂不欲有夫妻子母之属哉？为得罪于父，不得近，出妻屏⑪子，终身不养焉。其设心⑫以为不若是，是则罪之大者，是则章子已矣。"

【章旨】

此章辩说匡章不像世人所说的不孝。

【注释】

① 公都子：孟子弟子。

② 匡章：齐人，为父所逐。

③ 通国：全国。

④ 四支：即四肢。

⑤ 博弈：赌博下棋。

⑥ 从：同"纵"。

⑦ 戮：羞辱。

⑧ 好勇斗很：逞勇敢，闹意气而与人争斗。很，通"狠"，凶狠。

⑨ 遇：合也。

⑩ 贼恩：伤害恩情。

⑪ 屏：同"摒"。

⑫ 设心：用心设想。

【译文】

公都子问道："匡章这个人，全国的人都说他不孝，老师却和他交往，并且又很敬重他，请问这是为什么呢？"

孟子回答说："一般人所说的不孝有五种：四肢懒惰，不顾父母的生活，这是第一种不孝；喜欢赌博、下棋、喝酒，不顾父母的生活，这是第二种不孝；贪钱财，偏爱妻子儿女，不顾父母的生活，这是第三种不孝；放纵耳目的欲望，因而羞辱了父母，这是第四种不孝；逞英雄、爱打斗，因而危害到父母，这是第五种不孝。章子在这五种不孝中犯有一种吗？章子只因他劝父亲改过向善，以致父子不合罢了。规过劝善，这是朋友相处之道；若是父子互相规过劝善，这是最伤害恩情的事。章子难道不想有夫妻母子的天伦吗？只因为得罪了父亲，不得相近，所以离去了妻子，摒绝了儿女，终身不受他们的奉养。他用心设想，以为不这样做，那罪过就更大了，这便是章子的为人了。"

31 曾子居武城①，有越寇②。或曰："寇至，盍去诸？"曰："无寓人于我室，毁伤其薪木。"寇退，则曰："修我墙屋，我将反。"寇退，曾子反。左右曰："待先生如此其忠且敬也，寇至，则先去以为民望③；寇退，则反。殆于不可。"沈犹行④曰："是非汝所知也。昔沈犹有负刍⑤之祸，从先生者七十人，未有与⑥焉。"

子思居于卫，有齐寇。或曰："寇至，盍去诸？"子思曰："如伋⑦去，君谁与守？"

孟子曰："曾子、子思同道。曾子，师也，父兄也；子思，臣也，微也。曾子、子思易地则皆然。"

【章旨】

此章说曾子、子思二贤行事虽或有异，仍是同守一道。

【注释】

① 武城：鲁邑名。故城在今山东费县西南。

② 越寇：越国之兵。

③ 以为民望：使人民望而效之。

④ 沈犹行：曾子弟子。

⑤ 负刍：一说，人名。一说，背草的人。

⑥ 与：参与。

⑦ 伋：子思之名。

【译文】

曾子住在武城时，有越兵入犯。有人对曾子说："敌寇来了，何不离开呢？"曾子便吩咐管屋的人说："不要让人寄住我的屋子，毁坏了那些家具和树木。"敌寇退去，曾子又吩咐管屋的人说："修理好我的墙屋，我要回来居住。"敌寇退去了，曾子也回来了。左右的人私下议论说："武城的大夫对待先生这样诚心又恭敬，敌寇一来，就率先走避，使别人看了效法；敌寇退了，就又回来，恐怕不可以吧！"弟子沈犹行说："这个不是你们所能了解的。从前沈犹氏有负刍的人作乱（当时曾子住在沈犹行家里），跟随先生的人有七十个，也都没一个人参与守御的事。"

子思住在卫国，有齐兵入犯。有人对子思说："敌寇来了，何不离开呢？"子思回答说："假如我离开，国君同谁来守城呢？"

孟子评论说："曾子和子思所守的圣贤之道都是一样。曾子当时所处的分位，是师长，是父兄，可以走避；子思当时所处的分位，是臣子，是卑贱的身份，不可以走避。曾子和子思，如果互相交换他们的分位，行事也都会一样的。"

32 储子①曰："王使人瞰②夫子,果有以异于人乎?"

孟子曰："何以异于人哉? 尧、舜与人同耳。"

【章旨】

此章说圣贤与常人相同,原无特异之处。

【注释】

① 储子:齐人,当时或为齐相。

② 瞰(kàn):窥伺。

【译文】

储子说:"齐王派人暗中窥探您,果真没有和众人不同的地方吗?"

孟子说:"有什么和众人不同的地方呢? 就是尧和舜也与众人一样啊。"

33 齐人有一妻一妾而处室者,其良人①出则必餍②酒肉而后反。其妻问所与饮食者,则尽富贵也。其妻告其妾曰:"良人出,则必餍酒肉而后反,问其与饮食者,尽富贵也,而未尝有显者来,吾将瞰③良人之所之也。"蚤起④,施从⑤良人之所之,遍国中无与立谈者。卒之东郭墦⑥间,之祭者,乞其余,不足,又顾而之他,此其为餍足之道也。其妻归,告其妾曰:"良人者,所仰望而终身也。今若此!"与其妾讪⑦其良人,而相泣于中庭⑧。而良人未之知也,施施⑨从外来,骄其妻妾。由君子观之,则人之所以求富贵利达者,其妻妾不羞也而不相泣者,几希⑩矣!

【章旨】

此章借齐人故事讽刺那些营求富贵利达而不知羞耻的人。

【注释】

① 良人:妇人对丈夫的称呼。

② 餍(yàn):饱足。

③ 瞰:窥伺。

④ 蚤起：同"早起"。

⑤ 施从：尾随在后，不使知觉。施，同"迤"，斜也。

⑥ 墦（fán）：坟墓。

⑦ 讪：嘲笑讥骂。

⑧ 中庭：即庭中。

⑨ 施施：喜悦自得之貌。

⑩ 几希：微少。

【译文】

齐国有个娶了一妻一妾而同住在一个家庭里的人，那位先生每次出去，就一定吃饱了酒肉才回来。他妻子问他同在一起吃喝的是些什么人，他就说都是一些富贵人物。他妻子便告诉妾说："先生每次出去，就一定吃饱了酒肉才回来，问他同在一起吃喝的是些什么人，他都说是一些富贵人物，但却从来没有什么显贵的人物到我们家来过，我准备暗中察看他到底去了些什么地方。"第二天一大早起来，她便尾随在先生的后面行走，走遍了整个都城也没见到有一个人站住和他先生说话的。最后走到东城郊外的墓地，走近祭扫坟墓的人那里，乞讨那剩余的酒肉，吃得不够，又东张西望地再到别处去乞讨，这就是他吃饱酒肉的方法了。他妻子回来，把这情况告诉妾说："先生是我们所仰望而终身依靠的人。现在竟是这个样子！"说罢就和妾讥骂先生，且共同在厅堂里哭泣着。先生还不知道，仍然得意扬扬地从外面回来，向他的两位妻子夸耀一番。在君子看来，现在世上的一些人，所用来钻营谋求升官发财的那种方法和那副丑态，他的妻妾却不引为羞辱而共同哭泣的，也就很少了。

万章上

共九章

1 万章问曰："舜往于田^①，号泣于旻天^②，何为其号泣也？"

孟子曰："怨慕^③也。"

万章曰："父母爱之，喜而不忘；父母恶之，劳而不怨^④。然则舜怨乎？"

曰："长息^⑤问于公明高^⑥曰：'舜往于田，则吾既得闻命矣；号泣于旻天，于父母，则吾不知也？'公明高曰：'是非尔所知也。'夫公明高以孝子之心，为不若是恝^⑦，我竭力耕田，共^⑧为子职而已矣，父母之不我爱，于我何哉？帝使其子九男二女，百官牛羊仓廪备，以事舜于畎亩之中。天下之士多就之者，帝将胥^⑨天下而迁之焉。为不顺于父母，如穷人无所归。天下之士悦之，人之所欲也，而不足以解忧；好色，人之所欲，妻帝之二女^⑩，而不足以解忧；富，人之所欲，富有天下，而不足以解忧；贵，人之所欲，贵为天子，而不足以解忧。人悦之、好色、富贵，无足以解忧者，惟顺于父母，可以解忧。人少，则慕父母；知好色，则慕少艾^⑪；有妻子，则慕妻子；仕则慕君，不得于君则热中^⑫。大孝终身慕父母。五十而慕者，予于大舜见之矣。"

【章旨】

此章说舜以不顺于父母为忧，虽得人之所欲并不足解其忧，以明舜之大孝。

【注释】

① 往于田：前往田间耕作。

② 号泣于旻天：仁覆悯下，谓之旻天。号泣于旻天，呼天而泣也。

③ 怨慕：怨己不得亲心而思慕之。

④ 父母爱之，喜而不忘；父母恶之，劳而不怨：语出《礼记·祭义》《大戴礼记》《曾子·大孝》，曾子之言。

⑤ 长息：公明高之弟子。

⑥ 公明高：曾子之弟子。

⑦ 怓（jiá）：无愁貌。

⑧ 共（gōng）：供奉也。

⑨ 胥：皆也，引申有"尽"之义。

⑩ 妻帝之二女：尧以二女娥皇、女英嫁舜。

⑪ 少艾：少，年少。艾，美也。

⑫ 热中：心热躁急。

【译文】

万章问道："舜到田里耕种，对着上天呼号哭泣，为什么他要这样呼号哭泣呢？"

孟子说："怨自己不得父母欢心，思慕父母的缘故。"

万章说："父母爱他，心里高兴而不忘记；父母讨厌他，就是劳苦也不埋怨。照这样说来，舜埋怨父母吗？"

孟子说："长息曾经问过他的老师公明高说：'舜到田里耕作的事，我已经听老师说过了；至于对着上天呼叫父母而哭泣的事，我却还不知道为什么？'公明高说：'这件事不是你所能明白的。'公明高的意思，是认为孝子的存心，不可能这样无忧无虑，我尽力在田里耕种，尽到做儿子的本分罢了，父母不喜欢我，我有什么办法呢？后来尧帝派他的九个儿子两个女儿，备齐办事的百官、牛羊、粮食，在田野里侍奉舜。天下的士人有很多来归依舜的，尧帝要把整个天下让给舜。可是舜为了不能得到父母的欢心，就好像穷人得不到归宿一样彷徨不安，所以不敢接受。天下士人爱戴而归依他，是每个人都喜欢的，但不能够解除他的忧愁；美好的女色，是每个人都喜欢的，娶了尧帝的两个女儿，仍然不能够解除他的忧愁；财富，是每个人都喜欢的，舜富裕到拥有整个天下，却仍旧不能清除他的忧愁；尊贵，是每个人都喜欢的，尊贵到作为天子，仍旧不能够解除他的忧虑。天下士人归附他、美好的女色、富有和尊贵，这些东西都不能够解除他的忧愁，只有承顺于父母，得父母欢心，才能解除他内心的忧虑。一般人在年纪小的时候，总会恋慕父母；知道喜欢女色时，就会爱慕年轻美丽的女人；一旦结婚有了妻子，就爱慕妻子；做官时，就思慕国君，得不到国君的欢心，心里就急躁不安。只有大孝的人，才能够终生思慕父母。到了五十岁还能够思慕父母的，我在大舜身上看到了。”

2 万章问曰：“《诗》云①：‘娶妻如之何？必告父母。’信②斯言也，宜莫如舜。舜之不告而娶，何也？”

孟子曰：“告则不得娶。男女居室③，人之大伦也。如告，则废人之大伦，以怼④父母，是以不告也。”

万章曰：“舜之不告而娶，则吾既得闻命矣；帝之妻⑤舜而不告，何也？”

曰：“帝亦知告焉则不得妻也。”

万章曰：“父母使舜完廪⑥，捐阶⑦，瞽瞍焚廪。使浚井⑧，出，从而掩⑨之。象曰：‘谟⑩盖都君⑪咸我绩⑫。牛羊父母，仓廪父母，干戈朕，琴朕，弤⑬朕，二嫂使治朕栖⑭。’象往入舜宫，舜在床琴。象曰：‘郁陶⑮思君尔。’忸怩⑯。舜曰：‘惟兹臣庶⑰，汝其于⑱予治。’不识舜不知象之将杀己与？”

曰：“奚而不知也？象忧亦忧，象喜亦喜。”

曰：“然则舜伪喜者与？”

曰：“否。昔者有馈生鱼于郑子产，子产使校人⑲畜之池。校人烹之，反命曰：‘始舍之圉圉⑳焉，少则洋洋㉑焉，攸然而逝。’子产曰：

'得其所哉！得其所哉！'校人出，曰：'孰谓子产智？予既烹而食之，曰：得其所哉！得其所哉！'故君子可欺以其方，难罔㉒以非其道。彼以爱兄之道来，故诚信而喜之，奚伪焉？"

【章旨】

此章说明舜不告而娶之故，以及舜遭父、弟之陷害，仍不失天理之常。

【注释】

① 《诗》云：见《诗经·齐风·南山》。

② 信：诚也。

③ 居室：结婚成家。

④ 怼（duì）：怨也。

⑤ 妻（qì）：嫁也。

⑥ 完廪：修治谷仓。

⑦ 捐阶：捐，去也。阶，梯也。谓拿掉梯子。

⑧ 浚井：谓深浚水井。

⑨ 揜：盖也。

⑩ 谟：谋也。

⑪ 都君：舜所住之地，三年成都，故谓舜为都君。

⑫ 绩：功也。

⑬ 弤（dǐ）：雕弓。

⑭ 栖：床也。

⑮ 郁陶：郁闷思念。

⑯ 忸怩：惭愧貌。

⑰ 臣庶：百官和庶民。

⑱ 于：为也，助也。

⑲ 校人：管池沼的小吏。

⑳ 圉圉：困而未舒之貌。

㉑ 洋洋：舒缓摇尾之貌。

㉒ 罔：欺也。

【译文】

万章问道："《诗经》上说：'娶妻应该怎么办？一定要事先禀告父母。'相信这句话的，应该没有人比得上舜。可是舜却不事先禀告父母而娶妻，这是为什么呢？"

孟子说："禀告父母就不能娶妻。而男女结婚成家，是人类最大的伦理。如果舜禀告父母，就会废弃人类这最大的伦理，因而怨恨父母，所以他就不禀告父母了。"

万章说："舜不禀告父母而娶妻，我已经听了老师的教导了；但是尧帝嫁女儿给舜，而不告知舜的父亲，却为什么呢？"

孟子说："尧帝也知道若是禀告舜父母的话，舜就不能娶妻。"

万章说："父母命令舜去修理谷仓，等舜上了仓顶，就把梯子拿掉，然后瞽瞍放火烧谷仓。又叫舜去淘井，舜淘好出来了，瞽瞍不知，用泥土填掩水井。舜的兄弟象说：'这一次计划活埋舜的事，都是我的功劳。牛羊分给父母，谷仓分给父母，干戈归我，琴归我，雕弓也归我，两位嫂嫂也要她们替我整理床被。'分配好了，象就到舜的住屋去，却发现舜坐在床边弹琴。象说：'我心里郁闷难受，好想念你啊！'表情很惭愧的样子。舜说：'我想这些臣民，你还是帮我治理吧。'我不晓得舜是不是不知道象要杀他呢？"

孟子说："怎么会不知道？象忧愁他也忧愁，象高兴他也高兴。"

万章说："那么舜是假装高兴的吧？"

孟子说："不是的。以前有人送活鱼给郑国的子产，子产就命令管池沼的人放养在池塘里。那人却把活鱼煮吃了，然后回报说：'刚放入池塘里，很不灵活的样子，不久就摇动尾巴，悠然自得地游走了。'子产说：'这鱼得到适当的地方啊！得到适当的地方啊！'那人出来后，就说：'谁说子产聪明呢？我已经把鱼烹煮吃掉了，他还说：得到适当的地方啊！得到适当的地方啊！'所以对于君子，可以用合情理的事去欺骗他，却难以用不合情理的事蒙骗他。象是用爱兄的道理来见舜的，所以舜就真心相信而高兴了，怎么会是假装的呢？"

3 万章问曰："象日以杀舜为事，立为天子，则放^①之，何也？"

孟子曰："封之也，或曰放焉。"

万章曰："舜流共工于幽州^②，放驩兜于崇山^③，杀三苗于三危^④，殛鲧于羽山^⑤，四罪而天下咸服，诛不仁也。象至不仁，封之有庳^⑥。有庳之人奚罪焉？仁人固如是乎？在他人则诛之，在弟则封之。"

曰："仁人之于弟也，不藏怒^⑦焉，不宿怨^⑧焉，亲爱之而已矣。亲之欲其贵也；爱之欲其富也。封之有庳，富贵之也。身为天子，弟为匹夫，可谓亲爱之乎？"

"敢问或曰放者，何谓也？"

曰："象不得有为于其国，天子使吏治其国，而纳其贡税^⑨焉，故谓之放，岂得暴彼民哉？虽然，欲常常而见之，故源源而来^⑩。'不及贡，以政接于有庳^⑪'，此之谓也。"

【章旨】

此章说舜不以公义而废私恩，亦不以私恩而废公义。

【注释】

① 放：放逐。

② 流共工于幽州：共，水官名。幽州，古十二州之一，今辽宁和河北等省境内。

③ 放驩兜于崇山：驩兜，尧臣，与共工朋比为恶。崇山，山名，在今湖南张家界西南。

④ 杀三苗于三危：三苗，古国名。三危，山名，在今甘肃敦煌市南。

⑤ 殛鲧于羽山：殛，诛也。鲧，禹父名。羽山，山名，在今山东蓬莱市东南。

⑥ 有庳（bì）：庳，地名。

⑦ 藏怒：藏匿其怒。

⑧ 宿怨：留蓄其怨。

⑨ 纳其贡税：缴纳所收之税给象。

⑩ 源源而来：源源，不绝貌。来，来朝见也。

⑪ 不及贡，以政接于有庳：二句疑是《尚书》逸文。谓舜不待诸侯朝贡之期，即以政事接见有庳之君。

【译文】

万章问道："象每天以杀舜作为他的工作，舜做了天子之后，不过放逐他而已，为什么呢？"

孟子说："是封他的，有人却认为是放逐。"

万章说："舜把共工流放到幽州，把驩兜放逐到崇山，把三苗的国君杀死在三危，把鲧斩杀在羽山，惩处了这四大罪魁后，天下人便都归服了，因为除去的是不仁的人。象是最不仁的，却封他在有庳。有庳的人民有什么罪过呢？仁人的做法竟是这样的吗？对别人就杀了，对自己的弟弟却以国土封他。"

孟子说："仁人对自己的弟弟，不会隐藏内心的怒气，也不会老记着过去的怨恨，只是亲他爱他罢了。亲他就要让他高贵；爱他就要让他富有。封他在有庳，就是要让他富贵。自己是天子，而弟弟却还是平民，怎能算是亲爱他呢？"

"请问有人说是流放，是什么缘故？"

孟子说："象不能在他的国土上为所欲为，天子派遣了官吏替他治理国政，只将收来的贡物和赋税给象，所以有人说象是被放逐的。象怎么可能虐待他的人民呢？虽然这样，舜常常想见弟弟，所以叫象不断地来朝见。古书上说'来不及等到诸侯朝贡的日子，常常以政事接见有庳的国君'，就是这个意思。"

4 咸丘蒙①问曰："语云：'盛德之士，君不得而臣，父不得而子。'舜南面而立，尧帅诸侯北面而朝之，瞽瞍亦北面而朝之。舜见瞽瞍，其容有蹙②。孔子曰：'于斯时也，天下殆哉，岌岌③乎！'不识此语诚然乎哉？"

孟子曰："否。此非君子之言，齐东野人④之语也。尧老而舜摄也。《尧典》曰：'二十有八载，放勋⑤乃徂落⑥，百姓如丧考妣⑦，三年，四海遏密⑧八音。'孔子曰：'天无二日，民无二王。'舜既为天子矣，又帅天下诸侯以为尧三年丧，是二天子矣。"

咸丘蒙曰："舜之不臣尧，则吾既得闻命矣。《诗》云⑨：'普天之下，莫非王土；率土之滨，莫非王臣。'而舜既为天子矣，敢问瞽瞍之非臣，如何？"

曰："是诗也，非是之谓也；劳于王事，而不得养父母也。曰：'此莫非王事，我独贤劳也。'故说诗者，不以文害辞，不以辞害志。以意逆志⑩，是为得之。如以辞而已矣，《云汉》之诗⑪曰：'周余黎民，靡有孑遗⑫。'信斯言也，是周无遗民也。孝子之至，莫大乎尊亲；尊亲之至，莫大乎以天下养。为天子父，尊之至也；以天下养，养之至也。《诗》⑬曰：'永言孝思，孝思维则⑭。'此之谓也。《书》曰⑮：'祗载⑯见瞽瞍，夔夔斋栗⑰，瞽瞍亦允若⑱。'是为父不得而子也？"

【章旨】

此章是孟子说明君臣、父子间的伦理。

【注释】

① 咸丘蒙：孟子弟子。

② 憱：不安貌。

③ 岌岌：危殆貌。

④ 齐东野人：齐国东鄙田野之人。

⑤ 放勋：尧帝之号。

⑥ 徂落：死也。

⑦ 考妣：死去之父母。

⑧ 遏密：遏，止也。密，静也。

⑨《诗》云：见《诗经·小雅·北山》。

⑩ 逆：迎也，揣测之意。

⑪《云汉》之诗：见《诗经·大雅·云汉》。

⑫ 孑遗：孑，孤独。遗，留存。

⑬《诗》曰：见《诗经·大雅·下武》。

⑭ 则：法则。

⑮《书》曰：见《尚书·大禹谟》。

⑯ 祗载：祗，敬也。载，事也。

⑰ 夔夔斋栗：夔夔，敬谨恐惧貌。栗，恐惧也。

⑱ 允若：允，信也。若，顺也。

【译文】

咸丘蒙问道："古语说：'品德高尚的人，国君不能把他当作臣下，父亲不能把他当作儿子。'舜做了天子，尧率领诸侯以臣子礼节北面朝见他；舜父亲瞽瞍也以臣礼朝见舜。舜见了瞽瞍，神态局促不安。孔子说：'在这时候，天下是很危险的啊！'不晓得这话是不是真的呢？"

孟子说："不。这不是君子所讲的话，是齐国东鄙田野之人所讲的话。尧年纪大了让舜代理政事罢了。《尚书·尧典》说：'舜代理政事二十八年，尧死了，百姓像死了父母一样伤心，有三年时间，四海的百姓停止了一切音乐。'孔子说：'天上没有两个太阳，人间没有两个天子。'假如舜在尧死前做了天子，又率领天下诸侯为尧服三年丧，那就是天下同时有两个天子了。"

咸丘蒙说："舜不以尧为臣，我已经听了您的教导了。《诗经》上说：'整个天下，没有不是天子的土地；沿着土地的周围，没有不是天子的臣民。'而舜既然当了天子，请问瞽瞍为什么不算是臣子呢？"

孟子说："这首诗，不是这个意思，而是作者因为国事劳苦，以致不能奉养父母。《诗》中说：'这些都是天子的事，为什么独我一个人劳苦呢？'所以解释诗的人，不能够拘泥于文字，而误解词句，也不可拘泥于词句而误解作者本意。拿自己的体会去推测作者的本意，才算正确。如果只拘泥在词句上，那么《云汉》之诗说：'周朝剩下的百姓，没有一个存留。'相信这句话，周朝岂不是没有留下一个百姓。孝子尽孝的极点，没有超过尊敬父母亲的；尊敬父母亲的极点，没有超过拿整个天下来孝养父母的。瞽瞍身为天子的父亲，可以说是尊贵到极点了；舜以天下奉养他，可说是奉养的极点了。《诗经》上说：'永远恪守孝道，这种孝思是天下的法则。'就是这种说法。《尚书》上说：'舜恭敬地侍奉瞽瞍，态度恭谨恐惧，瞽瞍也因此相信舜，变得恭顺了。'这难道是父亲不能把他当作儿子吗？"

5 万章曰："尧以天下与舜，有诸？"

孟子曰："否。天子不能以天下与人。"

"然则舜有天下也，孰与之？"

曰："天与之。"

"天与之者，谆谆①然命之乎？"

曰："否。天不言，以行与事示之而已矣。"

曰："以行与事示之者如之何？"

曰："天子能荐人于天，不能使天与之天下；诸侯能荐人于天子，不能使天子与之诸侯；大夫能荐人于诸侯，不能使诸侯与之大夫。昔者尧荐舜于天而天受之，暴②之于民而民受之。故曰：天不言，以行与事示之而已矣。"

曰："敢问荐之于天而天受之，暴之于民而民受之，如何？"

曰："使之主祭而百神享之，是天受之；使之主事而事治，百姓安之，是民受之也。天与之，人与之，故曰：天子不能以天下与人。舜相尧二十有八载，非人之所能为也，天也。尧崩，三年之丧毕，舜避尧之子于南河之南。天下诸侯朝觐③者，不之④尧之子而之舜；讼狱⑤者，不之尧之子而之舜；讴歌⑥者，不讴歌尧之子而讴歌舜，故曰天也。夫然后之中国，践⑦天子位焉。而居尧之宫，逼尧之子，是篡也，非天与也。《泰誓》⑧曰：'天视自我民视，天听自我民听。'此之谓也。"

【章旨】

此章孟子说明尧之让位给舜，乃出于大公无私。

【注释】

① 谆谆：诚恳告诫。

② 暴：显也。

③ 朝觐：朝见天子。

④ 之：往也。

⑤ 讼狱：谓狱不决而讼之。

⑥ 讴歌：歌颂功德。

⑦ 践：登。

⑧《泰誓》：《尚书》篇名。

【译文】

万章问道："尧把天下让给舜，有这回事吗？"

孟子回答说："没有。天子不能把天下给人。"

问："那么舜有天下，谁给他的？"

答："天给他的。"

问："天给他的时候，是诚恳地告诫他吗？"

答："不。上天不讲话，是以舜的品德和行事暗示给他天下罢了。"

问："就舜的品德和行事暗示给他天下，是怎么说法呢？"

答："天子能够保荐人给上天，但不能够让天把天下给他；诸侯能够保荐人给天子，却不能教天子给他诸侯做；大夫能够保荐人给诸侯，却不能教诸侯给他大夫做。以前尧保荐舜给天而天接受了，显露舜的才能给百姓而百姓也接受了。所以说：天不说话，只是就舜的品德和行事暗示给他天下罢了。"

问："请问，保荐给天，天接受了，显露舜的才能给百姓，百姓接受了，是怎么说法呢？"

答："让舜主持祭祀而神明都来享受，便是天接受了；让他主持工作而工作做得很好，百姓满意，这便是百姓接受了。天授给他，百姓授给他，所以说：天子不能把天下给予人。舜帮助尧治理天下共二十八年，这不是人力所能做到的，而是天意。尧死了，三年的丧期完毕，舜避开到南河的南边，把帝位让给尧的儿子。可是天下诸侯朝见天子的，不到尧的儿子那里却到舜那里；狱讼待决的，不去找尧的儿子判决却去找舜；歌颂功德的人，不歌颂尧的儿子却歌颂舜，所以说：是天意。然后舜才回到帝都，登上天子之位。如果舜在尧死之后，就住到尧的宫殿里，逼走尧的儿子，那就是篡夺，不是上天授予的。《尚书·泰誓》说：'天的视察是用百姓的眼睛视察，天的听闻是用百姓的耳朵来听闻。'就是这个意思了。"

6 万章问曰："人有言：'至于禹而德衰，不传于贤而传于子。'有诸？"

孟子曰："否，不然也。天与贤，则与贤；天与子，则与子。昔者舜荐禹于天，十有七年，舜崩。三年之丧毕，禹避舜之子于阳城①。天下之民从之，若尧崩之后，不从尧之子而从舜也。禹荐益于天，七年，禹崩。三年之丧毕，益避禹之子于箕山②之阴。朝觐讼狱者不之益而之启，曰：'吾君之子也。'讴歌者不讴歌益而讴歌启，曰：'吾君之子也。'丹朱之不肖。舜之子亦不肖。舜之相尧，禹之相舜也，历年多，施泽于民久。启贤，能敬承继禹之道，益之相禹也，历年少，施泽于民未久。舜、禹、益相去久远，其子之贤不肖，皆天也，非人之所能为也。莫之为而为者③，天也；莫之致而至者④，命也。匹夫而有天下者，德必若舜禹，而又有天子荐之者，故仲尼不有天下。继世⑤而有天下，天之所废，必若桀纣者也，故益、伊尹、周公不有天下。伊尹相汤以王于天下。汤崩，太丁⑥未立，外丙⑦二年，仲壬⑧四年。太甲⑨颠覆汤之典刑⑩，伊尹放之于桐⑪。三年，太甲悔过，自怨自艾⑫，于桐处仁迁义；三年，以听伊尹之训己也，复归于亳⑬。周公之不有天下，犹益之于夏，伊尹之于殷也。孔子曰：'唐虞禅，夏后、殷、周继，其义一也。'"

【章旨】

此章在说尧传位舜，舜传位禹，都是顺天命、顺民心，没有私意。

孟子·万章上

561

【注释】

① 阳城：山名，在今河南登封市北。

② 箕山：山名，在今河南登封市东南。山之北曰阴。

③ 莫之为而为者：没有人叫他这样做，竟这样做了的。

④ 莫之致而至者：没有人叫他来，竟这样来的。

⑤ 继世：继承先世的基业。

⑥ 太丁：汤之太子，未立而死。

⑦ 外丙：太丁之弟。

⑧ 仲壬：外丙之弟。

⑨ 太甲：太丁之子。

⑩ 典刑：常法。

⑪ 桐：地名。在今河南偃师西南。

⑫ 自怨自艾：自我怨悔，自除其恶。

⑬ 亳：汤都。在今河南商丘。

【译文】

万章问道："有人说：'到了禹，帝王的德行就衰微了，不再传位给贤能的人，却传位给自己的儿子。'真有这样的事吗？"

孟子回答说："不，不是这样的。天要给予贤能的人，就给予贤能的人；天要给予君主的儿子，便给予君主的儿子。以前，舜保荐禹给天，帮助舜治理政事十七年后，舜死了。三年丧期完毕，禹避开到阳城，以便让位给舜的儿子。而天下百姓却跟从禹，就像尧死之后不跟从尧的儿子而跟从舜一样。禹保荐益给天，七年之后，禹死了。三年丧期完毕，益避开到箕山之北，以便让位给禹的儿子。当时朝见和诉讼的人不到益那里，却前往启那里，他们都说：'这是我们国君的儿子啊！'歌颂功德的人不歌颂益而歌颂启，他们说：'这是我们国君的儿子啊！'尧的儿子丹朱不好，舜的儿子商均也不好。舜帮助尧治理政事，禹帮助舜治理政事，经历的年岁多，对百姓施恩泽的时间较长。启很贤明，能够敬慎地继承禹的传统，益帮助禹治理政事，经历的年岁不多，对百姓施恩泽的时间也较短。舜、禹、益相距时间的长短，和他们儿子的贤明与否，都是天意，不是人力所能做到的。没有人让他们这样做，却能这样做了的，就是天意；没有人让他来，却这样来的，那就是命。普通百姓而能拥有天下的，道德一定像舜、禹那样伟大，而且还要有天子保荐，所以孔子不能拥有天下。继承先世而拥有天下的国君，上天如要废弃他的天子之位，一定要像桀、纣那样暴虐无道，所以益、伊尹、周公不能拥有天下。伊尹帮助汤统一了天下，汤死了，太丁未立也死了，外丙在位二年，仲壬在位四年。到了太甲就破坏了汤的常法，伊尹把他流放到桐。三年之后，太甲悔过，自我怨悔，改正其过，在桐时以仁居心，以义行事；三年后，能够听从伊尹对自己的教训了，才又回归到亳都。周公不能拥有天下，就像益在夏朝、伊尹在商朝一样。孔子说：'唐尧、虞舜的禅让天下，夏、商、周的传给子孙，道理是相同的。'"

7 万章问曰："人有言伊尹以割烹要汤[①]，有诸？"

孟子曰："否，不然。伊尹耕于有莘[②]之野，而乐尧、舜之道焉。非其义也，非其道也，禄之以天下，弗顾也；系马千驷，弗视也。非其义也，非其道也，一介[③]不以与人，一介不以取诸人。汤使人以币聘之，嚣嚣然[④]曰：'我何以汤之聘币为哉？我岂若处畎亩之中，由是以乐尧、舜之道哉？'汤三使往聘之，既而幡然[⑤]改曰：'与我处畎亩之中，由是以乐尧、舜之道，吾岂若使是君为尧、舜之君哉？吾岂若使是民为尧、舜之民哉？吾岂若于吾身亲见之哉？天之生此民也，使先知觉[⑥]后知，使先觉觉后觉也。予，天民之先觉者也；予将以斯道觉斯民也。非予觉之，而谁也？'思天下之民匹夫匹妇有不被尧、舜之泽者，若己推而内[⑦]之沟中。其自任以天下之重如此，故就汤而说之以伐夏救民。吾未闻枉己[⑧]而正人者也，况辱己以正天下者乎？圣人之行不同也，或远或近，或去或不去，归洁其身而已矣。吾闻其以尧、舜之道要汤，未闻以割烹也。《伊训》[⑨]曰：'天诛造[⑩]攻自牧宫[⑪]，朕载[⑫]自亳。'"

【章旨】

此章孟子辩明伊尹的出处，说他是乐尧、舜之道，不是枉己以事人。

【注释】

① 割烹要汤：割烹，割肉烹羹。要，求也。

② 有莘：古国名。在今河南开封东北。一说，在山东省。

③ 一介：介与"芥"同。一芥，喻细微。

④ 嚣嚣然：无欲自得之貌。

⑤ 幡然：改变貌。

⑥ 觉：悟也。

⑦ 内：同"纳"。

⑧ 枉己：屈曲自己不按正道而行。

⑨《伊训》：《尚书·商书》篇名。

⑩ 造：始也。

⑪ 牧宫：桀宫名。

⑫ 载：始也。

【译文】

万章问道："有人说伊尹以切肉烹煮的手艺干求商汤，有这回事吗？"

孟子说："不，不是这样的。伊尹在有莘的田野里耕种，而以尧、舜之道为乐。如果不合义理，不合正道，就是把天下的禄位给他，他望都不望一下；四千匹马系在那里，他看都不看一下。如果不合义理，不合正道，一点点也不给人，一点点也不拿别人的。汤派人备了礼物去聘请他，他悠闲自得地说：'我为什么要接受汤的礼聘呢？我何不在田亩中耕种，由此而以尧、舜之道为乐呢？'汤三次派人前往聘请他，不久他就改变心意说：'我与其在田亩之中，以尧、舜之道为乐，何不使国君变成和尧、舜一样的国君呢？何不使百姓变成和尧、舜时代一样的百姓呢？我何不使它实现让我亲眼看到呢？上天降生人民，就是要使先知的人教育后知的人，使先觉的人启发后觉的人。我，就是生民中的先知先觉者；我要拿这尧、舜之道使百姓们觉悟。不是我去使他们觉悟，又有谁去呢？'伊尹心想天下百姓，不管是男是女，如果有人不能蒙受尧、舜之道的恩泽的，就好像自己把他推入沟渠中一样。他是这样把天下重担挑在自己肩上，所以到汤那里游说以便讨伐夏桀，拯救百姓。我没有听说过枉曲自己的人能够匡正别人的，何况污辱自己而想匡正天下人的呢？圣人的行为各有不同，有的疏远国君，有的亲近国君，有的离开朝廷，有的留恋朝廷，归根究底，都要使自身清白罢了。我听说伊尹拿尧、舜之道干求汤，没听说过是以切割烹煮的手艺干求汤的。《尚书·伊训》说：'上天诛伐夏桀起自夏桀的牧官，而我伊尹呢，是在亳都开始侍奉商汤的。'"

8 万章问曰："或谓孔子于卫主①痈疽②，于齐主侍人瘠环③，有诸乎？"

孟子曰："否，不然也，好事者为之也。于卫主颜雠由④。弥子⑤之妻与子路之妻，兄弟⑥也。弥子谓子路曰：'孔子主我，卫卿可得也。'子路以告。孔子曰：'有命。'孔子进以礼，退以义，得之不得曰'有命'。而主痈疽与侍人瘠环，是无义无命也。孔子不悦于鲁、卫，遭宋桓司马⑦将要⑧而杀之，微服⑨而过宋。是时孔子当厄，主司城贞子⑩，为陈侯周⑪臣。吾闻观近臣，以其所为主⑫；观远臣，以其所主⑬。若孔子主痈疽与侍人瘠环，何以为孔子？"

【章旨】

此章乃孟子驳斥孔子主痈疽和侍人瘠环之说，以明孔子进退不违礼义。

【注释】

① 主：舍于其家，以之为主人。

② 痈疽：疡医。

③ 侍人瘠环：侍人、奄人，即宦官。瘠环，人名。

④ 颜雠由：卫之贤大夫。

⑤ 弥子：卫灵公宠臣弥子瑕。

⑥ 兄弟：谓女兄弟，即姊妹也。

⑦ 宋桓司马：宋大夫司马桓魋。

⑧ 要：拦截。

⑨ 微服：改变服饰，穿微贱者之服。

⑩ 司城贞子：宋大夫。

⑪ 陈侯周：陈侯，名周。

⑫ 所为主：所款待之宾客。

⑬ 所主：所寄寓之主人。

【译文】

万章问道："有人说孔子在卫国时住在卫灵公所宠幸的痈疽家里，在齐国时住在太监瘠环的家里，有这回事吗？"

孟子说："不，没有这回事，是好事之徒捏造出来的。在卫国，是住在颜雠由家里。弥子瑕的妻子和子路的妻子是姊妹。弥子瑕对子路说：'孔子住到我家，卫国卿相的位子便可以得到。'子路告诉孔子。孔子说：'一切由命运安排。'孔子以礼进仕，以礼退隐，得官或得不到官他都说'由命运决定'。如果住在痈疽和大监瘠环的家里，那就不知义理和天命了。孔子在鲁国和卫国不得意，所以到宋国去，却遇到司马桓魋要拦截杀他，只好改变服饰而逃出了宋国。那时孔子正处于困难，还选择住到贤大夫司城贞子家里，而司城贞子是陈侯周的臣子。我听说观察在朝的近臣，要看他所招待的客人；观察外来的臣子，要看他所寄居的主人。如果孔子住在痈疽和太监瘠环的家里，怎么能成为贤圣的孔子呢？"

9 万章问曰："或曰：'百里奚①自鬻于秦养牲者五羊之皮，食牛②，以要秦穆公。'信乎？"

孟子曰："否，不然，好事者为之也。百里奚，虞③人也。晋人以垂棘之璧④与屈产之乘⑤，假道于虞以伐虢。宫之奇谏，百里奚不谏。知虞公之不可谏而去，之秦，年已七十矣。曾不知以食牛干秦穆公之为污⑥也，可谓智乎？不可谏而不谏，可谓不智乎？知虞公之将亡而先去之，不可谓不智也。时举于秦，知穆公之可与有行也而相之，可谓不智乎？相秦而显其君于天下，可传于后也，不贤而能之乎？自鬻以成其君⑦，乡党自好者不为，而谓贤者为之乎？"

【章旨】

此章乃孟子辩明百里奚非卖身求荣之人。

【注释】

① 百里奚：春秋虞国人，百里为复姓，奚为名。

② 食（sì）牛：替人养牛。食，饲也。

③ 虞：国名。

④ 垂棘之璧：垂棘，地名，产美玉。璧，玉也。

⑤ 屈产之乘：屈地所产之良马。

⑥ 污：卑劣。

⑦ 成其君：成就其君之霸业。

【译文】

万章问道："有人说：'百里奚自己卖身给秦国养牲畜的人，代价是五张羊皮，替人家饲养牛，以此干求秦穆公。'这是真的吗？"

孟子说："不，不是这样的，这是好事者捏造的。百里奚是虞国人。晋人曾经用垂棘的美玉和屈地所产的良马，向虞国借路以攻打虢国，宫之奇劝阻虞君，而百里奚不劝阻。他知道虞君不可以劝阻，而离开虞国前往秦国，这时已经七十岁了，居然不知道用饲养牛的方法干求秦穆公是卑劣的行为，可以说是聪明吗？知道虞君不可以劝阻而不去劝阻，可以说不聪明吗？知道虞公将要灭亡而先离开，不能说是不聪明的。当时在秦国被举用时，知道秦穆公可以一起有所作为而辅佐他，可以说不聪明吗？辅佐秦国而使秦穆公名声显扬于天下，足以流传后代，不是贤者能做得到吗？自己卖身以成就国君的霸业，乡里中洁身自爱的人都不肯做，难道说贤者反而会去做吗？"

万章下

共九章

1 孟子曰："伯夷①，目不视恶色，耳不听恶声，非其君不事，非其民不使，治则进，乱则退。横政之所出②，横民之所止③，不忍居也。思与乡人处，如以朝衣朝冠坐于涂炭④也。当纣之时，居北海之滨，以待天下之清也。故闻伯夷之风者，顽夫⑤廉，懦夫⑥有立志。

"伊尹曰：'何事非君？何使非民？'治亦进，乱亦进，曰：'天之生斯民也，使先知觉后知，使先觉觉后觉。予，天民之先觉者也，予将以此道觉此民也。'思天下之民，匹夫匹妇有不与被尧、舜之泽者，如己推而内⑦之沟中，其自任以天下之重也。

"柳下惠⑧，不羞污君，不辞小官；进不隐贤，必以其道；遗佚⑨而不怨，厄穷而不悯。与乡人处，由由然⑩不忍去也。'尔为尔，我为我，虽袒裼裸裎⑪于我侧，尔焉能浼⑫我哉？'故闻柳下惠之风者，鄙夫宽，薄夫敦。

"孔子之去齐，接淅⑬而行；去鲁，曰：'迟迟吾行也。'去父母国之道也。可以速而速，可以久而久，可以处而处，可以仕而仕，孔子也。"

孟子曰："伯夷，圣之清者也；伊尹，圣之任者也；柳下惠，圣之和者也；孔子，圣之时者也。孔子之谓集大成⑭。集大成也者，金声而玉振⑮之也。金声也者，始条理⑯也；玉振之也者，终条理也。始条理者，智之事也；终条理者，圣之事也。智，譬则巧也；圣，譬则力也。由⑰射于百步之外也，其至，尔力也；其中，非尔力也。"

【章旨】

此章以孔子和伯夷、伊尹、柳下惠相比，说孔子是圣之时者也，并且集三圣之大成。

【注释】

① 伯夷：商孤竹君之长子，让位于其弟叔齐，隐于首阳山，武王灭纣，义不食周粟，遂饿死。

② 横政之所出：施行暴政的国家。

③ 横民之所止：暴民所住的地方。

④ 涂炭：比喻不洁。

⑤ 顽夫：顽劣之人。

⑥ 懦夫：柔弱之人。

⑦ 内：同"纳"。

⑧ 柳下惠：春秋鲁人，即展禽。

⑨ 遗佚：遗弃不被任用。

⑩ 由由然：自得貌。

⑪ 袒裼裸裎：袒裼，露背。裸裎，赤身。

⑫ 浼（měi）：污也。

⑬ 接淅：接，犹承也。淅，淘米。接淅，以喻欲去之速，而不及炊也。

⑭ 集大成：集三圣之长而成一己之德。

⑮ 金声而玉振：金，钟也。声，宣也。玉，磬也。振，收也。

⑯ 条理：指音乐之脉络节奏。

⑰ 由：同"犹"。

【译文】

孟子说："伯夷，眼睛不看不好的事物，耳朵不听不好的声音，不是他理想的国君不去侍奉，不是他该使唤的百姓不去使唤，天下太平就出来做官，天下混乱就退隐田野。施行暴政的国家，暴民所住的地方，他都不愿去住。

他认为和乡下的暴民们在一起，就像穿着礼服戴着礼帽，坐在泥土污炭上一样。商纣的时候，他住到北海的海边，以等待天下的清平。所以听到伯夷风范节操的人，顽劣的人变得廉洁，懦弱的人也知道立志。

"伊尹说：'有什么国君不可以侍奉呢？有什么百姓不可以使唤呢？'天下太平就出来做官，天下混乱也出来做官，说：'上天降生百姓，要先知的人开导后知的人，先觉的人开导后觉的人。我，就是人民中的先觉者，我将用尧、舜之道来开导百姓。'他想到天下的百姓，无论男女，只要有一个人没有蒙受尧、舜恩泽的，就好像自己把他推进沟渠之中一样，他把天下的重担自己承担起来。

"柳下惠，不以侍奉污君为耻，也不嫌弃小官；做官时不隐藏自己的才能，做事一定按正道去做；被遗弃罢官也不埋怨，处在穷困的环境也不忧愁。和乡下的暴民们在一起，高兴得不愿离开。'你是你，我是我，虽然在我身边赤身露体，哪能够污染我呢？'所以听到柳下惠的风范节操的人，鄙陋的人变得宽大起来，苛薄的人变得敦厚起来。

"孔子离开齐国，淘好的米来不及下锅，随即就走了；离开鲁国时，说：'我们慢慢走吧！'这是离开祖国的道理。可以赶快离开就赶快离开，可以久留就久留，可以隐居就隐居，可以出仕就出仕，这就是孔子。"

孟子评论说："伯夷，是圣人中最清高的；伊尹，是圣人中最负责任的；柳下惠，是圣人中最随和的；而孔子，则是圣人中最合时宜的。孔子可说是集三圣的大成的。集大成的意思，就像奏乐时用钟声开始，用玉磬声收尾。先敲钟声，是脉络节奏的开始；用玉磬声收尾，是脉络节奏的终结。脉络节奏的开始是明智的功夫，而脉络节奏的终结是圣道的功夫。智，好比技巧；圣，好比力气。就像在百步以外射箭，箭射到了，那是你的力气；箭射中了，那不全是你的力气。"

2 北宫锜问曰："周室班①爵禄也，如之何？"

孟子曰："其详不可得闻也。诸侯恶其害己也，而皆去其籍②。然而轲也，尝闻其略也。天子一位，公一位，侯一位，伯一位，子、男同一位，凡五等③也。君一位，卿一位，大夫一位，上士一位，中士一位，下士一位，凡六等④。天子之制，地方千里，公侯皆方百里，伯七十里，子、男五十里，凡四等。不能⑤五十里，不达于天子，附于诸侯，曰附庸。天子之卿受地视⑥侯，大夫受地视伯，元士⑦受地视子、男。大国地方百里，君十卿禄，卿禄四大夫，大夫倍上士，上士倍中士，中士倍下士，下士与庶人在官者同禄，禄足以代其耕也。次国地方七十里，君十卿禄，卿禄三大夫，大夫倍上士，上士倍中士，中士倍下士，下士与庶人在官者同禄，禄足以代其耕也。小国地方五十里，君十卿禄，卿禄二大夫，大夫倍上士，上士倍中士，中士倍下士，下士与庶人在官者同禄，禄足以代其耕也。耕者之所获，一夫百亩。百亩之粪⑧，上农夫食九人，上次食八人，中食七人，中次食六人，下食五人。庶人在官者，其禄以是为差。"

【章旨】

此章是孟子说明周室班爵禄的制度，有防止当时诸侯僭越之意。

【注释】

① 班：列也。

② 籍：典册。

③ 五等：天子、公、侯、伯、子、男，子、男同一位，合为五，通于天下。

④ 六等：君、卿、大夫、上士、中士、下士，凡六等，行于国中。

⑤ 不能：不足。

⑥ 视：比照。

⑦ 元士：上士。

⑧ 粪：肥料。

【译文】

北宫锜问道："周朝制定的官爵、俸禄等级是怎样的呢？"

孟子说："详细情形已经不能知道了。诸侯厌恶这些制度妨碍自己，都把典籍毁掉了。可是我也曾经听过大略的情形。天子一个级位，公一个级位，侯一个级位，伯一个级位，子、男一个级位，总共五等级。国君一个级位，卿一个级位，大夫一个级位，上士一个级位，中士一个级位，下士一个级位，总共六等级。天子的封地制度，土地纵横各一千里，公侯各一百里，伯七十里，子、男各五十里，总共四等级。土地不够五十里的国家，不由天子直辖，而附属于诸侯，叫作附庸。天子的卿所受的封地比照侯，大夫所受封地比照伯，上士所受封地比照子、男。大国封地一百方里，君主的俸禄是卿的十倍，卿的俸禄是大夫的四倍，大夫是上士的一倍，上士是中士的一倍，下士和平民在官府当差的俸禄相同，所得到的俸禄足以抵偿他们耕种的收入。中等国家封地七十方里，国君的俸禄是卿的十倍，卿的俸禄是大夫的三倍，大夫是上士的一倍，上士是中士的一倍，中士是下士的一倍，下士和平民在官府当差的俸禄相同，所得到的俸禄足以抵偿他们耕种的收入。小国的封地五十方里，国君的俸禄是卿的十倍，卿的俸禄是大夫的二倍，大夫是上士的一倍，上士是中士的一倍，中士是下士的一倍，下士和平民在官府当差的俸禄相同，所得到的俸禄足够抵偿他们耕种的收入。耕种的收入，一个男子受田百亩。百亩田地施加肥料的话，上等的农夫可以养活九人，其次养活八人，中等的农夫可以养活七人，其次养活六人，下等的农夫可以养活五人。平民在官府当差的，所得的俸禄也比照这个标准划分等级。”

3　万章问曰：“敢问友。”

孟子曰：“不挟①长、不挟贵、不挟兄弟②而友。友也者，友其德也，不可以有挟也。孟献子③，百乘之家也，有友五人焉：乐正裘、牧仲④，其三人，则予忘之矣。献子之与此五人者友也，无献子之家者也。此五人者，亦有献子之家，则不与之友矣。非惟百乘之家为然也，虽小国之君亦有之。费惠公⑤曰：‘吾于子思，则师之矣；吾于颜般⑥，则友之矣；王顺、长息⑦则事我者也。’非惟小国之君为然也，虽大国之君亦有之。晋平公之于亥唐⑧也，入云则入，坐云则坐，食云则食，虽疏食菜羹⑨，未尝不饱，盖不敢不饱也。然终于此而已矣，弗与共天位也，弗与治天职也，弗与食天禄也，士之尊贤者也，非王公之尊贤也。舜尚⑩见帝，帝馆⑪甥⑫于贰室⑬，亦飨舜，迭⑭为宾主，是天子而友匹夫也。用下敬上，谓之贵贵⑮；用上敬下，谓之尊贤。贵贵、尊贤，其义一也。"

【章旨】

此章孟子论交友之道，以德为贵。

【注释】

① 挟：仗恃。

② 不挟兄弟：不仗恃兄弟之富贵者。

③ 孟献子：鲁国贤大夫仲孙蔑。

④ 乐正裘、牧仲：皆鲁人。

⑤ 费惠公：费，小国名。惠公，费之君。

⑥ 颜般：人名，或作"颜敢"。

⑦ 王顺、长息：皆人名。王顺或作"王慎"。

⑧ 亥唐：晋人，隐穷巷，平公闻其贤，造访之。平公待于门，亥唐言入乃入，言坐乃坐，虽疏食菜羹，公不敢不饱。

⑨ 疏食菜羹：喻粗劣饭菜。

⑩ 尚：同"上"。

⑪ 馆：舍也。

⑫ 甥：女婿。

⑬ 贰室：副宫。

⑭ 迭：交互。

⑮ 贵贵：尊敬在上位之人。

【译文】

万章问道："请问交朋友的道理。"

孟子说："不倚仗自己年长，不倚仗自己地位高，不倚仗自己兄弟富贵。交朋友，是为了结交他的品德，所以不可以有所倚恃。孟献子是位拥有一百辆车马的大夫，他有五个朋友：乐正裘、牧仲，其他三人我忘记了。献子和这五个人做朋友，并没有认为自己是贵族世家。这五个人如果存有献子是贵族世家的观念，也就不会和他做朋友了。不只是拥有百乘车马的大夫是这样，就是小国的国君也是这样交朋友的。费惠公说：'我对于子思，以师礼对待他；我对于颜般，以朋友之道对待他；至于王顺、长息，那只是侍奉我的人罢了。'不只是小国国君是这样，就是大国国君也是这样交朋友的。晋平公对于亥唐，亥唐叫他入门他才入门，叫他坐下他才坐下，叫他吃饭他才吃饭，就是饭菜粗劣，也没有不吃饱的，因为他不敢不吃饱。但是晋平公对亥唐，毕竟只是这样罢了，并不同他共享爵位，不同他共理政事，不和他共享俸禄，这是一般士人尊敬贤者的态度，不是王公尊敬贤者的态度。舜上朝谒见尧帝，尧帝请这女婿住到后宫里，也以酒食招待舜，两人轮流交换做客人和主人，这就是天子和百姓做朋友的例子。以下位的身份敬重上位的人，叫作尊重贵人；以上位的身份敬重下位的人，叫作尊重贤人。尊重贵人和尊重贤人，道理是相同的。"

4 万章曰："敢问交际①何心也？"

孟子曰："恭也。"

曰："却②之却之为不恭，何哉？"

曰："尊者赐之，曰'其所取之者，义乎，不义乎'，而后受之，以是为不恭，故弗却也。"

曰："请无以辞却之，以心却之，曰'其取诸民之不义也'，而以他辞无受，不可乎？"

曰："其交也以道，其接也以礼，斯孔子受之矣。"

万章曰："今有御人③于国门之外者，其交也以道，其馈也以礼，斯可受御与？"

曰："不可。《康诰》曰：'杀越人于货④、闵⑤不畏死，凡民罔不譈⑥。'是不待教而诛之者也。殷受夏，周受殷，所不辞也。于今为烈⑦，如之何其受之？"

曰："今之诸侯取之于民也，犹御也。苟善其礼际矣，斯君子受之，敢问何说也？"

曰："子以为有王者作，将比⑧今之诸侯而诛之乎？其教之不改而后诛之乎？夫谓非其有而取之者盗也，充类至义之尽⑨也。孔子之仕于鲁也，鲁人猎较⑩，孔子亦猎较。猎较犹可，而况受其赐乎？"

曰："然则孔子之仕也，非事道⑪与？"

曰："事道也。"

"事道奚猎较也？"

曰："孔子先簿正祭器⑫，不以四方之食供簿正。"

曰："奚不去也？"

曰："为之兆也。兆足以行矣，而不行，而后去，是以未尝有所终三年淹⑬也。孔子有见行可⑭之仕，有际可⑮之仕，有公养⑯之仕。于季桓子，见行可之仕也；于卫灵公，际可之仕也；于卫孝公，公养之仕也。"

【章旨】

此章孟子论交际，辞受、取与之间，宜知权变不拘泥，皆以理为依归。

【注释】

① 交际：以礼仪币帛相交接。

② 却：辞去不受。

③ 御人：御，止也。止人而杀之，且夺其货也。

④ 杀越人于货：越，虚词，无义。于货，取其财货也。

⑤ 闵：同"暋"，懵懂无知。

⑥ 谋：同"懑"，怨也。

⑦ 烈：严明。

⑧ 比：连。

⑨ 充类至义之尽：推其类，至于义之至精至密之处而极言之。

⑩ 猎较：田猎时争较所获多少，以为祭祀之用。

⑪ 事道：以道行事。

⑫ 簿正祭器：先用簿册，订正祭品。

⑬ 淹：久留，滞留。

⑭ 行可：其道可行。

⑮ 际可：礼遇不错。

⑯ 公养：国君养贤以礼也。

【译文】

万章问道："请问亲友间以礼物相馈赠，是什么心意呢？"

孟子说："表示恭敬。"

问："俗语说'一再谢绝人家的礼物是不恭敬的'，为什么呢？"

答："尊长赐给礼物时，心里先想'他所取得的礼物，是合于义呢还是不合于义呢'，然后才接受，这样就不恭敬了，所以还是不要推却较好。"

问："如果不明言推却，只是心里不接受，心想'这是他取自百姓的不义之财'，而找其他的借口推却，不可以吗？"

答："只要以道相交往，以礼相接触，这样孔子都会接受礼物的。"

万章说："现在有个人在国都城门外拦路抢劫，他以道和我交往，以礼馈赠我礼物，这样我可以接受他抢来的礼物吗？"

答："不可以。《尚书·康诰》说：'杀了人抢夺财物，蛮横无知不怕死，这种人是没有人不痛恨的。'这是不必等着教育他就可以杀掉的。殷商接受夏朝这种法律，周朝再接受商朝这种法律，都没有改变。现在法令更加严明，怎么可以接受呢？"

问："现在诸侯的财物取自百姓，就好像是拦路抢夺的。如果他们做好交际的礼节，君子就接受了，请问这怎么说呢？"

答："你认为有圣王兴起，会把现在的诸侯一个接一个都杀掉吗？还是先教导，不悔改然后才杀掉呢？所谓不是自己所有而取得，就是强盗。这种说法，是把仁义推论到最高境界而说的。孔子在鲁国做官，鲁国为祭祀打猎而计较猎物多少，孔子也跟人一样计较猎物多少。连计较猎物都可以做，何况接受赐予呢？"

问："那么孔子出仕做官，不是为了行道吗？"

答："为了行道。"

问："既然是为了行道，为什么还计较猎物呢？"

答："孔子先用簿册订正祭品，不拿别处的食物作为簿册里的祭品。"

问："孔子为什么不辞官离开鲁国呢？"

答："为了先看看情况再说。如果情况是可以行道，而国君却不施行，然后他才离开，所以他从没有在一个国家停留整整三年之久的。孔子有因为可以行道而出来做官的，有因为国君礼遇不错而出来做官的，也有因为国君养贤而出来做官的。对于鲁国季桓子，就是因为可以行道而做官的；对于卫灵公，就是因为礼遇不错而做官的；对于卫孝公，就是因为国君养贤而做官的。"

5 孟子曰："仕非为贫也，而有时乎为贫；娶妻非为养①也，而有时乎为养。为贫者，辞尊居卑，辞富居贫。辞尊居卑，辞富居贫，恶乎宜乎？抱关击柝②。孔子尝为委吏③矣，曰：'会计当而已矣。'尝为乘田④矣，曰：'牛羊茁壮长而已矣。'位卑而言高，罪也；立乎人之本朝⑤，而道不行，耻也。"

【章旨】

此章孟子说明"为贫而仕"之义。

【注释】

① 养：服侍父母。

② 抱关击柝：抱关，守城门之小吏。击柝，击梆报更者。

③ 委吏：主委积之小吏。

④ 乘田：主苑囿刍牧之小吏。

⑤ 本朝：即朝廷。

【译文】

孟子说："做官不是为了贪穷，但有时却为家贫而做官；娶妻不是为了孝养父母，但有时也是为了孝养父母。为了贫穷而做官的人，应该辞却高官而做小官，辞去厚禄接受薄俸。辞却高官而做小官，辞却厚禄而只受薄禄，要怎样才可以呢？看守城门和敲梆子巡夜之类最适合了。孔子曾经做过仓廪的小吏，他说：'只要米谷出入的数字对就可以了。'又曾经做过看管苑囿畜牧的小吏，他说：'只要牛羊苗壮长大就可以了。'地位卑小却谈论朝廷大事，这是一种罪行；在朝廷上做官，却不能施行大道，这是羞耻的事。"

6 万章曰："士之不托①诸侯，何也？"

孟子曰："不敢也。诸侯失国，而后托于诸侯，礼也。士之托于诸侯，非礼也。"

万章曰："君馈②之粟，则受之乎？"

曰："受之。"

"受之何义也？"

曰："君之于氓③也，固周④之。"

"周之则受，赐之则不受，何也？"

曰："不敢也。"

曰："敢问其不敢何也？"

曰："抱关击柝者，皆有常职以食于上。无常职而赐于上者，以为不恭也。"

曰："君馈之，则受之，不识可常继乎？"

曰："缪公之于子思也，亟问，亟馈鼎肉⑤。子思不悦。于卒⑥也，摽⑦使者出诸大门之外，北面稽首再拜而不受。曰：'今而后知君之犬马畜伋⑧。'盖自是台⑨无馈也。悦贤不能举，又不能养也，可谓悦贤乎？"

曰："敢问国君欲养君子，如何斯可谓养矣？"

曰："以君命将⑩之，再拜稽首而受。其后廪人⑪继粟，庖人⑫继肉，不以君命将之。子思以为鼎肉，使己仆仆尔⑬亟拜也，非养君子之道也。尧之于舜也，使其子九男事之，二女女⑭焉，百官牛羊仓廪备，以养舜于畎亩之中，后举而加诸上位。故曰：王公之尊贤者也。"

【章旨】

此章孟子论说国君养贤尊贤之道。

【注释】

① 托：寄也。谓不仕而食其禄。

② 馈：赠送。

③ 氓：民也。

④ 周：救济。

⑤ 鼎肉：熟肉。

⑥ 卒：最后。

⑦ 摽（biāo）：麾也。屏去使退之意。

⑧ 伋：子思名。

⑨ 台：贱官，主使令者。

⑩ 将：送也。

⑪ 廪人：掌米谷出入之官。

⑫ 庖人：掌供膳馐之官。

⑬ 仆仆尔：烦猥貌。

⑭ 女：读去声，嫁也。

【译文】

万章问道："士人不愿托身寄食于诸侯，是什么道理呢？"

孟子说："是不敢。诸侯失去了自己的国家，然后寄食在别的诸侯，这是合礼的。士人如果托身寄食于诸侯，那就不合礼了。"

万章问说："国君如果赠送他米谷，可以接受吗？"

答："可以接受。"

"接受是什么道理呢？"

答："国君对于百姓，本来就应该周济的。"

问："周济他就接受，赐给他，就不接受，是什么道理？"

答："是因为不敢。"

问："请问为什么不敢呢？"

答："守城门打更的人都有一定的职务，用以接受君上的给养。没有一定职务却接受君上的赐予，那就被认为不恭敬了。"

问："国君馈送周济他，他接受了，不知道可以经常如此吗？"

答："鲁缪公对于子思，屡次问候，屡次馈送他熟肉。子思心里不高兴。在最后一次送肉来时，子思就把派来的使者撵出大门，然后自己朝北叩头再拜，不肯接受，说：'从今以后才知道国君把我当犬马一样地豢养。'从此以后，差官就不再来馈送了。喜悦贤人却不能举用他，又不能礼貌地供养他，可以说是喜悦贤人吗？"

问："请问国君要供养君子，怎样才可以算是礼貌地供养呢？"

答："开始时以国君的命令送他礼物，他便再拜叩头接受了。后来掌管仓廪的人继续送来米谷，掌管膳馐的人继续送来肉食，不再以国君的命令送来。子思认为以国君的命令送来熟肉，使自己繁忙地屡次下拜接受，这不是国君供养君子的方式。尧对待舜，派自己九个儿子去侍奉他，两个女儿也嫁给他，而且百官、牛羊、仓库无不具备，在田野间供养舜，后来又重用他，给他很高的职位。所以说，这是王公尊贤的范例。"

7　万章曰："敢问不见诸侯，何义也？"

孟子曰："在国①曰市井②之臣，在野曰草莽之臣，皆谓庶人。庶人不传质③为臣，不敢见于诸侯，礼也。"

万章曰："庶人，召之役，则往役；君欲见之，召之，则不往见之，何也？"

曰："往役，义也；往见，不义也。且君之欲见之也，何为也哉？"

曰："为其多闻也，为其贤也。"

曰："为其多闻也，则天子不召师，而况诸侯乎？为其贤也，则吾未闻欲见贤而召之也。缪公亟见于子思，曰：'古千乘之国以友士，何如？'子思不悦，曰：'古之人有言：曰事之云乎，岂曰友之云乎？'子思之不悦也，岂不曰：'以位，则子，君也；我，臣也。何敢与君友也？以德，则子事我者也。奚可以与我友？'千乘之君求与之友，而不可得也，而况可召与？齐景公田④，招虞人以旌⑤，不至，将杀之。志士不忘在沟壑，勇士不忘丧其元⑥。孔子奚取焉？取非其招不往也。"

曰："敢问招虞人何以？"

曰："以皮冠⑦。庶人以旃⑧，士以旂⑨，大夫以旌。以大夫之招招虞人，虞人死不敢往。以士之招招庶人，庶人岂敢往哉？况乎以不贤人之招招贤人乎？欲见贤人而不以其道，犹欲其入而闭之门也。夫义，路也；礼，门也。惟君子能由是路，出入是门也。《诗》云⑩：'周道如厎⑪，其直如矢；君子所履，小人所视⑫。'"

万章曰："孔子，君命召，不俟驾而行。然则孔子非与？"

曰："孔子当仕有官职，而以其官召之也。"

【章旨】

此章论士人之见诸侯，能由正道，决不枉己干禄，非礼而苟往。

【注释】

① 国：都邑。

② 市井：街市。

③ 传质：传，通也。质，同"贽"，相见之礼物。庶人执鹜以相见自通。

④ 田：田猎。

⑤ 旌：旗之注析羽者。

⑥ 元：头，首。

⑦ 皮冠：田猎之冠。

⑧ 旃：旗曲柄也。

⑨ 旃：旗有众铃以令众者。

⑩《诗》云：见《诗经·小雅·大东》。

⑪ 厎：磨刀石。同“砥”。

⑫ 视：效法。

【译文】

万章问道：“请问士人不见诸侯，是什么道理？”

孟子说：“住在都城的士人叫作都城的臣民，住在田野的士人，叫作草野的臣民，都是普通百姓。百姓没有致送礼物作为臣属，不敢谒见诸侯，这是礼所规定的。”

万章说：“平民，召他去服役他就去；国君要见他，召他去，却不肯去，这是为什么呢？”

孟子说：“前往服役，是应该的；前去谒见，是不应该的。而且国君要见他，为的是什么呢？”

万章说：“为的是他见闻广博，为的是他有品德才干。”

孟子说：“如果为的是他见闻广博，那天子还不敢召唤老师，何况是诸侯呢？如果为的是他有品德才干，那我从没有听说过要见贤人却随便召唤的。鲁缪公屡次去见子思，说：‘古时拥有千辆兵车的国君和士人做朋友，是怎样的呢？’子思不高兴，说：‘古人有句话是说侍奉贤人，难道是说跟他做朋友而已吗？’子思不高兴，意思就是说：‘论地位，你是国君，我是臣子，臣子怎么敢跟国君做朋友呢？但如果论道德，那你是向我学习的人，怎么可以和我做朋友呢？’千乘的国君，要求和他交朋友都得不到，更何况召唤呢？有一次齐景公要打猎，用旌旗召见猎场主管，猎场主管不肯来，景公要杀掉他。有志气的人不忘死在沟壑里，有勇气的人不怕失掉他的头颅。孔子取他哪一点呢？就是取他不肯接受不合理的召唤的精神啊。”

问：“请问召唤猎场主管应该用什么方式呢？”

答：“用皮帽子。百姓用曲柄旗召唤，士人用铃铛的旗召唤，大夫用有羽毛的旌旗召唤。用召唤大夫的旌旗召唤猎场主管，猎场主管死也不敢去。用召唤士人的旗帜召唤百姓，百姓怎么敢去呢？何况用召唤不贤人的礼节去召唤贤人呢？要和贤人见面，却不按照礼节规矩，就好像要他进来却把大门关上一样。义，好比是大路；礼，好比是大门。只有君子能走这条路，出入这扇门。《诗经》上说：'大路平坦得像磨刀石，正直得像箭矢；是在上位的君子所应践履的，是在下位的人所应效法的。'"

万章说："孔子，听说国君有命令召见时，不等车驾备好，就去见国君。难道孔子错了吗？"

答："孔子那时正在做官，有官职在身，国君是以公事召见他的啊。"

8 孟子谓万章曰："一乡之善士，斯友^①一乡之善士；一国之善士，斯友一国之善士；天下之善士，斯友天下之善士。以友天下之善士为未足，又尚^②论古之人。颂其诗，读其书，不知其人，可乎？是以论其世^③也。是尚友也。"

【章旨】

此章为孟子说明友善之道，没有止境。

【注释】

① 友：动词，结交。

② 尚：同"上"。

③ 其世：谓当世行事之迹。

【译文】

孟子对万章说："一乡里面有善行的士人，才能结交一乡里所有善行的士人；一国里面有善行的士人，才能结交一国里面所有善行的人；整个天下里有善行的士人，才能结交天下所有善行的人。如果你和天下所有善士做朋友仍不感到满足，便可进一步推论到古人。吟咏古人的诗，读他的书，不了解他的为人，可以吗？所以要讨论他在当世的事迹。这就是和古人做朋友了。"

9 齐宣王问卿。孟子曰："王何卿之问也？"

王曰："卿不同乎？"

曰："不同。有贵戚之卿①，有异姓之卿②。"

王曰："请问贵戚之卿。"

曰："君有大过则谏，反覆之而不听，则易位③。"

王勃然④变乎色。

曰："王勿异⑤也。王问臣，臣不敢不以正对⑥。"

王色定，然后请问异姓之卿。

曰："君有过则谏，反覆之而不听，则去。"

【章旨】

此章孟子论卿有亲疏远近之别，职责亦不同，意在警戒宣王。

【注释】

① 贵戚之卿：王室内外亲族。

② 异姓之卿：有德或有功而命为卿者。

③ 易位：易君之位。

④ 勃然：变色貌。

⑤ 异：怪也。

⑥ 正对：以正道回答。

【译文】

齐宣王问孟子为卿之道。孟子说："王问的是哪一种卿？"

王说："卿有所不同吗？"

答："有所不同，有属于同姓宗族的卿，有属于非王族的异姓之卿。"

王说："请问同姓宗族的卿是怎样的呢？"

孟子说："国君有大错误就加以劝谏，反复劝谏国君仍然不听，就更换君位，改立贤人。"

齐宣王一听，脸色就变了。

孟子说："王不要奇怪。王问我，我不敢不拿正道回答。"

宣王的脸色平和了下来，然后再问非王族的卿。

孟子说："国君有过错，就加以劝谏，反复劝谏仍然不听，就辞职离开。"

告子上

共二十章

1 告子曰："性，犹杞柳①也；义，犹桮棬②也。以人性为仁义，犹以杞柳为桮棬。"

孟子曰："子能顺杞柳之性而以为桮棬乎？将戕贼③杞柳而后以为桮棬也？如将戕贼杞柳而以为桮棬，则亦将戕贼人以为仁义与？率④天下之人而祸仁义者，必子之言夫！"

【章旨】

此章乃孟子驳告子性义分离之错误，谓义为本性所有，非矫揉而成。

【注释】

① 杞柳：即柜柳。

② 桮棬（quān）：桮，同"杯"。棬，屈木盂。桮棬均为枝条编织而成之盛物器。

③ 戕（qiāng）贼：戕，伤害。贼，动词，亦为伤害之意。

④ 率：领导。

【译文】

告子说："人性就像杞柳一样，义就像屈木所做的杯盘一样。如果从人的本性做出仁义的事来，就好像用杞柳做成杯盘一样。"

孟子说："你能顺着杞柳的本性做出杯盘呢？还是要伤害杞柳的木性然后才制成杯盘呢？如果要伤害杞柳的本性然后才制成杯盘，那么也要伤害人的本性然后才能够做出仁义吗？领导天下人伤害仁义的，一定是你说的这些话啦！"

2 告子曰："性犹湍水^①也，决^②诸东方则东流，决诸西方则西流。人性之无分于善不善也，犹水之无分于东西也。"

孟子曰："水信^③无分于东西，无分于上下乎？人性之善也，犹水之就下也。人无有不善，水无有不下。今夫水，搏^④而跃之，可使过颡^⑤；激^⑥而行之，可使在山。是岂水之性哉？其势则然也。人之可使为不善，其性亦犹是也。"

【章旨】

此章孟子驳斥告子的性无定论，并以水之就下，说明人性无有不善。

【注释】

① 湍水：波流潆回之水。

② 决：挖开缺口。

③ 信：诚也。

④ 搏：用手拍击。

⑤ 颡（sǎng）：额也。

⑥ 激：阻水势使水飞溅。

【译文】

告子说："人性就像急流的水一样，在东方开了缺口就向东流，在西方开了缺口就向西流。人性不分善或不善，就好像水不分东西方向一样。"

孟子说："水诚然没有东西方向的分别，难道也没有上下的分别吗？人性的善良，就好像水性往下流；人性没有不善的，水性也没有不往下流的。现在拍击水让它跳跃起来，可以使水超过额部；阻挡它使它倒流，可以流向山上。这难道是水的本性吗？是形势迫使的。人可以使他做坏事，本性的改变也是这样子的。"

3 告子曰："生之谓性^①。"

孟子曰："生之谓性也，犹白之谓白②与？"

曰："然。"

"白羽之白也，犹白雪之白；白雪之白，犹白玉之白与？"

曰："然。"

"然则犬之性，犹牛之性；牛之性，犹人之性与？"

【章旨】

此章孟子驳斥告子生之谓性的说法，以为人性和犬性、牛性不同。

【注释】

① 生之谓性：天生之自然本质，即谓之性。告子盖指知觉运动等而言。

② 白之谓白：凡物之白者，同谓之白。

【译文】

告子说："凡是天生的自然本质，就叫作性。"

孟子说："天生自然的本质叫作性，就好像白色的东西都叫作白吗？"

告子说："是啊。"

"那么白羽的白，就像白雪的白；白雪的白，就像白玉的白吗？"

告子说："是啊。"

"这么说，那么犬性就像牛性，牛性就像人性吗？"

4　告子曰："食色，性也。仁，内也，非外也；义，外也，非内也。"

孟子曰："何以谓仁内义外也？"

曰："彼长①而我长之②，非有长于我也；犹彼白而我白之③，从其白于外也，故谓之外也。"

曰："异于白马之白也④，无以异于白人之白也；不识长马之长⑤也，无以异于长人之长⑥与？且谓长者义乎？长之者义乎？"

曰："吾弟则爱之，秦人之弟则不爱也，是以我为悦者也，故谓之内。长楚人之长，亦长吾之长，是以长为悦者也，故谓之外也。"

曰："耆⑦秦人之炙⑧，无以异于耆吾炙。夫物则亦有然者也，然则耆炙亦有外与？"

【章旨】

此章孟子驳告子"仁内义外"之说，以为仁内义亦内也。

【注释】

① 长：年长也。

② 长之：长，动词，敬也。

③ 白之：白，动词。白之，认定彼为白。

④ 异于白马之白也：朱熹集注引张氏之说，以为"异于"二字疑衍，今从之。

⑤ 长马之长：谓尊重马之老者。上"长"字，动词。

⑥ 长人之长：谓尊敬年长之人。上"长"字，动词。

⑦ 耆：同"嗜"。

⑧ 炙：烤肉。

【译文】

告子说："好饮食和爱美色，是人的本性。仁，是内在具有的；义，是由外而来的。"

孟子说："为什么说仁是内在具有的，而义是由外来的呢？"

告子说："好比对方年长我就尊敬他，尊敬之心不是我所固有；就像某种东西是白的，所以我认定它是白色的东西，这是根据它白色的外表，所以说义是由外而来的。"

孟子说："白马的白和白人的白，或者没什么不同；不知道对老马的尊重和对老人的尊敬是不是也没有什么不同？况且你认为老人是义呢？还是恭敬老人的人是义呢？"

告子说："我自己的弟弟我便爱护，秦人的弟弟我便不爱，可见爱是从我喜悦的内心产生的，所以说是内在具有的。尊敬别人的长辈，也尊敬我自己的长辈，可见是因对方年长才产生尊敬的心，所以说是由外而来的。"

孟子说："喜欢吃秦人的烤肉，和喜欢吃自己的烤肉没有什么不同。其他事物也有相同的情形，那么，难道喜欢吃烤肉的心也是由外而来的吗？"

5　孟季子①问公都子曰："何以谓义内也？"

曰："行吾敬，故谓之内也。"

曰："乡人长于伯兄②一岁，则谁敬？"

曰："敬兄。"

"酌③则谁先？"

曰："先酌乡人。"

"所敬在此，所长在彼，果在外，非由内也。"

公都子不能答，以告孟子。

孟子曰："敬叔父乎？敬弟乎？彼将曰：'敬叔父。'曰：'弟为尸④，则谁敬？'彼将曰：'敬弟。'子曰：'恶⑤在其敬叔父也？'彼将曰：'在位⑥故也。'子亦曰：'在位⑦故也。'庸⑧敬在兄，斯须⑨之敬在乡人。"

季子闻之曰："敬叔父则敬，敬弟则敬，果在外，非由内也。"

公都子曰："冬日则饮汤，夏日则饮水，然则饮食亦在外也？"

【章旨】

此章是孟子教公都子说明仁义皆内的道理。

【注释】

① 孟季子：疑孟仲子之弟，与告子同主义外之说。

② 伯兄：大哥。

③ 酌：敬酒。

④ 尸：祭主。即受祭之代理人。

⑤ 恶（wū）：何也。

⑥ 在位：在尸位。

⑦ 在位：指乡人，在客位。

⑧ 庸：常也。

⑨ 斯须：暂时。

【译文】

孟季子问公都子说："为什么说义是内在所固有的呢？"

公都子答说："把我内心的恭敬表现出来，所以说是内在所固有。"

孟季子说："有个乡人比大哥大一岁，那么该尊敬谁呢？"

答："尊敬大哥。"

"敬酒时先敬谁？"

答："先敬乡人。"

季子说："心里所尊敬的是大哥，敬酒时却敬乡人，可见恭敬的义理是由外而来的，不是内心所产生的。"

公都子回答不出来，就告诉孟子。

孟子说："你问他：'尊敬叔父呢？还是尊敬弟弟？'他一定说：'尊敬叔父。'你说：'弟弟如果做祭主，那么应该尊敬谁呢？'他一定说：'尊敬弟弟。'你问他：'为什么刚才说尊敬叔父呢？'他一定说：'因为弟弟在祭主之位，所以不先敬叔父。'你也说：'因为乡人是在客位的关系。'平时尊敬的在于大哥，暂时的尊敬在于本乡长者。"

季子听了后说："尊敬叔父是敬，尊敬弟弟也是敬，可见义毕竟是由外而来的，不是内在所产生的。"

公都子说："冬天喝热汤，夏天喝凉水，那么饮食的欲望也是由外而来的吗？"

6 公都子曰："告子曰：'性无善无不善也。'或曰：'性可以为善，可以为不善。是故文、武兴，则民好善；幽、厉兴，则民好暴。'或曰：'有性善，有性不善。是故以尧为君而有象，以瞽瞍为父而有舜，以纣为兄之子且以为君，而有微子启①、王子比干②。'今曰性善，然则彼皆非与？"

孟子曰："乃若③其情，则可以为善矣，乃所谓善也。若夫为不善，非才④之罪也。恻隐⑤之心，人皆有之；羞恶之心，人皆有之；恭敬之心，人皆有之；是非之心，人皆有之。恻隐之心，仁也；羞恶之心，义也；恭敬之心，礼也；是非之心，智也。仁、义、礼、智，非由外铄⑥我也，我固有之也，弗思耳矣。故曰：'求则得之，舍则失之。'或相倍蓰⑦而无算⑧者，不能尽其才者也。《诗》曰⑨：'天生蒸民⑩，有物有则。民之秉彝⑪，好是懿德⑫。'孔子曰：'为此诗者，其知道乎！故有物必有则，民之秉彝也，故好是懿德。'"

【章旨】

此章孟子论仁、义、礼、智皆人生所俱有，求则得之，舍则失之。

【注释】

① 微子启：纣之庶兄。纣淫乱，微子启屡谏不听，遂去之。

② 比干：纣之叔父，名干，封于比。谏纣，纣怒，剖其心而死。

③ 乃若：若，顺也。朱熹注以为乃若，发语词。

④ 才：材质。

⑤ 恻隐：恻，伤之切也。隐，痛之深也。

⑥ 外铄：铄，以火销金也。外铄，自外以至内也。

⑦ 蓰（xǐ）：五倍曰蓰。

⑧ 无算：无数。

⑨ 《诗》曰：见《诗经·大雅·烝民》。

⑩ 蒸民：众民。

⑪ 秉彝：秉，执也。彝，常也。

⑫ 懿德：美好之德行。

【译文】

公都子说："告子说：'人的本性没有善或不善的分别。'又有人说：'人的本性可以为善，也可以为不善。所以文王、武王兴起时，百姓就喜欢行善；幽王、厉王兴起，百姓就喜欢做暴乱之事。'又有人说：'有些人本性善良，有些人本性不善良。所以尧做国君却有暴虐的象，以瞽瞍这样坏的父亲却有纯孝的舜，以纣这样坏的侄子而且身为国君，却有微子启、王子比干这样的仁人。'现在您说人性本善，那么他们都错了吗？"

孟子说："只要顺着人的本性去做，就可以行善了，这就是我所说的人性本善的道理。至于有些人不善良，不是他的本质不好。怜悯哀痛之心，每个人都有；羞耻厌恶之心，每个人都有；恭敬谦让之心，每个人都有；分辨是非之心，每个人都有。怜悯哀痛的心，是仁的表现；羞耻厌恶的心，是义的表现；恭敬谦让的心，是礼的表现；分辨是非的心，是智的表现。仁、义、礼、智，不是由外在灌输给我的，而是我本性原来就有的，只是不去思考罢了。所以说：'只要去寻求就可以得到，一旦舍弃便会失掉。'人与人之间，有时相距一倍、五倍，甚至无数倍的原因，就是不能竭尽自己善良的本质把它发展出来啊。《诗经》上说：'上天降生众民，每一件事物都有一定的规律法则。人民能守着这天赋的本性，所以喜欢美好的品德。'孔子说：'写这首诗的人真正明白道理啊！既然有了事物，就一定有规律法则，人民能守着这天赋的本性，所以喜欢美好的品德。"

7 孟子曰："富岁，子弟多赖①；凶岁，子弟多暴，非天之降才尔殊也，其所以陷溺其心者然也。今夫麰麦②，播种而耰③之，其地同，树之时又同，浡然④而生，至于日至之时，皆熟矣。虽有不同，则地有肥硗⑤、雨露之养、人事之不齐也。故凡同类者，举⑥相似也，何独至于人而疑之？圣人，与我同类者。故龙子⑦曰：'不知足而为屦，我知其不为蒉⑧也。'屦之相似，天下之足同也。口之于味，有同耆⑨也。易牙⑩先得我口之所耆者也。如使口之于味也，其性与人殊，若犬马之与我不同类也，则天下何耆皆从易牙之于味也？至于味，天下期于易牙，是天下之口相似也。惟耳亦然。至于声，天下期于师旷⑪，是天下之耳相似也。惟目亦然。至于子都⑫，天下莫不知其姣⑬也。不知子都之姣者，无目者也。故曰：口之于味也，有同耆焉；耳之于声也，有同听焉；目之于色也，有同美焉。至于心，独无所同然乎？心之所同然者何也？谓理也，义也。圣人先得我心之所同然耳。故理义之悦我心，犹刍豢⑭之悦我口。"

【章旨】

此章孟子以耳目有同嗜，证明人性有同善。若有不善，乃后天使然，犹麰麦之不齐，乃雨露、人事使然也。

【注释】

① 赖：藉也。一说，同"懒"。

② 麰麦：大麦。

③ 耰：覆土。

④ 浡然：兴起茂盛貌。

⑤ 肥硗：肥沃贫瘠。

⑥ 举：皆也。

⑦ 龙子：古贤人。

⑧ 蒉：草器。簸箕之类。

⑨ 耆：同"嗜"。

⑩ 易牙：齐桓公宠臣，善烹调。

⑪ 师旷：晋乐师，善审音。

⑫ 子都：古之美人。

⑬ 姣：美也。

⑭ 刍豢：牛羊曰刍，犬豕曰豢。

【译文】

孟子说："丰收的年岁，子弟们都有了生活的依仗，多能去做善事；凶荒的年岁，子弟们由于生存不易，就多残暴，并不是上天降生给人的资质有所不同，而是使他们内心沉溺的环境不同的缘故。现在以大麦做比喻，播种后覆上泥土，土地相同，种植的时机也相同，便会蓬勃生长，到了夏至时候，就都成熟了。纵然有所不同，那是因为土地有肥沃贫瘠的不同，还有雨露多少、人工勤惰不一的缘故。所以凡是同类的东西，没有不大致相同的，为什么谈到人性就怀疑了呢？圣人也是和我们同类的。所以龙子说：'不知道脚的大小而编草鞋，我知道不会编成簸箕。'草鞋式样都相近，是因为天下人的脚相同。口对于味道，有相同的嗜好。易牙就是先摸清了我们口味的嗜好的人。假使口对于味道的辨别性能人人不同，就像犬马和我不同类，那么天下人的嗜好为什么都和易牙的口味相同呢？谈到口味，天下人都希望吃到易牙的烹调，证明天下人的口味是相近的。耳朵也一样。谈到声音，天下人都希望听到师旷所奏的乐曲，证明天下人的听觉都很相近。眼睛也一样。谈到子都，天下没有人不知他的美貌的。不知道子都的美貌的人，是没有眼睛的人。所以说：口对于味道，有相同的嗜好；耳朵对于声音，有相同的听觉；眼睛对于颜色，有相同的美感。谈到心，就没有相同之处吗？心的相同之处是什么？就是理和义。圣人是先了解到我们内心相同的理义罢了。所以理义使我内心欢欣，就同牛羊犬豕的肉合乎我的口味一样。"

8 孟子曰："牛山①之木尝美矣，以其郊于大国也，斧斤②伐之，可以为美乎？是其日夜之所息③，雨露之所润，非无萌蘖④之生焉，牛羊又从而牧之，是以若彼濯濯⑤也。人见其濯濯也，以为未尝有材焉，此岂山之性也哉？虽存乎人者，岂无仁义之心哉？其所以放⑥其良心者，亦犹斧斤之于木也，旦旦而伐之，可以为美乎？其日夜之所息，平旦之气⑦，其好恶与人相近也者几希⑧，则其旦昼之所为，有梏⑨亡之矣。梏之反覆，则其夜气⑩不足以存；夜气不足以存，则其违禽兽不远矣。人见其禽兽也，而以为未尝有才焉者，是岂人之情也哉？故苟得其养，无物不长；苟失其养，无物不消。孔子曰：'操则存，舍则亡；出入无时，莫知其乡⑪。'惟心之谓与？"

【章旨】
此章孟子以牛山之木为喻，说明性善之旨，以及存养之重要。

【注释】
① 牛山：齐之东南山。在今山东临淄南。
② 斤：大斧。

③ 息：滋生，生长。

④ 萌蘖：萌，芽也。蘖，芽之旁出者。

⑤ 濯濯：光洁貌。

⑥ 放：失也。

⑦ 平旦之气：未与物接时，清明之气。

⑧ 几希：微少。

⑨ 梏（gù）：手械。作动词用。

⑩ 夜气：即平旦之气。

⑪ 乡：同"向"。

【译文】

孟子说："牛山的树木曾经很茂美，因为它位于大国的郊外，如果常用斧头砍伐，怎能够再茂美呢？当然它白天、夜晚仍然在生长，加上雨水露水的润泽，并不是没有嫩芽再长出，但紧接着又把牛羊放牧上去，所以就变成光秃秃的了。一般人看到它光秃秃的样子，就认为牛山没有生长过林木，这难道是山的本性吗？存在人心的，难道没有仁义吗？所以放失他良心的缘故，就好像斧头对于树木，天天加以砍伐，怎么能够再茂美呢？他在白天、夜里所生长的善心，以及所接触到天明时的清明之气，使他的好恶也有一些和别人相近，可惜他白天的所作所为，诸如名利等又使这些善心丧失了。被名利再三摧残，就使得平淡的清明之气无法保存；平淡的清明之气无法保存，那么距离禽兽就不远了。别人看到他像禽兽一样，就认为他从来没有善良的本质，这难道是人的本性吗？所以如果得到保养，没有东西是不生长的；如果失去保养，没有东西是不消亡的。孔子说：'只要把持它，它就存在；只要舍弃它，它就消失；出出进进没有一定的时间，也没有人知道它的方向。'这是专指人心而言的吧？"

9 孟子曰："无或①乎王之不智也，虽有天下易生之物也，一日暴②之，十日寒之，未有能生者也。吾见亦罕矣，吾退而寒之者至矣，吾如有萌焉何哉！今夫弈之为数③，小数也；不专心致志，则不得也。

弈秋^④，通国之善弈者也。使弈秋诲二人弈，其一人专心致志，惟弈秋之为听。一人虽听之，一心以为有鸿鹄将至，思援弓缴^⑤而射之，虽与之俱学，弗若之矣。为是其智弗若与？曰：非然也。”

【章旨】

此章是孟子以学弈为喻，说明学习时专心致志的重要。

【注释】

① 或：同“惑”，怪也。

② 暴：同“曝”，晒也。

③ 数：技也。

④ 弈秋：古之善弈者，名秋。

⑤ 弓缴：系丝线之箭。

【译文】

孟子说：“齐王的不聪明不足奇怪，纵使有天下最容易生长的东西，只晒一天太阳，却冰冻十天，没有能够生长的。我见君王的时间很少，我退回在家时那些冰冻他的小人就到了，他虽有善心萌芽，我对它又能怎么样呢！就像下棋，只不过是一种小小的技能罢了，如果不专心，也是学不好的。弈秋，是全国最擅长下棋的人。如果让他教导两个人下棋，其中一个专心一意，只听弈秋的话。另外一个虽然耳朵在听，心里却想着天上有鸿鹄快要飞来，想要拿起弓箭去射它，这样，纵使和那人一起学习，也比不上他了。是他的智慧比不上人吗？答复是：自然不是的。”

10 孟子曰：“鱼，我所欲也，熊掌，亦我所欲也。二者不可得兼，舍鱼而取熊掌者也。生亦我所欲也，义亦我所欲也。二者不可得兼，舍生而取义者也。生亦我所欲，所欲有甚于生者，故不为苟得^①也；死亦我所恶，所恶有甚于死者，故患有所不辟^②也。如使人之所欲莫甚于生，则凡可以得生者，何不用也？使人之所恶莫甚于死者，则凡可以辟患者，何不为也？由是则生而有不用也，由是则可以辟患而有不为也。是故所欲有甚于生者，所恶有甚于死者，非独贤者有是心也，人皆有之，贤者能勿丧耳。

"一箪食，一豆③羹，得之则生，弗得则死。嘑尔④而与之，行道之人弗受；蹴尔⑤而与之，乞人不屑也。万钟⑥则不辩礼义而受之。万钟于我何加焉？为宫室之美、妻妾之奉、所识穷乏者得我⑦与？乡⑧为身死而不受，今为宫室之美为之；乡为身死而不受，今为妻妾之奉为之；乡为身死而不受，今为所识穷乏者得我而为之，是亦不可以已乎？此之谓失其本心。"

【章旨】

此章孟子以鱼与熊掌不可得兼为例，说明人需舍生取义，不可因私欲而失其本心。

【注释】

① 苟得：苟且得生。

② 辟：同"避"。

③ 豆：木制器皿。

④ 嘑尔：咄哧之貌。

⑤ 蹴（cù）尔：蹴，践踏也。尔，助词。

⑥ 万钟：钟，古量器，万钟喻高官厚禄。

⑦ 得我：得，同"德"。感我之恩也。

⑧ 乡：同"向"。昔也。

【译文】

孟子说："鱼，是我所喜欢的，熊掌，也是我所喜欢的。两件东西不能一起拥有，便舍弃鱼而取熊掌。生命，是我所喜欢的，义理，也是我所喜欢的。两者不能一起拥有，就舍弃生命而取正义。生命本是我所喜欢的，但还有比生命更令我喜欢的东西，所以我不愿苟且得生；死亡本是我所厌恶的，但还有比死亡更让我厌恶的东西，所以有的灾患我不躲避。如果人们所喜欢的东西没有超过生命的，那么凡是可以得到生命的方法，有什么不去使用呢？如果人们所厌恶的东西没有超过死亡的，那么凡是可以躲避灾患的事情，有什么不去做呢？照这样方法去做可以得到生命，有人却不肯使用；照这样的行为去做可以躲避灾祸，有人却不肯去做。可见我们内心所喜欢的东西，有超过生命的，所厌恶的东西有超过死亡的，不只贤者有这种心，一般人也都有，只不过贤人能够保持不丧失罢了。

"一篮饭，一碗羹汤，得到就可以活命，得不到便会死亡。吆喝着给人，就是路上的行人也不接受；脚践踏过再给人，就是乞丐也不屑接受。一旦有万钟的俸禄就不问合不合礼义而接受了。万钟的俸禄对我又有什么好处呢？为了住处的华美、妻妾的侍奉、所认识的穷人感激我吗？以前宁可饿死也不肯接受，现在却为着住处的华美而接受了；以前宁可饿死也不肯接受，现在却为着妻妾的侍奉而接受了；以前宁可饿死也不肯接受，现在却为着所认识的穷人感激我而接受了。这些难道不可以停止不做吗？这便叫作丧失他的本性。"

11　孟子曰："仁，人心也；义，人路也。舍其路而弗由，放①其心而不知求，哀哉！人有鸡犬放，则知求之；有放心，而②不知求。学问之道无他，求其放心而已矣。"

【章旨】

此章孟子教人凡事居仁由义，勿放失其本心。

【注释】

① 放：失也。

② 而：则也。

【译文】

孟子说："仁，是人的心，义，是人的路。舍弃人的正路不走，丧失自己的良心而不知道寻求，多么可悲啊！一个人有鸡狗走失了，都晓得去找回来，但良心丧失了却不晓得找回来。做学问的道理没有别的，就是把丧失的良心找回来罢了。"

12　孟子曰：“今有无名之指^①，屈而不信^②，非疾痛害事也，如有能信之者，则不远秦、楚之路，为指之不若人也。指不若人，则知恶之；心不若人，则不知恶，此之谓不知类^③也。”

【章旨】

此章孟子以手指为喻，说明保全本心的重要。

【注释】

① 无名之指：手之第四指。

② 信：同“伸”。

③ 类：轻重大小之等也。

【译文】

孟子说：“现在有个人，他的无名指弯曲不能伸直，并不痛苦，也不妨碍做事，但如果有人能使它伸直的，就是走到秦国、楚国去就医，都不以为远，只为无名指不如别人。无名指不如别人，都晓得厌恶；心性不如别人，却不知道厌恶，这就是所谓不知道轻重缓急。”

13　孟子曰：“拱把^①之桐梓，人苟欲生之，皆知所以养之者。至于身，而不知所以养之者，岂爱身不若桐梓哉？弗思甚也。”

【章旨】

此章孟子以桐梓为喻，说明养身的重要。

【注释】

① 拱把：拱，两手合围。把，一手所握。

【译文】

孟子说：“两手合围或一手把握的桐树、梓树，人们如果要让它生长，都知道如何去培养它。至于对自己本身，却不知道如何加以保养，难道爱惜自己身心比不上爱护桐梓吗？只是太不用心思考罢了。”

14 孟子曰："人之于身也，兼所爱。兼所爱，则兼所养也。无尺寸之肤不爱焉，则无尺寸之肤不养也。所以考其善不善者，岂有他哉？于己取之而已矣。体有贵贱，有小大。无以小害大，无以贱害贵。养其小者为小人，养其大者为大人。今有场师①，舍其梧槚②，养其樲棘③，则为贱场师焉。养其一指而失其肩背，而不知也，则为狼疾④人也。饮食之人⑤，则人贱之矣，为其养小以失大也。饮食之人无有失也，则口腹岂适⑥为尺寸之肤哉？"

【章旨】

此章孟子论养身需识大体，亦即由养心开始。

【注释】

① 场师：园丁。

② 梧槚：梧，桐也。槚，梓也。二木皆美材。

③ 樲棘：樲，酸枣。棘，荆棘。二木皆非美材。

④ 狼疾：狼善顾，疾则不能，故以为失肩背之喻。

⑤ 饮食之人：谓专养口腹者。

⑥ 适：只。

【译文】

孟子说："人们对于自己身体，每一部分都会爱护。都爱护，所以都会保养。没有一尺一寸的体肤不爱护，便没有一尺一寸的体肤不保养。考察一个人保养得好坏，难道有别的方法吗？只要看他择取身体哪一部分保养罢了！身体的各部分，有尊贵、低贱，小体、大体的不同。不要为了小体的保养而伤害到大体，不要为轻贱部位的保养而伤害到尊贵部分。只保养小体的就是小人，保养大体的就是大人。现在有一个园丁，舍弃梧槚等美材不培养，而只培养樲棘等杂树，那就是不高明的园丁。如果有人为了一根手指的保养而失去了肩背，自己还不明白，那就是糊涂透顶、顾前不顾后的人。只知道满足口腹需求的人，人人都看不起他，因为他只保养小体口腹而失去大体心志的保养。如果满足口腹需求的人仍然不失去保养心志大体，那么口腹的需求又难道只为了满足一尺一寸的体肤吗？"

15 公都子问曰："钧①是人也，或为大人，或为小人，何也？"

孟子曰："从②其大体为大人，从其小体为小人。"

曰："钧是人也，或从其大体，或从其小体，何也？"

曰："耳目之官不思，而蔽于物，物交物，则引之而已矣。心之官则思，思则得之，不思则不得也。此天之所与我者，先立乎其大者，则其小者不能夺也。此为大人而已矣。"

【章旨】

此章孟子论大人和小人的区别所在。

【注释】

① 钧：同"均"。

② 从：随也。

【译文】

公都子说："同样是人，有的是君子，有的是小人，为什么？"

孟子说："顺着大体发展的人是君子，顺着小体发展的人是小人。"

问："同样是人，有的人顺着大体发展，有的人顺着小体发展，为什么？"

答："耳朵、眼睛等器官不会思考，容易被外物蒙蔽，外物纷纭，互相牵连，便被引向迷糊之途了。心，这器官职司的是思考，只要思考便可得到道理，不思考就得不到。这些都是上天所给予我们的，因此我们应该先把大体的心志建立起来，那么小体如耳目等就不会被外物所引诱了。这样便成为君子了。"

16 孟子曰："有天爵者，有人爵者。仁、义、忠、信，乐善不倦，此天爵也；公、卿、大夫，此人爵也。古之人修其天爵，而人爵从之①。今之人修其天爵，以要②人爵；既得人爵，而弃其天爵，则惑之甚者也，终亦必亡而已矣。"

【章旨】

此章孟子论天爵、人爵之不同，并说保守天爵的重要。

【注释】

① 从之：谓不求自至。

② 要：求也。

【译文】

孟子说："有天赋的爵位，有人为的爵位。能够仁、义、忠、信，乐于行善不厌倦，这是天赋的爵位；公、卿、大夫等地位，这是人为的爵位。古代的人把天赋的爵位修好，人为的爵位自然可以得到。现代的人修好天爵的目的，是为了求得人为的爵位；一旦人为的爵位得到后，就抛弃天赋的爵位，那未免太糊涂了，终必连人为的爵位也要丧失的。"

17　孟子曰："欲贵者，人之同心也。人人有贵于己者，弗思耳矣。人之所贵者，非良贵也。赵孟①之所贵，赵孟能贱之。《诗》云②：'既醉以酒，既饱以德。'言饱乎仁义也，所以不愿人之膏粱③之味也；令闻④广誉施于身，所以不愿人之文绣⑤也。"

【章旨】

此章说人的尊贵，当求之于己，不求于外。

【注释】

① 赵孟：晋卿。

②《诗》云：见《诗经·大雅·既醉》。

③ 膏粱：膏，肥肉。粱，美谷。

④ 令闻：令，善也。闻，声誉。

⑤ 文绣：文采锦绣。指衣之美者。

【译文】

孟子说："想要尊贵，每个人的心理都相同。但每个人身上就有尊贵的东西，只是不去思考它罢了。像晋国的权臣赵孟，他可以把尊贵给人，照样也可以使那人低贱。《诗经》上说：'已经喝醉了酒，又已经充足了德行。'是说仁义修养充足之后，就不再羡慕别人的肥肉美谷了；有了美誉到身上，就不再羡慕别人的锦绣美服了。"

18　孟子曰："仁之胜不仁也，犹水胜火。今之为仁者，犹以一杯水，救一车薪之火也；不熄，则谓之水不胜火，此又与①于不仁之甚者也。亦终必亡而已矣。"

【章旨】

此章孟子教人不可行仁不力，反咎其仁。

【注释】

① 与：助也。

【译文】

孟子说："仁能战胜不仁，就好像水可以灭火一样。现代行仁的人，就好像拿一杯水去扑灭一车木柴的火一样；火不熄灭，便说水不能扑灭火。这种说法又大大地助长了不仁的气焰。结果一定会使原来的仁德也都丧失了。"

19　孟子曰："五谷者，种之美者也；苟为不熟，不如荑稗①。夫仁，亦在乎熟之而已矣。"

【章旨】

此章孟子言行仁不可间断，必期乎熟练。

【注释】

① 荑稗（tí bài）：草之似谷者。

【译文】

孟子说："五谷，是植物中最美好的东西；但如果不成熟，反而比不上稊米和稗子。行仁的道理，也在纯熟罢了。"

20 孟子曰：“羿^①之教人射，必志于彀^②；学者亦必志于彀。大匠诲人，必以规矩^③；学者亦必以规矩。”

【章旨】

此章孟子论教与学都有一定的方法。

【注释】

① 羿：后羿，古之善射者。

② 彀：弓满也。

③ 规矩：圆规和曲尺。

【译文】

孟子说：“后羿教人射箭，一定用心在教人拉满弓；学射箭的人也一定要用心把弓拉满。伟大的木匠教导人，一定要用规矩画圆画方，学习的人也一定要按照规矩画圆画方。”

告子下

共十六章

1 任①人有问屋庐子曰："礼与食孰重？"

曰："礼重。"

"色与礼孰重？"

曰："礼重。"

曰："以礼食，则饥而死；不以礼食，则得食，必以礼乎？亲迎②，则不得妻；不亲迎，则得妻，必亲迎乎？"

屋庐子不能对，明日之③邹以告孟子。

孟子曰："于答是也何有？不揣④其本而齐其末，方寸之木可使高于岑楼⑤。金重于羽者，岂谓一钩金⑥与一舆羽之谓哉？取食之重者，与礼之轻者而比之，奚翅⑦食重？取色之重者，与礼之轻者而比之，奚翅色重？往应之曰：'紾⑧兄之臂而夺之食，则得食；不紾，则不得食，则将紾之乎？逾⑨东家墙而搂其处子，则得妻；不搂，则不得妻，则将搂之乎？'"

【章旨】

此章孟子以食色和礼的相比为例，说明处事当权衡轻重，不可拘泥。

【注释】

① 任：国名。

② 亲迎：旧式婚礼，男方到女方家里迎娶。

③ 之：往也。

④ 揣：度也。

⑤ 岑楼：楼之高锐似山者。

⑥ 一钩金：一带钩之金。言其轻。

⑦ 翅：同"啻"，但也。

⑧ 紾（zhěn）：扭转。

⑨ 逾：跨越。

【译文】

任国有一个人问屋庐子说："礼节和食物哪一样重要？"

答："礼节重要。"

"女色和礼节哪一种重要？"

答："礼节重要。"

问："如果按礼节去找食物，就会饥饿而死；不按礼节去找，就可以得到食物，这时一定要按照礼节吗？按礼节亲自迎娶，就得不到妻子；不按礼节迎娶，就可以得到妻子，这时一定要亲自迎娶吗？"

屋庐子回答不出来，隔天到邹国告诉了孟子。

孟子说："回答这问题有何困难呢？如果不揣度根本，只比较末端，那么一寸的木头可以使它高过大楼。我们说金子比羽毛重，难道是说一个带钩的金子和一车子的羽毛相比较吗？拿饮食最重要的方面和礼节最轻微的方面相比较，何止是饮食较重呢？拿女色最重要的方面和礼节最轻微的方面比较，又何止是女色较重呢？你去回答他说：'扭折哥哥的手臂抢走食物，就得到食物；不扭，便得不到，这时要去扭吗？爬过东边邻家的墙去搂抱女子，就得到妻子；不去搂抱，就得不到，那么，你会去搂抱吗？'"

2 曹交①问曰："人皆可以为尧、舜，有诸？"

孟子曰："然。"

"交闻文王十尺，汤九尺，今交九尺四寸以长，食粟而已，如何则可？"

曰："奚有于是？亦为之而已矣。有人于此，力不能胜②一匹雏③，则为无力人矣；今日举百钧④，则为有力人矣。然则举乌获⑤之任，是亦为乌获而已矣。夫人岂以不胜为患哉？弗为耳。徐行后长者谓之弟，疾行先长者谓之不弟。夫徐行者，岂人所不能哉？所不为也。尧、舜之道，孝弟而已矣。子服尧之服，诵尧之言，行尧之行，是尧而已矣；子服桀之服，诵桀之言，行桀之行，是桀而已矣。"

曰："交得见于邹君，可以假馆，愿留而受业于门。"

曰："夫道，若大路然，岂难知哉？人病不求耳。子归而求之，有余师。"

【章旨】

此章在说尧、舜之道孝悌而已，乃人所不为，非不能也，并勉曹交力行之。

【注释】

① 曹交：曹君之弟。

② 胜（shēng）：任也。

③ 一匹雏：犹言一只小鸡。

④ 钧：古衡名，三十斤为一钧。

⑤ 乌获：古大力士，秦人。

【译文】

曹交问道："每个人都可以做到像尧、舜一样，有这回事吗？"

孟子说："有的。"

"我听说文王身高十尺，汤九尺，如今我有九尺四寸多高，只会吃饭罢了，要怎么做才可以呢？"

答："哪有这样论身材高矮的呢？只要去做就是了。假定这里有一个人，力气小到拿不起一只小鸡，便是没有力气的人了；如果说能举起三千斤的重物，那便是很有力气的人了。那么，能够举起乌获所能举的重量的，那也就是像乌获了。人难道以不能胜人为忧患吗？只是不做而已。在长辈后面慢慢走，叫作悌，抢在长辈前面快步走，便叫不悌。慢点儿走，难道是人所做不到的吗？只是不做罢了。尧、舜的道理，也不过是孝悌罢了。你穿尧所穿的衣服，讲尧所说的话，做尧所做的行为，那就是尧了；你穿桀所穿的衣服，讲桀所说的话，做桀所做的行为，那就是桀了。"

曹交说："我能见到邹君，可以借住馆舍，愿意留在您的门下接受教导。"

孟子答："道，就像大路一样，难道难于了解吗？只怕人不去寻求罢了。你回去寻求看看，可做你老师的人多得很呢。"

3 公孙丑问曰："高子①曰：'《小弁》②小人之诗也。'"

孟子曰："何以言之？"

曰："怨。"

曰："固哉，高叟之为《诗》也！有人于此，越人关③弓而射之，则己谈笑而道之；无他，疏之也。其兄关弓而射之，则己垂涕泣而道之；无他，戚之也。《小弁》之怨，亲亲也。亲亲，仁也。固矣夫，高叟之为《诗》也！"

曰："《凯风》④何以不怨？"

曰："《凯风》，亲之过小者也；《小弁》，亲之过大者也。亲之过大而不怨，是愈疏也；亲之过小而怨，是不可矶⑤也。愈疏，不孝也；不可矶，亦不孝也。孔子曰：'舜其至孝矣，五十而慕。'"

【章旨】

此章孟子以《诗经·小弁》为例，说明孝子之怨亲，不离于仁道。

【注释】

① 高子：齐人，与孟子同时。

②《小弁》：《诗经·小雅》篇名，诗序以为宜白被幽王所废，其傅为之而作此诗。

③ 关：弯也。

④《凯风》：《诗经·邶风》篇名。

⑤ 矶（jī）：水激石也。不可矶，言微激之而遽怒。

【译文】

公孙丑问道："高子说：'《小弁》这篇诗是小人所作的。'"

孟子说："为什么这样说呢？"

答："因为诗中有抱怨之情。"

孟子说："高老先生解释诗篇，太固执不通了！譬如有个人在这里，越国人曾经弯弓要射他，他自己有说有笑地说着这件事；这没有其他原因，因为越国人和他关系疏远。如果他的兄长曾经弯弓要射他，那他就会流着泪说这件事；这没有其他原因，因为兄长和他是亲属。《小弁》诗的抱怨，是由于亲爱亲人的关系。亲爱自己的亲人是仁道的表现。高老先生解释诗篇，太固执不通了！"

问："《凯风》这首诗为什么没有抱怨之情呢？"

答："《凯风》这首诗，母亲的过错比较小；而《小弁》这首诗，父亲的过错比较大。父母亲的过错较大，却不抱怨，那就更疏远父母了；父母亲的过错比较小而抱怨，那就是不能容忍。愈加疏远，是不孝；不能容忍，也是不孝。孔子说：'舜是最孝顺的人了，五十岁还依恋着父母。'"

4 宋牼①将之楚，孟子遇于石丘②，曰："先生将何之？"

曰："吾闻秦、楚构兵③，我将见楚王说而罢之。楚王不悦，我将见秦王说而罢之。二王我将有所遇焉。"

曰："轲也请无问其详，愿闻其指。说之将何如？"

曰："我将言其不利也。"

曰："先生之志则大矣，先生之号④则不可。先生以利说秦、楚之王，秦、楚之王悦于利，以罢三军之师，是三军之士乐罢而悦于利也。为人臣者怀利以事其君，为人子者怀利以事其父，为人弟者怀利以事其兄，是君臣、父子、兄弟终去仁义，怀利以相接，然而不亡者，未之有也。先生以仁义说秦、楚之王，秦、楚之王悦于仁义，而罢三军之师，是三军之士乐罢而悦于仁义也。为人臣者怀仁义以事其君，为人子者怀仁义以事其父，为人弟者怀仁义以事其兄，是君臣、父子、兄弟去利，怀仁义以相接也，然而不王者，未之有也。何必曰利？"

【章旨】

此章孟子以罢战为例，说明去利取义的重要。

【注释】

① 宋轻：宋人，战国时著名学者。

② 石丘：地名。在今河南省境内。

③ 构兵：构，交也，结也。构兵谓交战。

④ 号：名也。用以号召之名。

【译文】

宋轻要到楚国去，孟子在石丘遇到他，孟子问说："先生准备到哪里去？"

答："我听说秦国、楚国交战，我要去见楚王，劝他打消这个主意。楚王不喜欢的话，我再去见秦王，劝他打消这个主意。这两个国君中，总会有和我意见相投合的。"

孟子说："我不想问得太详细，只想听听你的大意。你用什么游说他们呢？"

答："我将向他们说交战的不利。"

孟子说："你的志向是很伟大了，但以利为号召却使不得。你以利游说秦、楚国君，秦、楚国君为了利而停止出兵，这将使三军之士也因喜好利而乐于罢兵。身为臣子抱着利的思想去侍奉国君，为人儿女抱着利的思想侍奉父母，为人弟弟抱着利的思想去侍奉兄长，那么君臣、父子、兄弟都抛弃仁义，抱着利的观念互相交往，如此而国家不灭亡的，是没有的事。如果你拿仁义去游说秦、楚国君，秦、楚国君因为喜欢仁义，而停止出兵，那么三军之士也因喜欢仁义而乐于罢兵。身为臣子抱着仁义去侍奉国君，身为儿女抱着仁义去侍奉父母，身为弟弟抱着仁义侍奉兄长，那么君臣、父子、兄弟之间就抛弃利的观念，而抱着仁义互相交往，像这样还不能王天下的，是没有的事。你何必谈到利呢？"

5 孟子居邹，季任①为任处守②，以币交，受之而不报。处于平陆，储子③为相，以币交，受之而不报。他日由邹之任，见季子；由平陆之齐，不见储子。屋庐子喜曰："连④得间⑤矣。"

问曰："夫子之任见季子，之齐不见储子，为其为相与？"

曰："非也。《书》⑥曰：'享多仪⑦，仪不及物⑧曰不享，惟不役⑨志于享。'为其不成享也。"屋庐子悦。或问之，屋庐子曰："季子不得之邹，储子得之平陆。"

【章旨】

此章孟子说明交接在礼，不在礼物之有无。

【注释】

① 季任：任君之弟。

② 处守：留守。

③ 储子：齐相。

④ 连：屋庐子之名。

⑤ 间：间隙。

⑥ 《书》曰：见《尚书·周书·洛诰》。

⑦ 享多仪：享，献也。享献以礼仪为重。

⑧ 仪不及物：礼仪不及礼物。谓诚心不够。

⑨ 役：用也。

【译文】

孟子住在邹国时，季任留守任国，代理国政，派人送礼物给孟子，和孟子交往，孟子接受了，但不回报。住在平陆时，储子做齐国宰相，派人送礼物来和孟子交往，孟子也接受了，但不回报。过了几天，孟子由邹国到任国去，去拜访季子；由平陆到齐国，却不拜访储子。屋庐子高兴地说："我可发现老师的疏失了。"

问道："老师到了任国拜访了季子，到了齐国却不拜访储子，是因为储子只是宰相，地位较低吗？"

答："不是的。《尚书》上说：'享献之礼可贵的是礼节，如果礼节比不上礼物，就等于没有享献，这是因享献的人心意并没有用在上面。'我就是为了储子没有做到享献之礼才不去见他。"屋庐子心里很高兴。有人问他，他说："季子不能亲自到邹国，储子可以亲自到平陆却不自己去，关键就在此啊。"

6 淳于髡①曰："先名实②者，为人也；后名实者，自为也。夫子在三卿之中，名实未加于上下而去之，仁者固如此乎？"

孟子曰："居下位，不以贤事不肖者，伯夷也；五就汤，五就桀者，伊尹也；不恶污君，不辞小官者，柳下惠也。三子者不同道，其趋③一也。一者何也？曰：仁也。君子亦仁而已矣，何必同？"

曰："鲁缪公之时，公仪子④为政，子柳⑤、子思为臣，鲁之削也滋甚。若是乎，贤者之无益于国也！"

曰："虞不用百里奚而亡，秦缪公用之而霸。不用贤则亡，削何可得与？"

曰："昔者王豹⑥处于淇，而河西善讴；绵驹⑦处于高唐，而齐右善歌；华周、杞梁⑧之妻善哭其夫，而变国俗。有诸内，必形诸外。为其事而无其功者，髡未尝睹之也。是故无贤者也，有则髡必识之。"

曰："孔子为鲁司寇⑨，不用，从而祭，燔肉⑩不至，不税冕⑪而行。不知者以为为肉也，其知者以为为无礼也，乃孔子则欲以微罪行，不欲为苟去。君子之所为，众人固不识也！"

【章旨】

此章孟子驳淳于髡无贤者之说，讽其不识仁贤。

【注释】

① 淳于髡：齐人，博闻强记，滑稽多辩。

② 名实：名，声誉。实，事功。

③ 趋：归向。

④ 公仪子：名休，鲁穆公相。

⑤ 子柳：即泄柳。

⑥ 王豹：卫人，善讴。

⑦ 绵驹：齐人，善歌。

⑧ 华周、杞梁：皆齐臣，战死于莒，其妻哭之哀，国俗化之。

⑨ 司寇：官名。古六卿之一。

⑩ 燔肉：祭肉。

⑪ 税冕：税，同"脱"。冕，祭时礼冠。

【译文】

淳于髡说："重视名声和事功的人，是为救世救民；轻视名声和事功的人，是为了独善其身。先生在齐国是三卿之一，而名声事功都还没有表现在匡君济民上，就要离开，仁人原来就是这样的吗？"

孟子说："处在下位，不愿以自己的贤才侍奉不肖的人，这是伯夷；五次迁就商汤，五次迁就夏桀的，这是伊尹；不嫌恶卑污的国君，不嫌弃卑小的官位的，这是柳下惠。这三个人的行为方式不同，但归向却是一样。这相同的归向是什么呢？就是仁道。君子只要做到仁道就可以了，何必一定相同呢？"

淳于髡说："鲁缪公时，公仪子主持政事，泄柳和子思都是朝廷大臣，而鲁国的削弱却更加严重。贤人对国家没有好处竟像这样啊！"

孟子说："虞国不任用百里奚，结果国家灭亡；秦缪公任用他，结果称霸。不任用贤人就会招致灭亡，要想削弱国力都办不到啊！"

淳于髡说："从前王豹住在淇水旁边，河西的人都擅长唱歌；绵驹住在高唐，齐国西部地方的人也都擅长唱歌；华周、杞梁的妻子痛哭他们的丈夫，而改变了齐国的风俗。内在有什么才能，一定会在外在行为中表现出来。做了某事而没有功效显现的，我从没有看见过。所以说现在没有贤人，若是有的话我一定会知道他。"

孟子说："孔子做鲁国司寇不被重用，跟随鲁君去祭祀，祭肉不送给孔子，孔子礼帽来不及脱下就匆促离开鲁国。不知道孔子的人以为孔子是为了祭肉而离开，知道孔子的人认为他是为了鲁国的失礼而离去，其实孔子是想假借一点小罪名而走，不愿意随便离开罢了。君子的所作所为，一般人本来就不易了解的啊！"

7 孟子曰："五霸者，三王①之罪人也；今之诸侯，五霸之罪人也；今之大夫，今之诸侯之罪人也。天子适诸侯曰巡狩，诸侯朝于天子曰述职。春省耕而补不足，秋省敛②而助不给。入其疆，土地辟，田野治，养老尊贤，俊杰在位，则有庆③，庆以地。入其疆，土地荒芜，遗老失贤，掊克④在位，则有让⑤。一不朝，则贬其爵；再不朝，则削其地；三不朝，则六师⑥移之。是故天子讨而不伐，诸侯伐而不讨。五霸者，搂⑦诸侯以伐诸侯者也，故曰：五霸者，三王之罪人也。五霸，桓公为盛。葵丘⑧之会，诸侯束牲⑨载书⑩而不歃血⑪。初命曰：'诛不孝，无易树⑫子，无以妾为妻。'再命曰：'尊贤育才，以彰有德。'三命曰：'敬老慈幼，无忘宾旅。'四命曰：'士无世官，官事无摄⑬，取士必得，无专杀大夫。'五命曰：'无曲防⑭，无遏籴⑮，无有封而不告。'曰：'凡我同盟之人，既盟之后，言归于好。'今之诸侯，皆犯此五禁，故曰，今之诸侯，五霸之罪人也。长君之恶其罪小，逢君之恶⑯其罪大。今之大夫，皆逢君之恶，故曰，今之大夫，今之诸侯之罪人也。"

【章旨】

此章孟子叹王道不行，诸侯、大夫皆无道。

【注释】

① 三王：夏禹，商汤，周文、武。

② 省敛：审察农民收成情形。

③ 庆：赏也。

④ 掊（póu）克：聚敛。

⑤ 让：责也。

⑥ 六师：古时天子六师。

⑦ 搂：牵也。

⑧ 葵丘：宋地，齐桓公于此大会诸侯。

⑨ 束牲：束缚其牲而不杀。

⑩ 载书：将盟书载于牲上。

⑪ 歃（shà）血：宰牲饮血为誓。不歃血，谓盟以诚信，不宰牲也。

⑫ 树：立也。

⑬ 摄：兼也。

⑭ 曲防：曲为堤防。曲，周遍之意。

⑮ 遏籴（dí）：遏，止也。籴，买米。

⑯ 逢君之恶：逢迎国君之恶。谓君之过未萌而先意导之。

【译文】

孟子说："五霸，是三王的罪人；现代的诸侯，是五霸的罪人；现代的大夫，是现代诸侯的罪人。天子巡行诸侯叫作巡狩，诸侯朝见天子叫作述职。春天审察耕种情形，补助不足的人，秋天考察收成情况，济助不够的人。进入诸侯国境，如果土地已开辟，田里工作做得好，老人受奉养，贤人受尊重，有才干的人在朝为官，就有赏赐，赏赐用土地。进入诸侯国境，如果土地荒废，老人被遗弃，贤者不被任用，搜刮剥削的人在朝为官，就有责罚。诸侯一次不朝，就降低爵位；两次不朝，就削减土地；三次不朝，天子就出动军队，另立诸侯。所以天子只出令声讨有罪，而不亲自攻伐，诸侯奉令攻伐有罪，而不出令声讨。而五霸却是挟持诸侯以攻伐其他诸侯的人，所以说：五霸是三王的罪人。五霸中，以齐桓公势力最盛大。他在葵丘会合诸侯时，诸侯束缚牺牲，牲上载着盟书，而没有杀牲饮血立誓，诸侯也不敢负约。第一条盟约说：'诛责不孝的人，不可改立太子，不可以立妾为妻。'第二条盟约说：'尊崇贤人，培育人才，以表彰有德行的人。'第三条盟约说：'尊敬老人，慈爱幼小，不怠慢外来宾客。'第四条盟约说：'士人的官职不可世袭，官事不可兼职，录用士人一定得当，不可独断独行诛杀大夫。'第五条盟约说：

'不要到处筑堤以害邻国，不要阻止邻国采购粮食，不可以有所封赏而不告诉盟主。'最后说：'所有参与同盟的人，在订立盟约之后，从此恢复旧日的友好。'现在的诸侯，都连犯这五条禁令，所以说，现在的诸侯，都是五霸的罪人。助长国君的恶行罪比较小，逢迎国君的恶行罪就比较大。现在的大夫，都在逢迎国君的恶行，所以说，现在的大夫，都是现在诸侯的罪人。"

8 鲁欲使慎子①为将军。孟子曰："不教民而用之，谓之殃民。殃民者，不容于尧、舜之世。一战胜齐，遂有南阳②，然且不可。"

慎子勃然不悦曰："此则滑釐③所不识也。"

曰："吾明告子。天子之地方千里；不千里，不足以待④诸侯。诸侯之地方百里；不百里，不足以守宗庙之典籍⑤。周公之封于鲁，为方百里也；地非不足，而俭⑥于百里。太公之封于齐也，亦为方百里也；地非不足也，而俭于百里。今鲁方百里者五⑦，子以为有王者作，则鲁在所损乎？在所益乎？徒取诸彼以与此，然且仁者不为，况于杀人以求之乎？君子之事君也，务引其君以当道，志于仁而已。"

【章旨】

此章孟子责慎子好战殃民，不引君以仁道。

【注释】

① 慎子：鲁臣，善用兵。

② 南阳：地名，原属鲁地，后为齐所侵夺。

③ 滑釐：慎子之名。

④ 待：接待。

⑤ 宗庙之典籍：载录祭祀常制的重要文册。

⑥ 俭：少也。

⑦ 鲁方百里者五：原少于百里，后并吞九小国始有之。

【译文】

鲁国要派慎子做将军。孟子说："不先教导百姓便用他们打仗，这叫作伤害百姓。伤害百姓的人，是不被尧、舜时代所容纳的。纵使一次作战就打败齐国，而占有南阳，这样尚且还不可以。"

慎子不高兴地说："这话我就不懂了。"

孟子说："我明白地告诉你吧。天子的土地纵横一千里；不满一千里就不能接待诸侯。诸侯土地纵横一百里；不满一百里就不够奉行历代相传的礼法制度。从前周公封在鲁，应该纵横一百里；土地不是不够，但实际上所封土地少于一百里。太公封在齐，也应该纵横一百里；土地不是不够，但实际上所封土地少于一百里。现在鲁国土地纵横百里的已有五个，你认为有圣王兴起，那么对鲁国土地是会有减少呢？还是有所增加呢？不用武力取得那国土地来给予这国，这样仁者尚且不愿做，何况杀人以求得土地呢？君子侍奉国君，务必引导国君走向正道，使他有志于仁罢了。"

9　孟子曰："今之事君者皆曰：'我能为君辟土地，充府库。'今之所谓良臣，古之所谓民贼也！君不乡道，不志于仁，而求富之，是富桀也。'我能为君约与国①，战必克②。'今之所谓良臣，古之所谓民贼也！君不乡道，不志于仁，而求为之强③战，是辅桀也。由今之道，无变今之俗，虽与之天下，不能一朝居也。"

【章旨】

此章警戒臣子事君，不可助君搜刮好战。

【注释】

① 约与国：约，要结也。与国，和好相与之国。

② 克：胜也。

③ 强：勉力为之。

【译文】

孟子说："现在服侍国君的人都说：'我可以替国君开辟土地，充实府库。'现在所谓好臣子，就是古代贼害百姓的人！国君不能向往道德，不能立志于仁道修养，却帮他搜刮民财，这等于是使夏桀富有一样。又说：'我能替国君要结盟国，每战一定胜利。'现在所谓的好臣子，就是古代伤害百姓的人！国君不能向往道德，不能立志于仁道修养，却还要替他勉力作战，这等于是在帮助夏桀暴虐一样。照目前的道路走下去，不改变现在不良习俗的话，纵使给他整个天下，也不能有一天安享。"

10　白圭①曰："吾欲二十而取一，何如？"

孟子曰："子之道，貉道②也。万室之国，一人陶，则可乎？"

曰："不可，器不足用也。"

曰："夫貉，五谷不生，惟黍生之。无城郭、宫室、宗庙、祭祀之礼，无诸侯币帛饔飧③，无百官有司，故二十取一而足也。今居中国，去人伦，无君子，如之何其可也？陶以寡，且不可以为国，况无君子乎？欲轻之于尧、舜之道者，大貉、小貉也；欲重之于尧、舜之道者，大桀、小桀也。"

【章旨】

此章孟子驳白圭之说，肯定先王什一税制的不可移易。

【注释】

① 白圭：名丹，周人。

② 貉道：北方夷狄国家之治道。貉，北方夷狄国名。

③ 饔飧（yōng sūn）：以饮食馈客之礼。

【译文】

白圭说："我想订立二十抽一的税制，怎么样？"

孟子说："你这税法，是北方貉国的税法。假如有一万户的国家，只有一个人做瓦器，可以吗？"

白圭说："不可以，因为瓦器不够用。"

孟子说："北方的貉国，不生长各种谷类，只有黍生长。没有城墙、房屋、宗庙和祭祀等礼节，也没有诸侯来往交接所需的币帛和饮食飨宴等，又没有办理政事的官吏和衙署，所以二十抽一就足够了。如今在中国，废除人伦礼节，不要各种官吏，那怎么可以呢？做瓦器的人太少，尚且不能把国家治好，何况没有官吏呢？想要把税率改成比尧、舜还轻的，就是大貉、小貉；要把税率改成比尧、舜还重的，就是大桀、小桀。”

11 白圭曰：“丹之治水①也愈于禹。”

孟子曰：“子过矣。禹之治水，水之道也。是故禹以四海为壑②，今吾子以邻国为壑。水逆行，谓之洚水③。洚水者，洪水也，仁人之所恶也。吾子过矣。”

【章旨】

此章孟子责白圭之说，以为治水要取法夏禹。

【注释】

① 丹之治水：丹，白圭之名。当时诸侯有小水，白圭之筑堤，壅而注之他国。

② 壑：受水处。

③ 洚（jiàng）水：洚，水不循正道而逆流。

【译文】

白圭说：“我治水比禹好。”

孟子说：“你错了。禹治水，是顺着水性的自然。所以禹使水流注于四海，而你却让水流注到邻国。水倒向而流叫作洚水。洚水就是洪水，是有仁德的人所厌恶的。你错了。”

12 孟子曰：“君子不亮①，恶乎执？”

【章旨】

此章说诚信的重要。

【注释】

① 亮：同“谅”，信也。

【译文】

孟子说："君子如果不诚信，还能怎么执守节操呢？"

13 鲁欲使乐正子^①为政。孟子曰："吾闻之，喜而不寐。"

公孙丑曰："乐正子强乎？"

曰："否。"

"有知虑乎？"

曰："否。"

"多闻识乎？"

曰："否。"

"然则奚为喜而不寐？"

曰："其为人也好善。"

"好善足乎？"

曰："好善优^②于天下，而况鲁国乎？夫苟好善，则四海之内，皆将轻千里^③而来告之以善。夫苟不好善，则人将曰：'訑訑^④，予既已知之矣。'訑訑之声音颜色，距^⑤人于千里之外。士止于千里之外，则谗谄面谀之人至矣。与谗谄面谀之人居，国欲治，可得乎？"

【章旨】

此章孟子借乐正子从政，说明为政好善的重要。

【注释】

① 乐正子：孟子弟子，名克。

② 优：有余裕。

③ 轻千里：不以千里为远。

④ 訑訑（yí yí）：自足其智，不嗜善言之貌。

⑤ 距：同"拒"。

【译文】

鲁国准备派乐正子治理政事。孟子说："我听到这一消息，高兴得睡不着。"

公孙丑说："乐正子能力强吗？"

答："不。"

"深谋远虑吗？"

答："不。"

"见多识广吗？"

答："不。"

"那么夫子为什么高兴得睡不着呢？"

答："因为他为人喜欢善道。"

"喜欢善道就够了吗？"

答："喜欢善道的话，治理天下就绰绰有余了，何况只治理鲁国呢？如果喜欢善道，那么天下的人都将不以千里为远，前来把善言告诉他。如果不喜欢善道，那么别人就认为他自以为聪明，模仿他的话说：'呵呵！我已经知道了。'像这种自作聪明的声音和脸色，把别人拒绝在千里之外。士人被拒绝在千里之外，那么进谗言、当面奉承的人就都来了。和进谗言、当面奉承的人在一起，国家要能治理好，做得到吗？"

14 陈子①曰："古之君子何如则仕？"

孟子曰："所就三，所去三。迎之致敬以有礼，言将行其言也，则就之；礼貌未衰，言弗行也，则去之。其次，虽未行其言也，迎之致敬以有礼，则就之；礼貌衰，则去之。其下，朝不食，夕不食，饥饿不能出门户，君闻之曰：'吾大者不能行其道，又不能从其言也，使饥饿于我土地，吾耻之。'周②之，亦可受也，免死而已矣。"

【章旨】

此章孟子论去留的原则，听言为上，礼貌次之，最下免死而已。

【注释】

① 陈子：孟子弟子陈臻。

② 周：济助。

【译文】

陈子说："古代的君子，在什么情况下才出来做官？"

孟子说："就任的情况有三种，离职的情况也有三种。恭敬而且礼貌地迎接他，对他的言论都要加以实行，便肯就任；礼貌没有衰减，但讲的话不加以实行，便离职而去。其次，虽然没有实行他的言论，但能恭敬而且礼貌地迎接他，那便就任；礼貌衰灭，就离职而去。最下等的是，早上没有饭吃，晚上也没有饭吃，饥饿得走不出家门，国君听到了，便说：'我大者不能实行他的学说，又不能听从他的意见，让他在我国土上挨饿，我感到羞耻。'于是就济助他，这也可以接受，不过是免于饿死罢了。"

15　孟子曰："舜发于畎亩之中，傅说①举于版筑之间，胶鬲②举于鱼盐之中，管夷吾举于士③，孙叔敖④举于海，百里奚举于市⑤。故天将降大任于是人也，必先苦其心志，劳其筋骨，饿其体肤，空乏⑥其身，行拂⑦乱其所为，所以动心忍性，曾⑧益其所不能。人恒过，然后能改；困于心，衡⑨于虑，而后作；征⑩于色，发于声，而后喻。入则无法家拂士⑪，出则无敌国外患者，国恒亡。然后知生于忧患而死于安乐也。"

【章旨】

此章孟子以古贤人为例，勉人于困穷中，尤需坚忍心志，始能有成。

【注释】

① 傅说：筑于傅岩，武丁举之为相。

② 胶鬲：殷人，鬻贩鱼盐，文王举之。

③ 管夷吾举于士：管仲囚于士官，桓公举以为相。士，狱官也，此处借指监狱。

④ 孙叔敖：楚人，隐于海滨，楚庄王举以为令尹。

⑤ 市：市肆，市场。

⑥ 空乏：穷乏。

⑦ 拂：戾也。言使之所为不遂，多背戾也。

⑧ 曾：同“增”。

⑨ 衡：同“横”，不顺。

⑩ 征：验也。

⑪ 拂士：辅弼之贤士。拂，与“弼”同。一说拂为犯颜直谏之意。

【译文】

孟子说："舜从田野中发迹起来，傅说从版筑工人中被举用出来，胶鬲从贩卖鱼盐中被推举出来，管仲从监狱里的狱官手中被提举出来，孙叔敖从隐居海滨中被荐举出来，百里奚从市场中被提拔出来。所以天要把重任降给某人时，一定先要让他心志困苦，筋骨劳累，身体挨饿，身家穷乏，扰乱他的所作所为，目的是为激荡他的心意，坚忍他的性情，增加他所欠缺的才能。一般人都是在犯过错之后，才知道改正；内心有了困苦，思虑有了不顺，然后才振作奋发起来；对方脸色有了征验，声音有了表现，然后自己才觉悟。一个国家，如果国内没有合法度的大臣和辅弼的贤士，国外没有相抗衡的邻国和外来的灾患，那么这个国家往往会走向灭亡。由此可知，一个人的生存是由于忧愁灾患，一个人的死亡是由于安逸享乐。"

16 孟子曰："教亦多术矣，予不屑①之教诲也者，是亦教诲之而已矣。"

【章旨】

此章孟子阐明"不教而教"之道。

【注释】

① 不屑：不齿，不愿。

【译文】

孟子说："教诲人有很多方法，我不屑于去教诲他，其实也就是在教诲他啊。"

尽心上

共四十六章

1 孟子曰："尽其心者，知其性也。知其性，则知天矣。存其心，养其性，所以事天也。夭寿不贰①，修身以俟之，所以立命②也。"

【章旨】

此章在说尽心才能事天立命。

【注释】

① 不贰：不有疑心。

② 立命：全天之命，不以人为害之。

【译文】

孟子说："竭尽内心的本质加以发展，就能够了解人的善良本性。了解人类善良的本性，就可以知道天理了。保持人的本心，培养人的本性，这就是用来侍奉上天的方法。对寿命长短不加怀疑，把自己本身修养好，一切等待上天安排，这就是安身立命的方法。"

2 孟子曰："莫非命也，顺受其正。是故知命者不立乎岩墙①之下。尽其道而死者，正命也；桎梏②死者，非正命也。"

【章旨】

此章说安命之道，务在知命。

① 岩墙：墙之将覆者。

② 桎梏：戒具。所以拘罪人者。

【译文】

孟子说："人生一切无非是命中注定，应该顺从地接受命运的正确安排。所以知道命运的人不会站在有倾倒危险的墙下。尽力行道而死的人，所接受的是天命的正当安排；反之，犯罪而死的人，所接受的就不是天命正当的安排了。"

3 孟子曰："求则得之，舍则失之，是求有益于得也，求在我者①也。求之有道，得之有命，是求无益于得也，求在外者②也。"

【章旨】

此章孟子教人只求在我的仁道，不妄求身外的富贵。

【注释】

① 在我者：指仁、义、礼、智等本性。

② 在外者：指身外之名利富贵等。

【译文】

孟子说："只要去求，便可得到；舍弃它，便会失去，这样的求对于得是有帮助的，因为所求的是我本身所具有的。求的时候要有一定方式，能否得到还要听从命运，这样的求对于得是没有帮助的，因为所求的是在我本身之外的。"

4 孟子曰："万物皆备于我矣。反身而诚，乐莫大焉。强恕①而行，求仁莫近焉。"

【章旨】

此章孟子教人以诚尽性，然后推及恕道。

【注释】

① 强恕：强，勉力。恕，推己及人。

【译文】

孟子说："天下万物的道理都具备在自己的本性里面。只要反躬自省，一切都真诚确实，就是最大的快乐。尽力以恕道去做，就是求仁最直捷的道路。"

5 孟子曰："行之而不著①焉，习矣而不察②焉，终身由之而不知其道者，众也。"

【章旨】

此章叹世人皆不能明道。

【注释】

① 著：知之明。

② 察：识之精。

【译文】

孟子说："做了事而不明白其中道理，习惯了而不了解所以然，一生照着这条路走下去却不晓得这条路是什么，这种人多得很呢！（一说，这是众人啊！）"

6 孟子曰："人不可以无耻。无耻之①耻，无耻矣。"

【章旨】

此章说知耻的重要。

【注释】

① 之：说法很多，一说是介词，作"的"字解；一说是动词，作"是"或"适"字解。

【译文】

孟子说："人不可以没有羞耻心，不知羞耻的那种羞耻，真是不知羞耻呀!（一说，把不知羞耻的那种耻当作可耻，那就永远不会有耻辱的事了。"）

7 孟子曰："耻之于人大矣，为机变①之巧者，无所用耻焉。不耻不若人，何若人有？"

【章旨】

此章孟子告诫人不可无羞耻之心。

【注释】

① 机变：机谋变诈。

【译文】

孟子说："耻对于人来说关系实在重大，那些专做机谋巧诈事情的人，是用不着羞耻心的。不以赶不上别人为羞耻，怎么能赶上别人呢？"

8 孟子曰："古之贤王好善而忘势①，古之贤士何独不然？乐其道而忘人之势，故王公不致敬尽礼，则不得亟②见之。见且由不得亟，而况得而臣之乎？"

【章旨】

此章说古之贤王、贤士皆能乐道而忘势。

【注释】

① 势：指富贵权势。

② 亟（qī）：屡次。

【译文】

孟子说："古代贤明的国君喜欢善言善行而忘记自己的富贵权势，古代的贤士何尝不是这样呢？他们乐于信守仁义之道，而忘了别人的富贵权势，所以王公不对他表达敬意、竭尽礼节的话，就不能够和他多次见面。相见的次数尚且不能多，何况要他作为臣下呢？"

9 孟子谓宋句践^①曰："子好游乎？吾语子游。人知之，亦嚣嚣^②；人不知，亦嚣嚣。"

曰："何如斯可以嚣嚣矣？"

曰："尊德乐义，则可以嚣嚣矣。故士穷不失义，达不离道。穷不失义，故士得己^③焉；达不离道，故民不失望焉。古之人得志泽加于民；不得志，修身见于世。穷则独善其身，达则兼善天下。"

【章旨】

此章说士人得志或不得志，皆当尊德乐义。

【注释】

① 宋句践：其人已不可考。

② 嚣嚣：自得无欲之貌。

③ 得己：言不失己也。

【译文】

孟子对宋句践说："你喜欢游说各国国君吗？我告诉你游说的方法。人家理解你，固然悠然自得；人家不理解你，也要能悠然自得。"

宋句践说："要怎样做才可以悠然自得呢？"

孟子说："能够尊重德行，乐于行义，就可以悠然自得了。所以士人在穷困时行为不违背仁义，显达时不叛离道德。穷困时不违背仁义，所以士人能够不失自己本性；显达时不叛离道德，所以百姓对他不失望。古人做官得意的时候，就把恩泽加给百姓；没官做不得意的时候，就修养自己，使名声显扬于世。穷困时便独善其身，显达时便兼善天下。"

10 孟子曰："待文王而后兴^①者，凡民也。若夫豪杰之士，虽无文王犹兴。"

【章旨】

此章论君子应自动奋发于善道。

① 兴：奋发兴起。

【译文】

孟子说：“一定要等待文王的教化才能奋发兴起的人，是一般百姓。至于才能特别出众的士人，就是没有文王的教化，也能奋发起来。”

11　孟子曰：“附之以韩、魏之家^①，如其自视欿然^②，则过人远矣。”

【章旨】

此章勉人勿重富贵。

【注释】

① 韩、魏之家：暨卿富家。

② 欿（kǎn）然：不自满之貌。

【译文】

孟子说：“把韩、魏两家的财富加给他，如果仍不自满，那他的见识就远远超过一般人了。”

12　孟子曰：“以佚道^①使民，虽劳不怨。以生道^②杀民，虽死不怨杀者。”

【章旨】

此章说治民合理，民必不怨。

【注释】

① 佚道：佚，安逸。谓虽劳民，本欲使民安逸也。

② 生道：谓虽杀民，本欲使民生存之也。如除恶去害之类。

【译文】

孟子说：“在使百姓安逸的动机下役使百姓，百姓虽劳苦也不埋怨。在使百姓生存的动机下杀人，百姓虽死也不埋怨杀他的人。”

13 孟子曰："霸者之民，驩虞①如也。王者之民，皞皞②如也。杀之而不怨，利之而不庸③，民日迁善而不知为之者。夫君子所过者化，所存者神，上下与天地同流，岂曰小补之哉？"

【章旨】

此章申说王、霸教化效果的不同。

【注释】

① 驩虞：即欢娱。

② 皞皞：广大自得之貌。

③ 庸：功也。

【译文】

孟子说："霸者统治下的百姓受到利惠而欢喜快乐，王者统治下的百姓受到德化而心里自得。百姓被杀而不埋怨，得到好处也不歌颂国君功德，百姓就这样一天天迁善感化，也不知道是谁使他们如此的。在位的圣贤所经过的地方，百姓都受到感化；所关注之处，百姓自然感通。圣贤的功德可以和天地一同运行，难道像霸者一样，对百姓只是小小的补益吗？"

14 孟子曰："仁言不如仁声①之入人②深也，善政不如善教之得民也。善政民畏之，善教民爱之。善政得民财，善教得民心。"

【章旨】

此章说明教化百姓的重要。

【注释】

① 仁声：即仁闻。谓有仁之实而为众所称道。

② 入人：感化人。

【译文】

孟子说："仁德的言论不如仁德的声誉感化人来得深。良善的政治不如良善的教育能得民心。良善的政治百姓畏惧它，良善的教育百姓喜爱它。良善的政治得到百姓的财富，良善的教育得到百姓的信心。"

15 孟子曰："人之所不学而能者，其良能①也；所不虑而知者，其良知②也。孩提③之童，无不知爱其亲者；及其长也，无不知敬其兄也。亲亲，仁也；敬长，义也。无他，达④之天下也。"

【章旨】

此章孟子论仁义乃良知良能，为人类天生所具有者。

【注释】

① 良能：本性具有之能力。

② 良知：本性具有之知觉。

③ 孩提：可提抱之二三岁孩童。

④ 达：通也。

【译文】

孟子说："一个人不必后天学习就具有的能力，这是良能；不待思考就能知道的，这是良知。二三岁的小孩，没有不知道爱他父母的；等到长大之后，没有不知道尊敬兄长的。亲爱父母，是仁的表现；尊敬兄长，是义的表现。没有别的原因，这是天下人都相同的。"

16 孟子曰："舜之居深山之中，与木石居，与鹿豕游，其所以异于深山之野人者几希①。及其闻一善言，见一善行，若决江河②，沛然③莫之能御也。"

【章旨】

此章赞美舜的从善如流。

【注释】

① 几希：微少。

② 决江河：江河决堤。

③ 沛然：水流盛貌。

【译文】

孟子说："舜住在深山的时候，和树木石头相处，和鹿豕同游，与深山中的野人相差不多。等到他听到一句好的言语，看到一个好的行为，就马上去做，好像江河决了堤一样，盛大到没人抵挡得住。"

17 孟子曰："无为其所不为，无①欲其所不欲，如此而已矣。"

【章旨】

此章教人顺其心而为，不必勉强自己。

【注释】

① 无：勿也。

【译文】

孟子说："不要做你内心不想做的事，不要想你内心不想要的东西，做人的道理就是这样罢了。"

18 孟子曰："人之有德、慧①、术、知②者，恒存乎疢疾③。独孤臣孽子④，其操心也危，其虑患也深，故达。"

【章旨】

此章孟子勉人处逆境，尤当奋发自强。

【注释】

① 德、慧：德之慧。一说，德和慧。

② 术、知：术之知。一说，术和智。

③ 疢（chèn）疾：犹言灾患。

④ 孽子：庶母所生之子。

【译文】

孟子说："一个人之所以会有道德的美慧和学术的知识，通常都是因为有了灾患。只有孤立的臣子和被人轻贱的庶子，内心常以不安自持，考虑灾患也比较深远，所以才能通达事理。"

19 孟子曰："有事君人者，事是君则为容悦①者也；有安社稷臣者，以安社稷为悦者也；有天民②者，达可行于天下而后行之者也；有大人者，正己而物正③者也。"

【章旨】

此章孟子分人品为四等，各具优劣。

【注释】

① 容悦：苟容取悦。

② 天民：民者无位之称。以其全尽天理，乃天之民，故谓之天民。

③ 正己而物正：端正己身而后化正万物。

【译文】

孟子说："有侍奉国君的人，那是专门侍奉国君时逢迎阿谀以取得宠悦的人；有安定国家的臣子，那是以能安定社稷为快慰的人；有全尽天理的人，那是要看道能通行于天下然后才去实行的人；又有德行伟大的人，那是先求端正自己，进而化正万物的人。"

20 孟子曰："君子有三乐，而王天下不与存焉①。父母俱存，兄弟无故②，一乐也。仰不愧于天，俯不怍③于人，二乐也；得天下英才而教育之，三乐也。君子有三乐，而王天下不与存焉。"

【章旨】

此章说君子的三乐，不是王天下者所能享有。

【注释】

① 与存焉：存于三乐之中。

② 无故：平安无事。

③ 怍：愧也。

【译文】

孟子说："君子有三种快乐，但是统治天下并不包含在内。父母健在，兄弟没有灾患，是第一种快乐；抬头面对上天不感惭愧，低头面对人群也没有愧疚，是第二种快乐；得到天下才智出众的人而教导他，是第三种快乐。君子有三种快乐，但是统治天下不包括在内。"

21 孟子曰："广土众民①，君子欲之，所乐不存焉；中天下而立②，定四海之民，君子乐之，所性不存焉。君子所性，虽大行③不加焉，虽穷居不损焉，分④定故也。君子所性，仁、义、礼、智根于心。其生色⑤也，睟然⑥见于面，盎⑦于背，施于四体⑧，四体不言而喻。"

【章旨】

此章说明君子本性所有的真乐。

【注释】

① 广土众民：指大国诸侯。

② 中天下而立：指做天子。

③ 大行：身道并达，行政于天下。

④ 分：所得于天的性分。

⑤ 生色：现于颜色。

⑥ 睟（suì）然：润泽貌。

⑦ 盎：充足。

⑧ 四体：四肢。

【译文】

孟子说："拥有广大的土地，众多的百姓，是君子所想要的，但快乐不在这里；居天下的中央，安定天下的百姓，君子感到快乐，但本性不在这儿。君子的本性，虽身为天子行政于天下，也不会增加，虽穷困潦倒，也不会减少，这是得之于天的性分固定的缘故啊。君子所得于天的性分，仁、义、礼、智根植在内心。它们所发出来的颜色，温润地表现在脸上，充足地反映在背上，然后流行到四肢，四肢的动作不必等待言语，别人便会明了。"

22 孟子曰："伯夷辟纣，居北海之滨，闻文王作，兴曰：'盍①归乎来②？吾闻西伯③善养老者。'太公辟纣，居东海之滨，闻文工作，兴曰：'盍归乎来？吾闻西伯善养老者。'天下有善养老，则仁人以为己归矣。五亩之宅，树墙下以桑，匹妇蚕之，则老者足以衣帛④矣。五母鸡，二母彘，无失其时，老者足以无失肉矣。百亩之田，匹夫耕之，八口之家足以无饥矣。所谓西伯善养老者，制其田里，教之树、畜⑤，导其妻子，使养其老。五十非帛不暖，七十非肉不饱。不暖不饱，谓之冻馁。文王之民，无冻馁之老者，此之谓也。"

【章旨】

此章论文王善养老，以为当时国君榜样。

【注释】

① 盍：何不。

② 来：调尾助词，无义。

③ 西伯：西方诸侯之长。指文王。

④ 衣帛：衣，穿也。穿丝帛衣服。

⑤ 树、畜：二字皆动词，种桑养鸡彘。

【译文】

孟子说："伯夷为了逃避纣的虐政，隐居在北海的海边，听说文王兴起，就兴奋地说：'为什么不去归服西伯呢？我听说西伯很会敬养老人。'姜太公躲避殷纣王，住在东海边，听说周文王兴起，高兴地说："为什么不去归服西伯呢？我听说西伯很会敬养老人。"可见天下有善于养老的人，那么仁人就都当作自己的归宿所在了。五亩大的宅院，在宅旁空地上种桑，教妇女养蚕，那么年老的人就能穿丝帛做的衣裳了。五只母鸡，两只母猪，不要误了它们生殖的时期，那么年老的人就可以有肉吃了。百亩的土地，分给男子耕种，那么八口人的家庭就可以不饥饿了。所说的西伯很会敬养老人，就在于他先制定人民的田地、宅里，教人民栽种、畜养，引导他们的妻子去奉养家中老人。五十岁的老人不穿丝帛的衣服便不暖和，七十岁的老人没有肉就吃不饱。穿不暖、吃不饱，就叫受冻挨饿。文王统治下的百姓，没有受冻挨饿的老年人，就是这个意思。"

23 孟子曰："易①其田畴②，薄其税敛，民可使富也。食之以时，用之以礼，财不可胜用也。民非水火不生活，昏暮叩人之门户求水火，无弗与者，至足矣。圣人治天下，使有菽粟③如水火。菽粟如水火，而民焉有不仁者乎？"

【章旨】

此章说治国之道，首在使人民生活富足，粮食无缺。

【注释】

① 易：治也。

② 田畴：田地。

③ 菽粟：豆米。

【译文】

孟子说："做好田地的工作，减少税收，可以使百姓富足。按时饮食，用钱合礼而有节制，财物就用不完了。百姓没有水火就不能生活，黄昏夜晚去敲人家的门讨取水火，没有人不给的，这是所得水火极多的缘故。圣人治理天下，使百姓拥有粮食就像水火那么多。粮食像水火一样多，人民怎么会做不仁的事呢？"

24 孟子曰："孔子登东山①而小鲁，登泰山而小天下。故观于海者难为水，游于圣人之门者难为言。观水有术②，必观其澜③。日月有明，容光④必照焉。流水之为物也，不盈科⑤不行；君子之志于道也，不成章不达。"

此章说圣人道大，学者需逐步渐进，不可躐等以求。

【注释】

① 东山：鲁城东之高山。

② 术：方法。

③ 澜：水之湍急处。

④ 容光：喻小隙。极言其容之微者。

⑤ 科：坎也。低洼之处。

【译文】

孟子说："孔子登上东山，觉得鲁国很小，登上泰山，觉得天下不大。所以看过海洋的人，很难再跟他谈一般的水了，在圣人门下游学过的人，很难再跟他谈一般的道理了。观看水流有方法，一定要看它壮阔的波澜。日月都有光辉，所以凡能容纳光线的空隙一定照到。流水这种东西，不把低洼处流满，就不往前流；君子立志于道，如果不能使文采外现，就不算通达。"

25 孟子曰："鸡鸣而起，孳孳①为善者，舜之徒也；鸡鸣而起，孳孳为利者，跖②之徒也。欲知舜与跖之分，无他，利与善之间也。"

【章旨】

此章举舜和跖为例，勉人为善不求利。

【注释】

① 孳孳（zī zī）：勤勉之意。

② 跖（zhí）：春秋大盗，鲁人，柳下惠弟。

【译文】

孟子说："鸡一鸣叫就起身，努力去行善的人，是舜一类的圣贤；鸡一鸣叫就起身，努力去求财利的人，是盗跖一类的人。要知道大舜和盗跖的分别，没有别的，就在这行善和谋利之间罢了。"

26 孟子曰："杨子①取为我，拔一毛而利天下，不为也。墨子②兼爱，摩顶放踵③利天下，为之。子莫执中，执中为近之。执中无权④，犹执一也。所恶执一者，为其贼道也，举一而废百也。"

【章旨】

此章孟子以执中之道辟杨、墨。

【注释】

① 杨子：名朱，战国时人。

② 墨子：名翟，战国鲁人。

③ 摩顶放踵：放，至也。谓秃其顶，至于脚踵。

④ 权：衡量轻重。

【译文】

孟子说："杨子主张为我，拔一根毛而有利于天下，他都不干。墨子主张兼爱，就使摩秃头顶一直到脚，只要有利天下，他都去做。子莫采取中间之道，采取中间之道较为合理。但采取中间之道时，若不懂得权衡变通，就如同偏执一方。所以会厌恶偏执一方的人，原因是他们损害到仁义之道，只注意到一端而废弃了其他百事。"

27 孟子曰："饥者甘食，渴者甘①饮，是未得饮食之正②也，饥渴害之也。岂惟口腹有饥渴之害？人心亦皆有害。人能无以饥渴之害为心害，则不及人不为忧矣。"

【章旨】

此章以口腹为饥渴所害为例，告诫人勿以心为物欲所害。

【注释】

① 甘：动词，觉其味美之意。

② 正：正味。

孟子说:"饥饿的人吃任何食物都觉得美味,口渴的人喝任何饮品都觉得甘美,这些都没有得到饮食的正常滋味,是受饥渴所害的缘故。岂只口腹会受到饥渴所害?人心也有这种伤害。一个人能够不使饥渴的害处伤害到心性,那么比不上别人就不足忧虑了。"

28 孟子曰:"柳下惠不以三公^①易其介^②。"

【章旨】

此章赞美柳下惠的节操。

【注释】

① 三公:太师、太傅、太保,古称三公。

② 介:操也。

【译文】

孟子说:"柳下惠不因为有三公的尊位就改变他廉洁的操守。"

29 孟子曰:"有为者辟^①若掘井,掘井九轫^②而不及泉,犹为弃井也。"

【章旨】

此章勉人为学修德,必须有恒,不可半途而废。

【注释】

① 辟:同"譬"。

② 轫:同"仞"。八尺。

【译文】

孟子说:"有作为的人就好像挖井一样,若是挖到九仞那样深还不见泉水,仍然是一个废井。"

30 孟子曰："尧、舜，性之^①也；汤、武，身之^②也；五霸，假之^③也。久假而不归，恶知其非有也？"

【章旨】

此章借尧、舜、汤、武为例，说明五霸行仁之虚假。

【注释】

① 性之：天性即具有。之，指仁义之道。

② 身之：修身而得。

③ 假之：借仁义之名而无其实。

【译文】

孟子说："尧、舜，天性就具有仁义之道；汤、武，修身而得仁义之道；五霸，假借仁义之名而无其实。长久假借而不归还，又怎么知道自己本来就不具有呢？"

31 公孙丑曰："伊尹曰：'予不狎^①于不顺。放太甲^②于桐^③，民大悦。太甲贤，又反之，民大悦。'贤者之为人臣也，其君不贤，则固可放与？"

孟子曰："有伊尹之志，则可，无伊尹之志，则篡也。"

【章旨】

此章赞美伊尹公忠体国，没有私心。

【注释】

① 狎：习见。

② 太甲：成汤之孙，太丁之子。

③ 桐：地名，汤葬之地。在今河南偃师西南。

【译文】

公孙丑说："伊尹说：'我看不惯违背义理的人。把太甲放逐到桐，百姓非常高兴。太甲变好了，又让他回来，恢复王位，百姓非常高兴。'贤人做人家臣子，国君不好，就可以放逐吗？”

孟子说：“有伊尹的志向就可以，没有伊尹的志向便是篡夺了。”

32 公孙丑曰：“《诗》曰^①：‘不素餐^②兮。’君子之不耕而食，何也？”

孟子曰：“君子居是国也，其君用之，则安富尊荣；其子弟从之，则孝悌忠信。不素餐兮，孰大于是？”

【章旨】

此章说君子以教化为务，不是素餐。

【注释】

①《诗》曰：见《诗经·魏风·伐檀》。

② 素餐：素，空也。餐为俸禄。素餐谓空享俸禄而不做事。

【译文】

公孙丑说：“《诗经》上说：‘不空享俸禄啊。’可是君子不耕种，却安坐白吃，为什么呢？”

孟子说：“君子住在一个国家里，国君任用他，就能使国家安定、富足、尊贵、荣耀；子弟们跟他学习，就可以有孝悌忠信的美德。谈到不空享俸禄，还有比这更重要的吗？”

33 王子垫^①问曰：“士何事？”

孟子曰：“尚志。”

曰：“何谓尚志？”

曰：“仁义而已矣。杀一无罪，非仁也；非其有而取之，非义也。居恶在？仁是也；路恶在？义是也。居仁由义，大人^②之事备矣。”

【章旨】

此章孟子论士以尚志为重，尚志在居仁由义。

【注释】

① 王子垫：齐王之子，名垫。

② 大人：指公卿大夫。

【译文】

王子垫问道："士人做些什么事？"

孟子说："使自己志向高尚。"

问："怎样才能使自己志向高尚？"

答："行仁和义罢了。杀了一个无罪的人，就不是仁；不是自己所有的东西却取了过来，就不是义。居心在哪里呢？在仁；正路在哪里呢？在义。以仁居心，以义行事，在上位者要做的事就齐备了。"

34 孟子曰："仲子①，不义与之齐国而弗受，人皆信之。是舍箪食豆羹②之义也。人莫大焉③亡④亲戚、君臣、上下。以其小者信其大者，奚可哉？"

【章旨】

此章斥陈仲子但有小义，而无大伦。

【注释】

① 仲子：即陈仲子。

② 箪食豆羹：一篮饭一碗羹汤。

③ 焉：于也。

④ 亡：同"无"。

【译文】

孟子说："陈仲子这个人，如果不合理地把齐国送给他，他也不会接受，大家也都相信他的美德。其实这不过是像舍弃一篮饭一碗羹汤的小义而已。一个人最大的罪过是没有亲戚、君臣、上下的伦理观念。因为仲子的小义，就相信他有大节，怎么可以呢？"

35 桃应①问曰:"舜为天子,皋陶②为士③,瞽瞍杀人,则如之何?"

孟子曰:"执之而已矣。"

"然则舜不禁与?"

曰:"夫舜恶得而禁之?夫有所受之④也。"

"然则舜如之何?"

曰:"舜视弃天下犹弃敝蹝⑤也。窃负而逃,遵⑥海滨而处,终身诉然⑦,乐而忘天下。"

【章旨】

此章孟子借桃应的假设为例,说舜能公私两全。

【注释】

① 桃应:孟子弟子。

② 皋陶:人名,舜之臣。

③ 士:狱官。

④ 有所受之:言皋陶之法有所传授,非所敢私。

⑤ 蹝(xǐ):草履也。

⑥ 遵:循也。

⑦ 诉然:同"欣然"。

【译文】

桃应问道:"舜做天子,皋陶做法官,如果瞽瞍杀人,要怎么办?"

孟子说:"把他拘捕起来罢了。"

"那么,舜不禁止吗?"

答:"舜怎么能够禁止呢?皋陶是有所受命才去拘捕的。"

"那么舜要怎么办呢?"

答:"舜把抛弃天子之位看成像抛弃破草鞋一样。他会私下背着瞽瞍逃走,沿着海边找个住处隐居下来,终身感到愉快,快乐得忘却天下。"

36 孟子自范①之齐，望见齐王之子，喟然叹曰："居②移气，养移体，大哉居乎！夫非尽人之子与？"

孟子曰："王子宫室、车马、衣服，多与人同，而王子若彼者，其居使之然也。况居天下之广居者乎？鲁君之宋，呼于垤泽③之门。守者曰：'此非吾君也，何其声之似我君也？'此无他，居相似也。"

【章旨】

此章说居心和养身的重要，并勉人以仁居心，以仁养身。

【注释】

① 范：齐邑。

② 居：所处之位。

③ 垤泽：宋东城南门名。

【译文】

孟子从范邑到齐都，看见齐王的儿子，感叹地说："所处的环境地位可以改变人的气质，奉养的食物也可以改变人的体态，居处的环境地位关系真大啊！他不也是人家的儿女吗？"

又说："王子的住所、车马、衣服大都和别人相同，而王子的气质却是那个样子，这是他所处的环境地位使然。何况居处在天下最广大住所的仁人呢？鲁君到宋国去，在宋国城门下呼喊。守城门的人说：'这个人不是我们国君，但为什么声音这么像我们国君呢？'没有别的原因，是因为他们居处的环境地位相像罢了。"

37 孟子曰："食而弗爱，豕交之也；爱而不敬，兽畜①之也。恭敬者，币之未将②者也。恭敬而无实，君子不可虚拘。"

【章旨】

此章说交接之道，贵在诚敬。

① 畜：养也。

② 将：送也，奉也。

【译文】

孟子说："供给他食物而不爱他，等于拿他当猪接待；只是爱他而不恭敬，等于拿他当禽兽畜养。恭敬之心要在送币帛礼物之前就存在。只有表面恭敬而内心不真诚，君子是不会被这虚假的外表所留住的。"

38　孟子曰："形色①，天性也。惟圣人然后可以践形②。"

【章旨】

此章勉人践形以尽性。

【注释】

① 形色：体貌颜色。

② 践形：践，实行之也。有是形即有是理，践形则足以尽理。

【译文】

孟子说："体貌颜色，是天生的。只有圣人才可以把形体的本性实行出来，以尽其理。"

39　齐宣王欲短丧。公孙丑曰："为期①之丧，犹愈于已②乎？"

孟子曰："是犹或绋③其兄之臂，子谓之姑徐徐④云尔，亦教之孝悌而已矣。"

王子有其母死者，其傅为之请数月之丧⑤。公孙丑曰："若此者，何如也？"

曰："是欲终之而不可得也。虽加一日愈于已，谓夫莫之禁而不为者也。"

【章旨】

此章在说三年丧期不可以缩短。

【注释】

① 期（jī）：一周年。

② 已：止也。

③ 绐（zhěn）：扭也。

④ 徐徐：缓慢。

⑤ 数月之丧：王子之母为庶，嫡母在，王子不得为生母服丧，故其傅为之请数月之丧于君。

【译文】

齐宣王想要缩短三年丧期。公孙丑说："守一年之丧，不是还比完全不守好吗？"

孟子说："这好比有人扭他哥哥的手臂，你却对他说姑且慢慢扭吧，其实只要教他孝悌之道就行了。"

有个王子母亲死了，王子的师父替他请求守几个月。公孙丑说："像这种情形，又怎么样呢？"

孟子说："这是由于王子要守完三年服丧期却办不到。即使只多守一天也比不守的好，是对那没有人禁止他守孝而他不肯去做的人说的。"

40 孟子曰："君子之所以教者五：有如时雨①化之者，有成德者，有达财②者，有答问者，有私淑艾③者。此五者，君子之所以教也。"

【章旨】

此章说君子因材施教，不固守一法。

【注释】

① 时雨：及时之雨。

② 达财：财，与"材"同。达财，通其才干也。

③ 私淑艾：淑，善也。艾，治也。私淑艾者，谓不能及门，窃以善治其

身也。

【译文】

孟子说："君子用来教人的方法有五种：有像及时雨化育万物一样的，有成就他的品德的，有使他通达成有用之才的，有解答疑问的，有私下学习对方善言善行的。这五种便是君子用来教导人的方法了。"

41 公孙丑曰："道则高矣，美矣，宜若登天然，似不可及也。何不使彼为可几及而日孳孳①也？"

孟子曰："大匠不为拙工改废绳墨，羿不为拙射变其彀率②。君子引而不发③，跃如④也。中道而立，能者从之。"

【章旨】

此章孟子说教学有一定标准，不可轻易变更。

【注释】

① 孳孳：勤勉貌。

② 彀率：弯弓的限度。

③ 引而不发：引弓而不发矢。

④ 跃如：跃跃然欲出貌。

【译文】

公孙丑说："道是很高深、很美好的，只是像登天那样，似乎不可能做到。为什么不让它变成可以做到，使学道的人可以天天努力去学呢？"

孟子说："伟大的工匠不因为拙劣的工人而改变或废弃绳墨规矩，后羿也不会因为射手拙劣而改变弯弓的限度。君子教人，就像教人学射箭一样，只是引弓而不发矢，而箭法技巧已跃跃欲出。先建立一个折中的标准，有能力的便跟着去做就是了。"

42 孟子曰："天下有道，以道殉①身；天下无道，以身殉道。未闻以道殉乎人者也。"

【章旨】

此章说君子行道，不殉人欲。

【注释】

① 殉：犹从也。

【译文】

孟子说："天下有道时，道随身而施行；天下无道时，不惜为道而死。从没有听说过牺牲道去迁就别人的。"

43 公都子曰："滕更①之在门也，若在所礼而不答，何也？"

孟子曰："挟②贵而问，挟贤而问，挟长而问，挟有勋劳而问，挟故而问，皆所不答也。滕更有二③焉。"

【章旨】

此章告诫人求学时务必虚心诚敬。

【注释】

① 滕更：滕君之弟，来学于孟子。

② 挟：恃也。

③ 二：谓挟贵、挟贤。

【译文】

公都子说："滕更在门下受教，似乎是在该受礼待之列，而老师不回答他的问题，为什么呢？"

孟子说："仗恃自己身份高贵而发问，仗恃自己贤能而发问，仗恃自己年纪大而发问，仗恃自己有功勋劳绩而发问，仗恃自己是老交情而发问，都是我所不回答的。滕更违反了上述五条中的两条。"

44 孟子曰："于不可已而已者，无所不已。于所厚者薄①，无所不薄也。其进锐②者，其退速。"

【章旨】

此章告诫人行事不能太过，亦不能不及。

【注释】

① 于所厚者薄：对所当厚待之亲人，反而薄待之。

② 锐：犹猛也。

【译文】

孟子说："对于不该停止的事情，却停止不做，那就没有什么不可停止的了。对于该厚待的亲人，却反而薄待了，那就没有什么不可薄待的了。前进太猛的人，他的后退也很快。"

45 孟子曰："君子之于物^①也，爱之而弗仁；于民也，仁之而弗亲。亲亲^②而仁民，仁民而爱物。"

【章旨】

此章说君子用情，有亲疏远近之分。

【注释】

① 物：谓禽兽草木。

② 亲亲：前亲字为动词。谓亲爱自己亲人。

【译文】

孟子说："君子对于万物，爱护它们却不以仁德对待它们；对于百姓，以仁德对待他们却不亲爱他们。君子先亲爱自己的亲人，然后以仁德对待百姓；以仁德对待百姓之后，再进而爱护万物。"

46 孟子曰："知者无不知也，当务之为急；仁者无不爱也，急亲贤之为务。尧、舜之知而不遍物^①，急先务也；尧、舜之仁不遍爱人，急亲贤也。不能三年之丧，而缌^②、小功^③之察；放饭^④流歠^⑤，而问无齿决^⑥：是之谓不知务。"

【章旨】

此章教人行事，需注意先后缓急。

【注释】

① 遍物：遍知百工之事。

② 缌：缌麻，服丧之最轻者，为期三月。

③ 小功：五服之一，丧期五月。

④ 放饭：饭时放恣无度。

⑤ 流歠（chuò）：歠，饭也。流歠，谓饮时长吸如流。

⑥ 齿决：用牙齿咬断东西。

【译文】

孟子说："有智慧的人无所不知，但以当前重要的事情为急务；有仁德的人无所不爱，但以急于亲近贤人为先。以尧、舜的智慧却不遍知所有的事物，是因为他们急着先做好当前的事；以尧、舜的仁德却不遍爱所有的人，是因为他们急着先亲近贤人。不能做到守三年之丧，却仔细讲求缌麻和小功；大口吃饭，大口喝汤，却讲求不用牙齿咬断干肉：这就是所谓不知先后缓急。"

尽心下

共三十八章

1 孟子曰："不仁哉，梁惠王也！仁者以其所爱及其所不爱，不仁者以其所不爱及其所爱。"

公孙丑问曰："何谓也？"

"梁惠王以土地之故，糜烂其民①而战之，大败；将复之②，恐不能胜，故驱其所爱子弟以殉之。是之谓以其所不爱及其所爱也。"

【章旨】

此章责梁惠王不仁，而轻民好战。

【注释】

① 糜烂其民：使民战斗，崩溃其血肉。

② 复之：复战。

【译文】

孟子说："梁惠王真是不仁啊！仁人把爱惜亲人的心推到他所不爱惜的人身上，不仁的人把他加给不爱的人的心推到他所喜爱的人身上。"

公孙丑说："这怎么说呢？"

孟子说："梁惠王为了争夺土地，使百姓出战，崩溃了百姓的血肉，结果打了败仗；还要再战，担心不能打胜，所以驱使他所爱惜的子弟出战送死。这就是所谓：把他加给不爱的人的心，推到他所喜爱的人身上了。"

2 孟子曰："春秋无义战。彼善于此，则有之矣。征者，上伐下也，敌国^①不相征也。"

【章旨】

此章言征伐之义，以责诸侯之好战。

【注释】

① 敌国：谓地位相当之国。敌，匹也。

【译文】

孟子说："春秋没有正义的战争。不过那一国比这一国好，那是有的。所谓征，是说上级讨伐下级，同等级的国家是不能互相征讨的。"

3 孟子曰："尽信《书》，则不如无《书》。吾于《武成》^①，取二三策^②而已矣。仁人无敌于天下，以至仁伐至不仁，而何其血之流杵^③也？"

【章旨】

此章说读书需用心思，不可拘泥于文字。

【注释】

①《武成》：《尚书·周书》篇名。

② 二三策：策，竹简也。二三策，犹二三页。

③ 血之流杵：杵，舂杵。《武成》记载武王伐纣，血流漂杵。

【译文】

孟子说："完全相信《尚书》上的内容，还不如没有《尚书》。我对于《武成》篇的记载，只取其中二三页较可信的罢了。仁德的人，天下没有人可以相敌，而以最仁道的武王攻伐最不仁道的纣王，为什么会使血流到舂杵都漂流起来呢？"

4 孟子曰："有人曰：'我善为陈^①，我善为战。'大罪也。国君好仁，天下无敌焉。南面而征，北夷怨；东面而征，西夷怨，曰：'奚为后我？'武王之伐殷也，革车②三百两，虎贲③三千人。王曰：'无畏！宁尔也，非敌百姓也。'若崩厥角④稽首⑤。征之为言正也，各欲正己也，焉用战？"

【章旨】

此章说仁政无须战争。

【注释】

① 陈：同"阵"。

② 革车：兵车。

③ 虎贲：勇士。

④ 厥角：厥，同"蹶"，顿也。角，额角。

⑤ 稽首：叩首至地。

【译文】

孟子说："有人说：'我擅长布阵，擅长作战。'真是大罪恶啊。国君喜欢仁道，天下就没有敌手。例如汤向南方征讨，北方夷人就埋怨；向东方征讨，西方夷人就埋怨，他们都说：'为什么把我们放在后面呢？'武王讨伐商纣时，兵车三百辆，勇士三千人。武王对百姓说；'不要怕！我是来安定你们的，不是和你们对抗的。'于是百姓额角触地叩起头来，像山陵崩塌一般。征的意思就是正，人们都希望仁君来正自己的国家，何必用战争呢？"

5 孟子曰："梓匠①、轮舆②能与人规矩，不能使人巧。"

【章旨】

此章以木匠、车匠做比喻，说明学贵心悟生巧。

【注释】

① 梓匠：木匠。

② 轮舆：车匠。

【译文】

孟子说："木匠、车匠，只能把制作的规矩准则教给人，但不能使人灵巧。"

6 孟子曰："舜之饭糗①茹草②也，若将终身焉。及其为天子也，被袗③衣，鼓琴，二女果④，若固有之。"

【章旨】

此章说圣人随遇而安，不以贫贱易其心。

【注释】

① 饭糗（qiǔ）：饭，动词，食也。糗，干粮。

② 茹草：吃野菜。

③ 袗（zhěn）衣：画衣。

④ 果：同"婐"，女侍。此处作动词用。

【译文】

孟子说："舜在吃干粮野菜时，好像准备这样过一生。等到他身为天子时，穿着彩衣，弹着琴，尧的两个女儿服侍他，又好像他本来就已经拥有一样。"

7 孟子曰："吾今而后知杀人亲之重也。杀人之父，人亦杀其父；杀人之兄，人亦杀其兄。然则非自杀之也，一间①耳。"

【章旨】

此章告诫人勿互相残杀。

【注释】

① 一间（jiàn）：我往彼来，间一人耳。间，读去声，隔也。

【译文】

孟子说："我从今以后，才知道杀死别人亲人仇恨的重大。杀了别人父亲，别人也杀他父亲；杀了别人兄长，别人也杀他兄长。那么父兄虽然不是自己杀死的，也不过换一个杀的人罢了。"

8 孟子曰："古之为关^①也，将以御暴；今之为关也，将以为暴。"

【章旨】
此章说古今设立关卡的不同。

【注释】
① 关：关隘。

【译文】
孟子说："古代设立关卡，是为了防御盗匪的暴乱；现代设立关卡，却为抽取重税，做那暴虐的事。"

9 孟子曰："身不行道，不行于妻子；使人^①不以道，不能行于妻子。"

【章旨】
此章说正己然后才可正人。

【注释】
① 使人：使令人做事。

【译文】
孟子说："本身不能行道，就不能使自己的妻子行道；使唤别人不合道理，就不能使唤自己的妻子。"

10 孟子曰："周^①于利者，凶年不能杀^②；周于德者，邪世不能乱。"

【章旨】
此章勉人蓄德。

【注释】

① 周：足也。

② 杀：灭也。有"缺乏""窘困"之意。

【译文】

孟子说："财利富足的人，就是荒年也不会窘困；道德充足的人，就是乱世也不会迷乱心志。"

11　孟子曰："好名之人能让千乘之国。苟非其人，箪食、豆羹见①于色。"

【章旨】

此章教人如何观察欺世盗名的人。

【注释】

① 见：同"现"。

【译文】

孟子说："好名的人可以把拥有千辆兵车的国家让给人。如果不是真正看轻名利的人，虽是一篮饭、一碗羹汤，也会现出舍不得的脸色。"

12　孟子曰："不信仁贤，则国空虚；无礼义，则上下乱；无政事①，则财用不足。"

【章旨】

此章泛论治国之道。

【注释】

① 无政事：无善政也。

【译文】

孟子说："国君不信任仁德贤能的人，那么国家就像空虚没有人；没有礼义，那么上下的关系就会悖乱；没有善政，那么国家的财用就不会充足。"

13 孟子曰："不仁而得国者，有之矣；不仁而得天下，未之有也。"

【章旨】

此章说得天下必以仁。

【译文】

孟子说："不仁的人能得到国家的，有这样的事；不仁的人能得到天下的，从来没有这样的事。"

14 孟子曰："民为贵，社稷①次之，君为轻。是故得乎丘民②而为天子，得乎天子为诸侯，得乎诸侯为大夫。诸侯危社稷，则变置。牺牲③既成，粢盛④既洁，祭祀以时，然而旱干水溢，则变置社稷。"

【章旨】

此章说明民贵君轻之义。

【注释】

① 社稷：社，土神。稷，谷神。古时国灭则变置社稷，故用为国家之代称。

② 丘民：众民。

③ 牺牲：供祭祀之牛羊豕等牲畜。

④ 粢盛：供祭祀之黍稷。在器曰盛。

【译文】

孟子说："人民最可贵，其次是社稷，国君最为轻。所以得到人民拥护的可以做天子，得到天子器重的可以做诸侯，得到诸侯赏识的可以做大夫。诸侯无道危害到国家，那就改立别人。牛羊豕三牲既已肥大，黍稷等祭品又已洁净，并且按时祭祀，可是仍然发生干旱水灾，那就毁弃社稷，重新改立。"

15 孟子曰："圣人，百世之师也，伯夷、柳下惠是也。故闻伯夷之风者，顽夫廉，懦夫有立志；闻柳下惠之风者，薄夫敦，鄙夫宽。奋乎百世之上，百世之下，闻者莫不兴起①也。非圣人而能若是乎？而况于亲炙②之者乎？"

【章旨】

此章赞美伯夷、柳下惠，并说圣人德行教化感人之深。

【注释】

① 兴起：感动奋发。

② 亲炙：亲自接受熏陶。

【译文】

孟子说："圣人，是百代的师表，伯夷、柳下惠两人就是。所以听过伯夷风范的人，贪顽的人变得廉洁，懦弱的人也能立志；听过柳下惠风范的人，刻薄的人变得厚道，鄙吝的人也变得宽大。他们在百代以前奋发有为，百代以后的人听到他们的风范，没有不感动奋发起来的。若不是圣人的话，能够像这样吗？更何况是亲自接受熏陶的人呢？"

16 孟子曰："仁也者，人也。合而言之，道也。"

【章旨】

此章释仁道之义。

【译文】

孟子说："仁的意思，就是人。把仁和人合并起来，便是道了。"

17 孟子曰："孔子之去鲁，曰：'迟迟吾行也。'去父母国①之道也。去齐，接淅②而行，去他国之道也。"

【章旨】

此章引孔子为例，说明去国之道有所不同。

① 父母国：祖国。

② 接淅：淘米。

【译文】

孟子说："孔子离开鲁国时，说：'我们慢慢离开吧。'这是离开祖国的方式。离开齐国时，急得不及炊食，立刻就走。这是离开别国的方式。"

18 孟子曰："孔子之厄于陈、蔡之间^①，无上下之交也。"

【章旨】

此章说圣人之困穷，非真道穷。

【注释】

① 厄于陈、蔡之间：鲁哀公六年，孔子曾在陈、蔡之间绝粮。厄，困也。

【译文】

孟子说："孔子在陈、蔡之间受困厄，是出于和两国君臣都没有交情的缘故。"

19 貉稽^①曰："稽大不理^②于口。"

孟子曰："无伤也。士憎^③兹多口。《诗》云^④：'忧心悄悄^⑤，愠^⑥于群小。'孔子也。'肆^⑦不殄^⑧厥愠，亦不殒^⑨厥问^⑩。'文王也。"

【章旨】

此章勉人修德，不必在意人言是非。

【注释】

① 貉稽：貉姓，稽名，是个仕者。

② 理：赖也。

③ 憎：当作"增"。

④《诗》云：见《诗经·邶风·柏舟》。

⑤ 悄悄：忧貌。

⑥ 愠：怒也。

⑦ 肆：发语词。

⑧ 殄（tián）：绝也。

⑨ 陨：坠也。

⑩ 问：声闻。见《诗经·大雅·绵》。

【译文】

貉稽说："我非常不得人家的称道。"

孟子说："没有关系。士人本来就常被众人说闲话的。《诗经》上说：'心里忧愁烦闷，被许多小人气恼了。'孔子就受过这种遭遇。又说：'虽然不能消除他们的怒气，也不会损毁我的名声。'这说的就是文王。"

20 孟子曰："贤者以其昭昭①，使人昭昭；今以其昏昏②，使人昭昭。"

【章旨】

此章讥当时国君昏暗不明。

【注释】

① 昭昭：明也。

② 昏昏：暗也。

【译文】

孟子说："古时候在位的贤人先使自己明白道理，再去使别人明白道理；现代在位的人自己对道理模糊不清，却要教人明白道理。"

21 孟子谓高子①曰："山径之蹊②间，介然③用之而成路。为间④不用，则茅塞之矣。今茅塞子之心矣。"

此章暗责高子为学不能有恒。

【注释】

① 高子：齐人，尝学于孟子。

② 蹊：人行小路。

③ 介然：意志专一而不旁骛。

④ 为间：读去声，少顷。

【译文】

孟子对高子说："山里的小路，人不断地去走它，便变成了大路。但隔一段时间不走，又会被茅草堵塞了。现在茅草也堵塞你的心了。"

22 高子曰："禹之声，尚①文王之声。"

孟子曰："何以言之？"

曰："以追蠡②。"

曰："是奚足哉？城门之轨③，两马之力与？"

【章旨】

此章驳高子妄断事理。

【注释】

① 尚：加也。胜过之意。

② 追蠡：追，钟纽。蠡，啮木虫。高子以禹之钟纽似虫啮欲断，以为用之者众，故断其胜过文王之乐。

③ 城门之轨：轨，车辙迹也。城内车迹之深，乃日久车多所致，非一车两马之力使然。

【译文】

高子说："禹的音乐胜过文王的音乐。"

孟子说："这怎么说呢？"

高子说："因为禹传下来的钟纽，好像虫蛀一样，快要断了。"

孟子说："这怎么足够证明呢？你想想看：城内的车轨痕迹特别深，难道只是两匹马的力量造成的吗？"

23　齐饥。陈臻曰："国人皆以夫子将复为发棠①，殆不可复？"

孟子曰："是为冯妇②也。晋人有冯妇者，善搏虎，卒为善士③。则之野，有众逐虎。虎负嵎④，莫之敢撄⑤。望见冯妇，趋而迎之。冯妇攘臂⑥下车，众皆悦之，其为士者笑之。"

【章旨】

此章孟子说自己见机行道，不做无把握之事。

【注释】

① 发棠：打开棠邑之仓库以赈济饥民。

② 冯妇：冯，姓；妇，名。

③ 卒为善士：最后改行为善，不再搏虎。

④ 负嵎（yú）：负，依也。嵎，山曲。

⑤ 撄（yīng）：触也。

⑥ 攘臂：奋臂而起。

【译文】

齐国闹饥荒。陈臻说："齐国人都以为老师要再度请求齐王打开棠邑的仓库，以赈济百姓，恐怕不可能再这样做吧？"

孟子说："我再这样做，那就变成冯妇了。晋国有个人叫冯妇，他善于和老虎搏斗，后来变成善人不再打虎。有一次他到野外，看到很多人在追逐老虎。老虎靠在山坳里，没有人敢触犯它。他们看到冯妇来了，就快步去迎接他。冯妇奋臂卷起袖子，走下车来，大家都很高兴，可是士人却在讥笑他。"

24　孟子曰："口之于味也，目之于色也，耳之于声也，鼻之于臭①也，四肢之于安佚②也，性也。有命焉，君子不谓性也。仁之于父子也，义之于君臣也，礼之于宾主也，智之于贤者也，圣人之于天道也，命也。有性焉，君子不谓命也。"

【章旨】

此章孟子论性与命的分辨。

【注释】

① 臭：气味。

② 佚：同"逸"。

【译文】

孟子说："口对于美味，眼对于美色，耳对于美好的声音，鼻对于芳香的气味，手足对于安逸，这些爱好，都是出自本性。但能否得到，却要靠命运，所以君子不认为它们是本性所具有。仁爱对于父子，道义对于君臣，礼节对于宾主，智慧对于贤人，圣人对于天道，都是命运所注定。但也是天性所具有，所以君子不认为是命定，而要努力去求得它。"

25 浩生不害①问曰："乐正子②何人也？"

孟子曰："善人也，信人也。"

"何谓善？何谓信？"

曰："可欲之谓善，有诸己③之谓信，充实之谓美，充实而有光辉之谓大，大而化之之谓圣，圣而不可知之之谓神。乐正子，二④之中、四⑤之下也。"

【章旨】

此章评乐正子的人品。

【注释】

① 浩生不害：齐人。

② 乐正子：孟子的弟子。

③ 有诸己：谓实有其善。

④ 二：指善、信。

⑤ 四：指美、大、圣、神。

【译文】

浩生不害问道："乐正子是怎样的人呢？"

孟子说："是个良善的人，也是信实的人。"

"怎样叫善？怎样叫信实？"

孟子说："人们喜欢他叫作良善，内在实有其善叫作信实，这些优点充满他本身叫作美，充满后又有光辉显现叫作大，大之后又能融会贯通叫作圣，圣之后达到神妙不可测知叫作神。乐正子正好在善、信之间，美、大、圣、神四者之下。"

26 孟子曰："逃墨必归于杨，逃杨必归于儒。归，斯受之而已矣。今之与杨、墨辩者，如追放豚，既入其苙①，又从而招②之。"

【章旨】

此章说别人既能悔悟来归，就应当不咎既往。

【注释】

① 苙（lì）：阑也。畜养牲畜之栏。

② 招：羁其足也。

【译文】

孟子说："离弃墨家思想的人，一定归入杨朱的思想，离弃杨朱思想的人，一定归入儒家思想。既然回归了，就接受他算了。现在和杨、墨二派辩论的人，就好像追逐走失的猪一样，已经赶入猪圈里之后，还要把它的脚绑住。"

27 孟子曰："有布缕之征，粟米之征①，力役之征。君子用其一，缓其二。用其二而民有殍②，用其三而父子离。"

【章旨】

此章论施政当以薄税敛为主。

① 征：赋税也。

② 莩（piǎo）：饿死之人。

【译文】

孟子说："国君对百姓有征收布帛的赋税，有征收米谷的赋税，还有征收劳力的赋税。君子在三种中只采用一种，宽缓两种。如果采用两种，百姓就会有饿死的，如果采用三种，百姓就要父子离散了。"

28 孟子曰："诸侯之宝三：土地、人民、政事。宝珠玉①者，殃必及身。"

【章旨】

此章告诫诸侯不可以珠玉为宝。

【注释】

① 宝珠玉：宝，动词，以珠玉为宝也。

【译文】

孟子说："诸侯的宝贝有三种：土地、人民和政事。如果把珠玉当作宝贝，灾祸一定会落到他身上。"

29 盆成括①仕于齐。

孟子曰："死矣，盆成括！"

盆成括见杀②，门人问曰："夫子何以知其将见杀？"

曰："其为人也小有才，未闻君子之大道也，则足以杀其躯而已矣。"

【章旨】

此章勉人修身立德，不可徒恃小才。

【注释】

① 盆成括：盆成，姓；括，名。尝学于孟子。

② 见杀：被杀。

【译文】

盆成括在齐国做官。

孟子说："盆成括死定了！"

后来盆成括真的被杀了，门人问道："老师怎么知道他会被杀？"

孟子说："他的为人小有才气，可是不知道君子的大道，这一点就足以使他祸害其身了。"

30 孟子之滕，馆于上宫①。有业屦②于牖上，馆人求之弗得。

或问之曰："若是乎从者之廋③也？"

曰："子以是为窃屦来与？"

曰："殆非也。夫子之设科④也，往者不追，来者不拒。苟以是心至，斯受之而已矣。"

【章旨】

此章记孟子门人之多且杂。

【注释】

① 上宫：别宫名。一说，上等馆舍。

② 业屦：未织成的草鞋。

③ 廋：藏也。

④ 设科：设教授之科。

【译文】

孟子到了滕国，住在上宫。有一双还没织好的草鞋放在窗台上不见了，馆舍里的人到处找都找不到。

有人问孟子说："跟随您的人就这样把鞋子藏起来了吗？"

孟子说："你以为他们是为偷鞋子而来的吗？"

那人说："大概不是吧。但是先生设立课程教导学生，过去的行为都不追究，有诚心来学的都不拒绝。只要怀着学道之心而来，您都接受了。或许有人品不齐的学生呢。"

31 孟子曰："人皆有所不忍，达①之于其所忍，仁也；人皆有所不为，达之于其所为，义也。人能充无欲害人之心，而仁不可胜用也；人能充无穿窬②之心，而义不可胜用也；人能充无受尔汝③之实，无所往而不为义也。士未可以言而言，是以言餂④之也；可以言而不言，是以不言餂之也，是皆穿窬之类也。"

【章旨】

此章勉人扩充善端。

【注释】

① 达：通也，推也。

② 穿窬：窬，同"逾"。穿壁越墙，皆为盗之事。

③ 尔汝：古代尊长对晚辈之称呼。含有轻贱之意。

④ 餂（tiǎn）：以舌取物。

【译文】

孟子说："每个人都有不忍的心，把它推到忍心做的事上，这就是仁；每个人都有不肯做的事，把它推到肯做的事上，这就是义。人能够扩充不害人的心，那仁便用不完了；人能够扩充不挖洞越墙的心，那义就用不尽了；人能够扩充不接受人家轻贱呼唤的心，不论到哪里都可以合于义了。一个士人在不可以讲话时却开口讲话，这是用言语探取别人的心事；可以讲话时却闭口不讲，这是用沉默探取别人的心事，这些和挖洞越墙都是相同类型的行为。"

32 孟子曰："言近而指远①者，善言也；守约而施博②者，善道也。君子之言也，不下带③而道存焉；君子之守，修其身而天下平。

人病舍其田而芸④人之田。所求于人者重，而所以自任者轻。"

【章旨】

此章说道在日用生活之间，不需舍近求远。

【注释】

① 指远：意旨深远。

② 守约而施博：所守之道简约而其效广博。

③ 不下带：带，腰带。古人视不下于带，则带之上，乃目前常见至近之处也。

④ 芸：同"耘"，除草。

【译文】

孟子说："言语浅近而意义深远的，便是最好的话；持守简约而效果广大的，便是最好的道。君子所说的话，内容是平常的事情，可是道就在里面；君子所持的操守，从修身开始，进而使天下太平。一般人的毛病就在舍弃自己的田地，而去拔别人田里的草。要求别人的很重，而自己负担的却很轻。"

33 孟子曰："尧、舜，性者也；汤、武，反之①也。动容周旋②中礼者，盛德之至也。哭死而哀，非为生者也。经德不回③，非以干禄也；言语必信，非以正行④也。君子行法，以俟命而已矣。"

【章旨】

此章说君子尽性守常，不求名利。

【注释】

① 反之：修为以复其性。

② 动容周旋：动作容仪，来往应对。

③ 经德不回：守常德而不邪曲。回，曲也。

④ 非以正行：赵岐注云："非以正行为名。"

孟子说："尧、舜，是天生就具有仁德的；汤、武，是经过修身，回归本性而得仁德的。动作、容貌、应对等都合乎礼节的，是美德中的最高境界。为死去的人悲伤而哭，不是做给活着的人看的。守住常道，行为不偏邪，不是为了追求官禄；出口说话一定要信实，不是为了让人赞扬我端正的行为。君子按照法度去做，一切等待天命安排罢了。"

34 孟子曰："说大人①则藐之，勿视其巍巍然②。堂高数仞，榱题③数尺，我得志，弗为也；食前方丈④，侍妾数百人，我得志，弗为也；般乐⑤饮酒，驱骋田猎，后车⑥千乘，我得志，弗为也。在彼者，皆我所不为也；在我者，皆古之制也，吾何畏彼哉？"

【章旨】

此章孟子论游说之道，在坚持道义，不畏势利。

【注释】

① 大人：尊贵之人。

② 巍巍然：高大貌。

③ 榱题：屋檐。

④ 食前方丈：馔食列于前方一丈。极言食物之多。

⑤ 般乐：般，同"盘"，玩乐也。

⑥ 后车：侍从之车。

【译文】

孟子说："游说尊贵的人就得轻视他，不要把他看得高不可攀的样子。堂屋高达好几丈，屋檐宽达好几尺，如果我得志，不屑这样做；面前食物摆到一丈见方，姬妾有几百人，如果我得志，不屑这样做；玩乐喝酒，驰马打猎，跟随的车子一千辆，如果我得志，不屑这样做。他所做的一切，都是我不屑做的；我要做的事，都是古代的好法度，我为什么要怕他呢？"

35 孟子曰："养心莫善于寡欲。其为人也寡欲，虽有不存^①焉者，寡矣；其为人也多欲，虽有存焉者，寡矣。"

【章旨】

此章论养心之道，在于寡欲。

【注释】

① 不存：谓失其本心。

【译文】

孟子说："修养心性的方法最好是减少欲望。一个人如果很少欲望，良心养性虽有丧失，也是不多；一个人如果欲望太多，良心善性虽有保存，也是极少了。"

36 曾晳嗜羊枣^①，而曾子不忍食羊枣。公孙丑问曰："脍炙^②与羊枣孰美？"

孟子曰："脍炙哉！"

公孙丑曰："然则曾子何为食脍炙而不食羊枣？"

曰："脍炙所同也，羊枣所独也。讳^③名不讳姓，姓所同也，名所独也。"

【章旨】

此章孟子说明曾子的孝思。

【注释】

① 羊枣：实小黑而圆，又名羊矢枣。

② 脍炙：脍，切肉成丝曰脍。炙，烤肉。

③ 讳：隐也。避也。

【译文】

曾晳喜欢吃羊枣，曾晳死后，曾子不忍再吃羊枣。公孙丑问道："烤肉和羊枣相比，哪一种好吃呢？"

孟子说："当然是烤肉啊！"

公孙丑说："那么曾子为什么吃烤肉而不吃羊枣呢？"

孟子说："烤肉是大家都喜欢吃的，而羊枣是曾皙单独喜欢吃的。就好像避尊亲的名而不避姓一样，因为姓是共同所有的，而名是个人所独有。"

37 万章问曰："孔子在陈，曰：'盍归乎来？吾党之士狂简①，进取不忘其初②。'孔子在陈，何思鲁之狂士？"

孟子曰："孔子'不得中道而与之，必也狂狷乎！狂者进取，狷者有所不为也。'孔子岂不欲中道哉？不可必得，故思其次也。"

"敢问何如斯可谓狂矣？"

曰："如琴张③、曾皙、牧皮④者，孔子之所谓狂矣。"

"何以谓之狂也？"

曰："其志嘐嘐⑤然，曰：'古之人！古之人！'夷考⑥其行，而不掩⑦焉者也。狂者又不可得，欲得不屑不洁之士而与之，是狷也，是又其次也。孔子曰：'过我门而不入我室，我不憾焉者，其惟乡原⑧乎！乡原，德之贼也。'"

曰："何如斯可谓之乡原矣？"

曰："何以是嘐嘐也？言不顾行，行不顾言，则曰：'古之人，古之人。行何为踽踽⑨凉凉⑩？生斯世也，为斯世也，善斯可矣。'阉然⑪媚于世⑫也者，是乡原也。"

万章曰："一乡皆称原人焉，无所往而不为原人，孔子以为德之贼，何哉？"

曰："非之无举⑬也，刺之无刺⑭也，同乎流俗，合乎污世，居之似忠信，行之似廉洁，众皆悦之，自以为是，而不可与入尧、舜之道，故曰'德之贼'也。孔子曰：'恶似而非者：恶莠⑮，恐其乱苗也；恶佞⑯，恐其乱义也；恶利口⑰，恐其乱信也；恶郑声⑱，恐其乱乐也；恶紫，恐其乱朱也；恶乡原，恐其乱德也。'君子反经⑲而已矣。经正，则庶民兴；庶民兴，斯无邪慝⑳矣。"

【章旨】

此章孟子以狂、狷、乡愿为例，阐释中道的真义及其重要性。

【注释】

① 狂简：志大而略于事。

② 不忘其初：谓不能改其旧。

③ 琴张：即子张，孔子弟子。

④ 牧皮：未详。

⑤ 嘐嘐（xiāo xiāo）：志大言大者也。

⑥ 夷考：夷，平也。考，察也。

⑦ 掩：覆也。

⑧ 乡原：原，同"愿"，容貌恭正也。乡愿，恭谨之人。

⑨ 踽踽（jǔ jǔ）：独行不进之貌。

⑩ 凉凉：薄也。不见亲厚于人也。

⑪ 阉然：闭藏，遮掩。

⑫ 媚于世：求媚于世人。

⑬ 非之无举：欲非之，而无可举。

⑭ 刺之无刺：欲责之，而无可责。

⑮ 莠（yǒu）：似苗之草。

⑯ 佞：诈饰之人。

⑰ 利口：多言而不实者。

⑱ 郑声：淫乐。

⑲ 反经：复其常道。

⑳ 邪慝：邪恶不正之人。

【译文】

万章问道："孔子在陈国时，说：'为什么不回去呢？我家乡的子弟志气高大而行事疏略，虽然知道向前进取却不能忘掉旧有习性。'孔子在陈国，为什么会思念鲁国的狂士呢？"

孟子说："孔子说过：'得不到中道的人来教导他，那只好找狂放和狷介之士了吧！狂放的人有进取心，而狷介之士有所不为。'孔子难道不想找中道的人教导吗？但不一定找得到，所以只好退而求其次了。"

"请问怎么样才可以叫作狂放的人呢？"

孟子说："像子张、曾皙、牧皮等人，就是孔子所说的狂士了。"

"为什么说他们是狂士呢？"

孟子说："他们志气大，言语夸大，一开口就说：'古人怎么样！古人怎么样！'但一考察他们的行为，却不能和讲的话相合。这种狂放的人又找不到，便想找那不屑于做坏事的人，这就是狷介之士了，这又是次一等的人。孔子说：'经过我家门口，不进入我屋里来，我不感到遗憾的，那就是乡愿吧！乡愿是贼害道德的人。'"

万章说："怎么样才称作乡愿呢？"

孟子说："乡愿讥笑狂狷者说：'为什么志气大讲话也夸大呢？讲话不顾到做的事，做事也不顾到讲的话，就只会说：古人怎么样！古人怎么样！行事为什么要这样孤僻冷淡呢？生在这个世界上，为这世界做事，只要大家说好，过得去就可以了。'就这样遮遮掩掩地讨好世人，这就是乡愿。"

万章说："全乡的人都说他是谨厚的老实人，无论到哪里没有人不当他是谨厚的老实人，而孔子却当他是贼害道德的人，这是为什么呢？"

孟子说："这种人要非议他，却举不出事实，要责骂他，却也无可责骂，他和世俗同流合污，居心好像忠厚信实，行为好像清廉纯洁，大家都喜欢他，他也自认为很正确，事实上是不能同他进入尧、舜之道的，所以说是'贼害道德的人'。孔子说：'厌恶那外表看起来相似，里面完全不同的东西：厌恶莠草，因为怕它扰乱了禾苗；厌恶那口才辩给的人，因为怕他扰乱了正义；厌恶那花言巧语的人，因为怕他扰乱了真信；厌恶淫荡的郑声，因为怕他扰乱了正乐；厌恶紫色，因为怕他扰乱了朱红的颜色；厌恶乡愿，因为怕他扰乱了道德。君子要使一切恢复正道就是了。大道一端正，百姓就能奋发行善；百姓奋发行善，那就没有邪恶了。"

38 孟子曰："由尧、舜至于汤，五百有余岁。若禹、皋陶，则见而知之；若汤，则闻而知之。由汤至于文王，五百有余岁。若伊尹、莱朱①，则见而知之；若文王，则闻而知之。由文王至于孔子，五百有余岁。若太公望、散宜生②，则见而知之；若孔子，则闻而知之。向孔子而来，至于今，百有余岁。去圣人之世，若此其未远也；近圣人之居，若此其甚也。然而无有乎尔，则亦无有乎尔！"

【章旨】

此章孟子心忧道统继承无人。

【注释】

① 莱朱：汤贤臣。

② 散宜生：文王贤臣。

【译文】

孟子说："从尧、舜到商汤，共有五百多年。像禹、皋陶，是亲眼看到尧、舜之道的；像汤，便只耳闻而得知了。从汤到文王，也有五百多年。像伊尹、莱朱，是亲眼看见汤之道的；像文王，便只耳闻而得知了。从文王到孔子，又有五百多年。像太公望、散宜生，是亲眼看见文王之道的；像孔子，便只耳闻而得知了。从孔子到现在，已经一百多年，距离圣人的年代并不远，距离圣人的家乡是如此近，可是没有人亲眼看见孔子之道，以后也不会有人耳闻孔子之道了。"